北京大学中国经济研究中心研究系列

加工贸易与中国企业生产率
企业异质性理论和实证研究

■ 余淼杰／著

图书在版编目(CIP)数据

加工贸易与中国企业生产率:企业异质性理论和实证研究/余淼杰著.—北京:北京大学出版社,2013.7
(北京大学中国经济研究中心研究系列)
ISBN 978-7-301-22319-2

Ⅰ.①加… Ⅱ.①余… Ⅲ.①进出口贸易-加工企业-劳动生产率-研究-中国 Ⅳ.①F752.6

中国版本图书馆 CIP 数据核字(2013)第 057566 号

书　　　　名：加工贸易与中国企业生产率:企业异质性理论和实证研究
著作责任者：余淼杰　著
策　划　编　辑：郝小楠
责　任　编　辑：马　霄
标　准　书　号：ISBN 978-7-301-22319-2/F·3590
出　版　发　行：北京大学出版社
地　　　　址：北京市海淀区成府路 205 号　100871
网　　　　址：http://www.pup.cn
电　子　信　箱：em@pup.cn　　　　QQ:552063295
新　浪　微　博：@北京大学出版社经管图书
电　　　　话：邮购部 62752015　发行部 62750672　编辑部 62752926
　　　　　　出版部 62754962
印　刷　者：三河市博文印刷厂
经　销　者：新华书店
　　　　　　965 毫米×1300 毫米　16 开本　22.25 印张　373 千字
　　　　　　2013 年 7 月第 1 版　2013 年 7 月第 1 次印刷
定　　　　价：46.00 元

未经许可,不得以任何方式复制或抄袭本书之部分或全部内容。
版权所有,侵权必究
举报电话:010-62752024　电子信箱:fd@pup.pku.edu.cn

推 荐 语

中国自改革开放以来的经济发展出现了许多未能用现有理论解释的新现象，是经济学理论研究和创新的一个金矿。余淼杰教授的这本新书收集的文章是挖掘这一金矿所做努力的一个结果，值得关心中国贸易和经济学理论发展的学生和学者参考、阅读。

——林毅夫，北京大学国家发展研究院教授，前世界银行首席经济学家、高级副行长

余淼杰是我们北京大学国家发展研究院的优秀青年学者，以治学严谨著称。这本书集结了近些年来他在企业异质性、加工贸易和中国企业生产率方面所做的经验研究，成果属于国际前沿，是国际贸易领域不可多得的一本参考书。

——姚洋，北京大学国家发展研究院教授、院长

前　　言

　　自哈佛大学的 Marc Melitz 教授在 2003 年发表了他关于企业生产率异质性的论著以来，国际贸易的研究在全球范围内进入了一个新的时代。在理论上，贸易经济学家沿着 Melitz 的企业异质性方向，成功地拓展了克鲁格曼 1979 年的规模递增模型，即用规模经济解释两个要素禀赋相近的国家为何能做贸易。Melitz 和其他贸易学家的研究有一个共识，即企业的出口模式与其生产率紧密相关。具体地，低生产率的企业只能在国内市场上销售，较高生产率的企业可以在国内市场销售并出口。更高生产率的企业还可以既在国内市场销售、出口，还可以"走出去"进行对外直接投资。

　　在实证研究上，得益于理论研究的重大突破，21 世纪的实证国际贸易研究也有了突飞猛进的发展。当然，这主要得益于微观企业生产面数据和海关贸易产品面数据的可得。目前在许多国家如哥伦比亚、印度尼西亚、印度、美国、法国，这两大微观数据库都可以得到。因此，相应的实证研究也大大地发展起来。虽然不同的实证贸易学家研究的课题不同，但对各国的研究大致可以集中在以下两方面：一是考察贸易自由化（即各种关税和非关税壁垒的削减如何影响企业的生产率；二是验证企业的出口模式是否如 Melitz(2003) 的论文所预测的，即低生产率的企业只能在国内市场上销售，较高生产率的企业可以在国内市场销售并出口。基本上所有的国别研究都证实了 Melitz(2003) 的预测是对的。有趣的是，基于中国的研究却发现了这个结论值得商榷。近期的研究发现在劳动密集型产业，中国主要是低生产率的企业出口。因此，我们把这种现象称为"中国企业生产率之谜"。问题是，如何解释这个谜？本书通过大量的研究指出：造成这种现象主要是因为中国的出口企业大量是加工企业，而加工企业生产率较低，所以，才造成中国出口企业的生产率较低。

　　当然，解释"中国企业生产率之谜"只是本书的一项内容。更全面地，本书从理论模型和计量实证方面探讨我国企业生产率和不断深化的贸易自由化如何影响企业的出口和对外投资行为。值得强调的是,本书所有的研究成果都是采用21世纪我国规模以上的企业数据和海关统一八位码等最细化的微观数据进行实证研究,因此在一定程度上弥补了国内在国际贸易企业异质性实证研究方面的空白。

全书共分三部分。第一部分从宏观的角度探讨改革以来中国外贸概况和我国制造业的价值链升级情况。第二部分是全书的核心。笔者首先介绍了21世纪以来国际贸易理论在企业生产率异质性上所取得的主要前沿研究成果。然后,再从不同的角度论证了我国的企业生产率和不断深化的贸易自由化如何影响企业的生产和出口行为,具体介绍了我国的贸易自由化如何影响制造业企业生产率;出口前的研发投入如何影响企业生产率和出口;由于加工贸易的存在,中国企业生产率与出口的关系与外国有何不同;最后,企业生产率又是如何影响企业的对外直接投资的。第三部分则是国际比较。通过分析中、印、东盟各制造业生产率的不同来理解三地之间的贸易模式。由于中美双边贸易是当前我国国际贸易的一个重要问题,本书也对人民币升值是否会降低我国对美国的出口提供了实证证据。

最后,需要特别强调的是,虽然目前国内外已有许多同行拥有中国企业数据和海关数据,但由于这两大数据库企业代码分别属于两个毫无联系的系统,造成这两个数据库很难合并。所以,在最后一章,我们也在介绍我国加工贸易最新发展的同时,专门列出一节详细讨论这两大数据库如何最大限度地进行高质量的合并,可供同行作为研究参考。

现在,介绍本书的几个特色。

本书的特色之一是用中国规模以上工业企业和海关产品层面的最细化微观数据对我国的出口和企业生产率的行为进行研究。由于可以避免采用宏观行业数据研究可能产生的加总误差,能做到研究结果可靠准确。据笔者所知,由于中国规模以上工业企业和海关产品层面的最细化微观数据是近年来才可得,目前国内学术界尚没有已出版的同类著作,本书的出版也在一定程度上填补了国际贸易中企业异质性中国实证研究的空白。

本书的特色之二是理论模型与实证研究相互结合。先前关于我国生产率的研究多停留在行业水平上的简化式实证回归,尽管对我们理解中国工业行业的生产率和各工业行业的经济活动有所帮助,但由于缺乏必要的理论模型为引导,对于生产率如何影响各行业的销售、贸易和投资行为的渠道无法深入探讨。而本书的实证研究是建立在具有微观基础的一般均衡模型的企业异质性理论之上的。相对应的,计量实证研究也是建立在结构式估计上的,从而有利于我们更深入地探讨各个影响机制和渠道。

本书的特色之三是在全球经济一体化的框架下以中国经济为主要考察对象。本书前十章都是以中国经济为考察对象和研究背景的。中国作为最大的发展中国家,其贸易模式和企业生产行为对其他国家也有一定的参考意义,所以,本书的最后两章又分析了中印贸易的异同,探讨了中国、东盟、印度的不同生产率和贸易模式。

本书的最后一个特色是微观研究和宏观研究相互结合。本书先从宏观视野入手梳理了改革开放三十年以来我国外贸的发展情况,然后着眼于我国的工业制造业的发展情况,理解改革开放三十年价值链升级所带来的比较优势的动态变化,接着再从微观企业层面甚至产品层面去探讨我国企业的出口、加工贸易和企业生产率之间的关系,进而研究不断深化的贸易自由化如何提高企业生产率,而企业生产率的提高又如何影响企业"走出去"对外直接投资。最后,本书又回到宏观层面探讨我国工业制造业的生产与贸易同其他东南亚国家有何不同。

在具体内容的安排方面,第一章描述了改革以来的中国外贸概况,先回顾了改革开放之前我国的对外贸易情况,再分四个阶段对改革开放以来我国外贸的发展进行了分析,然后分外商直接投资、经济特区与外商投资管理制度、加入WTO对中国的影响以及加工贸易的角度对我国三十年来的国际贸易情况做一概览。第二章则探讨了改革开放以来中国制造业的价值链升级。经过三十年的改革中国已从不发达国家逐渐发展成为中高收入发展中国家。与此同时,中国各部门特别是制造业部门正进行着不断深入的产业链升级。该章从多个角度用大量典型数据表明中国已深入融入到世界经济一体化中。由于坚持贸易自由化和出口导向的发展战略,伴随着中国比较优势的动态演化,中国的价值链得以不断升级。而国际外包业务与加工贸易则是中国提升其价值链的主要渠道。最后,通过对大样本的企业层面生产量数据的分析表明,价值链的升级提升了我国产业内和产业间企业的生产率。

第三章则开始研究国际贸易中的企业生产率异质性模型。自21世纪开始,国际贸易学的研究进入一个全新的快速通道,从先前的国家层面和行业层面发展到企业层面和产品层面。因此第三章集中介绍了这十年来最重要的三大理论模型:Melitz(2003)、Eaton-Kortum(2002)、Bernard-Redding-Schott(2007),分别就这三个主要模型的异同点进行深入分析。第四章则开始系统地介绍与这些理论研究密切相关的国际贸易的企业异质性实证研究。笔者分别从出口的深度边际与广度边际、企业内部多产品出口、产品质量、贸易公司的中间人角色、外商直接投资、公司内部交易、劳动力市场、厂商出口市场动态等各个方面进行了介绍。

从第五章开始我们主要介绍中国的工业制造业企业生产率的不同如何影响企业的出口、投资和生产等决定。具体地,第五章研究中国的贸易自由化如何影响制造业企业生产率。该章通过使用1998—2002年间我国制造业企业层面上的面板数据和高度细化的进口数据来考察贸易自由化对制造业企业生产率的影响。为此,我们运用并修改扩充了Olley-Pakes(1996)半参数方法来纠正估算企业的全要素生产率(TFP)中经常产生的同步偏差和因欠考虑企业退出行为而产生的选择偏差。在控制行业的进口渗透率的内生性之后,我们发现:① 贸易自由化显著地促进了企业生产率的提高;② 出口企业相对于非出口企业有较高的生产率提升;③ 但是,关税或非关税壁垒的减免对出口企业生产率的影响要比非出口企业的影响小。一个可能的原因是来料加工型出口企业并不需要购买进口原料,因而不断深化的贸易自由化政策对其影响不大。但是,如若加上加工出口企业因进行加工业务时所可能产生的技术外溢,则出口企业相对于非出口企业有较高的生产率提升。这些发现对不同的计量方法都为稳健。

第六章则探讨出口是否会导致企业生产率提高,什么因素会影响出口的生产率效应。本章是与我和海闻教授合带的博士生戴觅合作的成果。该章采用2001—2007年中国规模以上制造业企业调查数据估计了出口的即期和长期生产率效应。我们认为企业出口之前的研发投入可以通过增加企业的吸收能力来提高出口的生产率效应。通过采用倾向得分匹配的计量方法,我们发现:① 平均看来,对于首次出口的企业,其出口当年企业生产率有2%的提升,然而在出口之后的几年中这种提升效应均不显著。② 对于有出口前研发投入的企业,出口对生产率存在持续且幅度较大的提升作用;但对于没有出口前研发投入的企业,出口对生产率没有显著的提升效应或提升效应短且较弱。③ 出口对生产率的提升效应随企业从事出口前研发年数的增加而提高。

出口企业比非出口企业生产率更高,这一结论已成为近十年来企业层面国际贸易研究的中心命题。有趣的是,这一命题在世界最大的出口国——中国——受到了挑战。现有研究发现,中国出口企业的生产率并没有在所有的部门都比非出口企业的生产率要高。在第七章中,通过对2000—2005年企业—海关数据的分析表明,这一令人费解的发现完全是由中国大量的加工贸易企业所导致的。通过戴觅和美国哥伦比亚大学Madhura Maitra博士合作研究,我们发现中国有20%的企业完全从事出口加工,这些企业的生产率比非出口企业低4%—29%。剔除加工贸易企业的影响就能使我们回到出口企业生产率更高的传统结论当中。本章说明将加工贸易与非加工贸易企业区分开对于正确理解中国出口企业的表现至关重要。此外,在研究越南、墨西哥等其他加工贸易比较盛行的国家的企业行为时也应该充分考虑到加工贸易的影响。

接着,在第八章,笔者研究两个问题:一是不断深化的进口关税减免对我国企业生产率提升有何影响,二是企业参与加工贸易能否有助于促进企业生产率的提升。一方面,最终产品的进口关税减免强化了企业间在本土市场的竞争,从而有助于提高生产率;另一方面,企业参与加工贸易能得到额外的贸易所得从而促进企业生产率的增长。通过采用2000—2006年间我国外贸产品的海关数据和规模以上制造业企业生产方面的大型微观数据,本章构建了各企业所面临的关税税率,并精确计算出企业的全要素生产率。基准回归结果显示,关税下降10%,企业生产率会上升大约3%—6%。更重要的是,在考虑企业间由所有权造成的差异性后,发现加工贸易企业相对于非加工贸易企业有更高的生产率。大量的敏感性分析表明上述结果对不同计量建模和生产率度量都稳健成立。

随着中国走出去的战略实施,我国企业的对外直接投资(Outward FDI)也日益增长。所以在第九章我们专门讨论这个话题。该章是我与北京大学光华管理学院的博士生田巍合作的成果。通过采用浙江省制造业企业生产和对外直接投资的企业层面数据,在准确衡量"走出去"企业的全要素生产率的基础上,本章考察了企业生产率及其直接对外投资的关系。在控制了回归分析可能的内生性及其他影响因素后,我们发现:第一,生产率越高的企业对外直接投资的概率也越大;第二,生产率越高的企业对外直接投资的量也越大;第三,目的国的收入水平高低对企业投资与否的决定没有显著的影响。此外,行业的资本密集程度对企业的生存环境没有显著的影响。所以,本章的发现为我国企业的对外直接投资提供了微观层面的经验证据,一定程度上弥补了这方面研究的空白。

从第十章开始,我们又回到宏观层面研究中国与其他国家的贸易关系。第十章主要比较研究中印外贸模式,这部分也是与田巍博士合作的成果。该章首先系统梳理比较了中国和印度在21世纪的贸易模式,我们发现:① 两个国家近年来都有较高的外贸依存度,并与不断增长的劳动生产率正相关。② 中国在世界出口中的比重不断上升,而印度在世界出口中所占的比重很小且保持不变。③ 两个国家的贸易有很大程度上是产业内贸易,尽管两个国家的出口中,重工业的制造品都占很大的比例。④ 中国比印度出口更多复杂和精细的产品,尽管差距不断缩小。⑤ 印度的出口中,高科技产品占了重要的份额,但是考虑了加工贸易之后,这个份额小于中国。⑥ 加工贸易是中国的主要出口方式,而在印度加工贸易并不重要。我们研究了两个国家的不同政策,用来解释为什么会有这些差异性和相似性。我们认为造成两个国家贸易上不同表现的关键原因是相比于中国,印度对于外向型经济的相关政策出台较晚。为了说明这点,我们也从政治经济学的角度通过仔细推敲两国在经济特区的设立、加入 GATT/WTO、削减关税的演变,甚至两个国家贸易的便利化方面的差异。

第十一章则探讨了中、印、东盟地区生产率、要素禀赋和贸易模式三者的关系。该章首先研究了中国、印度和东盟(中—印—东盟)的贸易模式和行业生产率。通过 1998—2006 年间高度细分的商品贸易数据库,发现这一区域(特别是中国)在此期间经历了制造业生产率的显著增长。中—印—东盟国家的国际贸易和区域内贸易在这段时期有大幅度的增长。中国从印度的进口多为一般贸易,而中国从东盟的进口多为加工贸易。基于引力模型的实证研究发现生产率和要素禀赋是决定该区域内贸易大小和贸易结构的两个关键因素。具体地,我们发现:第一,在该区域内,生产率是影响该区域内各国贸易额大小的一个重要因素。第二,对于贸易结构而言,基于要素禀赋差异的比较优势理论解释了该区域内出口国资本密集型行业出口比例的不同。第三,生产率及要素禀赋都会对该区域内各国对华的加工出口比例造成显著影响。

第十二章则与国际金融联系在一起,研究人民币升值如何影响我国对美国的出口。自 2005 年 7 月起,我国放弃人民币对美元的固定汇率制度转而盯住一篮子货币,并对美元升值。本章在理论上发展了国际贸易理论中的引力模型,并使用 2002—2007 年间的我国各行业面板数据进行实证回归以考察人民币升值对中国向美国的影响。大量计量研究结果表明:人民币升值会显著减少中国对美国的出口。给定其他不变,人民币升值10%,中国对美国的出口将减少11%。该发现对于不同计量方法和不同时期的估计均为稳健显著。

最后,在第十三章,我们又进一步地介绍了我国加工贸易的最新发展情况。这是与我和姚洋教授合带的博士生王雅琦以及田巍博士合作的论文。我们特别介绍了21世纪以来我国加工贸易的特征、发展趋势,还有加工企业的生产率问题。通过强调中国外贸中的加工贸易的关键角色,我们论证了自由贸易区是推动加工贸易发展的重要工具。然后,我们从产业层面和企业层面探究了加工贸易的各种特征:进口的来源国,主要产品,运输模式,进入港口,消费目的地,商品质量,加工贸易的范围。我们还用Olley-Pakes的方法仔细估计了企业的全要素生产率。其中,我们又特别介绍了我国加工出口区的发展情况。最后,如前所述,我们还介绍了目前中国微观实证贸易研究必用的两大数据库——中国企业数据和海关数据的合并方法。

总之,本书以西方模式的数量分析见长,同时也着重考虑有中国特色的影响因素(如加工贸易),书中大部分实证结论都是基于大型微观数据而得,因此,结论比较可靠准确。本书的研究结果对于理解我国企业的出口情况有一定的作用。研究结果不仅有鲜明的学术价值,同时也在一定程度上有助于企业的出口决策,并对政府的贸易决策有一定的参考价值。由于中国是世界上最大的发展中国家、全球第二大经济体,研究中国外贸对认知整个全球贸易也有一定的参考作用。

如同我的其他著作一样,这本书的撰写和出版离不开许多人的帮助。我要感谢我的领导和同事林毅夫教授、海闻教授、姚洋教授的支持和鼓励。特别是要感谢姚洋院长同意把这本专著放在北京大学中国经济研究中心研究系列中。我要感谢我在读博士期间的导师Robert Feenstra教授把我带进国际贸易研究的天地。Feenstra教授是我所知的全球最杰出的实证国际贸易学家,有幸成为大师的弟子,唯有无时不告诫自己不嫌愚钝,多加努力。我还要感谢澳大利亚国立大学资深教授Peter Drysdale,宋立刚教授,美国布兰代斯(Brandies)大学资深教授Peter Petri,加拿大西安大略大学徐滇庆教授,我的同事黄益平教授和卢锋教授,因他们邀请,我有幸参与了澳大利亚国立大学经济与政府学院、亚洲发展银行、财政部的几个研究项目,这几个研究项目的部分成果也收于此书中。我还要感谢我的同窗好友胡伟民教授,正是在他的帮助下我才得以开始接触中国企业数据。此外,我还要感谢北京大学出版社的周月梅老师、林君秀老师、郝小楠老师、马霄老师对本书的出版给予的大力的帮助。在此表示深深的谢意!最后,我的硕士研究生李乐融同学帮我校对了本书,一并表示感谢。最后,我还要感谢我的家人。在书的最后写作阶段,儿子小燊的出生给我带来了许多快乐,我的父母、姐姐、妻子的默默支持对我来说相当重要。没有他们的支持和鼓励,本书的完成是不可想象的。

最后,由于时间仓促,本书肯定还存在着不少谬误和不足,请读者们多提宝贵的意见,以便再版时修改。

余淼杰

2012年11月于北京大学朗润园

目录

第一章
改革以来中国外贸概况 \ 1
第一节 对外贸易改革的背景:改革开放之前 \ 2
第二节 对外贸易改革概述 \ 3
第三节 外商直接投资 \ 11
第四节 特区与外商投资管理制度 \ 20
第五节 WTO 对中国的影响 \ 24
第六节 中国对外产品贸易 \ 30
第七节 总结 \ 41

第二章
改革开放以来中国制造业的价值链升级 \ 45
第一节 中国制造业的现状 \ 46
第二节 制造业生产率的发展 \ 58
第三节 理论综述 \ 64
第四节 中国产业链升级的动力 \ 66
第五节 小结和政策建议 \ 69

第三章
企业贸易异质性模型 \ 71
第一节 Melitz(2003)的企业贸易异质性模型 \ 72
第二节 Eaton-Kortum(2002)的企业异质性理论研究 \ 82
第三节 Bernard-Redding-Schott(2007)的
　　　　企业生产率异质性模型 \ 92

第四章
国际贸易的企业异质性实证研究 \ 102
第一节 异质性厂商国际贸易雏形 \ 102
第二节 出口的深度边际与广度边际 \ 104
第三节 企业内部多产品出口 \ 106
第四节 其他主要研究方向 \ 108
第五节 结论 \ 116

第五章
中国的贸易自由化与制造业企业生产率 \ 117
第一节 引言 \ 117
第二节 我国的贸易自由化进程 \ 120
第三节 计量经济方法 \ 122
第四节 实证结果 \ 131
第五节 小结 \ 139

第六章
企业出口前研发投入、出口及生产率进步 \ 141
第一节 引言 \ 141
第二节 数据描述 \ 145
第三节 估计出口的生产率效应 \ 146
第四节 出口前研发对出口的生产率效应的影响 \ 150
第五节 稳健性检验与进一步讨论 \ 154
第六节 小结 \ 158

第七章
中国出口企业生产率之谜 \ 160
第一节 引言 \ 160
第二节 数据 \ 163
第三节 加工贸易企业的典型事实 \ 164
第四节 加工贸易企业低生产率的可能解释 \ 173
第五节 小结 \ 176

第八章
加工贸易、企业生产率和关税减免 \ 178
第一节　引言 \ 178
第二节　计量回归方法 \ 182
第三节　数据 \ 185
第四节　实证分析结果 \ 196
第五节　小结 \ 208

第九章
企业生产率和企业"走出去"对外直接投资 \ 210
第一节　引言 \ 210
第二节　数据和衡量 \ 214
第三节　影响企业进入对外直接投资市场的决定因素 \ 218
第四节　企业生产率与企业对外投资决策 \ 223
第五节　企业生产率对对外投资额的影响 \ 231
第六节　小结 \ 237

第十章
中印外贸比较 \ 238
第一节　引言 \ 238
第二节　两国的贸易模式 \ 240
第三节　中印两国出口增长的渠道 \ 250
第四节　中印两国政策层面的比较 \ 254
第五节　小结 \ 261

第十一章
生产率、要素禀赋和贸易模式
——基于中、印、东盟地区的实证分析 \ 262
第一节　引言 \ 262
第二节　贸易模式和行业生产率 \ 265
第三节　生产率和要素禀赋对贸易模式的影响 \ 272
第四节　小结 \ 282

第十二章
人民币升值与我国对美国的出口关系研究 \ 284
第一节　引言 \ 284
第二节　人民币汇率改革进程 \ 286
第三节　含汇率的引力模型 \ 287
第四节　实证方法 \ 290
第五节　数据、计量与回归结果 \ 291
第六节　小结 \ 299

第十三章
中国企业层面的加工贸易
——趋势、特征和生产率 \ 300
第一节　引言 \ 300
第二节　鼓励加工贸易的政策 \ 301
第三节　加工贸易的特征 \ 308
第四节　企业数据和海关数据合并方法 \ 318
第五节　小结 \ 322

附录 \ 323
第五章　修正的 Olley-Pakes(1996)估计 \ 323
第八章　全要素生产率的度量 \ 324

参考文献 \ 326

第一章　改革以来中国外贸概况①

自1978年年末改革开放进程启动以来,中国的对外贸易发展极为迅猛,贸易年均增长率高达16.0%。2007年,中国的全年货物进出口总额已达21 738亿美元;其中,货物出口12 180亿美元,货物进口9 558亿美元,出口超过进口2 622亿美元。② 而2007年全年国内生产总值为246 619亿元,按当年年末人民币汇率为1美元兑7.3046元人民币计算③,对外贸易额④占国内生产总值比例高达64.4%。中国已经深刻地融入了世界经济,成为全球贸易强国。按官方汇率计算,中国已经是世界第四大经济体;按购买力计算,中国是世界第二大经济体。

对外贸易的迅猛发展是与改革开放的进程密切联系的。实际上,正是1979年以来一波又一波的对外贸易自由化改革,推动了进出口的快速增长。改革开放以前,对外贸易被十二家国有外贸公司垄断,对外贸易的目的就是为了获取当时中国国内企业不能生产的短缺商品以及先进技术;垄断对外贸易是为了维持国内价格体系、保护国有企业,因为如果世界市场价格可以影响国内产品价格,那么社会主义价格体系和政府的资源动员能力就会被削弱,而外贸公司用国内价格买卖国内产品,用世界价格买卖国外商品,以某些进口品的利润补贴另外一些进口品上的亏损,从而把中国的价格体系与世界价格体系完全隔绝。在这样严密的控制系统之下,出口的唯一目的就是换取进口所需的外汇。然而,当1978—1979年中国的决策者试图进口更多的先进技术时,却发现外汇储备锐减,外汇严重短缺。在对外汇储备的迫切需求下,对外贸易改革进程启动了。

就获取外汇储备这一初始目的而言,对外贸易改革是极为成功的。

---

① 本章内容最早收于《中国经济改革三十年:变与常》,郑伟硕、罗金义主编,香港城市大学出版社,2009年,第三章,第30—73页。
② 资料来源:《2007年国民经济和社会发展统计公报》。
③ 资料来源:同上。
④ 定义为进口额加上出口额。

2006年,中国的外汇储备首次突破1万亿美元,达到10 663亿美元[①];2007年,外汇储备高达15 282亿美元,比2006年年末增加4 619亿美元[②]。外汇储备的快速增加,导致中国国内流动性过剩的状况不断加剧。

当然,对外贸易改革绝非仅仅使中国获取了庞大的外汇储备。事实上,中国的对外贸易改革可以被认为是整个改革开放的一个子进程,在其自身的不断展开中遭遇并解决了很多问题,这些问题往往涉及政治、经济与社会的很多方面,问题的解决方案也影响到对外贸易领域之外的众多组织与个人。因此,单纯地从对外贸易领域来理解中国的30年对外贸易改革,必然不能完全准确地对事实做出解释与评价。尽管如此,本章还是将视线聚焦于国际贸易领域的事实,仅在必要时做出额外的说明。

第一节 对外贸易改革的背景:改革开放之前

中国在1978年改革开放以前并非完全封闭。从1949年到1960年,中国对贸易与经济援助十分开放,不过几乎全部都是与苏联之间的。1952年到1960年,中国与社会主义国家之间的贸易占总贸易的2/3强,其中48%的贸易是与苏联之间的。对外贸易在中国的工业化建设中发挥了重要作用。根据第一个五年计划,中国进口工业原材料,如钢铁、柴油和机械设备;主要出口纺织品和食品,同时向苏联借贷,以平衡贸易逆差。1958—1961年的"大跃进"促进了中国与其他社会主义国家间的贸易,因为疯狂的投资拉动了对进口设备的需求。然而,"大跃进"和"反右倾"的错误、自然灾害以及苏联政府背信弃义地撕毁合同,造成国民经济严重困难,经济衰退,粮食大幅减产;中国对外贸易停滞,此后逐步退化为世界经济的孤岛。工业品进口急剧减少,稀缺的外汇被用于购买急需的粮食,以前出口的食品和轻工业产品在国内供应不足,中国成为加拿大、澳大利亚和阿根廷粮食出口的稳定客户。中国从苏联的进口急剧减少,仅占总贸易量的1%,而且从1959年到1970年都没有增加。1970—1971年,中国进出口总额仅占GDP的5%。20世纪70年代中期,中国经济逐步恢复。轻工业产品(尤其是纺织品)的供给又开始增长,与此同时大庆油田的石油供给快

---

① 资料来源:《中国统计年鉴2007》。
② 资料来源:《2007年国民经济和社会发展统计公报》。

速增长,并可以出口一部分石油以换取外汇。随着外汇储备的增加,中国开始尝试着从西方和日本购买技术,化肥和钢铁技术是当时中国最迫切需求的技术,1977—1978年中国的技术进口项目成倍增加,但随着油田发展计划的失败,外汇的来源出现了严重问题。现在,决策者必须直面严格的计划经济贸易体制本身造成的问题。①

改革开放之前,中国的对外贸易体系是一个典型的苏联计划经济模式,是整个计划经济体制的一个重要组成部分;对外贸易的原则是"互通有无,调节余缺",并实施对外贸易的国家统制。中央政府通过两个手段控制贸易流动与资金流动,将中国国内经济与世界经济严格隔离开来。第一个手段是对外贸易垄断:十二家国有进出口公司垄断了进出口,只有授权商品才能通过这道控制体系。第二个手段是官方确定的不能浮动的外汇体系,非经严格批准,个人无权将人民币兑换为外币。通过对外贸的垄断,中国政府维持了国内价格体系,否则世界价格体系会侵蚀国内价格体系,从而削弱中央政府对国内资源的动员能力。中国政府之所以要维持社会主义价格体系,是因为这种体系可以维护国有企业的特权,压低农产品价格,抬高工业品价格,将利润集中到国有企业,便于政府征收、进行预算。这种社会主义价格体系是进口替代发展战略所引致的价格体系的极端情况。在这种严密的控制下,对外贸易服务于中国决策者的目的。对外贸易就是进口国内企业不能生产的和国内短缺的商品和先进技术,而出口的唯一目的就是换取进口所需的外汇。国内经济"不需要"的产品,就用于出口,而不考虑出口品的生产成本。国内经济不需要的产品是严格限制进口的。

当1978年中国需要进口更多的先进技术的时候,决策者发现外汇储备严重不足,而且在原有的控制体系下一切可利用的创汇机会都已经被使用殆尽,现在面临的严峻问题,来自于贸易控制体系本身,因此,对外贸易体制的改革与创新势在必行。

第二节 对外贸易改革概述

在本节中,我们将1978—2008年这30年间的对外贸易改革按照

---

① 其中有关"大跃进"的准确年代以及影响,根据胡鞍钢《中国政治经济史论(1949—1976)》第五章内容进行了修正。

Naughton(2006)分为四个阶段,并在这一阶段划分的基础上,整合了中国对外贸易体制改革的重要事件以及阶段性成果,并提供简要的对事实的分析与解释。在本节中,我们试图勾勒出对外贸易改革的发展脉络,从而为后续各节提供一个分析的框架。

中国对外贸易改革的进程,按照决策目标与改革性质,可以划分为四个阶段。

一、1979—1987 年:以调动对外贸易部门经营积极性为目标的改革

1979—1987 年为中国对外贸易体制改革的探索阶段,改革的主要内容包括:第一,增加对外贸易口岸,下放外贸经营权,广开贸易渠道,改革高度集中的贸易体制;第二,改革单一的指令性计划,实行指令性计划、指导性计划和市场调节相结合;第三,建立和完善外贸宏观管理;第四,探索促进工贸结合的途径;第五,采取鼓励出口的政策措施。在这一阶段,重要的政策文献是 1984 年 9 月国务院批转的经贸部《外贸体制改革意见的报告》,提出了"政企分开"和"工贸结合、技贸结合、进出结合"等措施,具体包括:增设对外贸易口岸,下放外贸经营权;实行指令性、指导性和市场调节相结合的外贸计划;探索贸工、贸农、贸技一体化的途径;完善外贸管理,重新实行进出口许可证制度,建立外贸经营权审批制;实行外贸盈亏增盈分成制度,对出口产品实行退税等。

对外贸易改革的第一步,是 1978—1979 年中国决策者开放了中国南方的广东和福建两个省份的贸易渠道。这是创新而又谨慎的一步,决策者没有转变整个贸易体系。选中广东和福建的原因是二者与香港和台湾的地理位置接近,具有巨大的贸易潜力,毕竟当时香港的出口几乎等于中国内地的出口额。这样,1978 年之后香港公司就可以与珠江三角洲的公司签订出口加工合同,香港公司可以将原材料运输到广东乡镇企业进行加工,并将成品出口。这种措施就使得香港公司已经创立的出口网络可以扩展到内地,而内地的工业企业并没有暴露在进口竞争中,继续受到保护。

对外贸易改革的第二步,是政府在广东和福建设立了四个经济特区。经济特区的主要作用是为出口加工贸易的扩张提供基地。经济特区对出口加工业所需的进口免税。经济特区和出口加工政策使得中国可以有选择地促进出口,中国的其他地区仍然以进口替代工业体系为主。这样,在对外贸易改革的第一阶段,广东和福建两省被赋予了特殊的权利,这两个省的对外贸易公司拥有外贸自主权以及保留外汇收入的权利,因此这两个

省的政府有了强烈的促进贸易的动力。这种特殊的政策以及地理位置的特殊性,使得广东省发生了根本的转变,从一个对外贸易的二线省份变成了出口大省。在后续的15年间,广东和福建的出口增长速度是中国其他地区的两倍,从落后地区转变为世界贸易的关键地区之一。

对外贸易改革的第三步,是第一波贸易自由化进程。在广东和福建的对外贸易改革取得了突破后,中国的决策者开始对国内广大地区实行贸易自由化。1984年全面的自由化政策开始实行,但由于1985年进口激增了50%,决策者收回了很多权限,而在后续数年间逐步创立了一个促进贸易和投资的新体系。这一时期的主要特征有如下几点:

1. 启动汇率改革

货币价值符合实际,是贸易改革成功的必要条件。此前中国的货币被高估,1980年1美元兑换1.5元人民币,这一汇率明显对出口不利。到了1986年,1美元兑换3.5元人民币,扣除通货膨胀影响后,人民币贬值约60%。在1986年,决策者引入了汇率双轨制:计划外的出口商可以在一个管制宽松的市场上卖掉外汇,这一市场的美元价格高于官方价格,市场力量推动人民币进一步贬值,出口变得有利可图。20世纪80年代中国货币的贬值是整个东亚汇率调整进程的一部分,在这一时期,日元显著升值,随后新台币升值,各国的产出和贸易急剧转型。

2. 下放外贸经营权

被允许从事对外贸易的公司数目显著上升,工业部门可以设立外贸公司,原国有垄断外贸公司在各省的分公司变为独立公司,许多地方政府和经济特区也自己开设外贸公司。截至1988年年底,全国有约5 000家国有外贸企业,约10 000家制造企业有直接出口权利,出口自由化的进程远快于进口自由化,成百上千的企业参与制造业的出口竞争,此时国内市场的进口仍然被限制着。

3. 定价原则显著变化

利润保留和红利提供了动机,地方分权加剧了竞争,货币贬值使得出口成为有利可图的行业。外贸公司对成本变得更加敏感:为了降低成本,外贸公司和国内企业重新修订了各种形式合同。外贸公司寻找劳动密集型产品的廉价提供商,一般是乡镇企业。乡镇企业出口所占份额迅速上升,占20世纪90年代中期外商投资企业的五分之一。在进口这方面,这种制度将世界价格信号稳定地传递到国内经济中来。进口价格由进口商决定,为世界价格加进口商的佣金,不再由政府决定。强大的动力推动贸易企业适应世界价格造就的机遇。

4. 建立关税和非关税壁垒体系

中国的决策者继续谨慎地进行改革,力图避免决策失误,进口激增,贸易赤字和硬通货债务。随着改革者拆除计划贸易体系,他们竖立了高关税和非关税壁垒保护国内市场。改革开放之前也存在关税,但并不重要,因为当时的国有垄断外贸公司执行贸易计划,可以根据需要对收益和关税进行再分配。20世纪80年代初期颁布了一套新关税,税率很高并一直维持到90年代。1992年,根据世界银行的报告分析,中国的税率同其他高度保护的发展中国家差不多。未加权平均关税为43%,加权后为32%(和巴西相同)。非关税壁垒也同样重要,这份报告还发现,51%的进口受到四种不同又相互重叠的非关税壁垒中的一种或多种的影响。事实上,关税和非关税壁垒"相互补充地被使用来达到政府目的"。最重要的非关税壁垒是对交易权利的严重限制。国有外贸公司控制着国外市场与国内市场的连通。制造业企业贸易权利被限制,只有在它们自己生产所需时才批准进口。贸易公司往往只能在规定区域从事规定产品的贸易,有时会被限制顾客的类别。一些比较大的中央政府控制的外贸公司拥有一些敏感商品如谷物化肥的垄断贸易权。这种对贸易权利的限制使得大部分国内企业从事比较自由的出口加工合同。总的来说,中国的进口被关税、配额和行政管理的国有外贸公司控制。

5. 进口替代与出口促进

到20世纪80年代中期,中国的对外贸易体系已经由计划贸易体系转变为以高关税、各种关税壁垒和丰富的行政自由裁量权为特征的典型的实行进口替代工业化战略的国家的贸易体系。事实上,对中国来说,这种转变有很多优势。虽然这个贸易体系仍然被拥有强大市场力量的行政机构控制,但它正向着更注重利润和收益的方向发展。稳步的改革创造了必要的灵活,这是贸易成功发展的前提条件之一。这也使得外贸体系可以和国内经济制度的变化相协调。贸易壁垒转化为等值的关税,使得中国易于进行加入WTO的谈判。但是这种部分改革的体系还不足以导致不久以后显著的出口增长。这种体系的净影响是不鼓励出口。于是,中国像其他东亚国家学习,采取选择性措施鼓励出口,至少鼓励一部分产品出口。如1985年起开始实行的出口退税一直延续到20世纪90年代。银行倾向于贷款给出口商或出口项目的建设。各地仍然有出口指标。最重要的措施就是建立了一个完全独立的出口加工贸易制度,使得出口商摆脱了原来中央对贸易的垄断。

经过数年发展，早期在广东省进行的出口加工合约试验发展成了规模日益庞大的出口加工贸易。1986年后，决策者发现了亚洲出口生产网络调整带给中国的机遇，实施了"沿海发展战略"：沿海省份各种类型的企业，包括乡镇企业，此后都可以从事以出口为目的的加工组装。大量投资者被吸引到了沿海省份，因为生产出口品的原材料可以免税。到了1987年，中国实际上存在着两个独立的贸易体系：贸易自由化改革下成长起来的出口加工贸易，以及传统的贸易体系。前者发展极为迅速，在规模上很快就超过了后者。传统的贸易体系虽然进行了一些改革，但是进口原材料免税给出口加工产业下的企业带来了巨大的成本优势，更为重要的是，出口加工产业下的公司可以避开传统的贸易制度对贸易发展的种种行政束缚，这些公司从事进口不需要通过国有外贸公司，并且不需要缴税。中国出口加工形式下的种种现象不是独有的，在其他亚洲国家也可以发现，甚至在世界上其他国家都有类似情况，然而在中国却有它独有的特点。大部分国家这些特许厂商被严格限制在一个出口加工区域。中国却允许整个沿海区域作为出口加工区域。虽然中国的经济特区吸引了很多的注意，出口加工区域实际上却远远超出了经济特区的地理范围，只要企业是以出口为目的即可。大部分外商来自香港和台湾，其中很多厂商拥有出口制造和营销的经验。中国内地的改革顺应了它们的利益，允许它们把经验带到内地来。出口加工制度和外商投资企业一起成为中国出口扩张的马达。

二、1988—1993年：以建立对外贸易承包经营责任制和自负盈亏为中心的改革

这一阶段改革的主要特征是，在仍然保持国家垄断外贸的前提下，试图通过将外贸企业的所有权和经营权分离来改善外贸部门的经营状况，包括实行承包经营责任制和转变企业经营机制，实行企业自负盈亏两个阶段。从1988年到1990年，改革的主要措施是推行对外贸易承包经营责任制。1988年2月，国务院发出了《关于加快和深化对外贸易体制改革若干改革问题的规定》，开始了全面推行承包经营责任制。其主要内容包括：一是由各地方政府以及全国性外贸总公司向国家承包出口收汇，上缴中央外汇补贴额度，承包基数三年不变。二是取消原有使用外汇控制指标，凡地方、部门和企业按规定所取得的留成外汇，允许自由使用，并开放外汇调剂市场。三是进一步改革外贸计划体制,除统一经营、联合经营的 21 种出口商品保留双轨制外,其他出口商品改为单轨制,即由各地直接向中央承担计划,大部分商品均由有进出口经营权的企业按国家有关规定自行进出口。四是在轻工、工艺、服装三个行业进行外贸企业自负盈亏的改革试点。从 1991 年到 1993 年,改革的主要措施是实行自负盈亏的体制改革。1990 年 12 月 9 日,国务院做出了《关于进一步改革和完善对外贸易体制若干问题的决定》,该决定重点是要从外贸企业自负盈亏机制入手,在进一步调整人民币汇率的基础上,在对外贸易领域逐步实行统一政策,建立平等竞争、自主经营、自负盈亏的市场环境,推行代理制。

三、1994—2001 年:以与国际市场接轨为导向的外贸体制改革

从 1994 年到 2001 年,中国外贸体制的改革进入了一个深化和稳步发展阶段。这一阶段的改革主要是围绕中国"复关"(恢复中国在关贸总协定(GATT)中的缔约国地位)和加入世界贸易组织(WTO)的目标进行的,主要包括:一是实行人民币汇率并轨,建立以市场供求为基础的、单一的、有管理的浮动汇率制度,实行人民币经常项目下的有条件的可兑换;二是改革外汇管理体制;三是取消进出口指令性计划;四是改进和完善出口退税制度;五是加强外贸政策的法制建设,于 1994 年 7 月 1 日正式实施了《中华人民共和国对外贸易法》。

1994 年 1 月 1 日,人民币官方汇率与外汇调剂市场并轨。汇率被统一为较低的兑换市场汇率,获取外汇也变得更加自由:18 个月内实现经常账户的可兑换。这意味着任何进口商只要出示有关贸易的证件就可以购买外汇。1994 年的外汇改革是 1993 年年末和 1994 年年初进行的财政金融贸易改革的一部分。政策协调的一个好处就是国家的税收体系更依赖于增值税。WTO 规则允许退还出口商增值税。1994 年的改革成功使中国在最小的中断下过渡到一个更加一体化的贸易体系。但是 1994 年的成功只是部分的,大家本来预期中国会很快实现货币自由兑换、开放资本项目并建立管理浮动汇率制。浮动汇率可以调节长期外汇供给和需求,但中国的央行却宁愿干涉外汇市场稳定货币。起初改革者希望的情况发生了,货币需求稳定在他们选择的水平,8.3 元人民币兑 1 美元。但后面的事情就不是他们所希望的了。他们发现宏观经济动荡下很难消除对资本账户的限制。1997—1998 年的亚洲金融危机,所有亚洲货币,包括人民币,都面临贬值危险,中国的政府决定不让货币贬值。管理浮动汇率慢慢变成了盯住

美元的汇率。当2002年后中国出口快速增长时,不可兑换的资本项目、固定的汇率和低估的人民币币值造成了中美之间的外交和经济摩擦。

1986年中国正式申请重新加入GATT,看起来好像会是一个很快也不复杂的事。不管怎么说,那时中国是市场改革的先锋,在西方看来应该至少等同于波兰和匈牙利,这两个国家分别在20世纪60年代和70年代加入GATT。然而15年后,2001年12月11日中国才成为WTO的第143个成员。在漫长的谈判中,中国和世界都发生了根本的变化。出口的稳步增长使中国成为一个出口大国。中国已被视为一个重大的挑战,针对中国的反倾销也越来越多。与此同时,1996年乌拉圭回合的谈判使WTO的全球贸易协商发生根本性的转变。以前的协定被严格限制在清晰的外贸领域,但是现在涉及更根本的系统性谈判。这种转变之所以发生,主要原因是现代发达的经济主要是服务型经济,国际贸易协定超出了货物贸易的范畴。在乌拉圭回合,发达国家和发展中国家进行了广泛的讨价还价:发展中国家主要得到了在发达国家市场销售纺织品和农产品的一些承诺;发达国家可以更深入地进入发展中国家的市场。协商过程比预期的更复杂。在贸易这方面,从开始最基本的问题就是要中国开放。最重要的就是中国承诺不设限制地扩大国内和国外公司的贸易权利。这一承诺最终体现在了2004年7月1日实施的一项法律中。在这项法律中,中国政府不能只把贸易权利给某些国有外贸公司,除了一些农产品。该方案最重要的组成部分就是建立一个更方便的贸易体制。其次就是减税。实际上中国从1994年外汇改革时就开始减税了。平均名义税率从1992年的43%降低到1999年的17%。在协定中中国政府承诺2005年将平均名义税率降低到9.5%,事实上2004年就达到了。协定还将农产品税降低到15%。

中国复关和入世谈判大致可分为四个阶段:第一阶段从20世纪80年代初到1986年7月,主要是酝酿和准备复关事宜。第二阶段从1987年2月到1992年10月,主要是审议中国经贸体制。第三阶段从1992年10月到2001年9月,复关/入世议定书内容的实质性谈判,即双边市场准入谈判。第四阶段从2001年9月到2001年11月,中国入世法律文件的起草、审议和批准。2001年12月11日,中国正式成为世界贸易组织成员国。毫无疑问,中国入世谈判是多边贸易史和世界谈判史上最艰难的一次较量。从1986年7月10日中国正式向WTO前身——关贸总协定(GATT)递交复关申请到中国最终加入,历时15年,谈判过程充满了艰巨性、复杂性、特殊性和敏感性。其中最重要的环节是中美谈判和中欧谈判,中美谈判进行了 25 轮,中欧谈判进行了 15 轮。中国代表团换了 4 任团长,美国和欧盟分别换了 5 位和 4 位首席谈判代表。中美谈判的主要特点是范围广、内容多、难度大。美国因为经济实力强大,要求开放的市场又多是中国保护程度较高的(如服务业)或比较敏感的(如农业)领域,谈判又受到各种政治因素干扰,美国的一些利益集团(如劳工组织)还想利用中国入世提出高于 WTO 的要求,因此谈判非常艰难。但是,因为中国入世符合中美双方的最终利益,中美高层多次在谈判的关键时刻坦诚交换意见,经过艰苦谈判,双方最终于 1999 年 11 月 15 日签署了双边协议。中美谈判的这一突破性进展,为中国入世谈判的最终成功铺平了道路。15 年的谈判过程,既是中国不断向市场经济体制迈进、向国际通行规则靠拢的过程,也是中国进一步扩大对外开放、积极参与经济全球化的过程。1992 年以来,随着中国经济结构的不断调整和产品竞争能力的日益提高,中国连续 6 次降低关税,到 2000 年年底关税总水平从 43% 降至 15%。同时,中国还取消了近千种出口商品的配额和许可证,取消了价格的双轨制,实现了汇率并轨和人民币经常项目下的自由兑换,逐步放开外贸经营权,增加了外贸政策的透明度。这些政策调整既是对外谈判的需要,也符合中国自身改革开放和经济发展的要求。此外,谈判还增进了普通民众对 WTO 基本规则的了解与熟悉,为中国改革开放的深入发展奠定了基础。

四、2001 年以后:以 WTO 规则为基础的对外经济贸易体制的全面改革

2001 年 12 月 11 日,中国正式成为 WTO 的成员国。中国外贸体制也进入了一个以 WTO 规则为基础进行全面改革的新阶段。WTO 的基本规则是建立在公平竞争和自由贸易的市场经济基础上的。入世之后,中国至少在三个方面加快了改革。第一,中国在非歧视原则、自由贸易原则和公平竞争原则下,调整修改不符合 WTO 规定的政策法规;第二,加快外贸主体多元化步伐,尤其是允许私营外贸企业的迅速发展;第三,转变外经贸主管部门的职能,从以行政领导为主转变为以服务为主,研究世界贸易发展趋势并向全社会提供相关信息,采用国际上通行的做法来分配外贸资源。

为了符合 WTO 对其成员国的要求,中国在入世谈判中做出了一系列承诺,主要包括降低贸易壁垒和开放服务业市场两个方面。这些承诺具体体现在中国入世议定书(后附所有双边协议汇总成的货物贸易减让表)和工作组报告等法律文件中。降低贸易壁垒是指:中国承诺进一步开放国内市场,包括关税的大幅下降和非关税壁垒的逐渐取消,为外国商品和投资进入中国提供更多的机会。根据中国加入WTO时做出的承诺,到2008年中国的关税总水平将由2000年的15.6%降至10%。其中,工业品的平均税率由14.7%降低到11.3%,农产品的平均税率相应地由21.3%降低到15.1%。与20世纪90年代初40%左右的关税率相比,中国关税的下降幅度很大,但是仍高于WTO成员国6%的平均关税。在降低关税的同时,中国已经并且还将取消许多非关税壁垒,主要包括进口配额、投标资格、贸易经营权、国产化要求、技术转让要求、政府采购等。入世后,民航、医疗器械和IT产品的所有进口配额立即被取消,汽车等产品的进口配额也将以每年15%的速度递减直到全部取消。自2002年1月1日起,中国已取消了粮食、羊毛、棉花、腈纶、涤纶、聚酯切片、化肥、部分轮胎等产品的配额许可证管理。为了履行承诺,中国外经贸部根据WTO的《货物进出口管理条例》的规定,制定了《进口配额管理实施细则》和《特定产品进口管理细则》。而国家计委公布的《农产品进口关税配额管理办法》也已于2002年2月5日正式开始实施。开放服务市场是指:入世后,中国的服务业将成为开放幅度最大的领域。电信、金融、保险等服务业采取渐进式的开放,由管制较严的"试点"或部分禁入,到可预见的逐步准入,到完全开放。可以预见的是,开放后的服务业将成为中国吸引外资最诱人的新增长点。开放的重要服务领域包括:电信市场、银行业、保险业、证券业和商业等。

中国加入WTO,至少会在三个方面对中国的经济改革和发展产生影响。第一,入世将增加中国的外贸总额。第二,入世将使中国的经济结构发生很大的变化:一方面,由于贸易更加自由,原来受到较高保护的行业会萎缩甚至退出市场;另一方面,更加开放的外商直接投资将刺激现代服务业、信息产业甚至汽车制造业的发展。第三,入世将加速国有企业改革,有助于中国私有企业的发展。总之,入世有利于中国以市场经济为目标改革的深入发展和最终完成。

第三节 外商直接投资

外商投资与中国的对外贸易发展是密切结合在一起的。在中国对外贸易改革之初,决策者的一系列在探索中前行的贸易自由化政策使得出口加工产业在中国的沿海地区蓬勃发展起来,虽然最初仅仅在广东、福建两省,但随后逐渐扩展到更为广泛的地区。当外商发现中国的开放政策使得在中国设立工厂进行生产有利可图的时候,大量的外资就涌入了中国。当然,外资进入中国的数量如此之多,趋势如此稳定,一定还存在着其他原因,我们在本节中将一一讨论。

过去的十年,中国的外商投资有三个明显特点。第一,相比银行贷款,外商直接投资是中国允许世界资本进入的主要形式。第二,相比服务业,外商投资的非常大的比例在制造业。第三,外商投资主要来自其他东亚国家和地区,尤其是中国的香港和台湾地区。每个方面中国都不同于世界的一般模式。每个特点都反映了兴起于邻近经济的出口导向型加工业在中国贸易中所占的主导地位。

首先让我们看一下改革开放以来,外商直接投资在中国的发展情况。从图1-1和图1-2中可以看出:虽然改革开放自1978年年末就开始了,但1979—1991年间外商直接投资规模甚小,数额最大的出现在1991年,合同金额只有119.77亿美元,实际使用金额只有43.66亿美元。这可能是因为外商需要进行试探和理解中国内地在20世纪80年代快速变迁着的政策环境,建立对中国发展的信心,同时发掘、利用中国与东亚的根本性变化中涌现出的机遇。

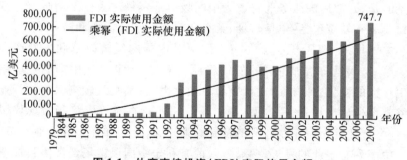

图 1-1　外商直接投资(FDI)实际使用金额
资料来源:《中国统计年鉴2007》、《2007年国民经济和社会发展统计公报》。

1992年开始,外商投资犹如滔滔江水一样涌入中国,这一趋势一直持续到今天。1996年之后,每年涌入中国的外商直接投资额都超过了400亿美元;到了2007年,中国当年实际使用的外商直接投资已达747.7亿美元,是1991年的1 712.55%。

1992年发生了什么,使得情况发生了如此重大的转变呢?1992年,邓小平视察南方并做了重要讲话,改革开放的政策被坚定不移地继续执行。

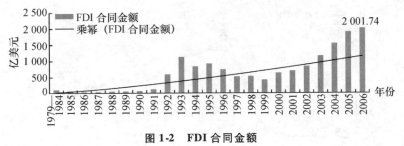

图 1-2 FDI 合同金额

资料来源:《中国统计年鉴 2007》。

为什么邓小平的讲话如此重要？原因有两个:第一,十多年来中国逐渐建立起对外国投资者的信用,在自由化经济和建立制度基础中也积累了经验,邓小平的讲话进一步加强了投资者的信心后,外商迅速做出了反应。第二,到 1992 年为止,中国很大程度上将外商直接投资限制在出口制造业,中国市场仅对部分外国投资者开放。从 1992 年开始,中国开始对外国投资者有选择地开放国内市场。一些新部门开始允许外国投资者参与,逐渐允许制造商把产品卖到中国市场来。这是第一次,广阔而有潜力、增长迅速的中国市场在吸引外商投资中扮演直接角色。

我们计算了外商直接投资(FDI)的数额与国内生产总值(GDP)的比率,这一标准化的比率可以用于国际比较。由图 1-3 可以看到,在 1990 年之前,FDI 对 GDP 的比率都低于 1%,1985 年这一比率仅为 0.64%,之后以每年 0.1% 左右的速度极为缓慢地上升,终于在 1991 年突破了 1% 的水平。1991 年至 1994 年间,这一比率经历了快速提升,年均增长 1.66%,并在 1994 年到达了峰值 6.04%。此后这一比率以年均 0.29% 的步伐逐渐下降,仅在 2001 年与 2002 年两年出现了微弱回升,最终在 2007 年下降到 2.21%,为 1991 年以来的最低水平。这表明 GDP 的增长比 FDI 的增长快。

这些数据说明中国是对 FDI 相对开放的国家之一。这与日本、韩国以及中国台湾地区的"东北亚"模式形成了鲜明的对比。日本和韩国在其增长最快的时期,FDI 也只占 GDP 的不到 1%,中国台湾也只比这个数字稍微高一点。近些年,流入这三个国家和地区的 FDI 有所增长,但无论如何,也从未超过 GDP 的 2%。中国对 FDI 的依赖像发展中的东南亚国家,如马来西亚、泰国、菲律宾与印度尼西亚,对它们来说,FDI 占 GDP 的 4%—6% 是很平常的。一般来说,中国符合"东南亚"模式,尽管在贸易政策上的保护程

图 1-3　FDI 与 GDP 的比率

资料来源:《中国统计年鉴 2007》、《2007 年国民经济和社会发展统计公报》。

度不同,中国的经济对 FDI 很开放,尤其是出口导向的制造业中的外商直接投资。事实上,FDI 的总量有限,相同的发展水平和政策导向使得中国和东南亚国家在吸引外商投资上存在竞争。

中国的一些地区比一般的东南亚区域对 FDI 更开放。流入广东和福建的 FDI 占 GDP 的水平高于全国平均水平。1993—2003 年的 11 年来,广东 FDI/GDP 的平均比例为 13%,福建为 11%。其他的沿海开放区域只比广东低一些:上海平均为 9%,江苏和北京平均为 7%。这些资本流入足够改变这些地区的经济。

从外商投资的地区结构来看,中国各地区吸收的 FDI 极不均衡。外资主要集中在东部沿海地区,内陆地区吸收的外资非常有限。从 1979 年到 1985 年,东部沿海地区吸收的 FDI 占全国的比例为 64.1%,内陆地区为 35.9%。由于吸收的外资主要来自港澳地区,地理优势使广东省吸收的 FDI 在全国处于绝对优势,占全国的比例为 50.6%。从 1985 年到 1990 年,东部沿海地区吸收的 FDI 占全国的比例为 73.8%,内陆地区为 26.2%。在此期间,随着台湾地区的投资增加,福建省吸收的 FDI 比例不断上升,20 世纪 90 年代达到 10% 以上,广东省吸收的 FDI 占全国的比例下降到 33.5%。进入 20 世纪 90 年代以后,东西部之间的差距进一步拉大,东部沿海地区吸收的 FDI 占全国的比例每年均在 84.6% 以上。沿海地区适合搞两头(原材料和最终产品市场)在外的劳动密集型产品加工项目,而且沿海地区的地理位置优越,经济基础较好,劳动力素质也较高,吸收 FDI 较早,积累了许多经验,投资的硬环境、软环境都好于内地。东部沿海地区的这些优势是内陆地区难以得到的,这是造成中国 FDI 的地区分布不均衡的主要原因。

我们再来考察 FDI 在中国利用外资各方式中的地位。从图 1-4 中可以很明确地得出结论:FDI 在 1992 年以来是中国利用外资最重要的方式。2001 年以来,FDI 占中国利用投资总额的比例一直在 94% 以上。改革开放以来,1979 年到 2006 年间 FDI 占实际利用外资总额的比例为 78.39%,是非常惊人的。

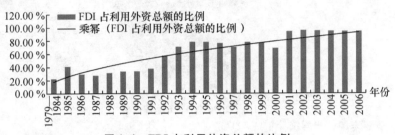

图 1-4　FDI 占利用外资总额的比例

资料来源:《中国统计年鉴 2007》。

这一比率为何能持续如此之高? FDI 的主导地位反映中国没有对其他外商投资模式进行有效利用,这表明中国吸引世界储蓄的潜力十分巨大。在进行更多的对外贸易自由化改革后,可以预计这一比率会逐步下降。

按地理来源来看 FDI,如图 1-5 所示,2006 年排名前十的外商实际投入资金占全国实际使用资金的 83.86%,来自亚洲的投资占到了一半以上,2006 年来自亚洲的 FDI 占总额的 56%;其次是拉丁美洲,占 22%。相比之下,来自欧洲和北美洲的 FDI 比例较小,分别只有 9% 和 6%。这种比率分布在近几年比较稳定,但与 2005 年相比,来自亚洲的 FDI 数额略有下降,而来自拉丁美洲的数额略有上升。

根据商务部数据,2008 年 1—3 月,对华投资前十位国家/地区(以实际投入外资金额计)依次为:中国香港(119.81 亿美元)、英属维尔京群岛(50.40 亿美元)、新加坡(12.37 亿美元)、日本(10.71 亿美元)、韩国(10.57 亿美元)、美国(10.06 亿美元)、开曼群岛(9.52 亿美元)、萨摩亚(7.68 亿美元)、中国台湾(5.10 亿美元)和毛里求斯(4.72 亿美元),前十位国家/地区实际投入外资金额占全国实际使用外资金额的 87.89%。

为什么拉丁美洲会在中国的 FDI 中起到如此重要的作用呢? 事实上,拉丁美洲的维尔京群岛和开曼群岛是重要的避税天堂,2006 年这两个地区合计向中国进行了 133.4 亿美元的投资,占到了拉丁美洲外商对华直接

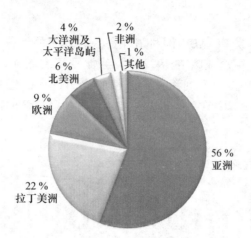

图 1-5 2006 年 FDI 地理来源

资料来源:《中国统计年鉴 2007》。

投资的 94.21%,占中国 2006 年 FDI 总额的 21.17%。单以国家/地区而论,维尔京群岛对华投资仅次于香港地区,在 2006 年居于第二位,高达 112.5 亿美元,超过排名第三的日本 144.62%。

来自亚洲的 FDI 数额占据着绝对的优势,这一点比较容易理解。事实上,香港地区是中国内地毫无争议的最大的投资者,据官方数据显示,香港占 1985—2005 年外商投资的 42%,香港不仅是中国内地最大的投资者,它在各个方面都有特殊的角色。首先,1997 年 7 月 1 日,作为英国殖民地的香港,成为中国的一个特别行政区。因此,中国的最大投资者不是来自国外。尽管如此,除了习惯以外,还是有许多原因要把香港当成"外国"来对待。香港有着一个与中国内地完全不同的经济和行政体制,与其他地区相比有着更高的经济发展水平;特别行政区的政府对重要经济决策有决定权,包括贸易条例;香港一直在许多国际组织中作为一个独立的成员,包括 WTO。考虑以上几点,将香港划分为中国的一个国外投资者是被广泛承认的。1998 年之后,来自中国香港和台湾的投资有所下降,而各种避税港的投资显著增加,台湾的商业组织对英属维尔京群岛、百慕大和一些自由港进行了大量投资。从 20 世纪 50 年代到 70 年代,香港以疯狂的速度从一个交易贸易中心发展为制造业、金融业和商业中心。20 世纪 80 年代香港持续发展,自然需要寻找拥挤的城市以外的其他空间发展制造业。但是香港本身地方很小,城市发展不可避免地意味着在不远以外的中国内地重建工厂。当香港的工厂搬到郊区,就意味着做了"外商"投资。香港与中国内地的相邻同样意味着它的投资者与其他国家的投资者相比,会对中国的政策体制改革得到更多的内部信息。当中国政策改变时,香港的投资者会更快地利用新的机会。结果是香港立即分享了大量新自由开放措施的FDI收益。其他国家投资者仅仅是逐渐获得香港的内部信息。香港商业具有的早期先行者优势会在未来持续拥有。2004年1月1日,中华人民共和国(内地)和香港特别行政区之间达成的《内地与香港关于建立更紧密经贸关系的安排》正式实施。香港的公司,包括多国合作的香港附属公司都将较早享有一些中国的入世条例。香港也拥有许多其他国家的附属公司。香港大约有1000家外国公司的区域总部(美国256家,日本198家,中国内地106家)。在一些情况下,以香港作为渠道的其他国家的投资也会计算在香港投资的数据中。有些中国内地的公司有时也会通过它们在香港的附属公司再向内地投资,或者是以这个目的创建附属公司,即所谓的"借贷套利"。这些公司想要得到优惠税率和其他外国投资公司的特权,以及通过香港附属公司所获得的自主权和匿名权。但是这里我们必须注意,香港经济的一个特点是:许多北京大公司把总部设在那里很长时间,例如中国能源和中国招商(分别属于中国商业部和中国交通部)在香港已经50年了。这些公司是中国的大投资者,但是这里不能错误地将它们的活动视为"借贷套利"。在历史的过程中,这些公司间的关系已经很复杂。最近,它们的关系会由于总部在离岸的避税地区公司投资的增加而变得更加复杂。

　　北美、日本和欧盟1985—2005年间对中国FDI占总累积投资的25%。但是1998—2002年,全球的发达国家对中国的FDI占92%,这是不普遍的现象。发达经济中每个国家的投资相对权重大约为8%(1985—2005)。2002年美国是中国内地的第三大投资者(在香港和台湾之后),但是随后,美国的投资出现下降的趋势。以经济发展和与中国的地理相邻关系来判断,会惊讶地发现,日本的投资并没有超过美国。日本的GDP是韩国、中国香港和中国台湾总和的6倍,但是日本对中国的投资仅仅是这三者之和的八分之一。20世纪90年代后日本经济的持续萧条和90年代后期盛行的对中国经济繁荣的悲观评价都可以视为日本对中国投资有限的原因。2003年以来,日本的经济和日本对中国的态度都显著改善。尽管中国和日本在政治上还有摩擦,但日本对中国的投资已经迅速增长。2005年,日本对中国的投资为65亿美元,是美国(30亿美元)的两倍。中国也开始意识到日本对经济影响的潜力。近年来,欧盟也成为一个比美国更大的投资者,2005年欧盟对中国投资50亿美元。在其他亚洲投资者中,至今为止韩国和新加坡是最主要的。韩国对中国的投资虽然较晚,但是发展极其迅速。2004年,韩国的投资飞跃到62.5亿美元,在回落到2005年的50亿美元之前超越了美国和日本(这里注意到一个奇怪的结果,根据官方的数据,2004年中国内地的前三大投资者按顺序分别为中国香港、英属维尔京群岛和韩国)。最主要的是日本和韩国在中国的FDI中标志了一个重要的工业重组新阶段。日本和韩国的投资重点都是中国的北方各省,如山东、辽宁和吉林。这种将经济活力向北方的迁移对中国经济有着深远的影响,可以扭转东北地区在经济上的衰落。2006年中国吸收FDI前10位的国家和地区见表1-1。

表1-1　2006年FDI前10位国家(地区)

名次	国家(地区)	2006年FDI数额(万美元)
1	中国香港	2 023 292
2	维尔京群岛	1 124 758
3	日本	459 806
4	韩国	389 487
5	美国	286 509
6	新加坡	226 046
7	中国台湾	213 583
8	开曼群岛	209 546
9	德国	197 871
10	萨摩亚	153 754

资料来源:《中国统计年鉴2007》。

从外商投资的产业结构来看,外商投资于第二产业(制造业)的比重最大,第三产业(服务业)次之,投资于第一产业(主要是农业)的比重非常小。根据中国官方统计,从1991年到1998年,外商投资在第一、第二、第三产业所占的比重分别为1.4%、62.7%、35.9%。20世纪70年代末期到80年代初期,外商在华投资主要在旅游宾馆和中低档加工贸易型制造业。80年代中期,多投资于房地产、商业、饮食等服务业。制造业内投资则以劳动密集型产品为主。80年代后,工业领域的投资项目不断增加,在外商实际投资额中占主要份额。到了90年代前半期,房地产业外资比重又上升。90年代后期,制造业内资金密集型和技术密集型行业中的外资比重开始上升。中国加入世界贸易组织以后,第三产业开始迅速成为外资投入的重点领域。旅游、国内贸易、生活服务等一般性行业的开放,和金融、保险、电信等重点行业的开放都将吸引包括国内企业和跨国公司在内的大量投资。

由图1-6可见,进入中国的FDI集中于制造业上,这是一个重要的特征。制造业的投资占FDI的份额在1996年以来一直保持在54%以上,1996—2007年制造业累计占FDI的63.52%。1996年,制造业占FDI的份额为67.39%,随后这一份额经历了3年的下降,在1999年到达了一个低谷,数值为56.06%;2000—2004年,这一份额稳步上升,在2004年达到了最高点70.95%。2006年,这一份额发生了急剧下降,从2005年的70.37%跌落到57.69%,随后在2007年又下降到54.65%。

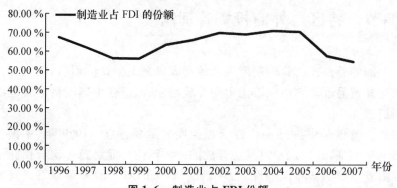

图1-6 制造业占FDI份额

资料来源:《中国统计年鉴2007》。

进入中国的制造业FDI流入大于其他任何一个国家。2003—2004年中国制造业FDI占FDI总额的70%。而对于其他发展中国家来说,这一数据在2002年年底仅为38%(发达国家更少,只有32%),而服务业占55%。相反,服务业FDI在中国仅占2003年FDI总额的27%。现阶段其他形式的投资,例如有价证券投资和银行投资相对而言在中国就不太重要。2002年年底制造业在中国占62%的注册外资。在相当大的程度上,这是由于中国一直限制国外进入比较重要的服务部门。中国加入WTO后承诺大幅度降低这些限制。事实上,成为WTO成员后一个最显著的影响就是开放这些服务部门,这甚至远大于对于贸易的影响,因为贸易在加入的时候就已经大幅度开放了。中国在制造业上的相对优势还是比较明显的。在所有发展中国家的FDI中,流入的3个占主要比例的服务部门(和它们在2002年的股份总流入)是:批发零售(7.4%),交通电信(8.0%)和金融(11.5%)。在中国不同的是FDI在服务部门的流入主要是房地产,特别是物业发展。这个行业占2003年总投资的10%。相反,批发零售(2.1%),

交通电信（1.6%）和金融（0.4%）表现不佳。这三个部门总共占世界发展中国家（包括中国）流入量的27%，但是在中国仅占4%。WTO的入世承诺对这些行业部门有极大的影响。以前限制外国公司的批发交易权利在2003—2005年间也被赋予。交通和电信行业在2005—2008年间也对少数的国外公司开放。金融业也逐渐对国外参与者开放，2007年银行市场对国外开放可以视为一个重要的里程碑。这些改变都将影响中国FDI流入的扩大和结构改革。一轮新的国际化和重组浪潮将开始。

第四节　特区与外商投资管理制度

中国的外商投资管理制度在改革开放以来不断突破创新，在一轮又一轮的对外贸易改革自由化浪潮中向开放与完善、适合中国国情的管理制度不断迈进。

经济特区是中国外商投资管理制度的重要特点。1979年，中国设立了第一个经济特区，这是对经济开放的一种承诺。此后每一次自由化浪潮都伴随着重要的新特区的设立，可以说，特区的不断增多可以看成是改革开放进程的阶段划分指标之一。

虽然今天特区已不是那么特殊，但是仍有很多投资是在各种各样的"特区"、"开发区"中，这些"区"中的政策也有所不同。为什么中国要设立这么多特区？这是因为中国的改革开放是渐进性的、从局部开始的。中央控制的国有体系和改革开放后逐步形成并占据日益重要的经济地位的出口加工体系，这两个体系正好对应了中国内地的非特区与特区。随着出口加工体系的不断壮大，特区的数量与分布地域也会不断扩展。

从1979年广东设立经济特区后，经济特区就成为政府对外开放的象征。本来，由于中国的历史原因，允许外国企业自由经营是很敏感的。特区非常容易被保守派认为是对主权的侵害。由于这个原因，经济特区的设立显示一种承诺。中国政府向外国公司证明，政府可以在一个特殊的容易控制的区域保持一个开放的环境。特区增强了改革的可信性。当大家对改革政策有争议时，特区有强大的象征作用：在后来的两个场合（1984年和1992年），邓小平去了深圳特区并对其所做出的肯定，都成为新的自由化浪潮的前奏。起初的经济特区同20世纪70年代就风行亚洲的出口加工区很像：这些区域用低税收、简化行政管理和最有吸引力的免税进口吸引投资。经济特区因此是出口加工战略初期发展的组成部分。中国的经济特区超越了其他的亚洲出口加工区,因为中国的特区是国内改革的试验田,不可避免地要在中国经济发展中扮演更广泛的角色。另外,由于这四个最初设立的经济特区想要吸引海外华人投资者,它们成为外部组织进入中国的重要渠道。因为这些原因,经济特区在中国的经济改革中具有非常重要的作用。但是,经济特区没有立竿见影,它们被寄予了很高的期望但是开始走得很缓慢。外商投资(尤其是高科技投资)最初令人失望,基础设施建设又成本高昂,还因为走私和腐败受到诟病。同时,FDI 迅速开始扩散到周围农村。珠江三角洲的小公司纷纷签订出口加工合同,外商提供设备和技术,中方用成品作为交换。因此,在改革进程的初期,来自香港的投资扩散到整个广东省,不仅仅是特区。改革者不希望他们的标杆衰退。1984 年邓小平视察深圳并肯定了深圳的成就,从而掀起了又一波自由化浪潮。开放了包括上海的 14 个沿海城市,这些城市中都有经济技术开发区,政策类似经济特区,鼓励其吸引投资。上海很快批准 3M 公司设立了一个独资子公司,但是还没有相关的法律允许经济特区以外的城市也可以这么做。海南省整个作为一个经济特区,珠海、汕头和厦门经济特区的范围也被扩大了。更多的地区对外商投资开放,包括很多农村。广东省的珠江三角洲,上海周围的长江三角洲,还有厦门经济特区附近的一些地区都对外开放了。新开放的区域包含 1.6 亿人口。因为农村没有什么国有企业,这意味着外国投资者可以设立工厂并雇用廉价的农村劳动力。这么多区域的开放不可避免地带来了区域间在吸引外资上的竞争,进而带来一些更优惠的政策。

在 20 世纪 90 年代初,一个新的经济特区的设立宣布了中国经济的第三轮开放浪潮。第一次在中国的发达地区设立特区,即上海浦东特区,这是一个信号,也是一个承诺。浦东特区比深圳大一点,有 110 万人口。1992—1993 年间设立了 18 个新的经济技术开发区和新型的高新技术开发区。这些区域的设立既是对继续改革的承诺也是政策向北转移的信号。城市房地产对外资开放,吸引了大量资金,尤其是来自香港的投资。一份中央文件(1992 年 4 号文件)允许在零售和其他服务部门进行试验。这些措施都显示了政府对投资的欢迎,行政限制也降低了。这为 1993 年 FDI 的大显身手缔造了舞台。到 2003 年,中央承认的投资区有 100 多个,其中包括 6 个经济特区,54 个国家级的经济技术开发区,53 个高新技术开发区和 15 个保税区。这中间有一些交叠,但是还有成百上千没有中央支持而由地方政府支持的特区。17个经济技术开发区是在2000—2002年间设立在内部区域的,大概是为了便于纠正和监督。到此时,中国开始西部大开发项目,自然地就把经济技术开发区扩展到了西部省份。现在,每个省都至少有一个经济特区或开发区。政府主导的大胆而零碎的对外开放——经济特区很大程度上代表了中国的转变进程。

中国的经济特区与亚洲其他国家的经济特区有相似之处。中国的经济特区是出口加工区的一种。亚洲的第一个出口加工区于1965年在中国台湾建立。到20世纪80年代,亚洲已经有35个出口加工区。马来西亚的槟城自由贸易区就是一个非常成功的例子,它给马来西亚的电子行业打下了坚实的基础。所有亚洲出口加工区吸引投资者的政策都是相似的。首先,零件和原材料可以无税进口且没有限额,出口品也没有相应的关税和销售税,好像这些区域"不属于"它们的国家。其次,公司所得税的优惠期通常为3—10年。再次,行政审批变得简单,限制不像其他区域那样严格。最后,这些区域往往像一个商业实体,给外国公司建设基础设施和公用供应设施。因此,亚洲的出口加工区就可以在不改变对国内市场保护的前提下促进出口,代价是放弃可观的税收和同国内其余经济的联系。很多出口加工区开始得晚并且花费了比预期更高的成本,但是大部分都很成功。起初出口加工区吸引了服装和电子组装投资者,因为这些部门工资低而且产品容易运输。随后,一些区域在不同程度上突破了初步产业,有助于更广泛的工业化进程。这些亚洲出口加工区所具有的基本特点,中国的经济特区也是同样具备的。

但中国的经济特区比其他的亚洲出口加工区更特殊。其他亚洲国家的出口加工区设立的经济体制大体上是市场经济体制。中国的经济特区是在计划经济体制下设立的,所以中国经济特区的"游戏规则"同那些亚洲出口加工区还是有很大不同的。经济特区是中国经济改革的试验田。比如说,深圳是浮动工资制和项目招标制的先锋。土地租赁的试验、资本市场都使深圳在稍后的改革中充当了创新的先锋。经济特区自治程度更高。在早期,经济特区可以保留税收、外汇等。经济特区有多重功能:它们是中国向世界开放的窗口,先进技术、管理和商业模式的试验田。深圳尤其变成了一个"复合的地区"(不是单纯的出口加工),为香港提供住房、旅游等其他服务,中国内地公司也有很高的积极性在特区投资。通过在特区设立分公司,它们享受低税收和低出口成本。由于经济特区具有多重功能并且对国内经济更重要,比其他亚洲出口加工区更大也就不奇怪了,见表1-2。

表 1-2　中国经济特区和其他亚洲出口加工区的面积

（单位：平方千米）

	1980 年的最初面积	1990 年的面积
深圳	327.5	327.5
珠海	6.8	121.0
汕头	1.6	52.6
厦门	2.5	131.1
高雄（中国台湾）		0.7
槟城（马来西亚）		1.2
巴淡岛（印度尼西亚）		36.6
巴坦（菲律宾）		3.4

资料来源：Naughton(2006)。

中国目前有一个良好的面向外商的投资制度；税收适度，同大部分国家的投资保护协定也比较适当；有仲裁机构，法律也比较健全。经常账户货币可以自由兑换，把利润转移回国也没什么问题。最大的特点就是相对的分散性和政府部门的高度控制。正式申请比较麻烦，任何投资合同都需要一些政府层面的批准；在其他大部分东亚国家，也需要政府批准，但只需要一个部门——专门的投资批准委员会批准即可。相对而言，在中国，审批环节则相对复杂。省级机构有权力批准 3 000 万美元的投资额，即使县级机构也可以批准 1 000 万美元以下的投资。实际上，这种分散的体系更倾向于外国投资者。外国投资者可以使各个地区互相竞争，这样就可以得到更优惠的政策。地方政府也有很强的动机通过低税收吸引外商投资，甚至提供超过法律规定的优惠政策。迫切渴望投资的政府可能会对土地租金或其他费用提供优惠。有时候地方政府和投资者串通把大投资拆成小投资来躲过中央政府的监督。同样的，外国投资者也有很强的动机在各个地区寻找最有利的机会。比如说，法定的公司所得税是 33%，但是特区和经济技术开发区只有 15%，沿海城市和省级政府设立的特殊区域为 24%。实际上，这些数字仅仅是起线。产出超过 70% 用于出口的公司和被定义为高科技的公司有更大的优惠，虽然理论上不能低于 10%。还有，在经济特区等特殊区域（有时其他地方也这样），前两年免税，第三年到第五年只缴一半税。无需多言，税收和其他一些财务规定都有很大讨价还价的余地。虽然有很多对外商的优惠规定，同时也带来了一些难题。谁拥有税率和土地使用的最终决定权往往是不明朗的。因为地区间竞争，外商会面临复杂的地区和机构关系。此外,不同地方政府服务差别很大,一些政府非常专业而另一些则缺乏训练。国家的政策法规是合理的,但地方政府往往不执行。解决这些复杂问题对外商来说往往成本很高。

中国对外商投资的管理制度改革是一个逐渐放松管制的过程。在 20 世纪 80 年代初期,FDI 主要是合资企业和联合开发的项目。利润可以以任何方式在签订合同的几方之间分配。联合项目开发是合资的一种,主要用于开采石油。20 世纪 80 年代中期以后,中国鼓励股份制合资,这种形式变成了投资的主导形式。从 1987 年到 1996 年,超过一半的投资者进入了股份制合资企业。外商认为,在中国这种环境下做生意,建立长期的合作关系是必要的,中方认为这可以增进信息和技术的共享。实际上这种股份制企业也有麻烦。外商发现他们同中方的合作者往往有不同的动机,尤其是与国有企业合资的时候。外方经理更关注利润和市场份额,中方经理往往还关注提供的就业,希望建立一个大公司,希望得到技术。随着中国逐渐向市场经济转变,外商发现他们可以独立经营企业,不需要中方的协助,也就可以避免那些麻烦,于是外商更倾向于独资。中国的规定也逐渐转变并适应外商的需求。外商独资企业的投资在总投资中所占的份额稳步上升,2004 年占到了 FDI 的三分之二。

第五节 WTO 对中国的影响

本节专门对 WTO 对中国的影响进行分析。

中国加入 WTO,至少会在三个方面对中国的经济改革和发展产生影响。第一,入世将增加中国的外贸总额。第二,入世将使中国的经济结构发生很大的变化:一方面,由于贸易更加自由,原来受到较高保护的行业会萎缩甚至退出市场;另一方面,更加开放的 FDI 将刺激现代服务业、信息产业甚至汽车制造业的发展。第三,入世将加速国有企业改革,有助于中国私有企业的发展。总之,入世有利于中国以市场经济为目标的改革的深入发展和最终完成。

一、促进自由贸易,增加进出口总额

中国入世最直接的影响是国际贸易总额的增加。世界银行、中国及其他国家的经济学家的研究都表明,中国加入 WTO 将扩大世界贸易规模,促

进贸易的进一步自由化,对世界贸易的增长做出巨大贡献。成为WTO成员国后,中国既会因为市场的开放而进口更多的外国商品,也会通过贸易环境的改善以及经济实力和出口能力的增加而扩大对外出口。

(一) 中国进口的增加

中国加入WTO后会减少对贸易的保护和限制,包括关税的大幅下降和非关税壁垒的逐渐取消。一般而言,开放贸易会导致进口的增加。虽然最受关注的是关税的降低幅度,但事实上取消非关税壁垒比削减关税对贸易的影响往往更大,因为非关税壁垒对外贸数量的影响是直接的。中国在入世前保护较高的商品,大多数是发达国家具有比较优势、生产效率高的产品。而贸易保护也确实达到了限制进口数量的目的。从表1-3中可以看出,从1980年到1997年,中国的进口总额占世界贸易总额的比重迅速增长,从0.88%上升到3.32%,但从西方发达国家的进口占这些国家出口的比重却并没有明显的变化。根据其他的一些资料显示,从1980年到1996年,从北美的进口占中国进口总额的比重从19.4%上升到20.9%,仅上升了1.5个百分点,而从西欧的进口占中国进口额的比重反而从24.4%下降到了14.4%,从澳大利亚的进口额比例也从2%降到了1.1%。从总体上看,入世前,中国从发达国家的进口增长速度低于中国进口的平均增长速度。

表1-3 中国来自其他国家和地区的进口占各国和地区总出口的比重

(单位:%)

年份	1980	1983	1987	1990	1993	1997
中国香港	5.93	10.71	25.2	26.44	38.33	36.76
中国台湾	0	0	0	4.56	14.29	17.36
韩国	0	0	0	0.91	7.91	14.02
日本	4.04	4.19	6.5	2.95	9.11	7.45
澳大利亚	4.06	2.18	4.47	2.98	4.33	4.91
新加坡	1.29	0.74	2.29	1.67	3.18	3.91
南亚四国	1.01	0.82	3.13	2.11	2.65	3.16
新西兰	3.12	2.19	2.87	1.15	2.44	2.79
美国	1.64	0.87	1.1	1.17	1.58	1.57
西欧	0.31	0.41	0.7	0.54	1.08	0.95
加拿大	1.31	2.18	1.37	1.2	0.97	0.85
全球	0.88	0.95	1.69	1.64	3.28	3.32

注:南亚四国包括马来西亚,印度尼西亚,泰国,菲律宾。
资料来源:加拿大统计局整理的联合国贸易统计数据(1999)。

入世后,中国进口增加将主要集中在资本和技术密集型产品上。而发达国家资本充裕、技术发达,具有生产资本、技术密集型产品的比较优势,这意味着中国与发达国家之间的贸易量会大量增加,增长速度有可能会快于中国外贸的平均增长速度。降低贸易壁垒的还包括许多资源密集型产品,因此,从发展中国家(如东南亚国家)的资源密集型产品进口也会增加。

(二) 中国出口的增加

入世在很大程度上改善了中国商品出口的外部条件。在新的环境下,中国的充裕要素会得到更加有效的利用,从而增加中国具有比较优势商品的出口数量。入世对出口的影响主要表现在直接和间接两个方面。

首先,入世直接促进了中国劳动密集型产品的出口。加入世界贸易组织后,通过获得永久性最惠国待遇和参与多边贸易争端调节机制,中国将在世界贸易体系中处于更加公平和稳定的地位。通过出口条件的改善和歧视性配额的取消,中国有可能会扩大传统劳动密集型产品如纺织品、玩具、鞋类、机械和电子产品的出口。而在出现贸易纠纷和摩擦时,双方可以平等地使用多边贸易争端调节机制来寻求问题的合理解决。贸易环境的改善为中国出口的增长提供了有利的制度条件。

其次,由于商品贸易和 FDI 更加自由,中国的经济结构也将发生很大的变化。那些具有比较优势的行业由于获得了更多的资金和技术,出口将增加。例如,对中国来说,土地密集型的农业产品不具有比较优势,而劳动密集型农业——养殖、畜禽、水产、园艺则具有比较优势,入世会促进中国农产品结构调整,有助于具有比较优势的养殖、畜禽、水产、园艺行业的发展。更加自由的贸易会使很大一部分资源从土地密集型农业、资源密集型制造业和一些资本或技术密集型工业部门流向劳动密集型或具有潜在竞争力和市场规模的部门。这些行业 FDI 的增加会促进它们的出口。

二、优化资源配置,调整经济结构

从总体上看,自由贸易会使一国降低对没有比较优势产业的保护程度,同时会增加具有优势产品的生产和出口。现在多数的外资来自于跨国公司,且这些外资都与具体的产品和一定的技术相关联。技术和特殊产品的投资不仅仅是简单的资源转移,它有可能改变进口国国内市场的竞争环境,进而有可能改变东道国的经济结构。由于国际贸易和国际投资的发展,一国会更广泛地参与国际分工,融入世界经济,这一过程必然会伴随着该国经济的不断调整。进一步优化资源配置,重新调整经济结构的压力和动力既来自于更加自由的商品贸易,也来自于更加开放的FDI。

在入世后的5—10年内,贸易自由化和市场准入将使中国的经济结构发生巨大变化。经济结构的调整和资源的重新分配将遵循比较优势和经济动态发展的原则。总的来说,如果一种产品主要靠使用国内稀缺的资源来生产,则它的产量就会减少,反之,如果一种产品的生产所依赖的国内资源比较丰富,则它的产量就会增加。具体来说,资源密集型产品(农产品,木材,纸品等)和资本/技术密集型产品(化学品,汽车,IT产品)的关税与非关税壁垒都将大大减少。中国将进口更多类似谷物的土地密集型农产品,木材、纸张等资源密集型产品的生产将相对减少,化学制品、化妆品、医药品等原来受到较高保护的一些产品产量也将相对减少。因此,国内的进口竞争部门就不得不进行产业调整。新资源会更多地流向那些具有竞争力或具有潜在竞争力的部门,以及新成长起来的服务行业。

另一方面,中国的产业结构还受到FDI的影响。有些过去也受到保护的产业,如汽车、服务业、IT业,也很可能由于对外开放吸引大量FDI而得到发展。以汽车行业为例,尽管目前中国在汽车行业没有优势,但即使政府取消了对汽车行业的保护,中国汽车行业也不一定会萎缩。虽然中国不具备生产能力的豪华型车的进口会增加,但绝大多数的经济型轿车将在国内制造而不是依靠进口。目前,中国的几大主要汽车厂商都已经和美国、欧洲和日本的汽车制造商们建立了合资企业,现在国内的主要车型都是这些合资企业生产制造的。由于较高的贸易壁垒,中国现在仍有100多个生产规模很小的汽车制造厂。一旦取消贸易保护,这些小厂将会消失,同时,合资企业规模将会进一步扩大。换句话说,对于经济型轿车,发达国家的汽车制造商会选择在中国投资生产而不是在它们本国生产出来之后再出口到中国。随着中小型汽车市场规模的日益扩大,中国的汽车市场对世界主要汽车厂商具有越来越大的吸引力。因此,在减少贸易保护和国内汽车小厂减少和关闭的同时,FDI的增加会扩大国产的外国品牌和合资新品牌的汽车生产规模。

毫无疑问,入世后FDI的大量增多将对中国的经济结构产生重要的影响。联合国贸发会议发表的《2001年世界投资报告》的调查数据表明,目前《财富》500强公司中已有超过400家在中国投资了2 000多个项目。世界上最主要的电脑、电子产品、电信设备、石油化工等制造商,已将其生产网络扩展至中国。中国加入WTO之后,越来越多的跨国公司已经开始把中国作为其市场销售、原料采购、价格制定乃至新品研发、人力资源开发等方面的亚太基地,为所属的亚洲各地的生产性子公司提供协调管理和综合服务。

另外,在中国加入WTO以后,随着旅游、贸易、生活服务等一般性行业和金融、保险、电信等重点行业的开放,外国公司和跨国公司的大量投资会转向这些发展潜力巨大的行业,第三产业将迅速成为外资进入的重点领域。

从服务业内部来看,电信业将是FDI大幅度增加的一个最重要的领域。目前,中国电信设备市场对外开放已经达到相当高的程度,外资企业生产能力已占全国的70%以上。外国投资的增加会进一步带动电信设备产业的发展。金融和保险业也会成为FDI的重点领域。由于中国银行业在管理水平、资产质量和技术能力等方面与国外银行相比都存在着明显的差距,中国的金融业将面临激烈的竞争。可以预计,入世后中国保险业的外国投资将有一个较大的增长。正如纽约人寿保险公司董事长塞斯特恩伯格所说,美国商界认为,如获得中国1%的市场份额,就会使纽约人寿保险公司的业务扩大一倍,使保险单持有者达到600万,外资的进入是必然的。外资保险公司的进入,一方面将给中国保险业带来新的保险技术,新的保险技术不仅包括新的险种组合,还包括先进的经营管理技术,另一方面将使竞争态势加强,中国内资保险公司的竞争压力也将加大,保险业市场上的中外竞争和外国企业之间的竞争将会有力地推动中国保险业的发展。

三、明确目标和路径,深化市场经济改革

入世很显然会给中国和其他国家都带来更多的商业机会,但最重要的影响是有助于深化中国的经济体制改革,从而为中国经济的持续发展奠定基础。具体来说,入世对改革的影响包括:

(一)为更深入的改革确立明确的目标和路径

由于历史和政治的原因,中国的改革路径,如邓小平同志所说,基本上是"摸着石头过河"。改革最初的目标是在不改变基本经济制度的前提下提高国有企业的效率。中共十四大明确提出改革的目标是建立具有中国特色的社会主义市场经济。然而,对于什么是社会主义市场经济,不同的政治和经济部门基于各自的利益和理解会有完全不同的解释。改革初期,目标不明确不会影响改革效果,因为最初的改革主要是一个简单的帕累托

改进过程。在这一阶段,几乎所有人的福利状况都变得比以前好了,改革的阻力也不大。但是,随着改革的深化,新政策的出台和新制度的建立往往会使一些人的利益受到损失。许多利益集团就利用政治权利来保护他们各自的经济利益。

加入WTO,有利于把国内不同利益集团之间的分歧搁置一边,确立明确的改革目标,并确定达到目标的路径。入世会迫使中国根据WTO的原则深化改革,把国内的争论转化为对国际的承诺,未来一段时期的改革重点是如何根据WTO规则调整国内的经济体制和经济政策,完成从计划经济向市场经济的过渡。

(二) 推动国有企业改革

入世将首先使拥有外贸特权的国有企业面临一系列挑战,WTO的一个主要原则是公平贸易和公平竞争。有碍于公平贸易的政府补贴或国有贸易会被认为是非市场行为,是不公平的,并且很容易遭到报复。由于中国处于转型期,国有企业在许多部门仍然发挥着重要的作用。直至2000年,中国近50%的出口都是来自国有企业。因此,即使中国加入WTO,也很可能仍被当成非市场经济国家看待而遭受歧视或报复。根据当前的协议,在未来15年内或直到中国真正建立市场经济体制之前,其他国家仍然有可能以有碍公平竞争为由对中国国有企业产品的出口采取报复性措施。

因此,入世将给国有企业的改革造成很大的压力。除了提高经济效率的需要之外,为了避免对"非市场经济国家"的歧视待遇及有关补贴或倾销的诉讼,许多国有企业需要进行所有制改革。

(三) 促进私营企业发展

过去20年,中国的私营企业取得了长足的发展,但是在许多部门,尤其是在许多重要行业,比如金融、外贸、供电、交通运输等行业中,私有企业的发展仍然受到很多限制。

中国入世能为私营企业带来很好的机会,使它们有机会涉足那些原来被禁止的行业。一旦政府取消了这些行业禁令,私营企业将得到更好的发展机会。同时,金融业的竞争和发展也会为私营企业的发展提供更多的融资渠道。

中国加入WTO预示着中国会更加积极地融入并主动参与到世界经济中去。目前,中国正进入改革和发展的新阶段。像1978年的农村改革一样,中国加入WTO将是中国现代化进程中的又一个里程碑。在一个比较开放的环境下,中国已经成功实现了经济的高速增长,在WTO的框架下,改革必将把中国带入经济发展的更高阶段。

第六节 中国对外产品贸易

1978—2007 年,中国的货物进出口总额(进口额与出口额之和),由 355.0 亿元增长到了 158 787.4 亿元(21 738 亿美元),是 1978 年的 447.2884 倍,年均增长率达 23.4%。从图 1-7 中我们可看出,1990 年之后,中国的货物进出口总额增长十分快速。2002—2006 年增长尤其迅猛,年增长率都在 20% 以上,2003 年达到了 37.19%;2005 年以来始终保持在 11 万亿元以上,2007 年达到了历史最高值,158 787.4 亿元。

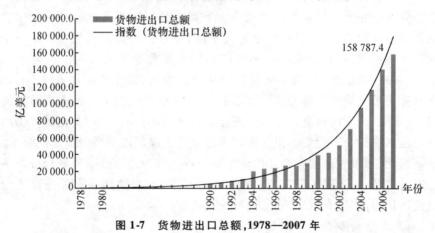

图 1-7 货物进出口总额,1978—2007 年

资料来源:《中国统计年鉴 2007》、《2007 年国民经济和社会发展统计公报》。

值得注意的是,如图 1-8 所示,中国的货物进出口总额在 1991—1994 年增长得很快,也运行在 20% 以上,在 1994 年更是达到了 1991 年以来的最高值 80.83%。1995 年起开始了减速与不稳定,1996 年增长幅度仅为 2.70%,1998 年更是出现了十几年来唯一的负增长,比 1997 年同比下降了 0.44%。一直到了 2002 年,才开始了新一轮的稳步增长。

为什么 2002 年会如此特殊?因为 2001 年年末,中国正式加入 WTO,关税和非关税壁垒进一步降低,中国政府在履行入世承诺的过程中,通过清理与 WTO 原则相冲突的法律法规等方式;进一步促进了中国对外贸易的自由化。进出口同时得到了推动,出现了大幅增长。在 2002 年,中国的进出口总额首次突破了 6 000 亿美元。

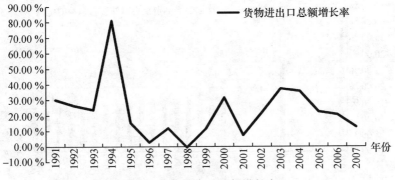

图 1-8 货物进出口总额增长率

资料来源:《中国统计年鉴 2007》。

初级产品①贸易也有较大增长。如图 1-9 所示,1980 年初级产品贸易额仅为 160.73 亿美元,2006 年初级产品贸易额已达 2 400.48 亿美元,年均增长率为 11.0%。与货物进出口总额的图形对照,容易看出虽然初级产品贸易增长也很快,但仍然没有货物进出口总额增长得快,其趋势线较为平缓,由此可以推知初级产品贸易的份额会趋于下降。这一现象反映在图 1-10 中。

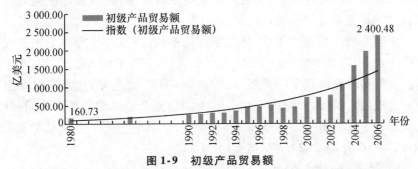

图 1-9 初级产品贸易额

资料来源:《中国统计年鉴 2007》。

初级产品贸易占对外贸易总额的份额在 2001—2006 年稳定在 13% 左右,在 2002 年达到最低点,仅为 12.53%。改革开放以来,这一份额先是急剧下降,进入 21 世纪后逐步趋于稳定。为了理解这一领域的变动,必须考虑到改革开放以来,中国的出口加工行业相对于农业部门的迅猛增长,以及近年来国际燃料价格的变动。

近年来,在世界经济增长、全球流动性过剩的背景下,原油需求增加,

---

① 按中国统计年鉴分类,主要为食品与燃料等。

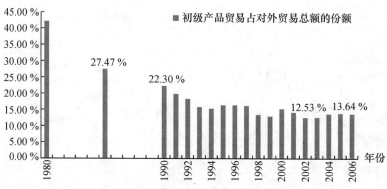

图 1-10 初级产品贸易占对外贸易总额的份额
资料来源:《中国统计年鉴 2007》。

美伊战争的爆发使得国际油价不断上行。在美元指数大幅度下滑的同时,国际油价连续突破了 30、40、50、60 美元/桶的年均价格关口,并在 2006 年 7 月逼近 80 美元/桶。① 2008 年 5 月 5 日,国际石油价格已达 120.36 美元/桶。2007 年,中国进口石油近两亿吨。在国际石油价格不断升高、中国石油进口需求逐年增长、美元不断贬值的背景下,可以预计中国的石油进口占对外贸易总额的份额将保持稳定。

中国的贸易余额在 1994 年以来都是正的,1993 年十分罕见地出现了贸易逆差,但幅度不大,仅为 122.2 亿美元(-701.4 亿人民币)。1998 年中国的贸易余额出现了一个极点,数值为 434.7 亿美元,这是东南亚金融危机造成的。2005—2007 年这三年,中国贸易余额的增长极为陡峭,分别同比增长了 217.86%、74.00% 和 47.73%,从 2004 年的 320.9 亿美元跳跃增长到 2007 年的 2 622.0 亿美元(图 1-11)。

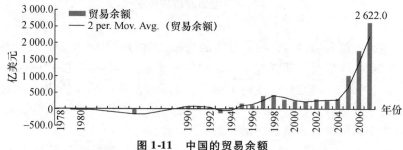

图 1-11 中国的贸易余额
资料来源:《中国统计年鉴 2007》。

---

① 《2008 年世界经济形势分析与预测》,社会科学文献出版社。

表 1-4 给出了 2006 年按国别(地区)统计的中国的贸易余额,按数值排序的前五个国家(地区)和后五个国家(地区),中国内地与香港地区的贸易余额最大,高达 1 445 亿美元;其次是美国,高达 1 442 亿美元。值得注意的是,除了中国香港地区外,中国与东亚主要的贸易伙伴如日本、韩国和中国台湾,都是贸易逆差,其中尤以中国台湾数值最大,达到了 664 亿美元。

表 1-4 按国别(地区)统计中国 2006 年的贸易余额

序号	国别(地区)	贸易余额(万美元)
1	中国香港	14 452 931
2	美国	14 423 737
3	荷兰	2 721 107
4	英国	1 765 681
5	阿联酋	860 804
6	安哥拉	-1 003 911
7	菲律宾	-1 193 643
8	日本	-2 404 991
9	韩国	-4 520 194
10	中国台湾	-6 636 555

资料来源:《中国统计年鉴 2007》。

香港地区在中国的贸易余额中这种特殊的角色一方面是由于其特殊的地理位置,另一方面是由于香港一直参与了中国内地的改革开放进程,并在这一过程中与中国沿海开放地区建立了密切的联系网络,成为中国与世界信息与物资交流的重要窗口。

我们再来看一下中国的主要贸易伙伴。如表 1-5 所示,以进出口总额衡量,美国自 2004 年到 2006 年都是中国最大的贸易伙伴,中国对美国的进出口总额从 2001 年的 804.8 亿美元逐步增长到 2006 年的 2 626.6 亿美元,(算术)年均增长率为 26.8%。同时,中美贸易顺差也从 2001 年的 280.8 亿美元增长到了 2006 年的 1 442.4 亿美元。日本在 2001—2003 年是中国最大的贸易伙伴,随后也是仅次于美国的贸易伙伴,这是受到了日本经济状况好转以及对中国发展前景预期的改变的影响。

应该如何看待中美间的贸易顺差? 贸易赤字本身未必是坏事,一国出现了贸易赤字,意味着从别国得到了融资,问题的关键在于如何利用别国

表 1-5　中国主要贸易伙伴, 2001—2006 年　　　（单位：万美元）

	2001			2002		
	进出口总额	进口总额	出口总额	进出口总额	进口总额	出口总额
总计	50 965 094	26 609 821	24 355 273	62 076 607	32 559 597	29 517 010
美国	8 047 945	5 427 951	2 619 994	9 718 343	6 994 579	2 723 764
日本	8 772 783	4 494 052	4 278 731	10 189 984	4 843 384	5 346 600
中国香港	5 596 374	4 654 124	942 250	6 918 939	5 846 315	1 072 624
韩国	3 589 573	1 251 878	2 337 695	4 410 257	1 553 456	2 856 801
中国台湾	3 233 836	499 960	2 733 876	4 464 711	658 572	3 806 139
德国	2 352 329	975 110	1 377 219	2 778 827	1 137 185	1 641 642
新加坡	1 091 899	579 071	512 828	1 403 078	698 422	704 656
马来西亚	942 508	322 110	620 398	1 427 051	497 421	929 630
荷兰	873 513	727 843	145 670	1 067 913	910 756	157 157
俄罗斯联邦	1 066 927	271 047	795 880	1 192 743	352 074	840 669
	2003			2004		
	进出口总额	进口总额	出口总额	进出口总额	进口总额	出口总额
总计	115 455 432.9	59 332 558.1	56 122 874.8	142 190 617	76 195 341	65 995 276
美国	12 633 286	9 246 677	3 386 609	16 959 858	12 494 203	4 465 655
日本	13 355 683	5 940 870	7 414 813	16 783 577	7 350 904	9 432 673
中国香港	8 739 303	7 627 437	1 111 866	11 266 529	10 086 857	1 179 672
韩国	6 322 282	2 009 477	4 312 805	9 004 566	2 781 156	6 223 410
中国台湾	5 836 447	900 409	4 936 038	7 830 374	1 354 443	6 475 932
德国	4 173 400	1 744 211	2 429 189	5 411 175	2 375 573	3 035 602
新加坡	1 934 862	886 377	1 048 485	2 668 207	1 268 760	1 399 447
马来西亚	2 012 730	614 089	1 398 641	2 626 080	808 606	1 817 474
荷兰	1 543 436	1 350 124	193 312	2 148 823	1 851 882	296 941
俄罗斯联邦	1 575 800	602 993	972 807	2 122 553	909 812	1 212 741
	2005			2006		
	进出口总额	进口总额	出口总额	进出口总额	进口总额	出口总额
总计	142 190 617	76 195 341	65 995 276	176 039 646.9	96 893 560.1	79 146 086.79
美国	21 151 252	16 289 075	4 862 177	26 265 946	20 344 842	5 921 105
日本	18 439 396	8 398 628	10 040 768	20 729 525	9 162 267	11 567 258
中国香港	13 669 803	12 447 325	1 222 478	16 608 883	15 530 907	1 077 976
韩国	11 192 818	3 510 778	7 682 040	13 424 635	4 452 221	8 972 414
中国台湾	9 122 989	1 654 956	7 468 033	10 783 172	2 073 308	8 709 863
德国	6 325 006	3 252 713	3 072 293	7 819 396	4 031 460	3 787 937
新加坡	3 314 686	1 663 226	1 651 460	4 085 791	2 318 529	1 767 262
马来西亚	3 069 956	1 060 635	2 009 321	3 710 951	1 353 707	2 357 243
荷兰	2 880 246	2 587 574	292 672	3 451 120	3 086 114	365 007
俄罗斯联邦	2 910 122	1 321 128	1 588 994	3 338 681	1 583 249	1 755 433

资料来源：历年中国统计年鉴。

的资金,是用于投资还是用于消费。用于投资则有利于真实收入的增加。同理,中国的贸易顺差也未必是好事,尤其是当中国的资本账户同样出现了巨额盈余的时候。此时需要考虑中国对巨额外汇储备的保值投资策略。

按出口的货物分类考察中国的历年出口,可以看出中国的货物出口中工业制成品占据了主要地位。工业制成品包括化学品及有关产品,轻纺产品、橡胶制品、矿冶产品及其制品、机械与运输设备、杂项制品以及其他未分类的产品等。由图1-12可以看出,中国的工业制成品出口一直占据了货物出口的绝对份额,1993年以来这一比率一直在80%以上,2001年以来这一比率一直在90%以上,1991年以来这一比率一直是稳定增长的,仅在1996年出现了微小的回落。2006年,这一比率到达了94.54%,为1991年以来的最高水平。可以说,正是中国工业制品的出口增长,促成了中国货物出口总额的强劲增长。

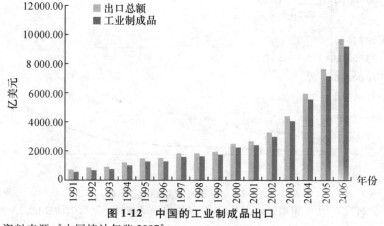

图1-12 中国的工业制成品出口

资料来源:《中国统计年鉴2007》。

由图1-13可以看出,工业制成品的出口增长率变动几乎是与出口总额增长率变动重合的。二者都在1994年和2004年达到了极值,最大值分别是37.02%和35.39%,出现在2004年。我们需要注意到,相对于出口数额的增长,增长率显得波动很大,在1992年以来经历了四次低谷,2004年以来又出现了下行趋势,工业品出口总额的增长,以及全国出口总额的增长可能会放缓。

中国的货物出口总额自1990年以来经历了与GDP速度相近的增长。1990年,出口总额为620.91亿美元,GDP为3 902.79亿美元。进入21世纪后,出口总额保持了20%以上的增长率,比GDP增长得更快(见图1-14)。

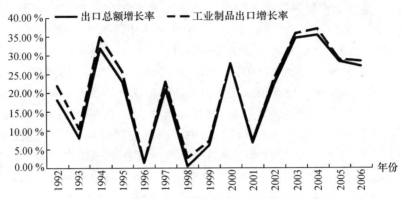

图1-13 工业制品出口增长率对出口总额增长的贡献

资料来源:《中国统计年鉴2007》。

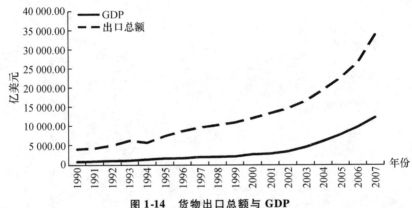

图1-14 货物出口总额与GDP

资料来源:历年中国统计年鉴、2007年国民经济和社会发展统计公报。

我们再来考察中国的对外贸易在中国各地区的分布。2006年,进出口排名前五位的地区依次是:广东,江苏,上海,北京,浙江。这五个地区的合计进出口额达到了13 358.8亿美元,占当年全国进出口总额(17 604.0亿美元)的75.9%。2005年和2000年,进出口排名前五位的也是这五个地区(见图1-15、图1-16)。但我们可以看出,作为对外经济贸易改革先行者的广东省,其相对重要性下降了,而长江三角洲地区(上海、江苏和浙江)的相对重要性却显著上升了。这种进出口份额由南向北的转移,其原因是多方面的。第一,中国内部的政策环境发生了变化,对环境与高科技产业,主要是电子与信息行业的重视,使得长江三角洲地区在出口方面的重要性越来越大,相关产业形成了集聚效应。第二,广东作为改革的先行

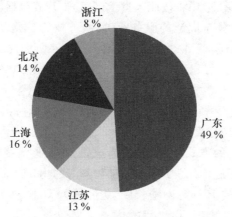

图 1-15　2000 年中国进出口前五位地区对比
资料来源:历年中国统计年鉴。

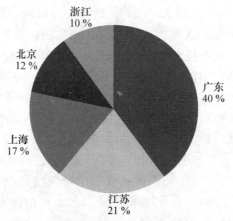

图 1-16　2005 年中国进出口前五位地区对比
资料来源:历年中国统计年鉴。

者,发展已经较为成熟,增长速度相对于长江三角洲附近较为缓慢,而长江三角洲附近则有较大的发展空间,毕竟在改革开放之前,广东与福建只是对外贸易的二线城市,受到地理环境的限制,不能与中国的内陆在交通、人员流动上取得长江三角洲那样便利的条件;而长江三角洲附近本身就是中国人口稠密、交通便利的地区,能与中国广阔的市场更为紧密地联系在一起。当中国的政策逐步有选择地开放国内市场的时候,广阔而富有发展潜力的市场就使得长江三角洲获取了越来越重要的地位。2001 年年末,中国正式加入了 WTO 后,中国将按照入世承诺,逐步开放包括电信、保险、银行等重要而且在地域上分布广泛的服务业,而服务业无论是从业人员还是其客户,都与广泛而具有消费潜力的人口具有密切关系。因此,在未来,随着中国对外贸易的进一步发展,长江三角洲附近将会在中国的对外贸易中占据越来越重要的地位。

对外贸易毋庸置疑为沿海地区带来了巨大利益,由于贸易需求的力量,沿海各省的发展速度明显快于内地。然而不同的沿海省份对贸易机会的回应是完全不同的方式。首先,贸易政策对福建、广东等南方沿海省份的发展有巨大的促进作用。广东、福建和海南的出口产品占中国出口总量的份额从 1978 年的 16% 急剧增长到 20 世纪 90 年代中期的 46%。这些省份大部分得益于 20 世纪 80 年代的优先发展政策以及外资的增长和电子产品的贸易。广东被鼓励提前一步发展,并且成为中国经济的窗口——甚至可能成为继新兴工业化城市亚洲"四小龙"——韩国、中国台湾、中国香港和新加坡之后的亚洲"第五小龙"。最初一段时间,南方沿海地区的快速发展使得中国传统的富裕地区——长江三角洲的发展相对缓慢。长江三角洲在 20 世纪 80 年代发展迅速,但是没有走和南方一样的对外贸易之路。该地区的产品在中国出口总额中的份额持续下降:从 1978 年的 34% 降到 20 世纪 90 年代中期的 21%。然而,在 20 世纪 90 年代中期以后,长江下游地区开始了与贸易相关的急剧增长。由于外资的大量引入,长江中下游地区的产品在中国出口总额中的份额有了显著增长,到 2005 年,回升到原来的 38% 的水平。而南方沿海地区则相反,2005 年其份额降到了 36%,尽管仍然保持了相对其他国家较高的增长速度。在这一领域,北方地区的份额在一直下降。从传统来看,东北和北部沿海地区的发展是一个重要的力量。北方地区出口很多种产品,包括重工业产品和石油。在 20 世纪 80 年代早期,北方地区的进出口份额在增长,因为东北地区的石油国际价格很高,对中国对外贸易收入贡献很大。但从 20 世纪 80 年代以后,北方地区的进出口份额在降低,到 2003 年降到 20%,尤其是东北三省的份额降到 5%。广州依然是中国最大的出口省份,占出口总额的 31%,并且在 2005 年,38% 都是高科技产品。而且,贸易与 GDP 的比值在广州明显增长,达到 178%,与马来西亚相似,其比值为 175%。长江中下游地区比值也快速增长,为 90%,达到东亚的平均水平(81%)。中国其他地区的比值为 23%,与巴西类似。这与不同地区的开放程度和贸易在不同地区的作用有很大关系。

1978年以来,中国出口产品的结构发生了很大的变化。这种变化表现在两个方面:一是随着中国外贸体制的改革发展和市场化程度的不断加深,中国的外贸出口结构由计划经济时期的扭曲状态逐渐向符合充分发挥要素禀赋比较优势的方向发展。出口结构反映出来的显示比较优势变得与要素禀赋比较优势相一致。二是随着中国经济的快速发展,中国在资本和技术方面的积累也越来越多,中国的要素禀赋也在发生变化,因此中国外贸出口结构也伴随着要素禀赋结构的转变而改善和提高。

20世纪80年代,中国的显示比较优势在于资源密集型产品,其次是劳动密集型产品。按1位数的标准国际贸易分类代码(SITC),中国在2种资源密集型产品和2种劳动密集型产品上表现出较强的显示比较优势。在20世纪80年代中期以前,资源密集型初级产品占总出口的50%,其中石油占25%,工业制成品的比重不到一半,其中轻纺、橡胶、矿冶等劳动密集型及资源加工型制成品又占到22.1%。中国的自然资源的比较优势并不明显。20世纪80年代中期到90年代初期,中国的外贸出口以劳动密集型产品为主,但是在某些资源密集型产品上仍然表现出一定的显示比较优势。这一时期中国的出口结构发生了非常大的变化,资源密集型的初级产品占的比重由1985年的50.6%下降到1995年的14.4%,10年间下降了36个百分点。劳动密集型产品由1985年的29.1%上升到1995年的58.4%,10年间比重翻了一番。特别值得一提的是,机械和运输设备的出口增长速度最快,由1985年的2.8%上升到1995年的21.1%。从20世纪90年代中期以来,工业制成品出口向深加工发展。传统劳动密集型产品出口比重下降,而以机械和运输设备中一些适于进行加工的产品的出口比重不断上升。到2001年年底,中国资源密集型初级产品的出口比重下降到9.9%;劳动密集型产品的出口比重回落到49.2%;资本和技术密集型的产品出口的比重上升到40.7%。大致上可以看出中国外贸出口的产品结构经历了由以资源密集型产品为主逐渐转变为以劳动密集型产品为主的过程,并且已经出现由劳动密集型产品继续向资本密集型产品过渡的变化趋势。但是,需要指出的是,在机械和运输设备产品中,在有些产品上中国确实拥有了较为先进的技术,但是对大多数的出口产品而言,中国只是进行了加工组装。虽然这些产品看起来是资本或技术密集型产品,但是在中国的加工生产过程还是属于劳动密集型的。在进口结构方面,主要的变化是资源密集型产品的比重大幅度下降,资本和技术密集型产品是主要的进口品,并且保持持续增长。劳动密集型产品的进口比重在20世纪80

年代和90年代,基本没有变化。

接下来我们考察一下中国外贸中重要的产品类别,即纺织原料与纺织制品,以及机器、机械器具、电气设备及零件出口。由图1-17可见,这两类产品的出口占据了中国出口总额的很大份额。2001—2006年,两类产品占全国出口份额合计一直在50%以上,其中机器、机械器具、电气设备及零件出口所占比例从2001年的31.90%起,一直稳步增长至2006年的56.98%;纺织原料及纺织制品出口所占比例则逐步下降,从2001年的18.73%逐年下降到2006年的14.25%(见表1-6)。这并不意味着纺织品的出口额出现了绝对下降,相反,纺织原料及纺织制品的出口在2001年至2006年保持了平均26.90%的增长速度。然而,机器、机械器具、电气设备及零件的出口增长速度更高,达到了年均37.51%,拉动了全国出口总额的增长。

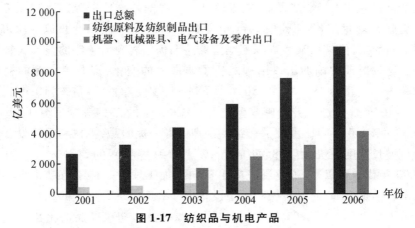

图1-17　纺织品与机电产品

资料来源:历年中国统计年鉴。

表1-6　纺织品与机电产品占全国出口的份额,2001—2006年

年份	出口总额（亿美元）	进口总额（亿美元）	纺织原料及纺织制品出口（亿美元）	机器、机械器具、电气设备及零件出口（亿美元）	纺织品比例	机电产品比例	两类合计比例
2001	2 661	2 435.5	498.29	848.78	18.73%	31.90%	50.62%
2002	3 256	2 951.7	578.49	1 159.21	17.77%	35.60%	53.37%
2003	4 382	4 127.6	733.46	1 723.34	16.74%	39.33%	56.06%
2004	5 933	5 612.3	887.70	2 477.8421	14.96%	41.76%	56.72%
2005	7 620	6 599.5	1 076.61	3 220.08	14.13%	42.26%	56.39%
2006	9 689	7 914.6	1 380.90	4 140	14.25%	42.73%	56.98%

资料来源:历年中国统计年鉴。

就进口来看,是进口量的增长而不是进口商品内容上的变化促进了中国粮食的进口。资金密集型商品继续占了中国进口总额的三分之二。对这些进口商品的更为严格的检查,表明了中国进口粮食大部分原因是耕地被用于其他用途,表明了中国的土地有限。化肥、精粮、合成的纤维素物质和铁矿石占据了中国进口商品的大部分。进口中的资金密集型商品大部分是重工业,注重加工技术:钢铁、化学品、合成纤维、塑料等原材料技术密集型产品,包括机械、运输设备和电子产品。中国是资金密集型和技术密集型商品的纯进口国,是劳动密集型商品的纯出口国。中国的贸易符合比较优势原则,可能对中国国民经济的发展有巨大好处。另一个结果是,由于中国是铜、铁、肥料和石油等产品的重要客户,中国对世界市场将有持续的影响。这是中国需求能够推动世界市场发展的领域。

中国的电子产品出口,特别是笔记本电脑出口的急剧增长确实影响深远。这种趋势能否说明中国将成为科技发展的重要力量?这个问题的答案是复杂的。根据贸易数据,直接的答案是:不,还不是。实际上,中国所有出口的高科技电子产品都是在出口加工贸易机制下生产的。实际上,2005年,外商投资企业完成了高科技出口产品的88%。电子产品的国际化生产是建立在如下基础上的:国际生产网络以及将不同国家之间进行的生产、研究和服务连接起来的线。中国当然是这个生产网络中的完整的连接点之一。但是对出口产品详细的检查和在中国进行的一些项目,说明了中国已经不可阻挡地进入了定形结构生产阶段。这是劳动密集型、中等熟练的生产,不是高科技生产。以技术为基准对中国的出口产品进行分类会被误导。最近几年,中国出口高科技产品已有了很大的发展。

第七节 总结

自1978年改革开放以来,中国经历了一轮又一轮的对外贸易制度自由化改革。在改革之开放之前,中国的对外贸易服从于整体计划经济的需要,出口就是为了换取外汇,进口就是为了获取本国不具备的先进技术或本国难以生产的稀缺产品;中国"不需要"的产品就用于出口,而不考虑生产该种产品的成本如何。对外贸易由12家国有外贸公司垄断,这些公司在国内以计划价格收购用于出口的产品,在国际市场上以国际价格买卖商品,在中国国内以计划价格销售进口物资。这样,中央政府就成功地将当时中国国内的价格体系与世界价格体系隔离起来。这种隔离可以防止国际价格对国内价格体系的侵蚀,从而保护了国有企业,维持了中央政府动员物资的能力,服从于决策者的需要。

然而,当1978年中国需要进口更多的先进技术时,发现外汇储备出现了严重问题,而且不能在原有体系下解决这一问题了。对外贸易制度的改革势在必行。

对外贸易制度改革的第一步,是开放了广东、福建两个沿海省份的贸易通路。选中这两个省份主要是因为这两个省份处于当时对外贸易的第二线,同时又靠近香港,因而具有巨大的贸易发展潜力。毕竟,当时小小的香港的外贸规模是与整个中国内地相仿的。香港的厂商可以将原料运入广东与福建的乡镇,雇用工人进行加工,然后产品专门用于出口,不得在中国销售。这就是中国出口加工产业的雏形。出口加工产业在随后的近三十年间迅速发展,并随着一个个特区的设立,从南向北,沿海扩展。广东成为中国进出口总额最大的地区。虽然近几年来,广东在全国进出口的地位相对于长江三角洲地区有所下降,但广东的对外贸易仍然维持了较高的增长速度。对外贸易改革深刻地改变了广东以及其他沿海省份,使广东、福建等省成为世界贸易的核心区域之一。

中国对外贸易制度的改革,就从广东、福建两省开始了。从1978年到2008年,经过了四个阶段,中国已经具有了一个比较灵活、适合于中国的对外贸易制度,税收、投资管理都有了较为统一的体系,并日益与世界一体化。但在改革之初,恐怕没有人能预期到情况会发展得如此迅猛。我们现在可以清楚地看出,广东在进行改革开放的试验的时候,实际上中央政府的决策者是创立了一个二元贸易体系:从广东、福建开始蓬勃发展的出口加工体系,以及原有的国有外贸体系。特区的设立就是这一试验的一脉相承的举措,特区成为出口加工体系不断扩展的基地,出口加工体系以特区为根基进行辐射,避免了与原有体系的直接冲突。这样,中央政府就在一定程度上保护了国有体系。

中国的对外贸易发展非常迅速。到了2007年,中国的全年货物进出口总额已达21 738亿美元;其中,货物出口12 180亿美元,货物进口9 558亿美元,出口大于进口2 622亿美元。中国已经成为世界贸易强国。这种迅猛发展得益于东亚乃至全球的生产网络的调整。当香港将日益拥挤的工厂迁移到内地的时候,当台湾在内地投资设立乙烯生产基地的时候,内地就获得了FDI、组织与管理经验,以及对外销售的渠道。

按地区来考察中国的对外贸易,其分布是非常不均的。2006年,进出口排名前五位的地区依次是:广东,江苏,上海,北京,浙江。这五个地区的合计进出口额达到了13 358.8亿美元,占当年全国进出口总额(17 604.0亿美元)的75.9%。相比之下,内陆省份以及东北三省的发展尤为缓慢。中国政府已经启动了相关的战略,力图改善这种状况。

考察中国的贸易伙伴,美国、日本在进入21世纪以来一直占据着第一、第二的位置。俄罗斯的地位也在近几年得到了提升。中国对美国有着规模庞大的贸易顺差,但中国内地最大的贸易顺差却发生在与中国的特别行政区——香港之间。

在中国的出口品中,工业制品的地位十分重要。1993年以来,工业制品出口额对全国出口总额的比率一直在80%以上,2001年以来这一比率一直在90%以上,1991年以来这一比率一直是稳定增长的,仅在1996年出现了微小的回落。2006年,这一比率到达了94.54%,为1991年以来的最高水平。可以说,正是中国工业制品的出口增长,形成了中国货物出口总额的强劲增长。

相比之下,初级产品贸易占对外贸易总额的份额在2001—2006年稳定在13%左右,在2002年达到最低点,仅为12.53%。改革开放以来,这一份额先是急剧下降,进入21世纪后逐步趋于稳定。

纺织原料与纺织制品,以及机电产品两类产品合计占据了2001—2006年出口总额的50%以上。其中,纺织原料及纺织制品的出口在2001年至2006年保持了平均26.90%的增长速度。然而,机器、机械器具、电气设备及零件的出口增长速度更高,达到了年均37.51%。

虽然改革开放自1978年年末就开始了,但FDI却在1979—1991年间规模甚小。1992年开始,外商投资开始迅速增长,这一趋势一直持续到今天。1996年之后,中国每年获得的FDI都超过了400亿美元;到了2007年,中国当年实际使用的FDI已达747.7亿美元,是1991年的1 712.55%。1992年之所以发生如此重要的变化,是因为邓小平的南方讲话明确表示了中国将进一步深化改革开放的立场,坚定了外国投资者对于中国经济发展前景的信心。中国逐步开放了国内广阔的市场,允许外资公司将产品销售到中国内地,这吸引了更多的外商投资。在中国加入WTO后,由于电信、保险业、银行业等重要的服务市场的开放,中国会吸引更多的外商投资。

但是,中国的FDI占据了中国实际利用外资的压倒性优势地位,这未必是好事,这说明了中国限制了其他形式的外资进入,同时也表明中国还有着巨大的吸引全球投资者的潜力。

进入中国的 FDI 集中于制造业上,这是一个重要的特征。制造业的投资占 FDI 的份额在 1996 年以来一直保持在 54% 以上,1996—2007 年制造业累计占 FDI 的 63.52%。这同样说明了中国对于外资进入服务业的限制。当中国履行入世承诺的时候,随着流入中国的外资进一步增加,我们期望这一比率会有所下降。

中国经历了长达 15 年的入世谈判,最终在 2001 年 12 月 11 日,成为了 WTO 的第 143 个正式成员。中国加入 WTO,对中国有着多方面的好处。入世将增加中国的对外贸易总额,使中国的经济结构发生很大的变化,加速国有企业改革,有助于中国私有企业的发展。总之,入世有利于中国以市场经济为目标改革的深入发展和最终完成。

第二章 改革开放以来中国制造业的价值链升级

经过 30 年的改革,中国已从最不发达国家逐渐发展成为一个中高收入发展中国家。与此同时,中国各部门特别是制造业部门正进行着不断深入的产业链升级。本章从多个角度,运用大量典型数据表明中国已深刻融入到世界经济一体化中。由于坚持贸易自由化和出口导向的发展战略,伴随着中国比较优势的动态演化,中国的价值链得以不断升级。而国际外包业务与加工贸易则是中国提升其价值链的主要渠道。最后,通过对大样本的企业层面生产量数据的分析表明,价值链的升级提升了我国产业内和产业间企业的生产率。

中国经济在过去 30 年的增长速度非常快。特别是 21 世纪以来,其平均每年经济增长速度超过 10%,如果按照当前美元价格计算,截至 2008 年,中国已成为继美国和日本之后的第三大经济体。如图 2-1 所示,中国的国内生产总值(GDP)(按当前美元计价)在 4.9 万亿美元左右,约占美国 2009 年国内生产总值的三分之一,稍落后于日本。如果按购买力平价计算,中国甚至追随美国排名第二。中国人均 GDP 在 2009 年达到 4 000

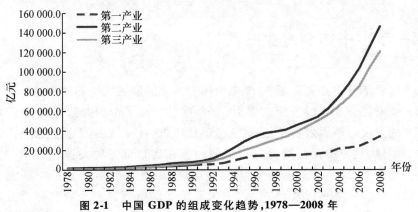

图 2-1 中国 GDP 的组成变化趋势,1978—2008 年
资料来源:《中国统计年鉴》。

美元,根据世界银行2009年的分类,这一数字高于3 946美元的中上等收入国家的门槛。

此外,第二产业一直是中国经济最重要的增长点。中国第二产业的规模在2009年达到2.3万亿美元,约占中国国民生产总值的47%。1997年的东南亚金融危机之后,第二产业平均年增长率在1997—2009年间维持在13%的水平。显然,制造业已经在中国经济中扮演着最重要的角色。然而,这里面仍有一个重要的问题没得到解决,即中国制造业的价值链是否正在升级。

要完全了解价值链的升级,需考虑两种不同的情况:行业间和行业内价值链的升级。对于第一类,中国的价值链已经很明显地从农业部门转移到制造业。然而,更有趣的探索在于制造业价值链升级的可能动态演化。换言之,当中国融入世界经济,我们是否可以看到,中国出口产品升级,从低附加值产品向高附加值产品,是否符合动态比较优势?同样重要的是,即使在一个行业,我们是否可以看到,中国企业正从低附加值环节升级到像研发这样的高附加值环节?这正是本章要探索的两个问题。

本章的其余部分组织如下:第一节列举关于中国的价值链升级的一些典型事实;第二节从理论层面来理解中国制造业价值链升级的原因和机制;第三节讨论中国实现其价值链升级的两个重要渠道;第四节列举一些企业在制造业价值链升级中的生产率得以提高的经验证据;第五节提出相关政策的启示并进行小结。

第一节 中国制造业的现状

这一部分主要研究近30年来中国制造业的发展状况和技术进步带来的产业升级。基于以下两点原因,笔者重点关注了中国制造业在最近10年来的发展。原因之一是,东南亚金融危机之后,中国在21世纪保持着高速的发展,这与中国制造业在出口部门和非出口部门的高速增长是一致的。原因之二是,在这一时期,我们可以使用微观数据来分析中国制造业的情况,因为在1998年之后,中国开始提供所有国有企业和年营业额超过500万人民币(约为73.5万美元)的非国有企业的年度生产情况,这便于我们进行可靠的计量分析工作。除此之外,最近由COMTRADE

(2000—2008)发布的详细贸易数据也可以帮助我们研究中国的制造业状况。这些精确到企业水平的生产数据有助于我们研究中国制造业发展的宏观机制。

在这一部分,笔者主要剖析中国制造业的发展状况,同时也研究中国的对外贸易。与其他发展中国家不同的是,加工贸易在中国的出口中扮演着很重要的角色。因此笔者进而研究中国在制造业中投入的进口半成品。最后,笔者按照Hausmann(2006)的分析方法,使用PRODY方法来测量中国制造业的复杂度,同时也对比了中国与那些成功避免了中等收入陷阱和已经陷入这个陷阱的国家。

一、中国制造业概述(1978—2008)

中国的外贸是探索产业升级的理想窗口。经过30年的改革开放,中国已经成为世界上的庞大的开放型经济体。2007年,中国的贸易开放度(进出口总额占GDP的比例)达到67%。由于2008年的金融危机,在过去的两年,中国的国际贸易有所萎缩,但仍然在2008年、2009年两年稳定在58%和46%。尽管中国的出口额2009年下降了16%,但仍取代了德国成为世界上最大的出口国。截至2012年,中国是日本主要出口国,欧洲第二大出口国,美国第二大出口国,是仅次于美国的世界第二大进口国。

通过对过去30年中国出口格局转变的分析,可以很容易地发现中国价值链在制造业中的升级这一经验事实。如图2-1所示,中国的制造业是中国经济中最为重要的部门,而且在近30年中一直是中国GDP的最大组成部分。2009年,制造业对GDP的贡献为47%,比服务业的42%和农业的11%要大得多。同时在出口部门中也出现了价值链的升级。自1978年以来中国内地受其他亚洲新兴经济体,如中国香港、韩国、中国台湾和新加坡成功经验的启发,开始采取以出口导向为主的发展策略。简单来说,出口导向战略意味着中国利用自身比较优势。由于中国具有世界上最多的人口,是一个劳动力丰富的国家,如果出口劳动密集型产品,进口资本密集型产品,就可以从贸易中受益。

更进一步说,中国出口格局在过去30年的改变非常引人注目。通过对中国出口项目的研究,我们可以发现,由于比较优势的变化,中国的国际贸易经历了三个阶段。1978—1985年间,中国主要出口原油和石油相关的产品。自1959年发现大庆油田以来,中国的石油工业增长速度非常快(Naughton,2006)。在20世纪80年代中期以前,我国出口产品中大部分是初级产品和资源相关产品。相比之下,1986—1995 年主要出口劳动力密集的制造业产品,按照新古典贸易理论,一个劳动力丰富的国家可以出口劳动力密集型产品并从贸易中获益。但是,在 1995—2000 年,中国出口了大量机械产品。这说明今天我国的贸易模式不能通过简单的新古典贸易理论加以诠释。

二、制造业的发展模式及发展

在过去的 10 年间,中国的制造业发展迅猛。更重要的是,中国制造业的生产结构变化很大。图 2-2 按照"生产深度"(即附加值除以产值)对所有的制造业进行了排序。从图 2-2A 中可看出,1998 年石油行业有最高的生产深度 66%,紧随其后的是烟草业和矿业。与此形成对比的是,电器产品、化纤和食品业的生产深度最低。这也表明了自然资源行业的中间产品投入比较少,而机械行业的中间产品投入比较高。

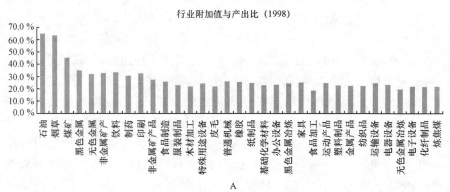

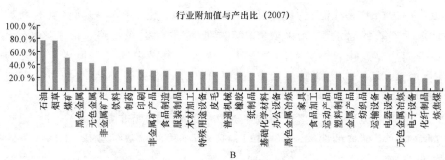

图 2-2　中国制造业的附加值—产出比

资料来源:《中国统计年鉴》。

有趣的是,纺织业的生产深度为23%,低于高科技行业如制药业的31.5%,运输工具业的24%,这也表明劳动密集型行业的增加值要小于资本密集型行业的增加值。

图2-2B描述了2007年各制造业的生产深度。除了三个生产深度最小的行业(电子设备、化纤制品和炼焦煤)之外,几乎所有的行业都呈现出增长的趋势。石油行业在10年之内增长了12%,所占比例变成了77%。这个现象与OECD声称的不断下降的生产深度相悖。一个可能的原因是中国步入21世纪后非常普遍的加工贸易。笔者再将制造行业分为两类,分别是劳力密集型和资本密集型行业。在本章中,劳力密集型行业包括纺织业、服装制造业、皮革制造业,而资本密集型行业包括制药业、化工业、运输工具业和电器产业。正如图2-3所示,制药行业在1998年和2007年时有最高的附加值—产出比,这也意味着高度资本密集的行业在过去10年间有更多的附加价值。

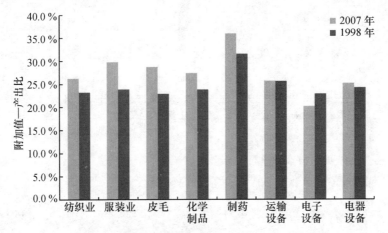

图2-3 部分中国制造业的附加值—产出比

资料来源:《中国统计年鉴》。

三、制造业出口的模式和增长

进入21世纪之后,出口相对于GDP的比例维持在35%,非服务型产业则占到了GDP的58%。这也意味着总的出口量占第一产业和制造业总量的60%。为了解中国如何实现制造业的价值链升级,笔者集中考察了劳力密集型和资本密集型工业的出口比例(即某一行业的出口量与所有行业总出口量之比)。如图2-4所示,电器行业在1998年时有最高的行业出口比例(23.7%),其次是纺织业(22%)。鉴于中国是个劳力资源丰裕的国家,因此中国有如此巨大的纺织业出口是再正常不过的。经典的赫克歇尔-俄林模型预测劳力资源丰富的国家(如中国)会出口劳力密集型产品如纺织品,而进口资本密集型产品如机械制品。但奇怪的是,中国却存在着大量的机械产品出口。进入 21 世纪之后,这个现象愈发明显。正如图 2-4 所示,2007 年电器设备的出口比例上升至 42.7%,与此同时,纺织业的出口比例下降到了 12.6%。

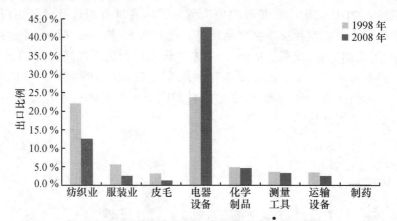

图 2-4　中国劳力密集型和高科技产业的出口比例

资料来源:《中国统计年鉴》,行业出口比例的定义是行业出口与当年出口总量之比。

(一) 行业内贸易的模式和增长

行业内贸易指数是一个可以很好地衡量行业内贸易的指标,它的定义为 $1 - \frac{|X - M|}{X + M}$,以 X 为行业出口量,M 为行业进口量。如果这个指标为 0,就意味着不存在行业内贸易,如果这个指标为 1,则意味着存在巨大的行业内贸易(进口与出口额相等)。图 2-5 显示了在 1998 年五个制造业部门拥有很大数额的行业内贸易,这五个部门分别是基础材料、木材、运输设备、化学品和机械制品。而五个行业内贸易指数很低的行业是运动鞋、石油、纸、动物制品和纺织品。经过调整之后,化工行业仍然维持着很高的行业内贸易指数,而纺织业和运动鞋的相关指数仍然很低。矿业部门在这 10 年间经历了巨大的下滑(从 1998 年的 84.2%下降到 2008 年的 24.5%)。而纸制品行业的行业内贸易则迅速增长,由 1998 年的 42.3%增长到 2008 年的 74.7%。

从图 2-5 中还可以总结出关于我国行业内贸易的如下特征:① 对于那些中国有很强比较优势或基本没有比较优势的简单、非差异化商品,行业内贸易指数很小。② 对于复杂的差异化产品如机械制品,无论中国是否有比较优势,行业内贸易指数都很高。③ 对于中国既没有很强的比较优势也没有明显劣势的简单产品,如动物产品、无机化学物质,行业内贸易指数都比较高。从这些事实可知中国的行业内贸易模式与美国是极为相似的(Caves 等,2008)。

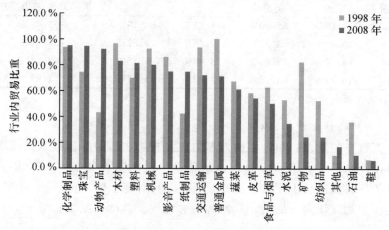

图 2-5　中国主要行业的行业内贸易

资料来源:《中国统计年鉴》。

(二) 行业间贸易的价值链升级

中国行业间贸易的价值链升级可以从表 2-1 中明显看出。1980 年,农产品出口和第一产业商品出口占到了中国出口总额的 35%,而制造业出口占到了 65%。如果将中国的制造业出口细分为轻工业和重工业,则轻工业占据了一小半而重工业占到了一大半。高科技行业的出口占到了制造业出口总额的 21.8%。进口方面,制造业的进口额占到了进口总额的 65%,剩余的 35% 由农业进口构成。中国的贸易模式在 30 年后有了巨大的改变。到 2007 年,中国的制造业出口占到了出口总额的 96%,重工业的出口占 86%。重工业出口中,高度资本密集产品的出口占 73%。同时,中国的制造业进口额占到进口总量的 77%,而机械制品和运输设备的进口仍然维持在进口总量的 44%。

表 2-1　中国行业内贸易比例变化

		出口比例			
年份	农业	制造业	轻工业	重工业	资本高度密集型产业
1980	34.93%	65.07%	44.41%	55.59%	21.80%
1990	18.73%	81.27%	27.22%	72.78%	20.17%
2000	7.29%	92.71%	19.02%	80.98%	42.32%
2007	3.47%	96.53%	19.02%	80.98%	55.12%
		进口比例			
年份	农业	制造业	轻工业	重工业	资本高度密集型产业
1980	34.10%	65.90%	31.81%	68.19%	61.48%
1990	16.48%	83.52%	20.48%	79.52%	54.02%
2000	14.39%	85.61%	23.44%	76.56%	68.48%
2007	16.23%	83.77%	14.43%	85.57%	72.95%

资料来源:《中国统计年鉴》。

(三) 高科技产品出口

更重要的是,在 2001 年加入 WTO 后,中国出口的高新技术产品增多。高科技产品的大量出口成为中国价值链升级的重要特征。2007 年,中国出口的高科技产品占制造业出口总额的 30%,高于美国,但低于一些亚洲新兴国家如菲律宾、马来西亚、新加坡和韩国。具体如图 2-6 所示。

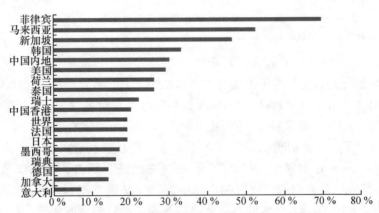

图 2-6　2007 年各国高科技行业出口占制造业出口比例
资料来源:世界发展指标(2007 年),世界银行。

同样,图 2-7 表明,中国的高科技出口占全球高技术出口总额的 15%,这一比例高于美国、德国和日本的相应数值。

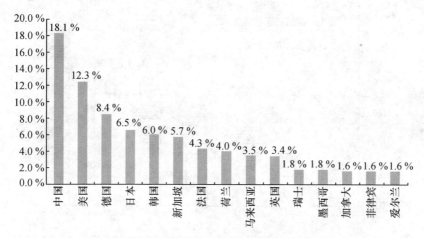

图 2-7　2009 年各国高科技行业出口占全世界高科技行业出口比例
资料来源:世界发展指标(2009 年),世界银行。

从增长比例来说,高新技术出口对出口总额增长的贡献在 2001—2008 年间由 25% 升至 40%。最后,根据《中国统计年鉴 2009》,中国的高科技出口产品中大部分是计算机和通信产品,占 2009 年中国高科技出口总额的 74.2%。其他重要的技术产品包括电子产品(占高新技术产品出口总额的 13.3%)、光电技术(5.9%)和生命科学技术(3.2%)。

至此,毫无疑问,中国已经成为全球价值链的一部分,最后一个重要的问题就是关于中国高科技产业增值。与传统观点不同,中国的高新技术产业增值相当可观。从图 2-8 可以看出,自 2001 年以来,一些高新技术产业相对总销售额保持了较高的增值率。尤其是电子电器设备产品从 2001 年的 16.2% 上升到 2007 年的 63.2%,是 2001 年的四倍。除此之外,其他高科技如药品、计算机和办公设备等行业也有相当大的增值率。

(四) 加工贸易与中间进口品

加工贸易是发展中国家(尤其是在中国、墨西哥和越南)中很普遍的一种贸易模式。国内企业首先会从国外进口原材料和中间产品,然后利用国内的加工技术进行加工,进而将最终产品向国外出口。为了鼓励加工贸易,政府通常为待加工的中间产品提供关税减免。

研究不同行业的进口中间产品与进口中间产品总额之比是很有意义的。笔者使用了海关数据库和 2005 年的投入产出表格来计算进口中间产品的比例。从图 2-9 中可看出,机械部门和非金属矿业部门使用了大量的进口中间产品(比例分别为 30% 和 17%),而纺织业只使用 12% 的进口中

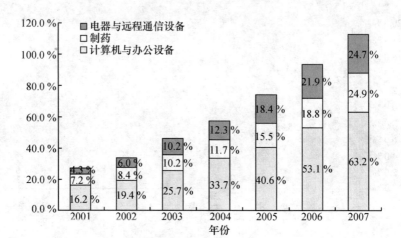

图 2-8　高科技行业附加值

资料来源:中国高科技行业统计年鉴(2008)。

间产品。这也符合我们直观的感觉。一般说来,机械部门会使用大量从日本和韩国进口的零部件和原材料。

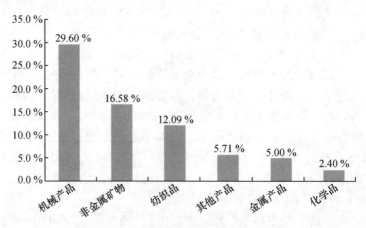

图 2-9　中国不同行业进口中间产品比例

资料来源:行业总投入的数据来自《中国统计年鉴》;进口的中间投入产品数据来自 China Trade 及《对外经济年鉴》。

（五）制造业中升级的复杂度

为了衡量中国出口的复杂度,笔者使用了 Hausmann(2006)和 Hidalgo(2007)研究中所使用的方法,即构建一个指标,将一国人均 GDP 包含在出口指标中。这可以通过两个步骤来实现。第一步是构建一个包含人均

GDP 平均值的指数(PRODY),用每个行业的比较优势程度来作为权重。

$$\mathrm{PRODY}_j = \sum_c \frac{(\mathrm{EX}_{jc}/\mathrm{EX}_c)}{\sum_c (\mathrm{EX}_{jc}/\mathrm{EX}_c)} Y_c \qquad (2\text{-}1)$$

分子中的 $\mathrm{EX}_{jc}/\mathrm{EX}_c$ 是 c 国内行业 j 的出口额与出口总额的比例,分母 $\sum_c (\mathrm{EX}_{jc}/\mathrm{EX}_c)$ 是将世界上所有国家的出口比例进行加总。Y_c 是 c 国的人均 GDP 值。这样看来,PRODY 指标可以被理解为行业的生产率水平指标。因此,PRODY 指数可以用来避免因国家收入水平变动而导致的行业扭曲。为了更明白地说明这一点,下文中笔者构建了表明收入(生产率)水平的 EXPY 指数,用来衡量某国的一揽子出口品的情况:

$$\mathrm{EXPY}_c = \sum_c \left(\frac{\mathrm{EX}_{jc}}{\mathrm{EX}_c}\right) \mathrm{PRODY}_j \qquad (2\text{-}2)$$

这里,EXPY 指标是 c 国内所有行业的 PRODY 指标的加权平均数。

1. 数据和处理方法

笔者从两处获取数据:出口数据(DOT2)是从联合国的商品贸易统计数据库(COMTRADE)获得的,人均国民总收入的数据是由世界银行的世界发展指标提供的。笔者使用经过购买力平价调整后的数据来衡量国民总收入。贸易数据是从 2000 年到 2008 年的,均为国际贸易标准分类的四位数字数据。DOT2 数据库中选择了上报船上交货数据的出口方。为了计算 PRODY 指数,笔者将双边贸易数据进行加总,得到国际贸易标准分类的两位数字数据。尽管有 168 个国家的人均国民收入数据可以从世界发展指标得到,但 2000 年时 COMTRADE 中只有 174 个国家的数据,到了 2008 年有 139 个国家的数据。因此综合这两个数据库后,可用于计算 PRODY 和 EXPY 指数的出口国数量由 2000 年的 126 下降到 2008 年的 105。表 2-2 显示了 2000 年到 2008 年国家数目的变化。

表 2-2 描述出口复杂度的统计量(EXPY 指标)

年份	中国	世界其他国家				
		观察值	均值	标准误	最小值	最大值
2000	10 446	126	8 104	2 621	2 271	13 537
2001	11 184	125	8 331	2 989	131	13 934
2002	11 141	125	8 203	2 926	734	13 775
2003	11 288	126	8 206	2 938	120	14 518
2004	11 294	124	8 146	2 736	27.5	14 052
2005	11 590	124	8 641	2 828	2 691	20 277

（续表）

年份	中国	世界其他国家				
		观察值	均值	标准误	最小值	最大值
2006	11 377	118	8 687	2 469	2 873	13 828
2007	10 912	117	9 045	2 232	3 816	14 099
2008	11 702	105	9 577	2 461	4 252	14 534

资料来源：COMTRADE，世界发展指标（2010）。

2. 计算结果和国际比较

从表2-2中可以看出，全球出口复杂度的平均水平在进入21世纪后有所上升，从2000年的8 104上升到2008年的9 577。作为世界上最大的发展中国家，中国的出口复杂度水平比全球平均水平要高。2000年时，中国还是一个低收入国家，那时中国的EXPY指数是10 446。在中国成为中高收入国家后，其出口变得复杂化和多样化。EXPY指数增加到2008年的11 702，其时中国的人均国民收入达到了2 940美元。为了对比，表2-3也包括了那些EXPY指数很大或很小的国家。2000年到2008年间，马拉维、卢旺达、马里、布隆迪和埃塞俄比亚的出口相对简单，差异化较小。而从瑞士、爱尔兰、日本、斯洛文尼亚和德国的出口则相对复杂，差异化明显。

表2-3　各国2008年的平均出口复杂度

	出口国	EXPY
最低国	马拉维	4 252
	卢旺达	4 536
	马里	4 707
	布隆迪	4 730
	埃塞俄比亚	4 845
最高国	瑞士	14 534
	爱尔兰	13 862
	日本	13 403
	斯洛文尼亚	13 173
	德国	13 170

资料来源：COMTRADE，世界发展指标（2010）。

笔者继续比较中国和其他26个世界上较大经济体的出口复杂度。如图2-10所示，这26个大经济体中，三个出口品附加值最高的出口国是瑞士、日本和德国。而出口品附加值最低的三个国家是俄罗斯、挪威和阿根廷。作为世界第二大的经济体，中国的出口复杂度水平维持在这26个国家的中间水平,比排名第 10 位的美国低,比排名第 16 位的墨西哥高。

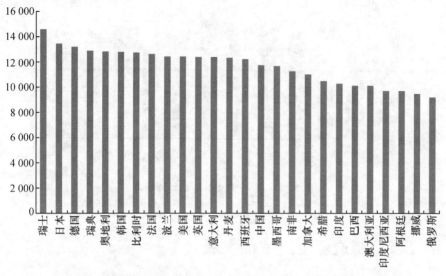

图 2-10 2008 年 26 个国家出口复杂度(EXPY)

历史经验表明当一国成为中等收入国家后,很容易掉入陷阱。类似经历的国家有阿根廷、巴西、马来西亚、墨西哥和南非。当然,也有一些中等收入国家和地区也成功地摆脱了这种陷阱,进入高收入经济的行列,如日本、中国香港和新加坡在 1987 年时成功迈入高收入国家的行列,韩国也于 2001 年实现了这一目标。① 图 2-11 比较了中国和这两类典型的国家(成功摆脱困境的中等收入国家和陷入困境的中等收入国家)的出口复杂度。图 2-11 向我们传达了三条重要信息:① 除马来西亚之外,其他国家在近 10 年内的出口复杂度呈上升趋势;② 在 1998 年和 2008 年时,未摆脱困境的中等收入国家比成功摆脱困境的中等收入国家有较低的复杂度水平;③ 中国的出口复杂度水平比未摆脱困境的中等收入国家要高,和成功的中等收入国家相近,甚至较高。这些结果的经济学含义是成功的国家通常生产更复杂、差异化更大的产品,这些产品使得国内厂商更容易进入国际市场,享受规模效应递增带来的好处。这也在一定程度上说明中国更有可能避免中等收入陷阱的困境。

---

① 中高收入国家的分类可查询世界银行网站:http://data.worldbank.org/about/country-classi. cations/a-short-history。

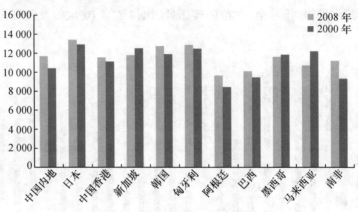

图 2-11　11 个国家出口复杂度水平

第二节　制造业生产率的发展

在本部分中,笔者研究了中国的全要素生产率(TFP),并采用 Olley-Pakes(1996)方法以避免回归可能产生的瞬时误差和选择偏差,进而探讨制造业发展的来源。

一、数据

为精确衡量一个企业的 TFP,笔者使用了详细到企业水平的生产面数据。笔者的样本涵盖了 2000 年的 162 885 家企业和 2007 年的 336 768 家企业。这些数据均由中国国家统计局收集。国家统计局收集了财务报表中通常使用的 100 多个金融指标,涉及所有的国有企业和年营业额超过 500 万元人民币的大型非国有企业。[①]

尽管这些数据包含了丰富的信息,但其中的部分数据由于一些企业的误报是有干扰性的。[②] 根据 Jefferson 等(2008)的工作和 Feenstra 等(2011)的工作,笔者根据如下标准剔除了不符合要求的数据:一是缺少重要金融指标(如总资产,固定资产净值,营业额等)的企业(Cai 和 Liu,

---

① 国家统计局所出的中国统计年鉴中的数据也是据此得来。
② 比如一些家族经营的公司,就没有规范的会计记录,会记录以 1 元人民币为单位的数据,但官方要求以 100 元人民币为单位。

2009),二是雇员少于 10 人的企业。① 而且笔者只保留了遵从国际会计准则的企业,也即如果有以下列出的情况,就不予使用:一是流动资产比总资产多;二是固定资产总数比总资产多;三是固定资产净值比总资产高;四是企业的标识号缺失;五是建立时间模糊(比如成立时间早于 12 月这样的说法)。经过这样的筛选之后,笔者最终使用了 1 898 958 个原始样本中的 1 294 596 个数据,占原始样本的 69.2%。② 其中所有的名义变量都以人民币为单位。笔者使用了不同部门的生产价格指数,数据由国家统计局得来,都用两位数字数据的中国行业分类来表示,选用 2000 年作为基年。

表 2-4 给出了中国企业的一些基本情况。经过笔者的筛选,大型的外资企业数为 273 160,占样本总数的 21%。除去港澳台所有的企业,外资企业有 132 826 家,占所有大企业的 10.2%。剩余的 79% 是国内企业,其中 9.1% 为国有企业,5.1% 是大型国有企业。样本中有一些企业没有进行出口贸易,只有 360 106 个企业有数量为正的出口额,占企业总数的 27.7%。

表 2-4 2000—2007 年中国制造业企业的生产数据

变量	样本数	均值	标准误	最小值	最大值
年份	1 294 596	2 004	2.244	2 000	2 007
出口量	1 294 596	17 303	334 443	0	1.81E+08
出口对数值	360 106	9.51	1.691	0	19
劳动生产率对数	846 495	5.25	0.999	−1.41	13.4
国有企业(所有规格)虚拟变量	1 401 569	0.091	0.288	0	1
国有企业(不少于 10 人)虚拟变量	1 294 596	0.058	0.234	0	1
外资企业(包括港澳台)虚拟变量	1 294 596	0.211	0.408	0	1

二、生产率的进步

众所周知,生产率是衡量一个经济体效率的重要因素。研究人员通常通过两种方式来衡量生产率:劳动生产率和全要素生产率。尽管劳动生产率在研究工资和生产率的正相关性时很有效,但不能仅据此衡量经济整体

---

① Levinsohn 和 Petrin(2003)提出这个标准。
② 回归中加入规模小于该标准的中小型国有企业后,样本数会增加到 1 401 569,占初始样本总量的 73.8%。

的效率。因此笔者采用了全要素生产率来衡量中国大型企业在21世纪的经营状况。

全要素生产率通常是采用观察到的产出和OLS估计值之间的差距。然而这种方法通常存在联立因果偏差和样本选择偏差。联立因果关系导致的偏差是由企业实现利润最大化过程中根据生产率的波动不断调整投入导致的。样本选择偏差的产生原因是样本中的企业都是在观察期间内维持较高生产率免于淘汰的成功企业。而那些生产率水平较低、破产或退出市场的企业并没有包含在样本内。因此所有相关的估计值都会受到样本选择偏差的影响。

为了克服这两种偏差,笔者使用了Olley-Pakes在1996年发表的工作论文中的方法来估计企业的全要素生产率。简而言之,Olley-Pakes方式是为了调整以上两种偏差的一种半参数方法。为了精确衡量全要素生产率,笔者要强调如下几点内容。

第一,笔者对于投入要素和产出要素采用了不同的物价指数,这与Brandt等(2009)的工作是一致的。投入要素物价指数是根据产出要素物价指数和中国年度投入—产出表而构造的,产出要素的物价指数是参考中国统计年鉴的参考价格信息构造的。① 这样做是很必要的,因为衡量全要素生产率要用到企业投入和产出的实际值而非名义值。第二,在使用Olley-Pakes的方法时,要构造实际投资参数,使用永续盘存法来研究实际资产和实际投资的流动规律(Feenstra等,2011)。笔者使用了数据库中每个企业的实际折旧,而不是设定一个任意折旧率。最后,鉴于中国2001年加入WTO会对中国的企业产出有正的冲击,笔者在模型中构造了一个虚拟变量去衡量入世的效应。

(一)使用企业附加值衡量全要素生产率

正如前文中所述,中国的加工贸易是进出口贸易中很重要的一部分。笔者通过两种不同方式来衡量全要素生产率。第一种方法是将中间产品的投入从生产函数中分离出来,使得资本和劳动力是厂商用于生产的仅有的两种要素。不同厂商的全要素生产率估计值列于表2-5中。

---

① 这部分数据可从http://www.econ.kuleuven.be/public/N07057/CHINA/appendix/获得。

表 2-5 中国企业的全要素生产率

中国行业分类代码(2位数字)	劳动力 OLS	劳动力 OP	资本 OLS	资本 OP	全要素生产率(OLS)	全要素生产率(OP)
食品加工(13)	0.510	0.443	0.262	0.323	4.338	4.120
食品制造业(14)	0.487	0.423	0.285	0.424	4.033	3.166
饮料制造业(15)	0.522	0.453	0.305	0.037	3.806	7.210
纺织业(17)	0.490	0.439	0.255	0.199	4.110	4.832
服装、鞋、帽制造业(18)	0.485	0.508	0.238	0.339	4.230	3.322
皮毛制造业(19)	0.482	0.494	0.274	0.364	4.086	3.295
木材加工及制造,竹、藤、棕、草制品(20)	0.491	0.439	0.250	0.410	4.295	3.362
家具制造业(21)	0.551	0.569	0.212	0.400	4.268	2.705
造纸及纸制品业(22)	0.556	0.500	0.271	0.249	3.728	4.174
印刷业(23)	0.504	0.472	0.284	0.031	3.774	6.066
文体教育类(24)	0.509	0.505	0.218	0.139	4.235	4.876
石油加工、炼焦及燃料(25)	0.372	0.268	0.421	0.478	3.383	3.345
化学原料制造(26)	0.395	0.329	0.340	0.248	4.124	5.196
医药制造业(27)	0.505	0.503	0.313	0.481	3.928	2.404
化纤制造业(28)	0.494	0.341	0.336	0.510	3.590	2.713
橡胶制品业(29)	0.420	0.374	0.335	0.414	3.884	3.452
塑料制品业(30)	0.435	0.434	0.298	0.561	4.110	2.067
非金属矿物制造业(31)	0.383	0.303	0.296	0.296	4.412	4.796
黑色金属冶炼及冲压(32)	0.548	0.476	0.332	0.512	3.617	2.385
有色金属的冶炼及冲压(33)	0.482	0.377	0.293	0.411	4.173	3.655
金属制品制造业(34)	0.469	0.408	0.304	0.448	3.932	3.052
通用设备制造业(35)	0.485	0.388	0.291	0.269	3.989	4.611
专用设备制造业(36)	0.483	0.426	0.270	0.050	4.231	6.325
交通运输设备制造业(37)	0.538	0.435	0.322	0.293	3.545	4.300
所有行业	0.455	0.407311		0.283	3.752	4.267

注:这里受篇幅所限没有写出标准差,有兴趣的读者可以联系笔者索得。

表 2-5 的 1、2 列显示了这 30 个中国制造行业的劳力、资本弹性系数。根据 2002 年中国调整后的行业分类(GB/T 4754),这 30 个行业的编码是

13 到 42。① 表 2-5 中也提供了 OLS 的回归结果作为对比。根据 Olley-Pakes 的方法,劳动力的平均弹性系数为 0.407,而资本的平均弹性系数为 0.283,比 OLS 的统计结果(分别为 0.455 和 0.311)要小。用 Olley-Pakes 方法估计出的中国全要素生产率的自然对数平均值 4.267 比 OLS 方法估计的结果 3.752 要大。这也表明了 OLS 估计方法会低估相关参数。

(二)用企业中间投入产品来衡量全要素生产率

通过比对,表 2-6 在包括厂商中间产品投入时估计了厂商投入要素的弹性和全要素生产率。笔者使用产出品价格平减指数来消除通货紧缩对厂商营业额的影响,得到厂商调整后的产出。同时也计算了厂商在中国行业分类现况下退出的可能性。得到的结果是下一年中,厂商的生存概率均值为 0.993,这也意味着这一阶段厂商的退出不是一个严重的问题。表 2-6 的其他部分展示了 Olley-Pakes 估计方法和 OLS 估计方法导致的结果差异。在考虑中间产品投入之后,劳动力和资本的弹性系数都下降了。但是劳动力、资本和中间投入材料的弹性系数之和接近 1。② 综合表 2-5 和表 2-6,可以看出中国企业的全要素生产率在进入 21 世纪后维持在很高的水平。

表 2-6 中国企业的全要素生产率

行业(编码)	生存概率	劳动力		材料		资本	
		OLS	OP	OLS	OP	OLS	OP
矿业及煤洗业(6)	0.992	0.063	0.043	0.834	0.813	0.059	0.081
黑色金属的开采加工(8)	0.998	0.096	0.092	0.872	0.898	0.040	0.038
有色金属的开采加工(9)	0.999	0.058	0.072	0.889	0.876	0.042	0.101
非金属矿产的开采加工(10)	0.995	0.083	0.066	0.819	0.791	0.044	0.099
食品加工(13)	0.994	0.068	0.043	0.833	0.890	0.048	0.058
食品制造业(14)	0.995	0.057	0.058	0.850	0.840	0.049	0.023
饮料制造业(15)	0.994	0.089	0.068	0.820	0.855	0.052	0.044
烟草制品业(16)	0.999	0.053	0.048	0.848	0.854	0.161	0.182
纺织业(17)	0.994	0.066	0.056	0.863	0.879	0.033	0.036
服装、鞋、帽制造业(18)	0.993	0.100	0.096	0.792	0.796	0.053	0.019
皮毛制造业(19)	0.989	0.082	0.082	0.846	0.842	0.043	0.078

① 如果采用旧的行业分类标准,2002 年之前的公司数据都集中在了行业数据中。为了与 2002 年之后数据一致,采用这种方法。

② 使用公司附加值进行回归分析时,Olley-Pakes 方法和 OLS 方法估计的 TFP 是非常接近的。

(续表)

行业(编码)	生存概率	劳动力 OLS	劳动力 OP	材料 OLS	材料 OP	资本 OLS	资本 OP
木材加工及制造,竹、藤、棕、草制品(20)	0.989	0.074	0.051	0.841	0.881	0.038	0.045
家具制造业	0.989	0.107	0.154	0.802	0.732	0.046	0.077
造纸及纸制品业(22)	0.990	0.066	0.061	0.851	0.849	0.044	0.048
印刷、传媒业(23)	0.994	0.088	0.063	0.796	0.847	0.068	0.052
文体教育用品制造(24)	0.991	0.086	0.068	0.822	0.827	0.049	0.045
石油加工、炼焦及燃料(25)	0.992	0.035	0.041	0.864	0.906	0.062	0.061
化学原料制造业(26)	0.991	0.053	0.031	0.830	0.857	0.063	0.074
医药制造业(27)	0.990	0.101	0.064	0.785	0.803	0.060	0.002
化纤制造业(28)	0.995	0.047	0.029	0.901	0.923	0.028	0.032
橡胶制品业(29)	0.996	0.078	0.089	0.801	0.729	0.067	0.142
塑料制品业(30)	0.994	0.079	0.074	0.821	0.816	0.056	0.051
非金属矿物制造业(31)	0.993	0.049	0.038	0.858	0.870	0.040	0.870
黑色金属的冶炼及压延(32)	0.991	0.054	0.043	0.891	0.921	0.036	0.036
有色金属的冶炼及压延(33)	0.995	0.052	0.038	0.887	0.889	0.031	0.052
金属制品制造业(34)	0.994	0.078	0.102	0.793	0.710	0.067	0.063
通用设备制造业(35)	0.995	0.066	0.049	0.827	0.835	0.057	0.058
专用设备制造业(36)	0.993	0.067	0.029	0.809	0.868	0.060	0.070
交通运输设备制造业(37)	0.992	0.086	0.077	0.809	0.804	0.065	0.058
电气机械及器材(39)	0.996	0.085	0.068	0.812	0.833	0.063	0.119
通信设备、计算机及其他电子设备(41)	0.994	0.103	0.094	0.776	0.785	0.082	0.148
仪器仪表及文化办公用品(41)	0.992	0.089	0.049	0.724	0.815	0.096	0.050
工艺品(42)	0.992	0.084	0.073	0.821	0.849	0.046	0.045
电力和热力(44)	0.996	0.156	0.140	0.611	0.590	0.219	0.217
燃气生产及供应(45)	0.999	0.072	0.035	0.653	0.558	0.184	0.275
水的生产及供应(46)	0.981	0.046	0.019	0.671	0.636	0.172	0.163
所有行业	0.993	0.068	0.061	0.825	0.828	0.062	0.075

注:这里受篇幅所限没有注明标准差,但标准差是很容易得到的。

到目前为止,笔者研究了近十年来中国制造业的生产情况和技术升级。首先分析了制造业由劳力密集型产品向资本密集型产品甚至高科技产品的变革。价值链的升级可以从以下两个方面看出:行业间的生产"宽度"和行业内部的生产"深度"。接着笔者从生产深度和中间产品投入来研究加工贸易在中国制造业出口中的作用。接着使用明细的COMTRADE数据将中国与其他成功或未成功摆脱中等收入陷阱的国家进行对比。最后笔者根据详细到企业水平的数据,采用可靠的计量经济学方法来衡量中国企业的全要素生产率。以上结果均证明中国正在进行着制造业价值链的升级。

第三节　理论综述

中国过去30年的价值链升级经验提供了很好的例子,可以解释从赫克歇尔-俄林的新古典贸易理论到克鲁格曼(Krugman,1979)的新贸易理论,再到Melitz(2003)的"新"新贸易理论。在这一部分,笔者回顾了相关理论,也说明了中国的贸易发展的确是按照理论的预测方向发展的。

一、理论回顾

如上所述,中国在1985—1995年的出口大部分是服装和纺织品等劳动密集型产品。这正是与赫克歇尔-俄林模型的预测是一致的。一个劳动力丰富的国家理应出口劳动密集型产品,以充分利用其比较优势。

相比之下,中国在20世纪最后几年的外贸就很像克鲁格曼(1979)描述的情形。比较优势不是各国贸易的唯一原因。规模经济是另一种贸易收益的来源。国家还可以通过市场规模的扩大而从贸易中获益。因此,除了存在着可以通过标准赫克歇尔-俄林模型的预测得到的产业间贸易,还存在着由规模经济来解释的产业内贸易。事实上,产业内贸易现象在90年代中期的中国是非常常见的。2005年时纺织业和服装业的出口占到出口总额的14.4%,而机械行业的出口占出口总额的46%,比纺织业出口的两倍还多。除了出口大量机械产品,中国也进口大量的类似机械产品:机械产品2005年进口的份额约为44%。这清楚地显示出中国产业内贸易的特征。

中国在21世纪的外贸格局大致与Melitz(2003)模型的预测是一致的。虽然克鲁格曼(1979)的规模收益递增模型非常好地解释了国家从贸易中获得收益的原因,但该模型假设企业是对称的,所以,当企业存在着异质性时该模型就会失效。Melitz(2003)的模型克服了这种潜在的缺点。由于允许企业可以具有不同的生产率,Melitz(2003)能够让个别企业表现出不同的外贸格局。特别是,低生产率企业只能服务于国内市场。如果进入国际市场,该企业将亏损,因为它无法弥补出口的固定成本。然而,高生产率的企业将出口以及在国内销售其产品,因为它可以在国外销售产品赚取利润。此外,具有很高生产率的企业除了出口或者内销之外,还会对外直接投资。总之,企业的出口情况与生产率高度关联。高生产率的企业有更多的出口。反观中国的情况,中国的高技术产品在21世纪出口增长速度非常快。如果经验证据能够支持中国出口高科技产品的企业有相对较高的生产率,我们可以有把握地得出这样的结论:Melitz(2003)的模型确实非常适合中国的高科技行业。

同样重要的是为什么像中国这样的中高等收入国家可以有如此大量的高新技术产品出口。Brezis-Krugman-Tsiddon(1993)提供了一个很好的解释。他们的观点是新技术不会一开始就成为推动进步的领导力量,因为人们有关于旧技术的丰富的经验。如果新技术证明比旧技术更具生产率,那么就会出现技术替代过程的跳跃。也就是说,像中国这样的发展中国家会使用前沿技术,因为它们没有取代原有技术庞大的费用。

二、中国为何能够升级价值链

四种理论可以解释中国为什么在制造业升级价值链。首先,由于中国具有丰富的劳动力资源,中国企业可以支付相对较低的工资。给定其他因素不变,企业可以获得更多的利润,并且更容易在国有企业和非国有企业的竞争中生存下来。在2001年中国加入WTO前,中国的国有企业较非国有企业具有劣势(吴敬琏,2005)。余淼杰(2010)也发现,在21世纪,国有企业生产率低于非国有企业。虽然如此,姚洋和余淼杰(2009)发现,中国的国有企业各种财务指标如利润率在东亚金融危机后有所增加。

中国制造业升级价值链的另一个重要原因是生产率随着时间的推移而提高。Brandt等(2009)根据中国企业的生产数据发现,在1998—2006年间,使用总生产函数计算的生产率的年均增长率为2.7%。

中国的价值链提升的另一个原因是市场规模不断扩大,这与Krugman(1979)的规模报酬递增相一致。事实上,中国的市场规模不仅在国际上不断扩张,中国的国内市场更是在21世纪蓬勃发展。例如,在2009年12月,中国实现150万台的汽车销售量,已超过美国成为世界上最大的汽车市场。当然,其中部分原因是中国政府4万亿元人民币的财政刺激所致。

第四节 中国产业链升级的动力

这一部分笔者将继续研究中国各个制造行业之间和内部的价值链升级的原动力。简而言之,主要有如下四方面的原因,一是加工贸易和FDI,二是参与国际价值链,三是推动出口的行业政策如出口加工区,四是科技的创新与进步。

一、加工贸易和外商直接投资

实现中国制造业的价值链升级至少有两个重要的渠道:加工贸易和外商直接投资(FDI)。一个值得考虑的问题是为什么加工贸易升级能够帮助中国制造业部门价值链升级。在加工贸易中,企业可以获得中间品进口的投入。Halpern等(2010)指出,进口中间品可以大幅增加生产率。超过50%的收益是由于进口和国内中间产品不完全替代导致的。一种原因是人们认为不同的投入组合比单一投入要好。此外,进口中间品的质量可能高于国内中间品。Goldberg等(2010)通过分析产品贸易和企业生产水平的数据也发现通过获得新的中间进口品可以实现贸易所得。外商直接投资是企业通过减少企业信贷约束提升价值链的主要渠道。Hsieh-Klenow(2009)强调,不当的投入要素配置会影响整个企业的生产率。这个想法是基于对中国国有企业相对非国有企业更容易获得银行贷款的观察。因此,如果投入要素(如资本)在较高边际资本生产企业和低边际资本生产企业间重新分配,行业总产出会有所提高。通过将美国作为一个非扭曲基准国家和中国企业生产数据进行比较分析,Hsieh-Klenow(2009)发现,中国制造业企业的生产率将提高30%—50%。

FDI的流入是一个非常有效的减轻资金投入分配不当的手段。Feenstra等(2011)认为,由于外商投资企业可以借用其母公司在国外的资金,FDI将缓解企业信贷约束。这种方式将缩小国有企业和非国有企业(尤其是外商投资企业)之间资本的边际产品的差距。如果是这样,中国的外商投资企业可以通过贸易实现额外的收益,从而导致价值链进一步升级。

二、参与国际价值链

除了上文中提到的加工贸易和FDI,中国的价值链升级也会从国际垂直生产链中受益,尤其是国际外包。国际外包(即外包)是中国升级制造业价值链的主要渠道。Feenstra-Hanson(1996)为我们理解价值链提升的机制进行了具有开创性的工作。考虑在一个行业内部的连续的经济活动,如装配、加工、销售和研发。如果一个国家开放贸易,哪些活动将设在国内,哪些设在国外?Feenstra-Hanson(1996)提出了一个简单而有用的方式来确定分工。一个产品会产生在一个使用较低的成本生产这种产品的国家里。

接下来的问题是怎样实现价值链升级。由于中国这样的发展中国家通常是劳动力丰富、资本稀缺,市场利率要高于美国这样的发达国家。如果忽略发展中国家资本流入的监管,资本应该从美国流入中国,这反过来又推高了美国的租金成本,减少了中国的租金成本。随着成本的增加,美国宁愿外包一部分原有附加值较低的经济活动,另一方面,在发展中国家会内包一部分附加值相对较高的经济活动。因此,在发展中国家外包实现了价值链升级。

此外,根据Crino(2009)的研究,在20世纪90年代,发达国家不仅外包其低附加值制造品至发展中国家,而且把高附加值的服务也转移到海外的发展中国家。在Feenstra-Hanson(1996,1999)研究的基础上,Grossman and Rossi-Hansberg(2008)预测,一些无需进行面对面的沟通和常规项目的高附加值服务会外包到海外。正如Feenstra(2010)指出,无论是生产外包或服务外包的发生,都取决于国际外包的低成本。事实上,20世纪80年代是制造业外包的鼎盛期,而90年代以来服务业离岸外包越来越普及。本章主要研究的则是制造业价值链升级。

三、推动出口的行业政策

加工出口在中国对外贸易方面发挥关键作用。由图2-12可见,自1995年以来,中国的加工贸易占了贸易总额的一半以上。和许多其他东亚国家一样,我国政府于1978年设立出口加工区(EPZ)开展贸易自由化。出口加工区设立的第一波始于20世纪80年代初的四个特别经济区的设立(在特区内,加工出口品其进口原料可免关税)。不久,政府开放了广东和福建两个东部沿海省份,允许外国企业与国内企业进行"出口加工"。20世纪90年代初,中国在其他东部沿海省份实行了更加开放的政策。如图2-13所示,中国成立了18个经济技术开发区(ETDZ),鼓励外国投资者与农村集体合作设立合资企业及下属企业。到2003年年底,中国已经建立超过100个开发区,享受不同的专业外贸政策(Naughton,2006)。正如上文中所述,建立出口加工区可以让科技的进步和先进管理方式更容易外溢,从而推动出口企业的生产率发展。

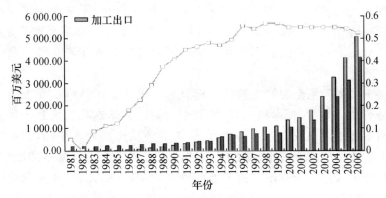

图2-12　中国的加工出口,1981—2006年

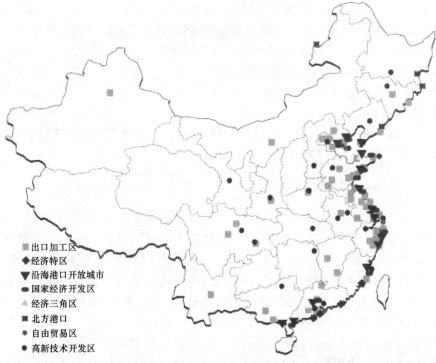

图2-13　中国的自由贸易区(未含南海诸岛和钓鱼岛)

四、科技革新

最后一个推动中国价值链升级的因素是科技的引入和创新。随着越来越多的 FDI 进入中国,国内企业有更多国际合作的机会,这也会有科技外溢性。Hu(2006)指出,1999 年之后中国出现了大量的专利。2004 年时,国内的企业提出了 220 000 项专利申请,并有 60 000 到 70 000 项专利得到批准。图 2-14 描述了中国规模以上制造业企业的平均研发投入。从图中可见,企业的年平均研发投入是逐年递增的。这些数字也表明中国企业有能力学习国外的先进技术,来实现自身的价值链升级。

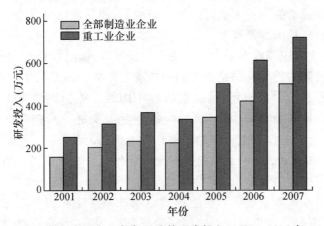

图 2-14　中国企业各年平均的研发投入,2000—2007 年

第五节　小结和政策建议

近三十年来中国的经济改革是非常成功的,使中国逐渐成为中高等收入发展中国家。作为当今世界经济发展的火车头,中国实现了制造行业内部和制造行业之间的价值链升级。中国的企业也实现了生产率的大幅提高,出口更多复杂的、差异化明显的产品,甚至是高科技产品。有很多因素都可以解释这样的经济奇迹,但市场化和全球化无疑是中国价值链升级的两股推动力。中国的发展经验也指出,为避免陷入中等收入国陷阱,中国应该在更大程度上融入全球经济,参与价值链的垂直整合。

价值链的全球化为中国宏观政策制定提供了一些建设性建议。中国近三十年的价值链升级的重要意义是中国坚持出口导向政策。推行改革开放政策以来,中国逐步融入全球经济而且积极参与了全球价值链的升级。与此同时,中国也从 FDI 产生的外溢性中获益,这种外溢性促进了中国的自行创新,推动了生产率发展。加工贸易也为中国价值链的升级做出了很大贡献。为了避免陷入中等收入陷阱,中国可以采取以下政策。

首先,中国应当坚持出口导向政策。中国实施出口拉动发展的政策后,近十年来一直维持 10% 的经济增长率,而且成功完成了价值链升级。然而中国发展的重心不能只停留在出口上,而是应当同时增加出口和进口量。在当前的全球化趋势下,中国应该有越来越多的行业内贸易。这样消费者可以以更低的价格消费更多种类的商品,而厂商也可以在一个更大的市场中不断降低成本而获利。

其次,政府应当鼓励企业进行更多的研发投入,继续进行贸易自由化。未来中国发展的重要问题是企业的全要素生产率。随着关税的减少,国外产品更容易流入中国市场,这也意味着中国的企业会面对更大的竞争压力。为了在这样的市场中胜出,国内的企业需要进一步提高自身的生产率,而研发投入是提高生产率过程中必不可少的。

最后,中国应该吸引更多的外商投资。外商投资向中国的流入不仅为中国带来了更多的资本,也会在中国产生外溢性。正如上文中提到的,进口的中间品投入质量更高。将进口的中间产品与中国国内产出品相结合后,成效非常好。这也意味着中国未来发展中,加工贸易是很重要的一个方面。

第三章 企业贸易异质性模型

自哈佛大学的 Marc Melitz 教授在 2003 年发表了他关于企业生产率异质性的论著以来，国际贸易的研究在全球范围内进入了一个新的时代。在理论上，贸易经济学家沿着 Melitz 的企业异质性方向，成功地拓展了克鲁格曼 1979 年的规模递增模型，即用规模经济解释两个要素禀赋相近的国家为何能做贸易。Melitz 和其他贸易学家的研究有一个共识，那就是企业的出口模式与其生产率紧密相关。具体的，低生产率的企业只能在国内市场上销售，较高生产率的企业可以在国内市场销售并出口。更高生产率的企业还可以既在国内市场销售、出口，也可以"走出去"进行对外直接投资。

几乎是在 Melitz 发表这篇经典著作的同时，纽约大学的 Eaton 教授（现在宾州州立大学）和芝加哥大学的 Kortum 教授（现在耶鲁大学）发表了另外一篇企业异质性的经典著作（通称 Eaton-Kortum，2002）。在该文中，他们创造性地利用一种特殊的概率分布来引入企业（行业）异质性；同时，模型有力地用比较优势、绝对优势和地理距离来刻画行业的贸易流；这样，微观模型的加总可以与通常在宏观实证贸易中才会提及的引力模型一致。

另外，虽然 Melitz 的企业异质性优美而有力，但由于只考虑了劳动力这样一种要素禀赋，他的模型与克鲁格曼的模型一样，都不能解释收入分配问题。为解决这个问题，Bernard、Redding、Schott 三位经济学家在 2007 年发表的论文成功地把 Melitz(2003)模型加入到传统的赫克歇尔-俄林模型中，不但能得到赫克歇尔-俄林模型下四大定理（赫克歇尔-俄林定理、斯托尔珀-萨缪尔森定理、罗布津斯基定理、要素价格均等化定理）的结论，也能成功地得到 Melitz(2003)模型的结论。因此，该模型也是理论上的一个重大突破。我们在第三节将详细地介绍该模型。

第一节 Melitz(2003)的企业贸易异质性模型

一、模型构建

(一) 需求方

效用函数采用基于连续商品 ω 的 C.E.S. 效用函数:

$$U = \left[\int_{\omega \in \Omega} q(\omega)^{\rho} d\omega\right]^{1/\rho}$$

其中 Ω 代表商品集。假设所有商品都是彼此可替代的,因此 $0 < \rho < 1$,两种商品间的替代弹性 $\sigma = 1/(1-\rho) > 1$。基于 Dixit 和 Stiglitz (1977),消费者的行为可以通过综合商品消费与综合物价指数来体现,综合物价指数如下所示:

$$P = \left[\int_{\omega \in \Omega} q(\omega)^{1-\sigma} d\omega\right]^{\frac{1}{1-\sigma}} \tag{3-1}$$

在推导消费者的最优商品和消费选择时,可以通过使用综合指数获得如下结果:

$$q(\omega) = Q\left[\frac{p(\omega)}{P}\right]^{-\sigma}$$

$$r(\omega) = R\left[\frac{p(\omega)}{P}\right]^{1-\sigma} \tag{3-2}$$

其中 $R = PQ = \int_{\omega \in \Omega} r(\omega) d\omega$ 代表了综合花费。

(二) 供给方

同连续商品的假设类似,在此我们假设企业也是连续的,每个企业都生产不同的产品 ω。劳动力作为唯一的生产要素,总供给水平给定为 L,它是体现经济体大小的一个指标。企业的生产技术通过生产函数体现,生产函数包括边际成本和固定成本两部分。劳动需求用产出表示如下:

$$l = f + q/\varphi$$

其中,所有企业的固定成本相同,$f > 0$,但是每个企业拥有不同的生产技术,通过生产技术指数 $\varphi > 0$ 体现。生产率高的企业生产相同的产品所需要的边际成本较低,花费相同的情况下生产出的产品质量更高。如果不考虑生产率,那么每个企业都面临相同弹性 σ 的剩余需求函数。企业为了

达到利润最大化,会选择相同的成本加价 $\sigma/(\sigma-1)=1/\rho$。这符合价格方程①

$$p(\varphi) = \frac{w}{\rho\varphi} \tag{3-3}$$

其中,w 是标准工资率,在此将其标准化为 1。那么,企业的利润为②

$$\pi(\varphi) = r(\varphi) - l(\varphi) = \frac{r(\varphi)}{\sigma} - f$$

其中,$r(\varphi)$ 是企业收入,$r(\varphi)/\sigma$ 是可变利润。由此看出,总利润会受到综合物价指数和收入的共同影响,其关系如下所示:

$$r(\varphi) = R(P\rho\varphi)^{\sigma-1} \tag{3-4}$$

$$\pi(\varphi) = \frac{R}{\sigma}(P\rho\varphi)^{\sigma-1} - f \tag{3-5}$$

另一方面来看,两个企业产出之比和收入之比仅取决于它们的生产率之比③:

$$\frac{q(\varphi_1)}{q(\varphi_2)} = \left(\frac{\varphi_1}{\varphi_2}\right)^{\sigma}, \quad \frac{r(\varphi_1)}{r(\varphi_2)} = \left(\frac{\varphi_1}{\varphi_2}\right)^{\sigma-1} \tag{3-6}$$

综上所述,生产率高的企业比生产率低的企业产出更多,收入更多,产品售价较低,获取利润更多。

(三) 市场总体情况

下面考虑 M 个企业,其生产技术服从 $\mu(\varphi)$ 概率密度分布的市场上的均衡。根据式(3-1)的设定,综合物价指数可表示为:

$$P = \left[\int_0^\infty p(\varphi)^{1-\sigma} M\mu(\varphi)\,\mathrm{d}\varphi\right]^{\frac{1}{1-\sigma}}$$

根据式(3-3)的价格方程,综合物价指数也可写作 $P = M^{1/(1\sigma)}p(\tilde{\varphi})$,其中

---

① 根据 $MR = MC$, $Q^{\frac{p}{w}} = \frac{1+\frac{1}{\sigma-1}}{\varphi} = \frac{\sigma}{\varphi(\sigma-1)} = \frac{1}{\rho\varphi}, \therefore p(\varphi) = \frac{1}{\rho\varphi}$

② $\pi(\varphi) = p(\varphi)q - wl = r(\varphi) - f - q/\varphi = \frac{w}{\rho\varphi}q - f - q/\varphi = \frac{q}{\varphi}\left(\frac{1}{\sigma-1}\right) - f$
$= \frac{q}{\varphi}\frac{\sigma}{\sigma-1}\left(1 - \frac{\sigma}{\sigma-1}\right) - f = r(\varphi)/\sigma - f$

③ $Qq(\omega) = Qp(\omega)^{-\sigma}P^{\sigma}, p(\varphi) = \frac{1}{\rho\varphi}, \therefore q(\varphi) = QP^{\sigma}\rho^{\sigma}\varphi^{\sigma}, \frac{q(\varphi_1)}{q(\varphi_2)} = \frac{QP^{\sigma}\rho^{\sigma}\varphi_1^{\sigma}}{QP^{\sigma}\rho^{\sigma}\varphi_2^{\sigma}} = \left(\frac{\varphi_1}{\varphi_2}\right)^{\sigma}$。类似的,$\frac{r(\varphi_1)}{r(\varphi_2)} = \frac{R(P\rho\varphi_1)^{\sigma-1}}{R(P\rho\varphi_2)^{\sigma-1}}\left(\frac{\varphi_1}{\varphi_2}\right)^{\sigma-1}$。

$$\tilde{\varphi} = \left[\int_0^\infty \varphi^{\sigma-1}\mu(\varphi)\mathrm{d}\varphi\right]^{\frac{1}{\sigma-1}} \tag{3-7}$$

$\tilde{\varphi}$ 是加权后的平均生产率,它的大小不受企业数量 M 的影响。权重等于具有不同生产率的企业的产出占总产出的比例。由于 $\tilde{\varphi}$ 体现了生产率的分布和其他相关综合参数,$\tilde{\varphi}$ 也是综合生产率指数。①

$$P = M^{\frac{1}{1-\sigma}}p(\tilde{\varphi})$$
$$R = PQ = Mr(\tilde{\varphi})$$
$$Q = M^{1/\rho}q(\tilde{\varphi})$$
$$\Pi = M\pi(\tilde{\varphi})$$

其中,$R = \int_0^\infty r(\varphi)M\mu(\varphi)\mathrm{d}\varphi, \Pi = \int_0^\infty \pi(\varphi)M\mu\mathrm{d}\varphi$,分别体现了综合收入水平和综合利润水平。因此,两个具有相同企业数,以及相同生产率分布的行业,其综合收入水平相同。另外,记 $\bar{r} = R/M\bar{\pi} = \Pi/M$,分别代表了具有平均生产率的企业的平均收入和平均利润。

二、企业的进入和退出

对于任一行业,我们假定存在很多潜在进入者。在进入市场之前,所有的企业相同。进入后,企业首先需要进行初始投资,假设固定进入费用为 $f_e > 0$(用单位劳动力衡量),这个属于企业的沉没成本。进入后,企业的生产率 e 由市场中生产率的一般概率密度函数 $g(\varphi)$ 决定。其中 e 的取值位于 $(0, \infty)$,$g(\varphi)$ 的积分为分布函数 $G(\varphi)$。

在市场中存在的企业,我们假设它在每期都面临 X^g 概率的外界冲击可能被迫退出市场,这个概率与企业的生产率水平无关。

本章将重点考虑稳态下的均衡,即各种综合指数都保持恒定时的均衡。因为每个企业的生产率不随时间变化,所以企业每期的最优利润也不随时间改变。当一个企业的利润为负时,它会立即退出市场,当一个企业的利润为正时,它会维持生产。我们假设不存在时间贴现因素,那么每个

---

① $P = \left[\int_0^\infty p(\varphi)^{1-\sigma}M\mu(\varphi)\mathrm{d}\varphi\right]^{\frac{1}{1-\sigma}} = \left[\int_0^\infty (\rho\varphi)^{\sigma-1}M\mu(\varphi)\mathrm{d}\varphi\right]^{\frac{1}{1-\sigma}} = M^{\frac{1}{1-\sigma}}\rho^{-1}\left[\int_0^\infty \varphi^{\sigma-1}\mu(\varphi)\mathrm{d}\varphi\right]^{\frac{1}{1-\sigma}}$
$= M^{\frac{1}{1-\sigma}}\rho^{-1}\tilde{\varphi}^{-1} = M^{\frac{1}{1-\sigma}}P(\tilde{\varphi})$
$Q = \left[\int_0^\infty q(\varphi)^\rho M\mu(\varphi)\mathrm{d}\varphi\right]^{\frac{1}{\rho}} = \left[\int_0^\infty q(\tilde{\varphi})^\rho \left(\frac{\varphi}{\tilde{\varphi}}\right)^{\sigma\rho} M\mu(\varphi)\mathrm{d}\varphi\right]^{\frac{1}{\rho}} = q(\tilde{\varphi})M^{\frac{1}{\rho}}\frac{1}{\tilde{\varphi}^\sigma}\left[\int_0^\infty \varphi^{\sigma\rho}\mu(\varphi)\mathrm{d}\varphi\right]^{\frac{1}{\rho}}$
$= q(\tilde{\varphi})M^{\frac{1}{\rho}}$

企业的价值函数为：

$$v(\varphi) = \max\left\{0, \sum_{t=0}^{\infty}(1-\delta)^t \pi(\varphi)\right\} = \max\left\{0, \frac{1}{\delta}\pi(\varphi)\right\}$$

其中，根据式(3-5)，$\pi(\varphi)$会受到R和P的影响。$\varphi^* = \inf\{\varphi: v(\varphi) > 0\}$表示了可以维持在市场中生产的最低生产率。因为$\pi(0) = -f$小于零，$\pi(\varphi^*)$一定等于零。这满足零利润条件。

任何在市场中生产率$\varphi < \varphi^*$的企业都会立刻从市场中退出。假定企业受外生冲击而退出市场的概率与生产率无关，所以退出过程不会影响生产率的概率密度函数$\mu(\varphi)$。真实的生产率概率密度函数仅仅取决于存在于市场上的企业。所以$\mu(\varphi)$为定义在$[\varphi^*, \infty)$上，条件于$g(\varphi)$的分布：

$$\mu(\varphi) = \begin{cases} \dfrac{g(\varphi)}{1 - G(\varphi^*)} & \text{if } \varphi > \varphi^* \\ 0 & \text{otherwise} \end{cases} \quad (3\text{-}8)$$

其中，$p_{in} \equiv 1 - G(\varphi^*)$是成功进入市场的概率。根据临界生产率$\varphi^*$，我们可以定义综合生产率水平$\tilde{\varphi}$：

$$\tilde{\varphi}(\varphi^*) = \left[\frac{1}{1 - G(\varphi^*)}\int_{\varphi^*}^{\infty}\varphi^{\sigma-1}g(\varphi)\mathrm{d}\varphi\right]^{\frac{1}{\sigma-1}} \quad (3\text{-}9)$$

根据初始假设，我们要求$\tilde{\varphi}$为有限值，所以对$g(\varphi)$的上尾指数需要加以限制：$g(\varphi)$的$(\sigma-1)$阶非中心矩为有限值。式(3-8)清晰地表明了临界生产率水平φ^*在内生给定的情况下，市场均衡时的生产率分布水平由外生的进入市场前生产率分布水平决定。式(3-9)表明综合生产率水平$\tilde{\varphi}$会受到内生临界生产率水平的影响。

（一）零利润条件

因为综合生产率水平$\tilde{\varphi}$是仅仅关于临界生产率水平φ^*的函数，所以平均收入水平$\bar{r}$和平均利润水平$\bar{\pi}$也是关于临界生产率水平φ^*的函数。

$$\bar{r} = r(\tilde{\varphi}) = \left[\frac{\tilde{\varphi}(\varphi^*)}{\varphi^*}\right]^{\sigma-1} r(\varphi^*)$$

$$\bar{\pi} = \pi(\tilde{\varphi}) = \left[\frac{\tilde{\varphi}(\varphi^*)}{\varphi^*}\right]^{\sigma-1} \frac{r(\varphi^*)}{\sigma} - f$$

零利润条件决定了具有临界生产率企业的收入，从中我们可以得到平均利润和临界利润的关系如下：

$$\pi(\varphi^*) = 0 \Leftrightarrow r = (\varphi^*) = \sigma f \Leftrightarrow \bar{\pi} = f k(\varphi^*) \quad (3\text{-}10)$$

其中，$k(\varphi^*) = \left[\dfrac{\tilde{\varphi}(\varphi^*)}{\varphi^*}\right]^{\sigma-1} - 1$

（二）自由进入和企业价值

除了具有临界生产率的企业外,所有在市场上存在的企业都能获取正利润,所以市场的平均利润一定为正。事实上,我们可以想到,只有企业对进入市场的利润预期为正,企业才愿意进行初期的固定投资 f^e,从而试图进入市场。在此,我们用 $\bar{v}$ 代表平均利润流的现值：$\bar{v} = \sum_{t=0}^{\infty}(1-\sigma)^t \bar{\pi} = (1/\delta)\bar{\pi}$。同样,$\bar{v}$ 也代表了成功进入市场的企业的平均价值：$\bar{v} = \int_{\varphi^*}^{\infty} v(\varphi)\mu(\varphi)\mathrm{d}\varphi$。另外,我们定义 v^e 为进入市场的净价值：

$$v^e = p_{\text{in}}\bar{v} - f_e = \frac{1-G(\varphi^*)}{\delta}\bar{\pi} - f_e \qquad (3\text{-}11)$$

如果净价值为负,那么没有企业愿意进入市场。如果净价值为正,那么会有大量的企业试图进入市场。所以在没有限制的市场均衡下,净价值应等于零。

三、封闭经济下的市场均衡

根据自由进入条件（free entry, FE）和零利润条件（zero cutoff profit, ZCP）,我们可以得到平均利润水平 $\bar{\pi}$ 与临界生产率水平 φ^* 间的两种关系（见式(3-10)和(3-11)）：

$$\bar{\pi} = fk(\varphi^*) \quad \text{ZCP}$$

$$\bar{\pi} = \frac{\delta f_e}{1-G(\varphi^*)} \quad \text{FE} \qquad (3\text{-}12)$$

在 (φ,π) 空间中,FE 曲线向上,而 ZCP 曲线向下,两条曲线交点唯一。这一结果确保了唯一的均衡点 φ^* 和 $\bar{\pi}$,如图 3-1 所示。

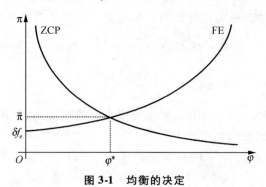

图 3-1 均衡的决定

在稳定均衡下,综合变量保持不变。这要求每期的成功进入市场企业数 $p_{in}M_e$,恰好能填补因受到外界冲击而退出市场的企业数 δM,即 $p_{in}M_e = \delta M$。对于劳动力市场,总劳动供给为:$L = L_p + L_e$,其中 L_p 和 L_e 分别代表了用于生产的劳动力数量和用于新进入者先期投资所需的劳动力衡量。用于支付生产商品的劳动力的开支等于总收入与利润之差:$L_p = R - \Pi$。市场出清条件要求新进入者先期投资为 $L_e = M_e f_e$。利用已知市场均衡条件 $p_{in}M_e = \delta M$ 和自由进入条件 $\bar{\pi} = \delta f_e/[1 - G(\varphi^*)]$,我们可以得到:

$$L_e = M_e f_e = \frac{\delta M}{p_{in}} f_e = M\bar{\pi} = \Pi$$

因此,总收入 $R = L_p + \Pi = L_p + L_e$,也等于给劳动力支付的总工资。因此,综合收入可由外生的市场大小决定。市场上的企业数目可以通过总收入和每个企业的平均收入得到:

$$M = \frac{R}{\bar{r}} = \frac{L}{\sigma(\bar{\pi} + f)} \tag{3-13}$$

进而,综合物价指数可以表示为

$$P = M^{1/(1-\sigma)} p(\tilde{\varphi}) = M^{1/(1-\sigma)}/\rho\tilde{\varphi}$$

以上就完成了在封闭经济体中市场均衡点的概要分析。

所有企业层面的变量都与经济体的大小无关,例如临界生产率、平均生产率、平均利润和平均收入。但是由式(3-13)可看出,即便生产率的分布维持不变,市场中的企业数目也会同经济体的大小同比例变化。每个工人的福利可表示如下:

$$W = P^{-1} = M^{\frac{1}{1-\sigma}}\rho\tilde{\varphi} \tag{3-14}$$

在大国中,由于商品种类数增加,工人的福利相应较高。一旦 $\tilde{\varphi}$ 和 $\bar{\pi}$ 给定,那么根据以上模型预测的总产出与一个完全由代表性企业(即生产率为 $\tilde{\varphi}$,利润为 $\bar{\pi}$)构成的市场的总产出相等。另一方面,这个考虑了企业异质性的模型还阐释了平均生产率水平 $\tilde{\varphi}$ 和平均企业利润 $\bar{\pi}$ 是如何内生决定的,以及外生冲击对这两者的影响。特别值得一提的是,在这个模型中,平均生产率 $\tilde{\varphi}$ 的变动并不需要生产率概率密度函数 $g(\varphi)$ 发生变化。在之后的内容中,还会论述当一国由封闭经济转向允许对外贸易时,企业会发生重新分配,进而会导致平均生产率水平的提升。这一结果是无法通过外生给定代表性企业生产率水平的模型得到的。

四、开放经济模型概论和假设

如果世界上所有国家的情况都符合之前模型的描述,那么现在我们来探讨国际贸易对世界经济的影响。如果贸易没有额外开支,那么单个国家的产出就可能与世界相同。贸易带给一个开放经济的机会与一个同样大小的封闭经济中的机会相同。根据之前所述,一个国家的大小不会影响企业级变量,所以,贸易也不会影响企业级变量:每个国家的企业数,每个企业的产出和利润都和封闭经济时相同。某一个国家中的企业,会根据这个国家的产出占世界产出的份额来将自己的产出分为国内市场和国际市场两部分。因此,在不考虑贸易成本的条件下,企业的异质性不会改变贸易的作用效果。这一结论与 Krugman(1980)用代表性企业阐述的结论相同:虽然企业不会受到贸易情况变化的影响,但是消费者可以从更多的商品种类中获益。

另一方面,很多证据都表明企业出口商品除了需要支付每件商品的额外成本之外,还需要支付一定的固定成本。

当出口市场存在不确定性时,在决定是否出口前,企业需要考虑时间和沉没成本。很多实证研究表明,一个企业只有在了解了自身生产率之后才会决定是否出口,因此我们可以认为出口市场的不确定性对于企业的出口决定没有决定性作用。本章假设一个试图出口的企业,首先需要进行初始固定投资,在了解了自身生产率水平之后,再决定是否出口。为简单起见,该模型中没有考虑出口市场的不确定性。由于贸易运输成本的存在,我们假定出口企业必须运送 $\tau > 1$ 件产品,才能保证 1 件产品运达目的地。

五、开放经济中的均衡

对称的假定保证了所有国家都支付相同的工资(标准化为 1),各种综合指标都相等。每个企业的价格方程在国内市场中是给定的,如前所述,其为 $p_d(\varphi) = w/\rho\varphi = 1/\rho\varphi$。因为边际成本 τ 的增加,出口企业在国外市场中设定的价格更高,为 $p_x(\varphi) = \tau/\rho\varphi = \tau p_d(\varphi)$,其中 R 和 P 代表了每个国家的总支出和综合物价指数。收支平衡的条件下,R 也代表了一个国家的总收入。因此,考虑到一个企业的出口状态,其收入为:

$$r(\varphi) = \begin{cases} r_d(\varphi) & \text{如果企业不出口} \\ r_d(\varphi) + nr_x(\varphi) = & \text{如果企业向世界上} \\ (1+n\tau^{1-\sigma})r_d(\varphi) & \text{所有国家出口} \end{cases} \quad (3\text{-}15)$$

(一)企业的进入、退出和出口

我们假设所有可能影响企业进入、退出和生产率水平的外生变量都不受贸易的影响。在进入之前,企业面临相同的生产率概率分布函数 $g(\varphi)$ 和遭受外生冲击的可能性 δ。在稳态均衡下,生产率为 φ 的企业每期在国外市场中可以获得 $r_x(\varphi)/\delta$ 的利润。因为我们假设出口成本不受国别的影响,所以一个企业要么在一个时期出口商品到所有国家,要么完全不出口。假定企业在已知自身生产率 φ 之后,再决定是否出口,并且企业不考虑出口市场的不确定性,那么一个企业会认为一次性出口投资 f_{ex} 和每期投资 $f_x = \delta f_{ex}$①两种方式没有区别。用每期投资代替一次性出口投资是为了之后表示上的方便。

每个企业的利润可以被分为国内利润 $\pi_d(\varphi)$ 和出口利润 $\pi_x(\varphi)$ 两部分:

$$\pi_d(\varphi) = \frac{r_d(\varphi)}{\sigma} - f, \quad \pi_x(\varphi) = \frac{r_x(\varphi)}{\sigma} - f_x \quad (3\text{-}16)$$

如果 $\pi_x(\varphi) > 0$,那么该企业会出口商品到所有 n 个国家。每个企业的总利润可以表示为:$\pi(\varphi) = \pi_d(\varphi) + \max\{0, \pi_x(\varphi)\}$。与封闭经济的情况类似,企业价值可表示为:$v(\varphi) = \max\{0, \pi(\varphi)/\delta\}$,成功进入的临界生产率为:$\varphi^* = \inf\{\varphi : v(\varphi) > 0\}$。出口企业的临界生产率为 $\varphi_x^* = \inf\{\varphi : \varphi \geq \varphi^*, \pi_x(\varphi) > 0\}$。如果 $\varphi_x^* = \varphi^*$,那么行业中的所有企业都将出口。在这种情况下,具有临界生产率的企业利润为零。如果 $\varphi_x^* > \varphi^*$,部分企业生产的商品仅仅供应国内市场,因为它们的出口利润为负,所以它们不会出口。生产率高于 φ_x^* 的企业无论在国内市场还是在出口市场中都能获取正的利润。根据以上的定义,临界生产率水平需要满足:$\pi_d(\varphi^*) = 0, \pi_x(\varphi_x^*) = 0$。

以上市场划分的充分必要条件是:$\tau^{\sigma-1} f_x > f$②,即贸易成本与生产成本的比值需要高于一个阈值。

另外,均衡条件下企业的生产率水平分布是由成功进入市场的企业的初始生产率水平分布决定的:$\mu(\varphi) = g(\varphi)/[1 - G(\varphi^*)] \ \forall \varphi > \varphi^*$。成功

---

① $Q \sum_{t=0}^{\infty} (1-\delta)^t f_x = f_{ex}, \therefore f_x = \delta f_{ex}$

② 市场如果出现部分企业出口,而部分企业只供给国内市场,那么需要满足:$\pi_x(\varphi) < 0 < \pi_d(\varphi) \ \forall \varphi < \varphi^* \Rightarrow \frac{r_x(\varphi)}{\sigma} - f_x < 0 < \frac{r_d(\varphi)}{\sigma} - f \Rightarrow \frac{r_d(\varphi)\tau^{1-\sigma}}{\sigma} - f_x < 0$,并且 $\sigma f < r_d(\varphi) \Rightarrow \sigma f_x > r_d(\varphi)\tau^{1-\sigma} > \tau^{1-\sigma} \sigma f \Rightarrow f_x > \tau^{1-\sigma} f$ 是市场中会出现出口企业和非出口企业划分的条件。

进入市场的概率为 $p_{in} = 1 - G(\varphi^*)$，成功出口的概率为 $p_x = [1 - G(\varphi_x^*)]/[1 - G(\varphi^*)]$。用 M 代表一国的企业数，那么出口企业数为 $M_x = Mp_x$，一个国家消费者可以消费的商品种类数为 $M_t = M + nM_x$，亦即一国中参与竞争的企业总数。

(二) 市场总体情况

使用同式(3-9)相同的权函数，$\tilde{\varphi} = \tilde{\varphi}(\varphi^*)$，$\tilde{\varphi}_x = \tilde{\varphi}(\varphi_x^*)$ 分别表示了所有企业的平均生产率水平和出口企业的平均生产率水平。其中 $\tilde{\varphi}$ 的加权仅考虑了企业在国内市场中的份额，$\tilde{\varphi}$ 和 $\tilde{\varphi}_x$ 都没有考虑运输中损失的商品比例 τ。为此，我们用 $\tilde{\varphi}_t$ 来表示结合了两个市场并且将运输损失考虑在其中的加权生产率水平：

$$\tilde{\varphi}_t = \left\{ \frac{1}{M_t} [M\tilde{\varphi}^{\sigma-1} + nM_x \tau^{-1} \tilde{\varphi}_x^{\sigma-1}] \right\}^{\frac{1}{\sigma-1}}$$

根据对称性，$\tilde{\varphi}_t$ 也是一个国家中所有参与竞争的企业的平均生产率水平。同封闭经济中的分析类似，通过 $\tilde{\varphi}_t$ 我们可以获得综合物价指数、总收入和每个工人的福利：

$$P = M_t^{\frac{1}{1-\sigma}} p(\tilde{\varphi}_t) = M_t^{\frac{1}{1-\sigma}} \frac{1}{\rho \tilde{\varphi}_t}$$

$$R = M_t r_d(\tilde{\varphi}_t)$$

$$W = \frac{R}{L} M_t^{\frac{1}{\sigma-1}} \rho \tilde{\varphi}_t$$

另外，$\tilde{\varphi}$ 和 $\tilde{\varphi}_x$ 可以用来表示不同类型的企业群的平均利润和收入情况。令 $r_d(\tilde{\varphi})$ 和 $\pi_d(\tilde{\varphi})$ 代表国内企业通过国内市场获得的平均收入和利润，令 $r_x(\tilde{\varphi}_x)$ 和 $\pi_x(\tilde{\varphi}_x)$ 代表国内企业通过出口获得的平均收入和利润。那么在两个市场上每个企业的平均收入和利润为：

$$\bar{r} = r_d(\tilde{\varphi}) + p_x n r_x(\tilde{\varphi}_x), \quad \bar{\pi} = \pi_d(\tilde{\varphi}) + p_x n \pi_x(\tilde{\varphi}_x) \quad (3-18)$$

(三) 均衡条件

通过封闭经济的均衡条件和零利润条件，我们可以得到平均利润 $\bar{\pi}$ 和临界生产率水平 φ^* 之间的关系(见式(3-10))：

$$\pi_d(\varphi^*) = 0 \Leftrightarrow \pi_d(\bar{\varphi}) = fk(\varphi^*)$$

$$\pi_x(\varphi_x^*) = 0 \Leftrightarrow \pi_x(\bar{\varphi}_x) = f_x k(\varphi_x^*)$$

其中，根据之前的定义：$k(\varphi) = [\tilde{\varphi}(\varphi)/\varphi]^{\sigma-1} - 1$。零利润条件使得

φ_x^* 可以写成 φ^* 的函数①：

$$\frac{r_x(\varphi_x^*)}{r_d(\varphi^*)} = \tau^{1-\sigma}\left(\frac{\varphi_x^*}{\varphi^*}\right)^{\sigma-1} = \frac{f_x}{f} \Leftrightarrow \varphi_x^* = \varphi^* \tau \left(\frac{f_x}{f}\right)^{\frac{1}{\sigma-1}} \quad (3\text{-}19)$$

通过式(3-18)，$\bar{\pi}$ 可以通过临界生产率水平 φ^* 表示：

$$\bar{\pi} = \pi_d(\tilde{\varphi}) + p_x n \pi_x(\tilde{\varphi}_x) = fk(\varphi^*) + p_x n f_x(\varphi_x^*) \quad (3\text{-}20)$$

其中，通过式(3-19)可以得知，φ_x^* 和 p_x 都是 φ^* 的函数。式(3-20)则是开放经济下的新的零利润条件。

同之前类似，$\bar{v} = \sum_{t=0}^{\infty} (1-\sigma)^t \bar{\pi} = \bar{\pi}/\sigma$ 表示了企业平均利润流的现值，$v_e = p_{in}\bar{v} - f_e$ 体现了企业进入市场的净价值。自由进入条件与之前相同：当 $\bar{\pi} = \delta f_e / p_{in}$ 时，$v = 0$。不考虑企业(出口与否)利润的差异，企业的预期未来收益与固定投资相等。

（四）确定均衡状态

与封闭经济的情形类似，自由进入条件和零利润条件确定了唯一的 φ^* 和 $\bar{\pi}$（ZCP 曲线和 FE 曲线仅有一个交点）。均衡点 φ^* 进而又确定了出口临界生产率水平 φ_x^*，平均生产率水平 $\tilde{\varphi}, \tilde{\varphi}_x, \tilde{\varphi}_t$，以及成功进入市场的概率和成功出口的概率 p_{in} 和 p_x。市场自由进入和均衡的条件要求：$p_{in}M_e = \delta M$，初期投资总费用 L_e 等于总利润 $\prod$。因此，总收入可以由外生的劳动力市场大小 L 决定：$R = L$。另外，企业平均收入也可通过 ZCP 和 FE 条件给出：$\bar{r} = r_d(\tilde{\varphi}) + p_x n r_x(\tilde{\varphi}_x) = \sigma(\bar{\pi} + f + p_x n f_x)$②，这进而又决定了市场均衡时存活的企业数目：

$$M = \frac{R}{\bar{r}} = \frac{L}{\sigma(\bar{\pi} + f + p_x n f_x)} \quad (3\text{-}21)$$

通过一个国家中的企业数目，我们可以得到一国消费者可以购买的商品种类数：$M_t = (1 + np_x)M$，价格指数 $P = M_t^{1/(1-\sigma)} / \rho\tilde{\varphi}_t$（见式(3-17)）。在

---

① $\frac{r_x(\varphi_x^*)}{r_d(\varphi^*)} = \frac{\tau^{1-\sigma}R(P\rho\varphi^*)^{\sigma-1}}{R(P\rho\varphi^*)^{\sigma-1}} = \tau^{1-\sigma}\left(\frac{\varphi_x^*}{\varphi^*}\right)^{\sigma-1}$, $\begin{cases} \pi_x(\varphi_x^*) = \frac{r_x(\varphi_x^*)}{\sigma} - f_x = 0 \\ \pi_d(\varphi^*) = \frac{r_d(\varphi^*)}{\sigma} - f = 0 \end{cases} \Rightarrow \frac{r_x(\varphi_x^*)}{r_d(\varphi^*)} = \frac{f_x}{f}$, $\therefore \frac{r_x(\varphi_x^*)}{r_d(\varphi^*)} = \tau^{1-\sigma}\left(\frac{\varphi_x^*}{\varphi^*}\right)^{\sigma-1} = \frac{f_x}{f}$

② $\bar{r} = r_d(\tilde{\varphi}) + p_x n r_x(\tilde{\varphi}_x) = \sigma(f + \pi_d(\tilde{\varphi})) + p_x n(f_x + \pi_x(\tilde{\varphi}_x)) = \sigma(f + p_x n f_x + \pi_d(\tilde{\varphi}) + p_x n \pi_x(\tilde{\varphi}_x)) = \sigma(\bar{\pi} + f + p_x n f_x)$

一个所有企业都出口的市场中,除了 $\varphi_x^* = \varphi^*$(因此 $p_x = 1$)和式(3-19)不满足外,其余结论都适用。

第二节 Eaton-Kortum(2002)的企业异质性理论研究

一、主要内容

国际贸易理论面临很多的问题和考验,研究者往往会从不同的角度出发进行研究。一方面是从地理的角度考虑贸易中存在的差别。随着两个经济体之间距离的增加,贸易量也急剧下降。而在不同的地点,同一商品的销售价格也有很大的区别,两地的距离越大,这种价格差异也就越大。另一方面是从技术差异的角度来分析问题。不同的国家,要素的回报率并不相同。不同产业之间的相对生产率,在不同国家也有很大的差异。从其中的一个角度开展的研究有很多,而本篇文章的特色在于将上述两个问题融为一体,作者建立了一个可以同时解释国际贸易中技术和地理差异的模型。

为解释不同国家技术的差异,作者使用了李嘉图模型作为新模型的基础,描述两国之间的技术差别和国际贸易关系。不同的国家之间,技术水平不同,不同产业之间的相对生产率也不同,这种差异使得一个国家相对于另一个国家在国际贸易中具有绝对优势和比较优势,一国将根据自身的优势决定贸易产品的种类和数量。两国之间的贸易品不仅仅是最终消费品,同样重要的是制造业流程中必需的中间品。中间品的贸易使得两个经济体之间的距离和地理壁垒不仅会对最终产品的贸易产生负效用,也会增加一国生产的成本,改变一国国内要素的相对价格,对于一国的经济产生广泛的影响。两国之间的距离会影响中间品的贸易量,因此,地理位置对于一国经济的影响,乃至对于一国专业分工的影响非常重要。

由此,作者将技术和地理整合到同一个模型中,并利用1990年OECD 19个成员国制造业双边贸易的截面数据估计参数,试图得到有意义的结论。

通过研究,作者得出的主要结论有:

(1)所有国家都会从更自由的国际贸易中得益。其中,小国的相对受益比大国更多。从现有水平出发,取消地理壁垒可以带来的效用,远大于回到封闭经济所要付出的成本。

（2）技术和地理对于产业分工的影响是变化的。从封闭经济出发，随着国际贸易的逐步开放，由于大国的中间品成本更低，制造业将不断向大国转移，小国因为在生产成本方面缺乏优势，将增加制造品的进口，出现贸易逆差。而随着贸易自由的逐步深化，由于小国同样可以购买到低价的中间品，技术水平随之上升，制造品出口增加，将逐步从贸易中获利。从整体来看，如果在现有水平上继续降低地理壁垒，大国福利将遭受损失，而小国福利增加。

（3）新技术不仅对于技术革新国是一个福利的增长，由于它可以增加整体技术水平，对于几乎所有国家都是有益的。不同国家受益的情况不尽相同，其中，和新技术产生国地理位置接近，且制造业劳动力流动性好，可以随着部门生产力增加而向其他部门转移的国家，更能够享受到技术进步的正外部性，否则从中受益的程度是有限的。

（4）降低关税对于福利无疑是一种增进，当所有国家同时降低关税壁垒时，它们都会从中获利。一国单方面降低关税对于世界总福利也是有贡献的，但同时会损伤本国的利益。美国的经验数据验证了这一结论。而一个贸易集团内部的自由化举措，对于外围国家或内部部分成员国有可能造成伤害。例如，欧盟各成员国之间较好地实现了劳动力的自由流动。而这种区域整合中，贸易转移会减少部分成员国的出口量，致使福利受损。而外围国家因为贸易条件恶化，也会蒙受损失。因此，局部的贸易自由化利弊并存。

和其他理论模型相比，本模型的特点在于同时考虑了技术和地理因素，有相似的部分，也有明显的差异。

和可计算的一般均衡模型（CGE）相比，本模型同样是在一般均衡的框架下研究贸易流量。不同的是，前者认为各国生产的产品之间存在异质性，而本模型认为产品和生产国无关，不同的国家可以生产相同的产品，生产分工的依据在于比较优势。

HOV 模型主要考察的是要素禀赋和专业分工之间的关系，因此不考察诸如地理位置、技术差异和双边贸易容量等方面的问题。而根据李嘉图模型，劳动力是国家间唯一不可移动的要素。

但其中的不足在于，模型仅选取 OECD 的 19 个成员国作为研究对象，样本仅包含工业相对发达国家，有一定的局限性。同时，模型做了部分同质性的假定，认为每一个国家制造业占经济总值的比重是相等的，忽视了国家之间的差异,但因为 OECD 成员国在工业发展方面的差距并不特别显著,这一前提假设不会瓦解这个模型的合理性。此外,在样本国之外的制造业资源被忽视,这样就使得该模型的代表性和说服力一定程度上被削弱。

二、模型设定

(一)技术、价格和贸易流量模型

和李嘉图模型的基本假定一样,不同的国家拥有不同的技术水平,这种技术水平的差异决定一国进出口产品的种类和数量。产品根据技术含量的不同呈现连续分布的状态。设定 i 国生产产品 j 的效率是 $z_i(j)$。

假定一国之内生产不同的产品,如果使用的投入品相同,则生产成本也会相同。i 国的生产成本可以表示为 c_i。在规模报酬不变的前提下,i 国生产一单位产品 j 的成本是 $c_i/z_i(j)$。

同时,该模型借鉴萨缪尔森的模型标准,将国际贸易的成本当做"冰山成本",两国之间贸易的加成成本是固定的,不随贸易品的变化而变化。这一冰山成本被记为 d_{ni}。当 $n \neq i$ 时,$d_{ni} > 1$。两国之间的贸易成本的大小,等于两国之间贸易的地理壁垒,既包含地理距离的因素,也包含了关税或其他非关税壁垒。这一成本越大,两国之间的贸易量应当相应减小。但两国各自福利的变化是不确定的,也正是本研究希望解决的问题之一。

由上可知,i 国将产品 j 出口到 n 国,该产品在目的国的成本应当等于:

$$p_{ni}(j) = \left(\frac{c_j}{z_i(j)} d_{ni}\right)$$

如果市场是完全竞争的,则 i 国产品的售价等于其成本。而在 n 国市场上,N 个国家生产的产品 j 是同质的,只有售价最低的产品可以成功出售,可知,在 n 国,产品 j 的成交价格应当是:

$$p_n(j) = \min(p_{ni}(j) : 1 = 1,\cdots,N)$$

同时,给出买家的效用函数。买家包括购买最终产品的消费者和购买中间品的制造业厂商。设定对于产品 j 的购买量为 $Q(j)$,函数形式为 CES 函数:

$$U = \left[\int_0^1 Q(j)^{(\sigma-1)/\sigma} dj\right]^{\sigma/(\sigma-1)}$$

其中产品替代弹性 $\sigma > 0$。这个效用最大化问题的预算约束是 n 国的总消费量,X_n。

1. 技术

假设 i 国生产产品 j 的效用是服从特定分布的随机变量 Z_i,概率分布函数 $F_i(z) = \Pr[Z_i \leq z]$。n 国可能购买 i 国产品的概率,也即 i 国产品的价格是 n 国市场最低的概率是 Π_{ni}。

假定 i 国的生产效率服从 II 型极限分布:

$$F_i(z) = e^{-T_i z^{-\theta}}$$

其中,$T_i > 0$,表示一国的技术水平。该值越大,说明一国生产产品的效率越高。T_i 代表是一国在国际贸易中的绝对优势。$\theta > 1$,表示的是这种分布的分散程度,代表是产品的异质性。也就是该值越大,异质性越小。该值越小,一国的比较优势越大,在地理壁垒相同的情况下,两国之间的贸易量会相应增加。不同国家之间的分布是相互独立的。

2. 价格

因为只有售价最低的产品可以出售,i 国产品在 n 国出售的价格服从:

$$G_{ni}(p) = 1 - e^{-[T_i(c_i d_{ni})^{-\theta}]p^{\theta}}$$

给定 $\Phi_n = \sum_{t=1}^{N} T_i(c_i d_{ni})^{-\theta}$,这一变量包含三个部分,可以说明全球的技术分布,投入成本分布,以及地理壁垒对于一国价格的影响。国际贸易的发展对于新技术的推广有着积极的作用,但是,贸易的作用又会因为投入成本和地理壁垒而大打折扣。极端的情况下,在一个零引力的模型里,不存在地理壁垒,Φ_n 处处相等,所有产品满足购买力平价理论,在各国的售价相当。在另一种封闭经济的极端情况下,d 趋向于无穷大,此时,Φ_n 仅仅和一国的国内技术条件有关,即此时一国的价格和其他国家没有任何关系,完全由本国的技术水平决定。由此推出,n 国产品价格服从分布:$G_{ni}(p) = 1 - e^{-\Phi_n p^{\theta}}$。

由此可以得出价格分布的性质有:

(1) i 国向 n 国出口商品的价格为 n 国最低价的概率,也即 n 国向 i 国购买商品的比例为:

$$\pi_{ni}\Phi_n = \frac{T_i(c_i d_{ni})^{-\theta}}{\Phi_n}$$

(2) 拥有高技术、低投入成本或低贸易壁垒的国家,可以出口更多种类的商品。

(3) 价格指数表示了地理壁垒通过在不同的国家生成不同的价格指

数,使价格偏离购买力平价。$P_n = \gamma \Phi_n^{-1/\theta}$,其中 $\gamma = \left[\Gamma\left(\dfrac{\theta+1-\sigma}{\theta}\right)\right]^{1/(1-\sigma)}$。

3. 贸易流动及引力模型

一国对于一种商品的平均消费,与该国的禀赋无关。而 n 国从 i 国进口商品占总支出的比重,可以表示为:

$$\frac{X_{ni}}{X_n} = \frac{T_i(c_i d_{ni})^{-\theta}}{\Phi_n} = \frac{T_i(c_i d_{ni})^{-\theta}}{\sum_{k=1}^{N} T_k (c_k d_{nk})^{-\theta}}$$

而 i 国的总销售量,就是其在各国销售商品量的总和。因此,给定 i 国的总产值,可以得出其向 n 国出口的总量为:

$$x_{ni} = \frac{\left(\dfrac{d_{ni}}{p_n}\right)^{-\theta} X_n}{\sum_{m=1}^{N} \left(\dfrac{d_{mi}}{p_m}\right)^{-\theta} X_m} Q_i$$

由此可以看出,市场竞争越激烈、均衡价格越低时,地理壁垒对于贸易量的影响越显著。价格这一变量对于地理壁垒的影响起到了一种抵消的作用。

如果引力模型建立在垄断竞争模型上,因为商品之间是不可完全替代的,每个国家会选择一组商品进行专业化的生产。生产的商品越容易被其他国家的商品替代,则贸易量对于生产成本和地理壁垒越敏感。而在这个模型中,贸易对于成本和壁垒的敏感度主要取决于生产过程中的技术异质性,而不是从消费角度出发的最终商品的异质。这时,如果资源禀赋变得昂贵或难以取得,该国会生产较少种类的商品。而与之相对应的,在垄断竞争模型中,成本的提高不会缩减生产产品的种类,而会减少每一种产品的消费量。

(二)贸易、地理和价格

对比两国之间贸易品消费量和本国总产值之比,可以得出:

$$\frac{X_{ni}/X_n}{X_{ii}/X_i} = \frac{\Phi_i}{\Phi_n} d_{ni}^{-\theta} = \left(\frac{p_i d_{ni}}{p_n}\right)^{-\theta}$$

由上不难看出,如果 n 国市场价格相对 i 国市场价格下降,或者两国之间的贸易壁垒加大,则 i 国对 n 国出口量占比减少,因为在这样的情况下,i 国产品相对价格升高,所销售的产品价格成为 n 国最低价的概率相应降低,销售额减少。而 θ 反映的是两国之间的比较优势,θ 值越高,两国生产的产品越接近,国际贸易对于两国相对物价和地理壁垒反应更加敏感。

通过检验 OECD 的 19 个国家 1990 年的数据,可以发现上述贸易比例和两国之间的距离呈现比较明显的反比关系。邻近的国家,该贸易比例相对偏高,两国之间距离越远,贸易比例的分布越趋分散,而粗略呈现下降的趋势。

在这个模型中,θ 是一个需要估计的变量。定义相对价格的对数:
$$r_{ni}(j) = \ln p_n(j) - \ln p_i(j)$$

选取第二高的相对价格,并得出 $D_{ni} = \dfrac{\max 2_j(r_{ni}(j))}{\sum_{j=1}^{50}[r_{ni}(j)]/50}$。

其中,D_{ni} 衡量的是对于只购买 i 国产品的消费者来说,和 n 国的实际价格指数相对应的在 n 国消费的价格指数,也就是 i 国向 n 国出口的商品和 n 国市场最低价格之间的比例关系。继续使用上述数据,可以发现距离对于贸易量的影响是显著的,从邻近的国家进口的产品通常最为便宜,而从相距最远的国家进口的产品价格最为昂贵。同时,大国内这种进口品的价格加成更高,这似乎说明大国建立的地理壁垒更为严格。

而两国之间的贸易比例和这种相对价格呈现更为明显的反比关系,进口价格相对便宜的产品,消费量相对更大。

(三) 均衡的投入成本

将投入部分分解为劳动和中间品两个部分,并允许成本可变。给定工资外生,需要建立模型求出中间品的价格。

1. 生产

假设劳动力占生产成本的比例是固定不变的,比例为 β。因此,生产成本可以写为:$c_i = w_i^\beta p_i^{1-\beta}$。对于一国社会福利来说,相对实际工资越高,福利水平越高。根据前面的公式,整理可以得到:

$$\frac{w_i}{p_i} = \gamma^{-\frac{1}{\beta}} \left(\frac{T_i}{\pi_{ii}}\right)^{1/\beta\theta}$$

因此,异质性越大(θ 越小),或者中间品在总成本中所占的比例越大(β 越小),则一国从贸易中得到的福利越大。

2. 价格

$$p_n = \gamma \left[\sum_{i=1}^{N} T_i(d_{ni} w_i^\beta p_i^{1-\beta})^{-\theta}\right]^{-1/\theta}$$

3. 劳动—市场均衡

一国的产出是由制造业和非制造业同时创造的。其中,设定一国总支出中,制造业的支出所占比例固定为 α。假定非制造业的贸易成本为 0。而制造业有两种可能的情况。一种是劳动力自由流动,在技术进步时,随着劳动生产率的提高,裁减的劳动力可以自由转移到非制造业部门,制造业部门的效率相应升高。因此,工资水平由非制造业部门的生产力水平决定,总产出是外生变量。原有技术变量 T 可以是一国的绝对优势,以及一国制造业和非制造业的比较优势。此时,有:

$$w_i L_i = \sum_{n=1}^{N} \pi_{ni} [(1-\beta) w_n L_n + \alpha \beta Y_n]$$

另一种情况下,劳动力不可以自由流动,制造业部门的总劳动量是固定不变的,在技术进步时也很难享受到劳动生产率的提高。此时,非制造业部门的收入是外生给定的,劳动专业化分工也是外生给定的,T 反映的是制造业的工资水平。可以得出:

$$w_i L_i = \sum_{n=1}^{N} \pi_{ni} [(1-\beta+\alpha\beta) w_n L_n + \alpha \beta Y_n^0]$$

4. 封闭经济和零引力开放经济

在没有地理壁垒时,购买力平价定理成立。两国的工资比例为:

$$\frac{w_i}{w_N} = \left(\frac{T_i/L_i}{T_N/T_N}\right)^{1/(1+\theta\beta)}$$

如果劳动力可以自由流动,这个表达式就决定了各国制造业劳动力的相对数量。拥有相对于工资的高水平技术的国家会专业生产制造业产品,而相对较低的国家会生产非制造业产品。而如果劳动力不可以自由流动,这个表达式表示的就是劳动力的相对工资,而且是由人均技术水平决定这一数值的。给定一国的技术水平,如果工人的数量增加,剩余劳动力将转移向生产率相对较低的部门,该国的工资水平也相应下降。

如果假定一国产业完全由制造业构成,可以得出该国的人均实际 GDP 是:

$$W_i = \gamma^{-1/\beta} T_i^{1/(1+\theta\beta)} \left[\sum_{k=1}^{N} T_k^{1/(1+\theta\beta)} (L_k/L_i)^{\theta\beta/(1+\theta\beta)}\right]^{1/\theta\beta}$$

任意一国的技术水平上升,都将带动 i 国的人均 GDP 上升。如果这一技术进步发生在本国,对于人均 GDP 有着额外的加成,且本国相对于外国而言工资水平上升。而其他国家可以从这一技术进步中享受到的福利,取决于两国之间劳动力数量的比值。如果技术发源国的劳动力数量相对较小,则发源国的工资水平上升更多,从而抵消了其带给其他国家技术进步的好处。

而对于封闭经济体,因为其价格水平主要取决于本国的技术绝对水平,人均实际 GDP 的表达式相对简单:

$$W_i = \gamma^{-1/\beta} T_i^{1/\theta\beta}$$

(四) 估计贸易方程

1. 禀赋效应的估计

根据之前的表达式进行整理,并设定

$$\ln X'_{ni} \equiv \ln X_{ni} - \left[\frac{1-\beta}{\beta}\right]\ln(X_i/X_{ii})$$

$S_i \equiv \frac{1}{\beta}\ln T_i - \theta\ln w_i$,表示 i 国经过劳动力成本调整的技术水平,用于衡量 i 国的竞争力。

可以得到两国之间双边贸易模型:

$$\ln \frac{X'_{ni}}{X'_{nn}} = -\theta\ln d_{ni} + S_i - S_n$$

使用 OECD 19 国的数据,给定劳动力占生产成本的固定比例 $\beta = 0.21$。S 可以看成是资源禀赋国这一虚拟变量的系数。而地理壁垒 d 的组成相对比较复杂:

$$\ln d_{ni} = d_k + b + l + e_h + m_n + \delta_{ni}$$

等式右边首项为两国之间的距离区间,第二项为两国是否接壤的虚拟变量,第三项是两国使用同一种语言的影响大小,第四项是两国同属一个贸易区间的效应,第五项是其他相关因素。而误差项同时包括了双边贸易和单边贸易的因素。因此,模型可以重新写成:

$$\ln \frac{X'_{ni}}{X'_{nn}} = S_i - S_n - \theta m_n - \theta d_k - \theta b - \theta l - \theta e_h + \theta\delta_{ni}^2 + \theta\delta_{ni}^2$$

估计结果可以看出,距离和使用语言对于贸易量的影响相对显著,而边界效应较不明显。

(1) 利用工资数据进行估计。这个方法排除了技术 T 对资源禀赋的影响,而是使用人力资源和研发等方面的变量来衡量一国的技术水平。用 R 表示研发资本存量,H 表示平均入学时间,工资 w 经过教育水平的矫正,得到:

$$S_i = \alpha_0 + \alpha_R \ln R_i - \alpha_H \left(\frac{1}{H_i}\right) - \theta \ln w_i + \tau_i$$

均衡时,一国的工资水平随着技术水平的上升而上升。在这里,使用总劳动力数量和人口密度作为工具变量,在给定技术水平 T 下,一国拥有的工人数量越多,工人工资越低。而人口密度衡量非制造行业的生产率。对 θ 使用 OLS 和 2SLS 估计。

(2) 利用价格数据进行估计。使用 D_{ni} 作为价格变量,以一些可观测的地理指标作为工具变量。

2. 技术水平和地理壁垒

在得出 θ 的估计值后,可以继续估计技术水平 T 和地理壁垒。S 的估计量表示一个国家的竞争力,而 T 表示其绝对技术水平。通过这 19 个国家的数据可以分析一国拥有更高竞争力的原因。例如日本,虽然竞争力强于美国,但是比较之下技术水平低于美国,说明其竞争力和美国相比更多是来自于相对低廉的工资水平。而地理距离对于贸易量的影响也非常显著,随着两国距离的增加,两国之间的贸易壁垒也随之急剧增加。

三、假设检验分析

通过之前的计算,得到制造业占比 $\alpha = 0.13$,同时继续使用人均实际 GDP(实际 GDP)作为福利的衡量指标。该模型利用制造业的就业和工资等数据估计其他变量。

劳动力是否可以自由流动是一个非常关键的因素。在劳动力可流动时,设定 GDP 和工资是固定的,在制造业就业的劳动力是可变因素。而在劳动力不可流动时,非制造业部门的 GDP 和工资是固定不变的,而制造业的工资水平相应会发生变化。

(一) 从贸易中获得的收益

从现有水平出发,讨论贸易开放水平下降或上升后各国的福利可能发生的变化。如果回到封闭经济,所有国家的福利都会遭受损失,制造业价格上升,制造业就业或工资也会随之上升。但例外的是德国、日本、英国和瑞典等制造业相对发达的国家。因为它们的制造行业从贸易中获利极大,一旦国际贸易停滞,这些国家制造业的就业或工资都会显著下滑。

需要继续分析这四个国家在制造业的这种优势是来源于相对低廉的成本,还是更为有利的地理位置。从现有经济出发,如果撤销地理壁垒,即冰山成本等于 1 时,可以发现,所有国家的福利都会显著上升,制造业的价格也将大幅下降。大部分国家的就业也会上升,但是,在德国、日本、美国和法国,制造业就业会下滑。由此可见,部分制造业优势国的优势来自于地理位置等方面,而几乎所有的小国都会从国际贸易自由化中获利。

(二) 技术和地理

小国在国际贸易开放初期制造业会趋于萎缩,价格下滑,就业量减少,而制造业大国在这一过程中就业量上升,获得国际贸易的主要利益。而随着贸易壁垒的逐渐降低,技术的优势逐步弱化,小国制造业的劳动就业量增加,并通常会超过封闭经济中的就业水平。而大国的制造业部门却会趋于萎缩。这是因为随着国际贸易的深化,小国技术进步的速度更快,更利于在国际贸易中获取更大的份额。

(三) 外国技术进步带来的收益

外国的技术进步对于本国的技术水平在一定程度上有着促进的作用。这一促进作用和两国之间的距离以及制造业劳动力的流动性有很强的相关性。例如,美国技术的进步对于加拿大有很强的正向刺激,而其他国家受益程度要小很多。如果劳动力不能自由流动,本国会因为制造业生产率上升、劳动力过剩而造成工资下滑,从而产生负的收入效应,也会使得技术进步带来的福利大打折扣。对于德国和日本等大型制造业国家,这种负收入效应足够大,使得国家整体福利因为他国的技术进步而减少。

(四) 消除关税

假定在初始状况所有国家统一征收5%的进口关税。如果所有国家都取消关税,在劳动力自由流动的情况下,所有国家都会获利。但是,如果劳动力不能在不同部门之间自由转移,这种收益会有所削减。例外的是,德国因为失去关税收入,福利反而会有所下降。

美国单方面降低关税会减少本国的福利,同时增加其他国家的福利水平。如果劳动力自由转移,从全球范围来看,总福利也是在增加的。

欧盟经济一体化之后,内部成本显著降低,相对外围国家具备了明显的成本优势。对于内部成员国有福利的增长,而给外围国家带来了一定的损失。

第三节　Bernard-Redding-Schott(2007)的企业生产率异质性模型

一、模型介绍

经济如何对开放贸易做出反应？新古典的贸易理论认为,是比较优势使得资源在行业间和国家间进行分配;而关于企业异质性的研究通过考虑单一要素,单一行业内的贸易,强调了高生产率的企业在行业内的高速增长。而本文的作者将这两种资源分配的动力在一般均衡的框架中结合起来,考虑了在比较优势模型中的异质性企业,并分析了企业,国家和行业特质如何对贸易成本的下降做出反应。

通过分析,作者主要回答了以下问题:为什么一些国家在某些行业出口更多,而同时在同一行业中又观察到了双边贸易？为什么在同一行业中,有些企业出口而另一些企业只供应国内市场？

作者得出的主要结论有:

(1)由于资源配置在行业内和行业间同时发生,在所有行业都发生了就业的变化。在那些具有比较优势的行业,新的就业被创造;而在那些不具有比较优势的行业,就业在减少。在一个均衡的状态下,企业的创造性破坏在那些具有比较优势的行业里更加普遍地存在。

(2)高生产率企业的相对快速增长提高了整个经济的生产率,而这些生产率的提高主要发生在具有比较优势的行业。随着生产率的提高,综合价格指数下降,进一步提高了丰富要素的回报,并且使得稀缺要素的损失减少,甚至有可能使得稀缺要素的回报也提高。

(3)企业的异质性行为放大了国家的比较优势,从而创造了从贸易中获得的新的福利所得。

二、自由贸易

正式的模型考虑了由两个国家、两种要素以及两个行业组成的经济,在每个行业中存在着生产差异性产品的连续企业。企业有不同的生产率,行业有不同的要素密集程度,而国家有不同的丰富要素。若用 H 表示技术丰富的本国,而 F 表示技术稀缺的外国。

(一) 需求方

代表性消费者的效用取决于对于两种行业产品的消费,为简单起见,模型假设在行业层面上,效用函数呈现柯布-道格拉斯的形式;在差异性产品层面,效用函数呈现 CES(不变替代弹性)的函数形式:

$$U = C_1^{\alpha_1} C_2^{\alpha_2}, \quad \alpha_1 + \alpha_2 = 1, \quad \alpha_1 = \alpha$$

C_i 是一个由各种差异性产品消费组成的综合消费指数,同理,P_i 是由各种差异性产品价格组成的综合价格指数:

$$C_i = \left[\int q_i(\omega)^\rho d\omega\right]^{1/\rho}; \quad P_i = \left[\int p_i(\omega)^{1-\sigma} d\omega\right]^{1/(1-\sigma)}$$

其中 $\sigma = 1/(1-\rho) > 1$ 为在差异性产品之间不变的替代弹性,模型假设这种替代弹性在两个行业之间相等。

(二) 供给方

生产包括每期有一个固定和可变的成本。固定与可变成本都使用了高技术与低技术的劳动力。简单起见,模型假设成本函数为柯布—道格拉斯的形式:

$$\Gamma_i = \left[f_i + \frac{q_i}{\varphi}\right](\omega_S)^{\beta_i}(\omega_L)^{1-\beta_i}, \quad 1 > \beta_1 > \beta_2 > 0$$

此时,ω_S 为高技术工人的工资,而 ω_L 为低技术工人的工资。假设行业 1 为技术密集型行业。

由于消费者喜好多样性,故无成本的贸易使得所有企业都会出口。由利润最大化条件可得企业在国内与国外市场的价格是一样的,且为边际成本的固定加成:

$$p_i(\varphi) = p_{id}(\varphi) = p_{ix}(\varphi) = \frac{(\omega_S)^{\beta_i}(\omega_L)^{1-\beta_i}}{\rho\varphi}$$

同样,可得企业的国内均衡收益 $r_{id}(\varphi)$ 是与生产率成比例的:

$$r_{id}(\varphi) = \alpha_i R\left(\frac{\rho P_i \varphi}{(\omega_S)^{\beta_i}(\omega_L)^{1-\beta_i}}\right)^{\sigma-1}$$

对于给定生产率的企业,国内收益随着本行业占总支出的比重 α_i 增加,随着国内总支出 R 增加,也随着行业的价格指数 P_i 增加,随着自身价格同时也随着生产成本递减。

均衡的价格规律表明,对于在同一行业的两个生产率不同的企业来说,其相对收益只与相对生产率有关:

$$r_{id}(\varphi'') = (\varphi''/\varphi')^{\sigma-1} r_{id}(\varphi')$$

在国外市场的收益与国内市场类似,给定相同的市场价格,同一企业国外收益与国内收益的相对值取决于两个国家的规模 R^F/R_H,相对价格指数 P_i^F/P_i^H,当所有产品的价格在两个国家一样时,它们的相对价格指数一样,这样,相对收益仅仅取决于两个国家的规模。

这样,企业的总收益是国内市场收益与国外市场收益的总和,而企业利润为长期收益减去固定成本:

$$r^i(\varphi) = r_{id}(\varphi) + r_{ix}(\varphi) = \left[1 + \left(\frac{R^F}{R^H}\right)\right] r^{id}(\varphi)$$

$$\pi_i(\varphi) = \frac{r_i(\varphi)}{\sigma} - f_i(\omega_S)^{\beta_i}(\omega_L)^{1-\beta_i}$$

在生产之前,企业必须先支付一个进入的固定成本,这个进入成本同样由高技术和低技术的劳动力组成,模型假设要素密集程度与生产一致,从而进入的固定沉没成本为以下形式:

$$f_{ei}(\omega_S)^{\beta_i}(\omega_L)^{1-\beta_i}$$

在进入之后,企业从一个随机分布 $g(\varphi)$ 中抽取自己的生产率 φ,同时,企业在每一期面对一个外生的冲击 δ,即每一期企业以 δ 的概率退出。

若一个企业的收益刚好覆盖了它的生产固定成本,即 $\pi_i = 0$,这个企业的生产率 φ_i^* 即为存活的生产率门槛:

$$r^i(\varphi_i^*) = \sigma f_i(\omega_s)\beta_i(\omega_L)^{1-\beta_i}$$

若一个企业的生产率低于 φ_i^*,那么这个企业会立刻退出。

一个企业的价值,等于0或者等于存活下来的长期利润:

$$v^i = \max\left\{0, \sum_{t=0}^{\infty}(1-\delta)^t \pi_i(\varphi)\right\} = \max\left\{0, \frac{\pi_i(\varphi)}{\delta}\right\}$$

企业生产率的事后分布 $\mu_i(\varphi)$ 为成功进入的条件分布:

$$\mu_i = \frac{g(\varphi)}{1 - G(\varphi_i^*)}, \quad \text{如果} \varphi \geq \varphi_i^*$$

在均衡下,模型要求进入的期望收益 V_i 与沉没的进入成本相等,进入的期望收益等于事前的进入概率乘以期望的长期利润,故自由进入条件为:

$$V_i = \frac{[1 - G(\varphi_i^*)]\overline{\pi_i}}{\delta} = f_{ei}(\omega_S)^{\beta_i}(\omega_L)^{1-\beta_i}$$

其中 $\overline{\pi_i}$ 为成功进入后企业的平均利润。由于均衡收益和利润均为企业生产率的常弹性方程,故平均收益和利润分别为平均生产率下的企业的收益和利润,即 $\overline{r_i} = r_i(\tilde{\varphi}_i)$, $\overline{\pi_i} = \pi_i(\tilde{\varphi}_i)$。而事后加权平均的生产率为:

$$\tilde{\varphi}_i(\varphi_i^*) = \left[\frac{1}{1-G(\varphi_i^*)}\int_{\varphi_i^*}^{\infty}\varphi^{\sigma-1}g(\varphi)\mathrm{d}\varphi\right]^{1/(\sigma-1)}$$

由于平均收益与零利润收益之间存在关系:$r_i(\tilde{\varphi}_i) = (\tilde{\varphi}_i/\varphi_i^*)^{\sigma-1}r_i(\varphi_i^*)$,而后者又与固定成本成比例,即:$r_i(\varphi_i^*) = \sigma f_i(\omega_S)^{\beta_i}(\omega_L)^{1-\beta_i}$,故自由进入的条件可以写为:

$$V_i = \frac{f_i}{\delta}\int_{\varphi_i^*}^{\infty}\left[\left(\frac{\varphi}{\varphi_i^*}\right)^{\sigma-1} - 1\right]g(\varphi)\mathrm{d}\varphi = f^{ei}$$

由上式可得,进入的期望利润随着 φ_i^* 的增加而单调递减。而零利润的生产率随着固定生产成本 f_i 的增加而增加,随着 δ 的增加而减少。这是因为当生产的固定成本上升时,需要一个更高的生产率才能使收益覆盖成本,故零利润的生产率提高;而当企业随机的死亡率 δ 上升,增加了事后的利润,故零利润生产率降低。

(三) 产品市场

在均衡下,一个恒定数量的企业 M_{ei} 想要进入行业,且一个恒定数量的企业 M_i 在行业中生产,故在均衡下,进入和退出行业的企业数量相等:

$$[1 - G(\varphi_i^*)]M_{ei} = \delta M_i$$

在无成本的贸易下,企业在国内和国内的定价一样,而公司的定价法则表明价格与企业的生产率负相关,这样,模型将综合价格指数写成在位企业数量和平均生产率的函数:

$$P_i = P_i^H = P_i^F = \left[M_i^H p_i^H(\tilde{\varphi}_i^H)^{1-\sigma} + M_i^F p_i^F(\tilde{\varphi}_i^F)^{1-\sigma}\right]^{1/(1-\sigma)}$$

在两国生产的企业数量越多,平均生产率下的企业的价格越低,综合价格指数越低。

在均衡,模型要求产品市场在世界水平上出清:

$$\frac{R_1 + R_1^F}{R + R^F} = \alpha_1 = \alpha$$

(四) 劳动力市场

劳动市场出清要求在生产和进入阶段对劳动力的需求等于两国劳动禀赋:

$$S_1 + S_2 = \overline{S}, \quad S_i = S_i^p + S_i^e$$
$$L_1 + L_2 = \overline{L}, \quad L_i = L_i^p + L_i^e$$

(五) 一般均衡与要素价格均等化

一般均衡的结果由以下 9 个变量组成:两个行业的零利润生产率,差异性产品的价格,行业价格指数,国家总收入和两种要素回报,即 $\{\varphi_1^*, \varphi_2^*, P_1, P_2, R, p_1(\varphi), p_2(\varphi), \omega_S, \omega_L\}$。这 9 个变量由以下均衡条件决定:企业的定价,自由进入条件,劳动市场出清,行业价格指数,产品市场出清。

定理 3-1:在自由贸易下,存在着唯一的由 $\{\varphi_1^*, \varphi_2^*, P_1, P_2, R, p_1(\varphi), p_2(\varphi), \omega_S, \omega_L\}$ 这 9 个变量刻画的均衡。

三、自由贸易下均衡性质

在自给自足下,本国相对充足的高技术劳动使得高技术劳动的回报率和技术密集型产品的价格相对较低。开放贸易后,产品价格和要素回报趋于一致,在技术丰富国家,高技术劳动力的回报率上升,这种要素回报的相对上升使得资源向技术密集行业流动。

赫克歇尔-俄林模型的四个定理(罗伯津斯基定理,赫克歇尔-俄林定理,斯托尔珀-萨缪尔森定理以及要素均等化定理)仍然成立。

定理 3-2:一个国家由自给自足到开放自由贸易,其均衡下的零利润生产率和行业平均生产率不变。

这个定理说明:在无成本的自由贸易下,所有存活企业都会出口且开放贸易对其的影响是对称的。无论生产率如何,所有企业都经历了在国外市场的需求上升和在国内市场的需求下降。由于国家在比较优势的作用下专业化生产,每个行业的企业数量都会变化。这样,在每一个生产率下生产的企业数量会变化,而零利润的生产率和事后的生产率分布是不变的。这个结论提供了本模型对于不对称贸易的影响一个很好的标准分析。

四、有成本的贸易

贸易无成本的假设显然是不现实的。模型放宽假设,现在企业出口面临着如 Melitz 模型中设定的固定成本和可变成本,其中固定成本使用了和生产相同比例的高技术和低技术工人,可变成本为冰山成本,即为了运送一单位的产品至目的地,必须有 $\tau_i > 1$ 单位的产品被运输。

(一) 消费和生产

利润最大化条件表明均衡价格是边际成本的固定加成,此时由于出口可变成本的存在,出口价格和国内价格不再相同:

$$p_{ix}^H(\varphi) = \tau_i p_{id}^H(\varphi) = \frac{\tau_i(\omega_S^H)^{\beta_i}(\omega_L^H)^{1-\beta_i}}{\rho\varphi}$$

由于差异性产品的价格不再相同,国内外市场的价格指数也不再相同,故国内外市场的收益之比与相对价格指数有关:

$$r_{ix}^H(\varphi) = \tau_i^{1-\sigma}\left(\frac{P_i^F}{P_i^H}\right)^{\sigma-1}\left(\frac{R^F}{R^H}\right)r_{id}^H(\varphi)$$

本国企业的总收益为

$$r_i^H(\varphi) = \begin{cases} r_{id}^H(\varphi) \\ r_{id}^H(\varphi)\left[1 + \tau_i^{1-\sigma}\left(\frac{P_i^F}{P_i^H}\right)^{\sigma-1}\left(\frac{R^F}{R^H}\right)\right] \end{cases}$$

上式为企业不出口的收益,下式为企业出口的收益。

由于消费者喜好多样性,故没有企业是不供给国内市场而专门出口的,这样企业的利润就可以分为国内利润 $\pi_{id}^H(\varphi)$ 和国外利润 $\pi_{ix}^H(\varphi)$:

$$\pi_{id}^H(\varphi) = \frac{r_{id}^H(\varphi)}{\sigma} - f_i(\omega_S^H)^{\beta_i}(\omega_L^H)^{1-\beta_i}$$

$$\pi_{ix}^H(\varphi) = \frac{r_{ix}^H(\varphi)}{\sigma} - f_{ix}(\omega_S^H)^{\beta_i}(\omega_L^H)^{1-\beta_i}$$

如果一个企业的 $\pi_{ix}^H(\varphi) > 0$,那么它既供给国内市场又出口到国外市场,那么企业总的利润为:

$$\pi_i^H(\varphi) = \pi_{id}^H(\varphi) + \max\{0, \pi_{ix}^H(\varphi)\}$$

(二) 生产和出口决定

当企业付出了沉没的固定成本进入了某个行业,它从一个随机分布 $g(\varphi)$ 中抽取了自己的生产率 φ。现在,模型中有两个生产率临界点,零利润生产率临界点 φ_i^*,拥有在此之上的生产率的企业供给国内市场,出口生产率临界点 φ_{ix}^{*H},生产率在此之上的企业同时供给国内市场并出口到国外市场:

$$r_{id}^H(\varphi_i^{*H}) = \sigma f_i(\omega_S^H)^{\beta_i}(\omega_L^H)^{1-\beta_i}$$

$$r_{ix}^H(\varphi_{ix}^{*H}) = \sigma f_{ix}(\omega_S^H)^{\beta_i}(\omega_L^H)^{1-\beta_i}$$

结合国内利润与国外利润的关系,可得两个均衡临界点的关系:

$$\varphi_{ix}^{*H} = \Lambda_i^H \varphi_i^{*H}, \quad \Lambda_i^H = \tau_i\left(\frac{P_i^H}{P_i^F}\right)\left(\frac{R^H f_{ix}}{R^F f_i}\right)^{1/(1-\sigma)}$$

当出口固定成本 f_{ix} 高于生产固定成本 f_i 时,出口生产率临界点高于国内生产率临界点。这是因为,需要弥补出口成本的收益要大于弥补生产成本的收益,故需要更高的生产率。当国内价格指数 P_i^H 相对国外价格指数 P_i^F 更高时,当国内市场规模 R^H 大于国外市场规模 R^F 时,出口生产率临界点大于国内生产率临界点。

当 $\Lambda_i^k > 1$ 时,会发生出口的选择效应,即只有那些生产率最高的企业才会出口。既然实证证据强烈支持了这种出口的选择效应,模型将只考虑 $\Lambda_i^k > 1$ 的情况。

在所有想要进入的企业中,成功进入的事前概率为 $1 - G(\varphi_i^{*H})$,出口的事前概率为:

$$\chi_i^H = \frac{[1 - G(\varphi_{ix}^{*H})]}{[1 - G(\varphi_i^{*H})]}$$

(三) 自由进入

在均衡下,模型再一次要求进入的期望价值 V_i^H 等于进入的沉没成本,进入的期望价值等于两项的加和:事前进入的概率乘以进入后供给国内市场的长期利润加上事前出口的概率乘以供给国外市场的长期利润:

$$V_i = \frac{1 - G(\varphi_i^*)}{\delta}[\overline{\pi_{id}^H} + \chi_i^H \overline{\pi_{ix}^H}] = f_{ei}(\omega_S)^{\beta_i}(\omega_L)^{1-\beta_i}$$

其中每个市场的平均利润等于具有平均生产率的企业的利润。接下来的分析类似于在无成本贸易下的情况,模型将上式写为如下形式:

$$V_i^H = \frac{f_i}{\delta}\int_{\varphi_i^{*H}}^{\infty}\left[\left(\frac{\varphi}{\varphi_i^{*H}}\right)^{\sigma-1} - 1\right]g(\varphi)\mathrm{d}\varphi + \frac{f_{ix}}{\delta}\int_{\varphi_{ix}^{*H}}^{\infty}\left[\left(\frac{\varphi}{\varphi_{ix}^{*H}}\right)^{\sigma-1} - 1\right]g(\varphi)\mathrm{d}\varphi = f_{ei}$$

在有成本的贸易下,进入的期望价值等于自给自足情况下进入的期望价值加上供给国外市场的期望利润。出口临界生产率离存活临界生产率越近,第二项的值就越大,从而由自给自足到开放贸易的收益就越大。而两个生产率临界点的距离取决于行业价格指数和国家市场规模。

(四) 产品和劳动市场

在均衡下,成功进入某个行业的企业个数等于从行业中退出的企业个数。利用均衡下的价格法则,行业的价格指数可以写为:

$$P_i^H = [M_i^H(p_{id}^H(\tilde{\varphi}_i^H))^{1-\sigma} + \chi_i^F M_i^F(\tau_i p_{id}^F(\tilde{\varphi}_{ix}^F))^{1-\sigma}]^{1/(1-\sigma)}$$

总而言之,现在行业价格指数在国家之间是不同的,因为每个国家的企业个数不同,国内与出口到国外的价格不同,出口企业的比例也不同。

在均衡状态下,模型仍然要求在国内差异性产品上的总支出等于国内生产的价值:

$$R_i^H = \alpha_i R^H M_i^H \left(\frac{p_{id}^H(\widetilde{\varphi}_i^H)}{P_i^H}\right)^{1-\sigma} + \alpha_i R^F \chi_i^H M_i^H \left(\frac{\tau_i p_{id}^H(\widetilde{\varphi}_{ix}^H)}{P_i^F}\right)^{1-\sigma}$$

(五)有成本的贸易下的均衡

定理3-3:在有成本的贸易下,存在唯一的由一组变量$\{\hat{\varphi}_1^{*k}, \hat{\varphi}_2^{*k}, \hat{\varphi}_{1x}^{*k}, \hat{\varphi}_{2x}^{*k}, \hat{P}_1^k, \hat{P}_2^k, \hat{p}_1^k(\varphi), \hat{p}_2^k(\varphi), \hat{p}_{1x}^k(\varphi), \hat{p}_{2x}^k(\varphi), \hat{\omega}_S^k, \hat{\omega}_L^k, \hat{R}^k\}$刻画的均衡。

五、有成本的贸易下均衡的性质

(一)生产与出口

定理3-4:开放有成本的贸易增加了均衡下零利润生产率临界点和每个行业平均利润。

贸易是有成本的,只有一部分企业会出口,这样贸易对出口企业和非出口企业就有不同的影响。从自给自足到开放贸易,生产率更高的企业的事后利润增加,这增加了进入的期望价值,从而想要进入行业的企业数目增加,使得国内市场的竞争更加激烈,这时,只供给国内市场的生产率相对较低的企业退出。从而,零利润生产率临界点φ_i^*和行业内企业的平均利润$\widetilde{\varphi}_i$都上升。

由于在有比较优势的行业,国外市场的利润相对于国内市场增加更多,从而以上的效应在比较优势的行业更加明显,即零利润生产率临界点上升更多。

在模型中,区分在一个行业退出企业的数量和退出与存活的企业的生产率是非常重要的。在不具有比较优势的行业,企业的退出多是由于比较优势使得这个行业内总企业的数量下降,而在具有比较优势的行业,企业的退出多是由于其低生产率无法在这个行业内存活。

定理3-5:开放有成本的贸易增加了两个行业平均企业的产出,这种增加在具有比较优势的行业更加明显。

有成本的贸易增加了零利润生产率临界点,减少了成功进入的事前概率,在自由进入的条件下,进入的期望价值等于固定不变的沉没成本,因而存活下来的企业利润增加,利润的增加意味着平均产出的增加:

$$\overline{q_i} = \left(\frac{\widetilde{\varphi}_i}{\varphi_i^*}\right)\varphi_i^* f_i(\sigma - 1) + \chi_i\left(\frac{\widetilde{\varphi}_{ix}}{\varphi_{ix}^*}\right)^\sigma \varphi_{ix}^* f_{ix}(\sigma - 1)$$

由于成功进入的概率在具有比较优势的行业下降最多,该行业企业的平均产出上升也就更多。

(二) 福利与收入分配

定理3-6:开放有成本的贸易通过内生地引起不同行业的生产率不同,使得李嘉图比较优势在赫克歇尔-俄林比较优势的基础上产生,从而放大了国家之间的比较优势。

开放有成本的贸易增加了具有比较优势行业的相对生产率,从而放大了赫克歇尔-俄林模型的比较优势。

模型通过两个国家之间两行业的相对生产率来表示这种放大效应:

$$\frac{\tilde{\varphi}_1^H/\tilde{\varphi}_2^H}{\tilde{\varphi}_1^F/\tilde{\varphi}_2^F} > 1$$

定理3-7:开放有成本的贸易对高技术和低技术工人的真实工资有以下四方面的影响:

(1) 丰富要素的名义回报上升,稀缺要素的名义回报下降。

(2) 行业平均生产率的上升降低了每种产品的价格,从而降低了消费者价格指数。

(3) 企业平均规模的上升减小了在国内生产的产品种类从而增加了消费者价格指数。

(4) 进口国外产品的机会降低了消费者价格指数。

每种要素的真实回报为:

$$W_S^H = \frac{\omega_S^H}{(P_1^H)^\alpha (P_2^H)^{1-\alpha}}, \quad W_L^H = \frac{\omega_L^H}{(P_1^H)^\alpha (P_2^H)^{1-\alpha}}$$

若产品差异性个数和生产率效应的福利所得足够大,稀缺要素的真实回报也上升,这在模型中是可能的。

(三) 就业转移

定理3-8:开放有成本的贸易使得在具有比较优势的行业净的就业被创造,在不具有比较优势的行业净的就业减少;开放有成本的贸易使得每个行业都经历过度的就业转移。

在模型中,每个行业都存在高生产率企业规模的扩张和就业的增加,以及由于低生产率企业退出而带来的就业的减少。

定理3-9:开放有成本的贸易使得企业的创造性破坏在具有比较优势的行业更加明显。

在每一期,有δM_i的在位企业退出,且有一组数量为M_{ei}的企业想要进入,在它们之中,有$[1-G(\varphi_i^*)]M_{ei}$的企业成功进入,而其余的企业退出。从而在稳态下,创造性破坏比率为:

$$\Psi_i = \frac{G(\varphi_i^*)M_{ei} + \delta M_i}{M_{ei} + M_i}$$

零利润的生产率临界点 φ_i^* 越高,企业退出的概率越高。由于开放有成本的贸易使得具有比较优势的行业的零利润生产率临界点上升更多,故企业的创造性破坏率更高。

第四章　国际贸易的企业异质性实证研究

传统国际贸易理论没有对单独企业的研究,主要研究的是产业间贸易。在新古典贸易理论中,大多数研究都假定规模报酬不变,一般均衡模型只是限定了企业所在产业部门的规模,企业的规模则是模糊的。新贸易理论主要研究的是规模报酬递增和不完全竞争条件下的产业内贸易,虽然Helpman-Krugman 差别产品模型对企业的规模做出了限定,但为简化起见,选用的是典型企业,也不考虑企业间差异。新新贸易理论将研究重点放在异质企业上,考虑企业层面异质性来解释更多新的企业层面的贸易现象和投资现象。新新贸易理论有两个分支,一是以 Melitz 为代表的学者提出的异质企业贸易模型,另一个是以 Antras 为代表的学者提出的企业内生边界模型。异质企业贸易模型主要解释为什么有的企业会从事出口贸易而有的企业则不从事出口贸易;企业内生边界模型主要解释是什么因素决定了企业会选择公司内贸易、市场交易还是外包形式进行资源配置。二者同时都研究了是什么决定了企业选择以出口方式还是 FDI 方式进入到海外市场。

第一节　异质性厂商国际贸易雏形

Melitz 开创性地将厂商异质性引入克鲁格曼的产业内贸易模型中,来解释国际贸易中企业的差异和出口决策行为。他以垄断竞争行业为背景,建立了一个异质性厂商的动态行业模型,并扩展了克鲁格曼的贸易模型,同时引入企业生产率差异。模型假定:① 存在两个对称的国家,各国均有一个生产部门,一种生产要素——劳动 L;② 垄断竞争和冰山贸易成本 $t \geq l$(任何运输的产品在运输途中都会有部分被损耗掉);③ 贸易成本用 ϕ 表示,$\phi < l$,存在不变的边际成本和三种固定成本,也就是开发新产品需要支

出的成本(支出之后要转化为沉没成本)和两种进入市场的固定成本。假定潜在的厂商通过支付固定进入成本(沉没成本)可以进入某个行业,每个厂商的生产率水平在进入市场以后由外生的分布函数给定,且保持不变。同时,所有厂商都面对一个外生不变的行业退出概率。在垄断竞争条件下,所有厂商在该行业内生产差异化产品。模型根据边际成本或者生产力的差异,将厂商分为出口型厂商(export firm)、国内型厂商(domestic firms)和非生产型厂商(non-producers)三种类型。出口型厂商边际成本最低(生产力最高),同时在国内外销售;国内型厂商边际成本次之,只能在国内市场上销售;非生产型厂商边际成本最高,最后会被驱逐出市场。贸易自由化通过选择效应和再分配效应使整个产业的总生产力水平提高,选择效应包括国内市场选择效应和出口市场选择效应。国内市场选择效应是指边际成本最高的企业通过竞争被驱逐出市场,而出口选择效应是指边际成本最低的企业进入出口市场。再分配效应主要关注异质企业条件下的贸易自由化带来的市场份额和利润在不同厂商之间的分配。由于选择效应和再分配效应,整个产业的生产力得到提升。

该模型中,世界贸易壁垒的削弱对于行业均衡有重要影响。市场扩张使现有出口厂商回报增加。此外,由于利润的吸引,最高生产率的非出口厂商加入成为出口商,加上已有出口商的扩张,导致行业内劳动需求量增加。劳动需求增加引起要素价格上涨,处于边际停产点的低生产率厂商退出口市场,进而劳动力要素和产出流入到生产率较高的厂商中,提高了出口市场的行业平均生产率。

Melitz 的模型将异质性企业和行业生产率联系起来,通过微观经济结构解释宏观层面上出口活动在经济增长过程中的作用。首先,存在合理化的效应。出口活动增加了预期利润,吸引更多厂商进入,提高了现有厂商生产率的临界值,将生产率最低的厂商驱逐出行业,提高行业平均生产率水平。其次,存在资源配置效应,出口活动促使生产率较高的厂商扩大规模,促使生产率较低的厂商收缩规模,资源从低生产率厂商流向高生产率厂商,这个效应同样提高了行业平均生产率。

最近的一些研究从国家间非对称的角度对 Melitz 的模型进行了扩展。Melitz 和 Ottaviano 检验了贸易自由化引起的国家间竞争均衡结果非对称的情况。他们发现由于大国国内的竞争更残酷,产量更高,平均生产率更高;同时,因为新进入厂商失败的可能性更大,所以存活下来的厂商更少。贸易自由化促进了两个国家的竞争,从而提高了总生产率,但是大国从中得到的效应要远多于小国获得的效应。

Falvey 等人检验了国家之间技术生产率非对称的情况,他们得到一个新结论:产品间的替代程度越高,其所在行业的自我选择效应越强。因此,厂商停业概率可能与产业内贸易水平负相关。他们还发现一国平均生产率越高,其出口厂商越容易在出口市场上存活。但若对生产率更高的国家出口,则出口厂商存活概率变小。该结论强调了贸易结构的重要性。国家之间的贸易方式由贸易国市场规模和生产率差距决定。对于给定的生产率差距,随着市场萎缩,国内差异产品产量减少。而对于给定的市场规模,随着生产率差距扩大,国内差异产品产量将增加。贸易成本下降会提高厂商为维持存活所需的最低生产率,从而提高了厂商自我选择的临界值,这个效应在生产率较高的国家中十分明显。

Bernard 等人采用了将异质性企业与不完全竞争、规模经济条件以及国家间要素禀赋非对称条件相结合的方法,其模型预测了由厂商引起的跨行业的资源重新配置。Bernard、Redding 和 Schott 还建立模型解释了厂商从某萧条行业退出后其产品的转换问题。虽然他们以封闭经济为分析背景,但是生产率水平依然十分重要。产品转换取决于与差异产品产量和生产率异质性有关的沉没成本,较高生产率的厂商内生选择市场沉没成本更高的产品。虽然这篇文献没有分析国际竞争对厂商选择过程的重要影响,但是仍然可以想象贸易开放度扩大产生的影响,厂商在自己具有比较优势的行业内改变产出组合,从而避免了在不具有比较优势的行业内的竞争。

第二节 出口的深度边际与广度边际

经济中一个最成功的实证关系是重力方程,它将国家间的总双边贸易额与其经济总量及贸易成本之间的差异联系起来。在厂商生产力达到帕雷托分布的假设下,Melitz 在 2003 年的模型中得出解释总双边贸易流动的重力方程。这一重力方程最具特色的地方在于,考虑到贸易流动关于贸易可变成本的弹性不取决于厂商多样性间的替代弹性,而取决于生产力帕累托分布的状态变量。

由于每个国家的出口企业数目有所不同,贸易摩擦对贸易流量的影响可以分解为深度边际(intensive margins)和广度边际(extensive margins)。深度边际是指每个出口商的贸易额,广度边际是指所有出口商的数量。在

Melitz模型中,贸易可变成本的上升对深度边际有相反的两方面的效果。一方面,高的贸易可变成本降低出口商的出口额,这使得总厂商出口量缩减。另一方面,可变成本的增加意味着一些以前接近出口生产力门槛的厂商在不能生产充分的利润支付固定的出口成本从而不得不退出出口市场,由于退出市场厂商的出口额最低,这一厂商结构的变化会提高厂商出口额的平均值。帕累托分布的一个特殊例子中,实际上这两方面影响相互抵消,导致深度边际不受贸易可变成本的影响。因此,贸易可变成本不仅通过深度边际影响双边贸易,而且深度边际相对于贸易可变成本的弹性由生产力帕累托分布中的状态变量决定。

该模型利用一般化的引力方程对两国的贸易量进行计算,很好地估计了贸易的深度边际和广度边际,而传统贸易模型忽视了广度边际。在这个模型中,一个国家出口企业数目的多少,成为决定这个国家与其贸易伙伴国贸易流量的非常重要的因素。这一研究结论对于研究双边贸易具有非常重要的意义。

Melitz模型的重要意义在于提出出口商数目的广度边际应该随出口市场规模系统性地波动。Eaton等运用法国厂商和目标市场的出口数据,证实这一结论并发现一系列实证规律。首先,法国的出口供给数额随市场规模而增加,其对数近似服从直线关系。其次,厂商出口参与模式显示了一不完美等级制度的存在。出口到低迷市场的厂商在有可能转向繁荣的市场的情况下也不会改变其销售行为。再次,出口额分布在不同规模和不同参与程度的市场间极其相似——尽管这些分布的上尾近似帕累托分布,其小量出口的下尾也会偏离帕累托分布。最后,出口到不受欢迎的国外市场及更多国外市场的厂商的平均销售额更高。

为解释这些实证规律,Eaton等用生产力帕累托分布函数得出了改进了Melitz模型。为得出在小量出口出现的下尾出口额对帕累托分布的偏离,Arkolakis(2010)在其营销成本阐述中指出,进入一个出口市场的固定成本随厂商在所服务的市场中对消费者比例的选择而内生地变化。为在市场中加入非完美等级制度,假定进入出口市场的固定成本对每个厂商和目标市场来说都是受特殊冲击的影响。为解释进入给定的出口市场的厂商的出口额的特殊变化,每个厂商和目标市场的需求也受特殊冲击的影响。尽管厂商是否决定进入出口市场取决于市场进入条件和需求冲击,但是给定生产力的厂商会因低进入冲击而进入市场,并仍会因低需求冲击而在市场中保持低销售额。

模型的特性取决于五个关键变量：① 包含替代弹性和帕累托状态变量的综合参数；② 营销成本凸性；③ 需求冲击的方差；④ 进入冲击的方差；⑤ 需求冲击和进入冲击之间的相关系数。Eaton 等（2011a）基于法国厂商和目标市场出口额的数据用模拟对的方法估计这些参数。精确估计了这五个参数并用此带参数的模型很好地吻合了观察数据。对于参数估计值，厂商生产力解释了出口市场参与的厂商间约一半的观察到的变动，但是对基于进入市场的出口变动的解释力度有限。给定参数估计值，模型便可用于检验一些反事实的出现。

异质厂商理论也说明了对双边贸易流零点的关注。尽管对异质性厂商和贸易的大多数研究假设厂商是连续统一体，Eaton 等认为有限数目厂商的存在为零双边贸易流提供了另一潜在的解释。

第三节 企业内部多产品出口

国际贸易数据中一个突出特点是国际贸易在少数厂商的集中程度。国际贸易如此集中的一个原因是与小出口商相比，大出口商不仅更多地出口特定产品到特定目的地，而且出口更多产品到更多目的地。Bernard（2007）的实证研究显示了美国 2000 年出口商的分布、出口额及产品出口目的地数量。大约 40% 的出口商出口单个产品到单个目的地，但是这些厂商占据少于 1% 出口额。相反的，12% 的出口商出口多于五种产品到多于五个目的地的厂商占据多于 90% 的出口额。

为探索厂商对产品广度边际和目的地范围的界定选择时，Bernard 等（2011）将 Melitz 的框架拓展，建立多产品多目的地厂商模型。然后厂商投入沉没成本进入市场后，在产品和众多出口市场中进行选择。厂商利润取决于厂商能力间相互作用，以及会因产品自身和出口地不同的产品特性。高能力厂商能获得足够的利润，以弥补产品固定成本，而且针对每一市场提供更多样的产品。对于低生产率厂商来说，在小范围获利产品上的获得的超出固定成本的可变利润不能弥补服务市场的固定成本，因此厂商不能在市场上提供供给。最低能力厂商退出，中等能力厂商只服务国内市场，高能力厂商出口。在出口商中，最差性能产品只提供给国内市场，而最好性能的产品能出口到最大数量的市场。

标准的异质模型在强调厂商间的选择的同时，也强调了厂商内部的选择。厂商内部的选择为上述实证研究中发现的贸易自由化对厂商内部生产力的影响提供了解释，即贸易自由化促使厂商放弃低回报的最不成功的产品。Bernard等(2011)的文章中，用目标市场的GDP及地理距离分别代表目标市场规模与贸易可变成本。众所周知，距离对总双边贸易有负作用，相反，距离对单个产品的平均出口边际广度具有统计上不显著的正向作用。此外，出口商数目与出口产品数目的边际深度都随距离而下降。

理论模型为实证现象提供了自然的解释。贸易成本的减少降低了出口市场上的产品价格从而提高了收入及利润。可变贸易成本的缩减提高了随机出口商的单个产品的出口量以及某产品出口的平均国家数量，并且部分之前只服务于本国市场的低生产率厂商进入出口市场，致使出口增加。然而，贸易可变成本的下降对单个厂商的产品的平均出口量的广度边际的影响不确定，因为它们一方面增加了此厂商产品的出口，另一方面又引发生产率低的厂商和产品进入出口市场。

国际贸易中越来越多的理论与实证研究着眼于多产品多市场厂商的情况。早期贡献关于厂商与产品的模型都是对称的，近来的研究关注具有核心竞争力的厂商。Eckel和Neary(2010)提出的弹性生产模型发展了核心竞争力的观点。他们认为每个厂商在生产产品的过程中面临不断增长的边际成本。厂商与市场关系密切，因此面临引入新产品将降低现有产品需求的同型装配效应。Javorcik等(2010)推广了这一模型，指出在产品质量及品牌上厂商会做出内生投资。他们运用用墨西哥贸易交易数据，对关于产品价格与销售额的公司内排名之间关系的关键性预测提供了模型支持。

其他近年来的研究集中于无同型装配效应的多产品厂商的垄断竞争模型。Mayer等(2011)的论文中，厂商面临产品阶梯，即生产额外一件产品时生产能力/质量下降。加之标准可能会变，故可预测在竞争更充分的市场下，具有核心竞争力的厂商销售额会更具差异性。法国出口数据为这一模型得出的预测提供了强大的实证支持。

尽管上述大部分研究集中于给定时间点上多产品厂商的产品及目标市场决策的决定因素，但是显而易见的是，现存厂商间的产品市场的进入与退出受厂商、行业和总体动态的影响。利用美国制造业普查数据，Bernard等发现约一半的现存美国厂商每五年会扩展或者放弃它们现有的产品范围，这些新增或停产的产品对总产出的作用可能与厂商进入与退出产生的作用大致相同，现存厂商中某种产品停产的可能性在寿命、规模所依赖的模式上与厂商退出的可能性相同。综上，这些发现表明由于再分配能够在厂商的产品之间及厂商之间发生，因此可能比迄今为止的观点更为重要。

厂商进口与出口具有很多相同的特性。Bernard 等（2007b）发现，对于美国制造商来说，进口比出口更少且行业间差异很大。行业间出口厂商份额与进口厂商份额呈现强正相关关系（相关系数 0.87）。大约 41% 的出口商会进口，约 79% 的进口商也会出口。只出口的厂商的比例与行业技术密集程度呈现显著的正相关关系，而只进口的厂商的比例与行业技术密集度呈现不显著的负相关关系。

进口商之间与出口商之间同样出现许多行为上的差异。进口商与非进口商相比规模更大、生产力更强、支付更高工资、技术与资本能力更强，参与和不参与国际贸易的厂商中，差距最大的是同时进口和出口的厂商与国内厂商。这些发现显示了贸易自由化可能对行业中最大、具有最高生产力、技术与资本最强的厂商有最大帮助，不仅使其更容易进入出口市场，而且更容易获得进口间接流入。

尽管关于贸易自由化对生产力影响的实证研究主要集中降低出口市场的关税，现在更多证据表明，进口间接输入的关税降低可能是生产力增进的重要来源。进口关税可能通过一系列可能的途径影响生产力，例如学习外国技术、可用于生产的间接输入品的多样性的增加及更易获得高质量的中间输入品。在 19 世纪 90 年代早期印度贸易自由化的背景下，Goldberg 等（2010）发现间接输入品的进口增长大约有 2/3 是由新进口产品的广度边际所贡献的。关税降低越大的行业，总价值提高越多，价格降低越多，进口的中间输入品的多样性的增加越多。此外，新中间输入品的可获得性扩展了厂商的技术可能性。与这一观点一致的是，在进口的中间输入品的多样性方面有更大增长的行业，这些印度厂商也会更大地扩展生产的产品范围。

第四节　其他主要研究方向

一、产品质量

即使在狭义的产品系列中，贸易伙伴间的单位价值也会发生剧烈波动。Schott(2004)及 Hummels 和 Klenow(2005)的论文中指出,这一价格变动反映了贸易伙伴间产品质量的差异。而且,这一价格波动与国家禀赋具有强的相关关系,因为资本和技术密集国家能够提供多样化且价格更高的一定产品。依据这一观点,资本技术充足的国家利用其禀赋来生产更高质量的产品,而高质量反映在高价格之中。

许多论文用微观数据在厂商水平上研究价格变动与贸易模式之间的关系。例如,Manova 和 Zhang(2011)用中国贸易交易数据说明符合产品质量异质性的厂商、产品和目标市场的出口与进口的一系列系统性特征。例如,对比销售某产品的厂商,制定高出口价的厂商能从每个目标市场中获得更高收益,拥有更广泛的销售,且出口到更多市场。对比销售同一产品的不同目的地,厂商能在更富裕、规模更大、有距离但总体不遥远的国家中制定更高的价格。然而,出口商需支付更广泛的投入成本和来自更多国家的资源投入。将这些数据特征综合考虑,这与成功的出口商用高质量投入品来生产高质量产品,各目的地间产品质量存在差异的异质厂商模型的许多结论相一致。

Kugler 和 Verhoogen(2011)用哥伦比亚制造业普查数据提供了产品质量差异方面的证据,并强调了厂商出口与进口决策之间的关系。在小范围行业中,与小厂商相比,大厂商对其产出品的定价高且对投入品的支付价也高。出口商与非出口商在这方面也存在相似的差异。这一结果与 Melitz 模型的扩展相一致,厂商对投入及产出质量做出内生选择,并且投入品质量及产出品质量存在互补关系。

在 Melitz(2003)的论文中,替代弹性偏好不变与垄断竞争的假设暗示了厂商生产力与产品质量具有共同点,因为它们用近乎相同的方式进入厂商的均衡收益。实证文献致力于通过探索厂商间的价格波动来区分生产力与产品质量的影响,即高生产力预示着低价格而高产品质量却预示着高价格的推断(Baldwin and Harrigan,2011;Johnson,2010)。然而,在存在产品的水平差异的情况下,不能直接在厂商间比较产出品物理数量的数据使得对厂商间单位价值的差异性描述更加复杂。

用单位价值来推断产品质量在决定出口模式中的作用可能具有误导性,因为除质量外还存在许多影响价格的因素。例如,保持质量不变,对产品定较低的价格是最优的。然而,近些年来的论文主要从剩余需求中得出产品质量的代表量。因为消费者通过比较与质量对应的价格来决定每种商品的购买量,定价相同但市场份额不同的两个厂商会选择销售不同质量的多种商品。特别的,那些基于价格优势销售大量体育用品的厂商可成为高质量生产者。Khandelwal(2011)应用这一方法用总体贸易数据估计多国样本的质量,进而发现质量差异相对较小的市场往往雇用较多的劳动者,且因低工资竞争所导致的产量减少量也大。同样的,Hallak和Schott(2011)通过对1989—2003年的43个国家的面板数据进行分析后发现,出口质量与出口商的单位资本回报正向相关,但是也发现这段时期内虽然单位资本回报没有收敛而质量水平却收敛的现象。最后,Gervais(2011)用美国普查数据估计厂商水平的质量,并将厂商间的价格及出口地位的不同归结到质量与效率的问题上。价格可以随质量增进而上升,随效率增进而下降,但是,选择出口却是主要由质量所驱动。

二、贸易公司的中间人角色

尽管在国际贸易许多模型中,消费者消费从外国厂商直接进口的商品,但是厂商进口的普及刺激了当今对国际贸易过程中中间人角色的研究。Bernard等(2010)对美国批发商、零售商和其他种类的贸易商之间的差异做了研究,发现贸易的主要部分由相对少数的具有在厂商内部纵向整合批发商和零售商功能的大贸易商所贡献。利用意大利贸易交易数据,Bernard等(2010d)发现由批发商中介的出口份额与国家特有的固定成本代理权正相关,而后者包括世界银行进口量、进口成本、进口时间的文件数目的商业化度量。

根据中国贸易交易数据,Ahn等(2011)给出中间人的不同定义。这些在其名称中具有与进口、出口及贸易相应的英文意思的中间商为中国的出口贡献了约1 680亿美元,约占总额的22%。这篇论文提出了这样一个模型,规模相对较小的厂商因自行直接出口到外国市场利润较低,可以求助于中间人。这种方式与中间人运营其他厂商产品相同,并且与其他贸易商相比,这些小厂商能够向每个目标市场出口相对更多的产品。由于直接出口到小而远的国外市场发生的固定成本可能更具阻碍性,故中间商在小规模市场和高交易成本的市场上占据高出口份额。

Blum等(2011)用智利与哥伦比亚匹配的进口—出口交易数据为中介作用提供了进一步的间接证据。智利与哥伦比亚间的双边进出口的分布与上述美国集中贸易相似——多于一半的厂商只卖给唯一一个进口商,然而99%的出口商卖给19个进口商;相似的,多于一半的进口商只与一个出口商做生意,而99%的进口商却与9个进口商做生意。但是,尽管交易的一方可能规模较小且只与非常少的交易商合作,交易的另一方却是规模非常大而跟许多的贸易商合作。这种模式的结果与包含大规模交易量的有效交易的观点相一致,既可以由小进口商与大出口商匹配达到,也可以由小出口商与大进口商匹配达到。基于这些发现,这篇论文提出了一个理论模型,研究厂商对直接进入市场或者通过中间商间接进入市场做出的选择。因为直接出口需要规模报酬递增,所以对大出口商会直接出口给许多进口商。相比之下,大进口商往往通过中间商将其中介成本在众多小出口商之间进行分散。

更广泛地说,国际贸易面临的一个重要挑战是打开贸易成本的黑匣子。异质厂商和国际贸易理论往往有对贸易固定成本及可变成本参数的假定,但是却很少知道参数是如何得到的。国际贸易中关于中间人的文献向理解产品从生产到最终消费的一系列决策迈出了第一步。近些年来的实证研究表明这些贸易和分布网络对国际贸易许多问题都非常重要,比如边界效应、汇率传导机制以及名义与实际汇率间的关系,这些在 Burstein 等(2005)及 Li 等(2011)的论文中都有所体现。

三、外商直接投资

引入异质企业的垄断竞争模型可以拓展到与对外直接投资相结合。Helpman、Melitz 和 Yeaple 拓展了 Melitz 模型,考虑了建立海外分公司的决策,即企业以出口还是 FDI 的形式进行国际化。Brainard 认为,当外国市场规模增加并且出口成本上升时,与出口相比 FDI 就变得更为有利,而当海外投资设厂的成本持续上升时,FDI 就会变得相对不利,这就是出口与 FDI 的接近—集中的替代关系。Helpman、Melitz 和 Yeaple 的研究表明企业究竟是选择出口还是 FDI 是由企业根据其生产率预先决定的。从实证检验看,采用离差的方法提高了模型的预测能力,有助于更好地理解企业的全球化战略以及出口成本的变化,或 FDI 成本的变化是如何影响各国各个产业内生产模式的。引入企业异质性特征后,可以将同一产业内不同企业区分开来,确定哪些企业从事出口而哪些企业成为跨国公司。新的异质企业分析假设国内市场和国际市场的固定成本不同,企业生产率水平也存在差异。出口的沉没成本除了市场调研、建立分销网络、做广告的成本外,还包括运输成本。FDI 的固定成本则是在国内建立分厂的两倍。FDI 的固定成本大于出口的成本,虽然 FDI 没有运输成本,但是固定成本要高得多。企业生产率差异使得企业可以进行自我选择。只有生产率最高的企业才会成为跨国公司,生产率处于中等水平的企业出口,而生产率较低的企业只在国内市场销售。

四、公司内部交易

传统贸易理论对企业的边界几乎是不涉及的,现有的企业理论仅限于部分分析并且忽视了公司内贸易的国际维度。以 Antras 为代表的异质性企业贸易理论将产业组织理论和契约理论的概念融入贸易模型,在企业的全球化生产这一研究领域做出了重大理论突破。

Antras 提出了一个关于企业边界的不完全契约产权模型来研究公司内贸易。在其所建的跨国公司产权模型中,国与国之间的要素价格不存在差别,均衡时会出现跨国公司,其公司内贸易与目前国际贸易的现状相吻合。Antras 模型界定了跨国公司的边界和生产的国际定位,并能够预测企业内贸易的类型。该模型强调资本密集度和剩余索取权的配置在企业国际化过程决策中的作用,并据此对公司内贸易类型进行了验证。

企业内生边界模型中,最终产品的制造商控制着总部服务,中间品的供货企业控制着中间品的生产质量和数量,不同产业部门的生产率水平差异和不同产业部门的技术和组织形式差异对国际贸易、FDI 和企业的组织选择产生影响。模型中,设有两个国家,南方国家和北方国家,最终产品的生产企业位于北方国家,企业根据生产率水平差异分四种类型:在北方生产中间投入品的一体化企业(不从事投入品的国际贸易),在南方生产中间投入品的一体化企业(从事 FDI 和公司内贸易),在北方进行外包的非一体化企业(不从事投入品的国际贸易),在南方进行外包的非一体化企业(以市场交易方式进口投入品)。生产率最低的企业在北方外包而生产率最高的企业通过 FDI 形式在南方内包。上述四种企业组织形式的普遍程度取决于南方和北方的工资差距、中间投入品的贸易成本、同一产业内部生产率水平的差异程度、议价能力的分布、所有权优势的大小(在两个国家会有不同)和总部服务的密集程度等。相对而言,在生产率水平差异较大而总部密集度较低的产业中,更多的最终产品制造商依赖进口中间投入品;而在生产率水平差异较大而密度较高的产业中,更多的最终产品制造商一体化。生产率差异较大的产业中主要依赖进口投入品在总部密集度高的产业中一体化现象更为普遍。一个产业部门的总部密集度越高,就越不会进口获得中间投入品。模型也可以解释南北差距不断加大和中间品贸易成本不断降低的影响,从而解释了现有的国际贸易和国际投资。

一体化和外包的主要区别在于一体化对特定关系投资产生的成果会给予知识产权。Antras 和 Helpman 认为不同企业的生产力水平会使企业选择不同的所有权结构和供应商位置,契约制度质量对企业组织形式的选择起着重要的作用。由不同供应商提供的中间投入品的相对重要程度是企业决定自己制造或者购买(一体化或外包)的关键因素,企业要想通过一体化来实现自己的利润最大化则要求为最终品厂商提供中间品的投入要充分的密集。更有趣的是不同中间品投入的契约度在一体化抉择中扮演重要的角色。被最终产品厂商提供的中间投入品的契约改善有助于外包,而被供应商提供的中间投入品的改善有助于一体化。

五、劳动力市场

Melitz(2003)模型的一个重要意义在于提出贸易自由化对厂商影响的不均一性:低生产力厂商退出,中等生产力国内厂商压缩产量,而高生产力出口厂商扩张。相反,因为工人是相同的且劳动力市场无摩擦,贸易自由化对工人产生的却是对称的影响,最终所有工人工资相同。这些劳动力市场的结论与雇主规模工资溢价的实证文献(Oi and Idson,1999)、出口商与非出口商在控制厂商规模之后仍存在的工资差距实证研究(Bernard and Jensen, 1995,1997)相反。

现在,厂商异质性与贸易的理论文献强调两组原因来解释工资随厂商间利润的差异而不同的现象。其中一个原因假设竞争性的劳动力市场让相同的工人得到相同的工资,但是会因劳动力组成的不同而在厂商间存在工资差异(Bustos, 2007;Verhoogen,2008;Yeaple,2005)。另一系列的研究引入劳动力市场摩擦,不同的厂商可能支付给相同的工人不同的工资。劳动力市场不完美的原因之一是劳动力寻找与匹配间的摩擦,就生产剩余的讨价还价可以潜在地导致工资在厂商间随收入而变动(Davidson 等,2008;Cosar 等,2011;Helpman 等,2010)。劳动力市场不完美的另一原因是效率或公平工资,也就是只有工资随厂商收入的变化而变化才会被认为是公平且具有激励作用的(Amiti and Davis,2011;Davis and Harrigan,2011;Egger and Kreickemeier,2009)。

这一系列的理论模型强调基于厂商间工资差异及厂商进入国际市场的选择的原因,使得贸易影响工资的新机制。Helpman 等在 2011 年对此提供了证据,以理解工资不平等性和贸易间的关系。与上述的理论模型相一致,总体工资不公平性的上升主要是因为相同部门间的工资不平等上升而导致的；厂商间工资差异的扩散与其贸易参与程度系统性相关。从某种程度上来说，受到新古典贸易理论激励的现有的实证研究主要将贸易自由化对工资不平等性的影响抽象出来，关注不同部门及劳动者类型间的相对工资差异。

许多当今的实证研究试图用匹配的雇主雇员数据确定出口商与非出口商间的差异(Bernard and Jensen,1995,1997)是厂商间劳动者组成或相同工人的工资溢价不同的结果。Abowd 等(1999,2001)通过假设劳动者在厂商间的转移是协变量随机的、工人工资是其能力的对数线性函数而且并不直接依赖于共同劳动者的能力，从而估计劳动者和厂商间的固定效应。Abowd 等认为，劳动力组成和工资溢价的不同都会产生影响，但其影响的相对规模在各研究中有所不同。根据墨西哥的数据，Frias 等(2009)发现大约三分之二的高工资出现在规模大、生产力高的厂商的现象，这一现象可被高水平的工资溢价解释，他还发现行业间几乎所有工资差异性变动都是比索贬值冲击所引起的，而这也可以由工资溢价的变动所解释。根据德国的数据，Schank 等（2007）发现，只要劳动者可观察与不可观察和工作场所的特征得到控制，出口商及非出口商间的工资差异会减小但是不会完全消失。

Amiti 和 Davis（2011）用理论和实证分别对厂商工资的进出口关税的影响做了研究。Melitz（2003）的强化版本包含了厂商进口，预测出口关税的下降会降低进口竞争厂商的工资，但是会提高出口厂商的工资。同样，进口关税的降低会提高使用进口品的厂商相对于那些只储存进口品的厂商的工资。

六、厂商出口市场动态

关于厂商及贸易异质性的大多数理论与实证文献都集中在厂商间、产品间、国家间的跨部门的贸易分布。当今更多研究开始探讨厂商对进入出口市场的决策及贸易自由化影响的意义。

根据哥伦比亚的交易关税数据，Eaton 等（2008）研究了 1996—2005 年间厂商定向出口的动态。一年中，哥伦比亚几乎一半的出口商在前一年还不是出口商。这些新的出口商只占总出口量的很小的份额，大多数在下一年不会再出口。相反，一小部分大规模的稳定的出口商主导了总出口量。然而，一部分小出口商获得机会上市继续迅速扩大出口，并且不到十年这些成功的新出口商将对总出口的贡献几乎达到一半。厂商往往开始在单个国外市场上出口,如果它们能存活下来则会逐步将业务扩展到其他目标市场。扩张路径的地理模式和它们作为出口商存活的可能性,都取决于它们最初的目标市场。

有一系列研究从学习的角度致力于解释这些出口动态,根据这一观点,厂商根据前辈出口市场上初始销售额的获利情况,做出退出市场还是在出口市场更为活跃的决定。这样,即使进入市场的预期利润为负值,厂商也可能因为可能的成功带来的扩展额外的成功市场的选择权而选择事先进入市场。这个框架的意义在于指出出口市场上厂商首年将增长较快,阿根廷贸易交易数据为该结论提供了实证支持。

另一系列研究致力于解释生产力的随机冲击产生的这些出口动态。随着生产力的进步,厂商不仅面临决定是否进入或退出出口市场,也面临决定是否继续生产。在 Arkolakis(2011)的论文中,将这些生产力的随机冲击与内生市场渗透模型联系在一起来预测厂商行为。如果进入市场的边际成本能由第一个消费者支付的价格弥补,则厂商会选择进入市场,并增加市场推广投入以获得更多消费者。这一模型使用厂商不同部门数据、不同市场销售额及现有厂商退出市场的比例数据校准,标准化的模型在用美国制造业数据定量预测厂商退出、扩张及推断厂商规模分布等方面很成功。

Bernard 等(2009)用交易数据比较广度边际与深度边际来解释贸易中不同厂商及时间序列的不同。厂商与产品数目的广度边际能解释国与国之间贸易流动的大部分变动。相反,年复一年的贸易变动由持续的厂商—产品—国家贸易的深度边际来驱动。在短期广度边际的贡献相对少的一个原因是正在进入和退出的厂商,以及近来新加入的厂商和将要退出厂商—产品—国家贸易关系的厂商,与继续维持厂商—产品—国家贸易的厂商相比,平均来说规模相对较小。反过来,在生存下来的基础上,出口商及近来加入厂商—产品—国家贸易关系的厂商与随机出口商及继续维持厂商—产品—国家贸易关系的厂商相比,增长速度更快。显而易见,广度边际与深度边际的作用机理不同,暗示了大的跨国公司间的国际生产网络在宏观经济冲击的影响的反应上发挥着作用。

第五节　结论

　　厂商微观数据对传统的国际贸易理论提出了许多挑战,并刺激新的厂商异质性研究与贸易模型的发展。这些新理论解释了许多实证结果,如只有某些厂商选择出口,出口商比非出口商规模大且生产力高,贸易自由化通过重新在厂商间分配资源从而提高平均生产力。

　　这些新理论也强调贸易开放程度影响总体经济的另一些机制,并已经促进了未来探索这些机制的实证研究。诸如重力方程的总经济关系极大地受厂商及产品的广度边际的驱动,而不是受每个厂商产品的平均出口的深度边际所驱动。贸易成本的下降使得厂商内部组织内生变化,例如厂商调整产品范围,决定是否通过贸易或海外销售来服务国外市场,选择直接投资还是组织外包。基于工资随厂商收益而变动,并且只有一些厂商会出口,厂商异质性为贸易影响工资不平等性提供了一个新的作用机制。

　　早期研究集中于用厂商数据分析厂商出口,个体交易的关税数据的可获得性使我们打开了厂商的黑箱子,探索更广领域的能力。这些包括多产品厂商,厂商间贸易,中间人及厂商进入出口市场的动态。未来仍遗留许多基础性问题,如贸易成本的微观基础建立,厂商界限的进一步探索,个体数据的研究结果与经济对贸易的总体反应之间关系的进一步思考等。

第五章 中国的贸易自由化与制造业企业生产率
——来自企业层面的实证分析[①]

本章通过使用1998—2002年间我国制造业企业层面上的面板数据和高度细化的进口数据来考察贸易自由化对制造业企业生产率的影响。为此,我们运用并修改扩充了Olley-Pakes(1996)半参数方法来纠正估算企业的全要素生产率(TFP)中经常产生的同步偏差和因欠考虑企业退出行为而产生的选择偏差。在控制行业的进口渗透率的内生性之后,我们发现:① 贸易自由化显著地促进了企业生产率的提高;② 出口企业相对于非出口企业有较高的生产率提升;③ 但是,关税或非关税壁垒的减免对出口企业生产率的影响比对非出口企业的影响小,一个可能的原因是来料加工型出口企业并不需要购买进口原料,因而不断深化的贸易自由化政策对其影响不大。但是,如果加上加工出口企业因进行加工业务所可能产生的技术外溢,则出口企业相对于非出口企业有较高的生产率提升。这些发现对不同的计量方法都为稳健。

第一节 引言

本章主要研究贸易自由化对我国制造业企业生产率的影响。在过去的30年中,我国经历了引人注目的贸易自由化和生产率提升。我国的非加权关税水平从20世纪80年代早期的大约55%下降到2002年的约13%。同时,自1978年改革开放后的20年中,我国全要素生产率的平均增长率为4%,尽管之后这个速度似乎有所减缓(Zheng等,2009)。因此,研究我国的贸易自由化是否能促进企业生产率的提高是一个十分有现实

---

① 本章最早发表于《经济研究》,2010(12),第97—110页。

价值的问题。但是,尽管大量的经济学家长期关注这一问题,现有的研究尚无定论。一些研究如 Young(2003)对我国企业的生产率提升持悲观态度,认为我国经济的增长是主要来自企业外部投入的增加而产生的"粗放式"增长而非企业内部生产率提升的"集约式"增长。另外一些研究如谢千里等(2008)则找到了一些我国企业内部生产率提升的微观证据。之所以他们的研究结果会如此大相径庭,主要的一个原因在于如何估算企业的生产率。

首先,先前大多数关于计算全要素生产率(TFP)的研究事实上都是不太精确的和有偏的。在经济学主流文献中,衡量全要素生产率的口径通常是用索洛残差(Solow residual)来实现的。所谓索洛残差,就是指企业实际观察产值和由最小二乘法计算所得的估计产值之间的差额。然而,用最小二乘法来估算索洛残差存在两方面的问题:一是同步偏差(simultaneous bias),二是选择偏差(selection bias)。之所以会有同步偏差,是由于最大化利润的企业会通过调整自己的产出来应对生产率的冲击,而这反过来又要求重新调整该企业的投入。换言之,由于企业面临的生产率冲击可由企业本身观察到,却不能由计量经济学家观察到,这就会产生同步偏差问题。同时,之所以会有选择偏差,是由于回归中所含的样本中仅是那些因具有较高的生产率而在竞争中存活下来的,那些因有较低的生产率而倒闭或退出市场的企业并没有包括在回归样本中。这样,由于忽略了企业进入和退出市场的因素,样本的选择自然就是非随机的,回归得出的结果也就难免有偏。

其次,对我国贸易自由化对企业生产率的影响这个课题上,大多数文献对于贸易自由化的衡量也是不完整的。许多文献使用产成品的进口关税来衡量贸易自由化。最近 Amiti-Konings (2007)一文则进一步考虑投入品关税。但是,应当注意到,关税只是众多贸易政策工具中的一个。事实上,在1994年第八轮乌拉圭回合谈判后,各国关税已被降到一个非常低的水平上。换言之,它的下降调整空间是十分有限的。其他贸易政策工具,例如各式各样的非关税壁垒,对于国内进口竞争产业的保护起到了越来越重要的作用。由此可见,仅仅用关税来研究贸易自由化是不充分的。

最后,先前许多研究在使用我国的数据时都遇到了实证上的挑战。Holz(2004)强调使用我国宏观数据时存在的可能偏差,这主要是由于使用宏观数据存在着一定的"水分"问题:宏观数据无法从其相应的微观数据加总而得。如前文所述,Young(2003)的研究指出,我国即使是改革开放后的全要素增长率的增长也不快。这个结果之所以与我们的直觉相去甚远,部分原因是该文使用了精确度较粗的行业数据,这样,文中的估算就难免存在一定程度的偏差。

本章为准确衡量我国贸易自由化对工业企业生产率的影响,避免实证的估计偏差,主要做了三方面的工作:① 选择适当的贸易指标来衡量贸易自由化进程;② 使用最细化的企业层面数据作为估算样本;③ 精确化计算企业的全要素生产率。

第一,为处理由采用普通最小二乘法所产生的同步偏差和选择偏差问题,本章修改了 Olley-Pakes (1996)方法来控制同步偏差问题,也即通过在半参数估计(semi-parametric estimation)中嵌入生存概率模型并结合我国的实际进行适度修正来解决这两个计量上的挑战。第二,如上所述,贸易自由化也包括大量非关税壁垒的削减。理想的方法自然是在回归中同时包含关税和非关税壁垒因素。但是,非关税壁垒的数据很难获得(尤其是像我国这样的发展中国家来说更是如此)。所以,在本章中,笔者借鉴先前的相关研究(如 Harrison,1994)采用进口渗透率(即行业的进口额除以总产出)来衡量我国的贸易自由化。事实上,由于进口渗透率是关税和非关税壁垒的共同经济结果,与关税和非关税壁垒相比,进口渗透率是一个更好的计算贸易自由化的工具。第三,本章所用的数据是企业水平面板数据,具体的,它包括了 1998—2002 年间的所有国有企业(SOE)和年销售额超过 500 万元的非国有制造企业(平均超过 150 000 家)每年的数据。而每一个样本又包括 100 多个会计报表上所列的财务变量。这样,就可以避免由于使用行业数据所可能造成的不准确结果。

本章的实证估计结果有三个发现:第一,我国的贸易自由化推动了制造业企业生产率的发展。第二,出口企业相对于非出口企业有较高的生产率提升。第三,更进一步的,贸易自由化对出口企业在企业生产率上的影响要比对非出口企业在企业生产率上的影响大,这可能是因为出口企业中含有大量的出口加工企业,而部分加工出口企业(如来料加工企业)可以无偿获得国外加工原料。这样,目前不断深化的关税减免等政策对出口加工企业影响不大。但是,如果加上加工出口企业因进行加工业务所可能产生的技术外溢,则出口企业相对于非出口企业有较高的生产率提升。笔者发现,这一结果对于不同的计量方法均是稳健的。

本章的发现有助于加深对贸易自由化和生产率之间关系的理解。对生产率的估计,早期的文献通常用行业水平的数据来计算全要素生产率。

这包括 Tybout 等（1991），Levinsohn（2003），Harrison（1994）和 Head-Ries（1999）等。最近的一些研究如 Pavcnik（2002），Amiti-Konings（2007）等则进一步地使用企业层面的数据来衡量企业的生产率。事实上，用企业层面研究企业生产率和出口现已成为国际贸易研究的一大热点。

本章结构如下：第二节介绍我国近期贸易自由化的情况，第三节阐述相应的经济计量方法，第四节描写实证结果，第五节是小结。

第二节　我国的贸易自由化进程

改革开放三十年来我国经历了深刻的贸易自由化。这直接导致我国由一个几乎完全孤立的经济体变成世界最大的开放经济体之一。我国的开放率（即进出口总值除以 GDP）从 20 世纪 70 年代早期的大约 10% 跃至 2008 年的 73%；而开放政策也成为政府在 1978 年后与"对内深化改革"平行的两个基本国策。为推进贸易自由化，我国还特别设立了出口加工区以吸收外商直接投资（FDI），并加入世界贸易组织（WTO）来大幅削减关税和非关税壁垒。

在 1978 年以前，我国的外贸完全由 12 家国有外贸企业垄断。他们以世界价格进口产品，然后以计划价格在国内出售。政府在这些国有外贸企业之间进行交叉补贴。其结果是我国完全与世界经济隔绝（Naughton，2006）。事实上，我国贸易自由化可总结为三波进程。第一波是政府在 20 世纪 80 年代初设立出口加工区来推动自由贸易，这主要是通过设立四个经济特区以允许出口加工的原料免关税来实现的。第二波是开放两个东部沿海省份（广东和福建），允许外国企业与国内企业签订出口加工合同。第三波则表现为 20 世纪 90 年代早期出口加工区的猛增浪潮，从而把对外开放政策扩展到其他的东部沿海及中部内陆省份。事实上，到 2003 年年底，我国已经有超过 100 个享受各种特别外贸政策的投资区域。

在改革开放之前，由于国有外贸企业如同"气囊"一样将我国与世界隔绝，关税并没有扮演重要的角色。到了 20 世纪 80 年代，我国开始逐步建立一个完整的关税体系。1992 年宣布建立社会主义市场经济时，我国的未加权平均关税是 42.9%，大致与其他发展中国家的关税水平相当。在 WTO 乌拉圭回合之后不久，为争取早日进入 WTO，政府进行了大幅度的关税削减，将平均关税水平从 1994 年的 35% 削减到 1997 年的 17% 左右(见图5-1),下降幅度达到50%(余淼杰,2009)。此后的1998—2002年间,我国的未加权(加权)平均关税并没有下降很多。最大的一次调整则是在2001年的入世前夕,平均关税率从16.4%下降到15.3%。

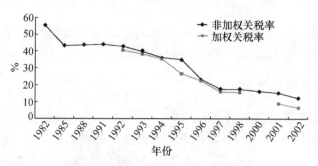

图5-1 我国的非加权和加权关税率
资料来源:Rumbaugh-Blancher(2004)。

除关税以外,我国也使用各种非关税贸易壁垒来保护进口竞争工业。根据联合国贸易和发展会议(UNCTAD)的分类,非关税壁垒包括许多类型的措施,如价格控制措施、数量控制措施、海关费用和税收、财务措施、技术措施、垄断措施以及混合措施。根据Fujii-Ando(2000)的计算,我国在许多产品上保留着大量的非关税壁垒。例如,1996年的核心非关税贸易量(NTM)对木材的比率是51.9%,对化学制品是55.1%。

同时,为完全融入世界贸易体系,我国在1986年申请重新加入关贸总协定(GATT)。经过15年的努力,在2001年最终加入世界贸易组织(WTO)从而成为WTO的第143个成员。尽管如此之长的过程是始料未及的,我国仍然一再推行贸易自由化政策以期早日加入WTO。1992年以来我国的FDI急剧增长,在2007年达到747亿美元,比1991年高出17倍。[①]

上述表明,如要完整考察我国的贸易自由化水平,单纯用进口关税或非关税壁垒指标都是不完整的。而采用行业水平的进口渗透率则可以很大程度地避免这一问题。而我国大量的FDI的存在也有可能会因溢出效应等原因而对企业生产率有正面促进作用,因此,在考察贸易自由化对企业生产率的影响时,应对这一现象进行必要的控制。

---

① 不过中国的FDI只占GDP的2.1%,比许多OECD国家都要低(WDI,2007),原因主要是中国具有很高的年GDP增长率。

第三节　计量经济方法

在这部分中，笔者首先简要介绍如何度量全要素生产率，然后介绍回归估计贸易自由化对企业生产率影响的实证方法。

一、全要素生产率的测算

关于全要素生产率的估算，文献通常用柯布-道格拉斯生产函数来刻画。[①] 如 Amiti-Konings (2007)，我们考虑如下的形式：

$$Y_{it} = \pi_{it}(\tau_{jt}) M_{it}^{\beta_m} K_{it}^{\beta_K} L_{it}^{\beta_L} \tag{5-1}$$

这里 $Y_{it}, M_{it}, K_{it}, L_{it}$ 分别是 j 行业中企业 i 在 t 年的产出、原料、资本和劳动。注意到，企业 i 的全要素生产率 π_{it} 的实现会受到贸易政策 τ_{jt} 的影响。为测量全要素生产率，首先对式(5-1)取对数：

$$\ln Y_{it} = \beta_0 + \beta_m \ln M_{it} + \beta_k \ln K_{it} + \beta_l \ln L_{it} + \varepsilon_{it} \tag{5-2}$$

这样，全要素生产率 π_{it} 就被吸收到残差项中。如索洛（Solow, 1956）指出的，这个残差事实上是产出的真实数据和预测拟合值 $\ln \hat{Y}_{it}$ 之差来测量的。而预测拟合则通常是通过 OLS 方法估算所得的：

$$\text{TFP}_{it} = \ln Y_{it} - \ln \hat{Y}_{it} \tag{5-3}$$

但是，如前所述，用 OLS 估算"索洛残差"的做法存在两个问题：同步偏差和选择偏差。Marschak 和 Andrews (1944)最早指出：至少有一部分全要素生产率变化能够被企业及早地觉察出，因此企业能够改变投入决策来使利润最大化。从另一个角度来说，企业的全要素生产率会对它的要素投入产生反向内生性。缺乏这方面的考虑会使企业的利润最大化选择产生偏差。另外，企业的动态行为也产生选择偏差。在回归的样本中，被观察到的企业都是存活下来的企业。另一方面，一些破产和退出市场的低劳动生产率的企业没有被包括在数据库里。这意味着回归分析中包含的样本实际上并不是随机选择的，这反过来也造成了估计的偏差。

为解决这两个计量技术面的挑战，早期研究者通常使用双向（即企业特定的和年份特定的）固定效应来减少同步偏差。尽管固定效应方法能控

[①] 另一个可选择的式子是使用超对数生产方程，通常也会得到非常相似的估计结果（Amiti-Konings, 2007）。

制某些隐性的生产率变动,但它对于解决反向内生性并没有多少帮助。故这种方法仍然不能令人满意。类似的,为减少选择偏差,先前的一些研究通过排除那些在考察时期内退出的企业样本以构建并估计一个平衡面板模型。但这样做,会造成数据中的部分有用信息的浪费。

对这两个问题的解决直到 Olley-Pakes(1996)的研究才得以较好地解决。简单来说,通过假设隐性的生产率变动能影响到企业的投资决定,所以,就可以通过把不可直接观察的生产率冲击写成可直接衡量的投资的一个反函数。再注意到当期的投资又是本期的资本存量减去上期折旧后资本存量的差。换言之,上期和本期的资本投入都会对不可直接观察的生产率有影响。基于上述观察,Olley-Pakes(1996)分如下两步来计算资本、劳动力和原料在生产函数中的比重系数,从而用式(5-3)来获得企业的生产率大小:第一步,先估算出劳动力和原料在生产函数中的比重系数,并得出不直接考察资本的 OLS 拟合残差;第二步,以不直接考察资本的 OLS 拟合残差为因变量,因为投资函数的具体形式不可知,所以采用高阶的多项式把资本及投资作为自变量。并在此嵌入用 Probit 模型估算出来的企业生存概率作为额外自变量放至回归中。而由于要求当期和上期资本估计系数须相同,可以采用非线性最小二乘法进行估计。一旦在第二步中把资本投入的系数估计出来,再结合第一步所得的劳力和原料投入系数,就可以成功地再根据式(5-3)算出企业的生产率了。

本章采用 Olley-Pakes(1996)的方法并对它进行相应的修改以使之符合我国的国情。具体的拓展有三方面:第一,如同 Amiti-Konings(2007)指出的,出口企业相对于非出口企业的投资决策会有不同。最简单的一个理解是出口企业因克服出口所需的固定成本(Meitz, 2003)会对资本有更大的需求,这就直接影响企业的投资行为。所以,本章把一个企业是否出口的虚拟变量加入到企业的投资决定方程中。第二,由于本章样本期间为 1998—2002 年,而我国于 2001 年加入了 WTO,这会造成市场的扩大;因此,本章也在企业的投资决定方程中加入一个 WTO 的虚拟变量来控制这种影响。第三,如同绝大部分做企业数据的研究一样,笔者无法得到企业水平的销售价格,因此,本章采用我国相应的各年各行业的出厂价格指数来计算企业的产量水平(注意,不是产值)。附录一提供了本章用修正版的 Olley-Pakes(1996)法计算企业生产率的具体步骤。

二、计量经济学模型

在这部分中,我们将估计如下模型:

$$\ln\text{TFP}_{ijt}^{OP} = \alpha_0 + \alpha_1 \ln\text{imp}_{jt} + \alpha_2 \text{EF}_{it} + \alpha_3 (\ln\text{imp}_{jt} \times \text{EF}_{it})$$
$$+ \alpha_4 \text{exit}_{it} + \theta X_{it} + \bar{\omega}_i + \eta_t + \mu_{ijt} \tag{5-4}$$

其中 $\ln\text{TFP}_{ijt}^{OP}$ 表示 j 行业中的 i 企业在 t 年的用 Olley-Pakes 法所得的全要素生产率的对数。$\ln\text{imp}_{jt}$ 表示行业 j 在 t 年的进口渗透率的对数。EF_{it} 是出口企业 i 在 t 年的虚拟变量,而 exit_{it} 表示企业 i 在 t 年退出的虚拟变量。① X_{it} 表示企业 i 在 t 年的其他控制变量,如外商直接投资(FDI)虚拟变量、国有企业(SOE)虚拟变量、是否为中央直辖的国有企业。我们又进一步将误差项分成三部分进行考察:① 用于控制时间不变要素的企业特定固定效应 $\bar{\omega}_i$;② 用于控制如人民币真实升值的不随企业变动的年份固定效应 η_t;③ 用于控制其他特定异质效应的标准误差项 μ_{ijt},不失一般性,这里假定 μ_{ijt} 服从正态分布:$\mu_{ijt} \sim N(0, \sigma_{ij}^2)$。

从式(5-4)可知,行业 j 的进口渗透率对于当中的企业 i 的生产率有如下两方面影响:

$$\partial \ln\text{TFP}_{ijt}^{OP} / \partial \ln\text{imp}_{jt} = \alpha_1 + \alpha_3 \text{EF}_{it} \tag{5-5}$$

其中系数 α_1 衡量贸易自由化对于行业 j 中非出口企业 i 的影响。相应的,贸易对于出口企业生产率的影响则为 $\alpha_1 + \alpha_3$。在这里,贸易自由化的深化,表现为行业进口渗透率的增大。在本章中,贸易自由化对生产率的促进作用表现在如下两方面:第一,关税减免或非关税壁垒的消除使更多国外产品进入本国市场,因而同一行业内进口竞争型企业会面临着更激烈的竞争。为求生存,这些进口竞争型企业会想方设法去提高企业生产率(Levinsohn,1993,Harrison,1994)。第二,如果进口产品属于同行业内企业的原料或中间品,贸易自由化的加深(如关税减免)则有利于企业直接节省成本,也能促进企业的生产率的提高。综上分析,待估参数 α_1 和 $\alpha_1 + \alpha_3$ 均应为正。

更重要的是,出口企业虚拟变量的系数 α_3 应为负。换言之,相对于非出口企业,出口企业的生产率提升在关税不断减免及非关税壁垒的逐步消除中获益较少。初看起来似乎有悖直觉,但事实上是不难理解的:贸易自

---

① 这里没有包括进口企业虚拟变量的原因是企业数据库没有进口企业的信息。

由化会对出口企业与非出口企业都产生影响。非出口企业又可分为两类：进口竞争型非出口企业（即其产成品面临的进口关税下降）和成本节约型企业（即进口关税下降的产品是该类企业的原料或中间投入品）。如上段所分析的，不管进口的是中间品还是产成品，贸易自由化都会使企业生产率提升。

类似的，出口企业也可分为两类：进口竞争型出口企业（即进口关税下降的产品是该类企业的产成品）和出口加工企业（即进口关税下降的产品是该类企业的原料或中间投入品）。注意到如 Melitz（2003）指出的，如果企业出口一种产品，则该产品也必然在国内销售。所以，对进口竞争型出口企业而言，贸易自由化对这类企业生产率的影响与对进口竞争型非出口企业并没有太大不同。但对"三来一补"为主的出口加工企业就不同了。这是因为出口加工企业在进口原材料时一直是完全免税的，对来料加工企业甚至不须付原料的成本费。这样，逐年削减的关税对其影响就不大了：加工企业中的来料加工企业根本就不在乎关税的变化。那么，贸易自由化对出口企业（包括进口竞争型出口企业和出口加工企业）的影响就会比对非出口企业要小，虽然还是会有一定的正面促进作用。

需要指出的是，贸易自由化对出口企业和非出口企业生产率促进的差距会随着出口加工企业占出口企业比重的增加而扩大。而如图 5-2 所示，我国出口加工企业占出口企业比重自 1995 年就高于 50%。

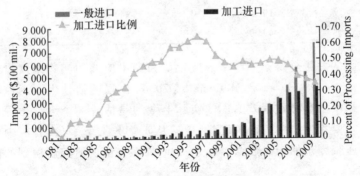

图 5-2　中国加工进口和一般进口，1981—2010 年
资料来源：《中国统计年鉴 2011》。

三、数据

本章使用的样本来自两个大数据库。第一个是包括 1998—2005 年间

的所有国有企业和年销售量超过 500 万元的总计 150 000 多家非国有企业水平面板数据;这些数据是由中国国家统计局通过每年的制造业企业调查收集到的,每个样本包括了 100 多个财务会计变量。第二个数据库则是美国国民经济研究局和联合国主持开发并由戴维斯加州大学 Feenstra 教授维护的《世界进口和出口贸易数据》①。

表 5-1 提供了一些关于这个企业层面数据库的基本统计信息。尽管这个数据库包含了丰富的信息,但其中的一些样本是芜杂和有误的,很大程度是来自有些企业的错误报告(参见 Holz(2004)关于使用我国数据可能导致的问题的讨论)。例如,有些家族企业没有正式的会计系统,数据信息是以 1 元为单位的,而官方的要求是以 1 000 元为单位。因此,依照谢千里等 (2008),只要出现以下情况则将该样本剔除:① 企业雇用的工人数量低于 8 人②;② 与销售量相关的增值率低于 0 或高于 1。经过筛选,我们从原始数据库中剔除了 28 875 个样本。正如表 5-1 所示,外商直接投资类型的企业约占每年厂商数的 8%。相对的,国有类型的企业占约四分之一。③

表 5-1 我国规模以上企业层面数据基本信息

年份	1998	1999	2000	2001	2002
原始样本数	154 882	154 882	162 883	169 031	140 741
筛选后的样本数	146 490	149 557	156 400	164 037	137 060
外资企业数	10 718	10 718	11 956	13 116	10 063
国有企业数	49 098	49 098	51 363	35 327	27 304

先前的关于全要素生产率的文献认为产出应该用实物来度量。最近的著作像 Felipe, Hasan 和 McCombie (2004) 也强调估计生产函数时使用货币度量产出会导致偏差。那样实际上做的是估计一个会计恒等式。为了得到全要素生产率的精确度量,应该从实物数据下手,或者至少要采用滤除过通胀因子的产出数据。可是,如同许多先前的研究所遇到的问题一

---

① 该数据可从 http://cid.econ.ucdavis.edu 中获得。
② Levinsohn 和 Petrin(2003)在关于对智利企业层面的研究中,剔除了认为应该十名以上工人的智利工厂。
③ 在这里,外商直接投资企业不包含港澳台企业,具体是包括以下四类:(1) 中外合资经营企业(代码:310);(2) 中外合作经营企业(320);(3) 外资独资企业(330);(4) 外商独资有限股份公司(340)。而国有企业则包括下列三类:国有企业(110);国有联营企业(140);国有与集体联营企业(143)。

样:实物产出的数据我们也无法获得,因此本章效仿 Amiti 和 Konings (2007)采用滤除过通胀因子的产出数据来估计。具体的,笔者采用各期《中国统计年鉴》中各制造行业的出厂价格指数来作为企业价格的代理变量。此外,汇报回归所用的其他变量的基本统计信息如表 5-2 所示。

表 5-2 统计性描述,1998—2002 年

变量	观察值	均值	标准差	最小值	最大值
原始固定资产	323 842	44 532.	641 601	0	1.34e+08
产出	323 842	56 232	464 132	0	7.90e+07
原料	221 612	48 107	340 671	0	3.89e+07
年份	323 842	2 000	1.149	1 998	2 002
出口企业虚拟变量	323 842	0.490	0.4999	0	1
真实销售的对数	323 842	4.847	1.735	-4.62	13.56
雇佣量的对数	323 842	2.734	2.687	0	12.17
真实原料的对数	323 842	3.245	2.617	-4.96	12.94
WTO 虚拟变量	323 842	0.227	0.419	0	1
真实资本	323 842	458.8	6 531	-60.52	1 387 515
下一年退出的虚拟变量	323 842	0.007	0.083	0	1
真实资本的对数	323 842	4.166	1.782	-4.64	14.14
真实资本的滞后期变量	323 842	4.038	1.778	-4.62	14.009
真实投资(折旧率取 15%)	323 842	122.1	2 367	-250 643	677 841
真实投资(折旧率取 10%)	323 842	102.3	2 194	-272 286	664 302
真实投资(折旧率取 5%)	323 842	82.52	2 044	-293 928	650 763
真实投资(折旧率取 4%)	323 842	78.56	2 017	-298 257	648 055
HS 八位制编码	323 842	5.31e+07	2.59e+07	2 032 900	9.62e+07
进口渗透率	323 842	40.1	714.2	0.0002	111 664
进口渗透的对数	323 842	1.57	2.276	-8.41	11.623
SOE 虚拟变量	323 842	0.249	0.433	0	1
中央控制虚拟变量	323 842	0.014	0.117	0	1
外商直接投资哑变量	323 842	0.074	0.261	0	1
Olley-Pakes 法所得 ln(TFP)	323 842	1.84	1.29	-9.52	8.14

注:① 若产出、原材料为负值则将其从样本中剔除。② 通过不同的折旧率可获得不同的真实投资量。

表 5-3 第二列分行业报告了用 Probit 模型估计所得的企业在下一年的存活概率。① 它们从 0.97 到 0.99 不等,均值是 0.978,也就是说企业在这段时期内的退出情况并不普遍。表 5-3 的其余部分汇报了通过 Olley-Pakes(1996)方法和传统的最小二乘方法估计所得的劳动力、原料和资本的系数。这里我们包括全部 40 个制造行业,并根据国家产业分类(GB/T 4754-2002)从第 6 位到 46 位进行编码。如表 5-3 的最后一行所示,用 Olley-Pakes(1996)方法估计所得的三类要素投入系数(劳动力、原料和资本)与采用最小二乘法估计所得相比都要小。这说明,在没有控制同步偏差和选择偏差时,使用最小二乘法对全要素生产率的估计有一个向下的偏差,这也能部分解释为什么以前的一些研究并没有发现我国制造业有较大的全要素生产率提高的事实。

表 5-3 我国制造业企业的全要素生产率

工业(编码)	企业的存活概率	劳动		原料		资本	
		OLS	OP	OLS	OP	OLS	OP
煤炭开采和选洗业(6)	0.983	0.092	0.062	0.431	0.468	0.382	0.237
石油和天然气开采业(7)	0.989	0.099	0.048	0.239	0.210	0.646	0.592
黑色金属矿采选业(8)	0.984	0.125	0.087	0.466	0.442	0.299	0.184
有色金属矿采选业(9)	0.971	0.112	0.126	0.474	0.484	0.303	0.154
非金属矿采选业(10)	0.982	0.131	0.106	0.473	0.494	0.213	0.109
农副食品加工业(13)	0.972	0.170	0.147	0.508	0.521	0.304	0.202
食品制造业(14)	0.974	0.155	0.141	0.569	535	0.359	0.283
饮料制造业(15)	0.975	0.150	0.124	0.463	0.476	0.410	0.264
烟草制品业(16)	0.970	0.076	0.078	0.214	0.224	0.777	0.510
纺织业(17)	0.983	0.137	0.120	0.341	0.345	0.296	0.228
纺织服装、鞋、帽制造业(18)	0.988	0.132	0.104	0.294	0.287	0.296	0.276
皮革、毛皮、羽毛(绒)及其制品业(19)	0.982	0.139	0.107	0.371	0.385	0.265	0.212
木材加工及木、竹、藤、棕、草制品业(20)	0.983	0.148	0.109	0.457	0.453	0.238	0.141
家具制造业(21)	0.988	0.142	0.102	0.427	0.434	0.294	0.222
造纸及纸制品业(22)	0.981	0.114	0.086	0.366	0.378	0.346	0.226

---

① 注意这里"企业退出"意味着一个企业或者关闭而退出市场,或者是其年销售额低于 500 万元而不再列入该数据库。由于数据的局限,我们无法进一步区分这两种情况。

（续表）

工业（编码）	企业的存活概率	劳动		原料		资本	
		OLS	OP	OLS	OP	OLS	OP
印刷业和记录媒介的复制（23）	0.983	0.128	0.098	0.502	0.514	0.381	0.265
文教体育用品制造业（24）	0.990	0.141	0.111	0.291	0.286	0.343	0.348
石油加工、炼焦及核燃料加工业（25）	0.979	0.109	0.084	0.343	0.295	0.469	0.350
化学原料及化学制品制造业（26）	0.980	0.140	0.114	0.366	0.378	0.352	0.253
医药制造业（27）	0.986	0.119	0.090	0.359	0.342	0.404	0.285
化学纤维制造业（28）	0.975	0.155	0.099	0.301	0.279	0.371	0.309
橡胶制品业（29）	0.980	0.135	0.115	0.315	0.336	0.367	0.267
塑料制品业（30）	0.985	0.120	0.106	0.360	0.352	0.350	0.268
非金属矿物制品业（31）	0.981	0.111	0.095	0.389	0.395	0.334	0.207
黑色金属冶炼及压延加工业（32）	0.975	0.148	0.108	0.419	0.383	0.339	0.249
有色金属冶炼及压延加工业（33）	0.981	0.133	0.099	0.369	0.332	0.319	0.246
金属制品业（34）	0.986	0.140	0.117	0.358	0.354	0.316	0.252
通用设备制造业（35）	0.985	0.159	0.109	0.423	0.401	0.203	0.190
专用设备制造业（36）	0.982	0.174	0.116	0.502	0.472	0.271	0.226
交通运输设备制造业（37）	0.985	0.133	0.102	0.414	0.415	0.377	0.309
电气机械及器材制造业（39）	0.989	0.211	0.126	0.715	0.761	0.045	0.152
通信设备、计算机及其他电子设备制造业（40）	0.990	0.118	0.094	0.341	0.345	0.350	0.328
仪器仪表及文化、办公用机械制造业（41）	0.986	0.175	0.100	0.370	0.338	0.329	0.361
工艺品及其他制造业（42）	0.987	0.202	0.111	0.708	0.466	0.185	0.208
废弃资源和废旧材料回收加工业（43）	0.987	0.201	0.187	0.335	0.354	0.272	0.268
电力、热力的生产和供应业（44）	0.994	0.190	0.082	0.384	0.316	0.403	0.379
燃气生产和供应业（45）	0.990	0.079	0.039	0.366	0.330	0.432	0.382
水的生产和供应业（46）	0.998	0.069	0.049	0.324	0.299	0.523	0.221
全行业	0.978	0.150	0.097	0.439	0.406	0.307	0.214

如前所述，由于进口渗透率能同时包含关税和非关税壁垒对经济的影响，因而是计算贸易自由度的一个较为合适的指标。这里使用的进口数据是来自我国海关总署的 HS 十位码数据。尽管高度加总的 HS 二位码进口数据是可以从诸如《中国统计年鉴》等多种公开出版物中获取，但其细化的非加总数据却无法获得。我们有幸得到 1998—2002 年的 HS 十位码进口数据。为计算行业 j 的进口渗透率，我们首先将 HS 十位码进口数（IM）加总至 HS 四位码行业水平上，$\sum_i \text{IM}_i^j$。同时，又将企业 i 的产出 y_i 加总至我国二位制编码部门分类法水平上，$\sum_i y_i^j$。最后，对国际 HS 四位码水平和我国二位码水平的部门分类进行匹配，就可获得行业 j 的进口渗透率 imp^j 为 $\sum_i \text{IM}_i^j / \sum_i y_i^j$。为方便读者，笔者在表 5-4 中列出各个行业的具体匹配情况。为节省空间，我们只汇报了 HS 二位码水平下的匹配情况。

表 5-4　企业财务数据与贸易数据的对应表

工业（编码）	HS 两位制海关编码
煤炭开采和选洗业(6)	27
石油和天然气开采业(7)	27
黑色金属矿采选业(8)	26
有色金属矿采选业(9)	25,26
非金属矿采选业(10)	25,71
农副食品加工业(13)	02,03,04,07,11,15,17,20,23
食品制造业(14)	04,17,19,21,22,23,25,76
饮料制造业(15)	09,20,22
烟草制品业(16)	24
纺织业(17)	50,51,52,53,54,56,60
皮革、毛皮、羽毛(绒)及其制品业(19)	41,42,43,64,67
木材加工及木、竹、藤、棕、草制品业(20)	44,45,46
家具制造业(21)	94
造纸及纸制品业(22)	48
印刷业和记录媒介的复制(23)	49
文教体育用品制造业(24)	32,92,95,96
石油加工、炼焦及核燃料加工业(25)	27
化学原料及化学制品制造业(26)	28,29,31,32,33,34,38,39,40,54,55
医药制造业(27)	30
化学纤维制造业(28)	47,54,55
橡胶制品业(29)	40,64

(续表)

工业(编码)	HS 两位制海关编码
塑料制品业(30)	30,39,64
非金属矿物制品业(31)	13,25,68,69,70
黑色金属冶炼及压延加工业(32)	72
有色金属冶炼及压延加工业(33)	28,74,75,76,78,80,81
金属制品业(34)	72,76,82,83,86
通用设备制造业(35)	84
专用设备制造业(36)	84
交通运输设备制造业(37)	86,87,88,89
电气机械及器材制造业(39)	85,94
通信设备、计算机及其他电子设备制造业(40)	85
仪器仪表及文化、办公用机械制造业(41)	90,91
工艺品及其他制造业(42)	96,97
废弃资源和废旧材料回收加工业(43)	
电力、热力的生产和供应业(44)	
燃气生产和供应业(45)	27
水的生产和供应业(46)	

图 5-3 则描述了 1998—2002 年间我国各制造业的平均进口渗透率和平均全要素生产率的关系。注意到其中有些行业的产品是非贸易品,自然没有相应的进口数据。如果行业的全要素生产率和进口渗透率数据有任一方是不可得,则该行业会被剔除掉。这样,我们剔除掉 8 个行业,余下 32 个行业。① 尽管大多数产业有正的全要素生产率和正的进口渗透率的对数值,也有一些例外:煤炭、食品、皮革、石油和黑色金属冶炼及压延加工等行业的进口渗透率对数值为负,说明这些行业的年均进口值小于其销售额。另一方面,黑色金属冶炼及压延加工业还具有负的全要素生产率。

第四节 实证结果

一、主要估计结果

表 5-5 汇报了式(5-4)的估计结果。为考虑进口渗透率对全要素生产

---

① 去掉的 8 个行业包括石油和天然气提炼、铁矿石采掘加工业、其他矿石采掘业、废物回收和处理、电力和热力、电力和热力的生产与提供、天然气的生产与提供、水的生产与提供。

率的影响,我们首先分析进口渗透率、企业是否出口及这两者交叉项对全要素生产率的影响,并以此作为基准模型。式(5-4)中的估计系数 $\hat{\alpha}_1$ 为 0.019 且在常规统计水平上显著。这表明较强的贸易自由化会提高企业的生产率。如上面所讨论的,一些企业由于运作不善或其他原因在下一时期可能倒闭并退出市场。忽略这种行为会导致选择偏差的问题。因此我们在表 5-5 的第(2)—(5)列中,通过增加一个变量来度量企业在下一期是否退出市场(即式(5-4)中的 $exit_{it}$ 项,如企业当期仍能从样本中观察到,则该项取值 1,否则取值 0)。从而将企业的动态行为纳入估计时的考虑范围。正如表 5-5 所显示的,与其他企业相比,退出市场的企业平均而言有较低的生产率。

表 5-5 基准回归结果

因变量($\ln \text{TFP}_{ijt}^{OP}$)	(1)	(2)	(3)	(4)	(5)
进口渗透率对数($\ln imp_{jt}$)	0.019**	0.005**	0.005**	0.006**	0.006**
	(6.87)	(2.59)	(2.59)	(2.62)	(2.62)
出口企业哑变量(EF_{it})	0.838**	0.049**	0.049**	0.049**	0.049**
	(200.30)	(10.05)	(10.09)	(10.03)	(10.04)
($imp_{jt} \times EF_{it}$)	-0.015**	-0.007**	-0.007**	-0.008**	-0.008**
	(-9.80)	(-5.69)	(-5.72)	(-5.77)	(-5.77)
企业在下一年退出哑变量		-0.162**	-0.162**	-0.162**	-0.162**
		(-3.39)	(-3.40)	(-3.40)	(-3.40)
国有企业哑变量			-0.017	-0.015	-0.015
			(-1.40)	(-1.22)	(-1.22)
是否属中央直辖的国企					-0.094**
					(-5.13)
外商直接投资哑变量		0.003	0.003		0.003
		(0.26)	(0.27)		(0.23)
企业固定效应	是	是	是	是	是
年份固定效应	是	是	是	是	是
样本数	301 148	301 148	301 148	301 148	301 148
R-平方	0.695	0.852	0.852	0.852	0.852

注:该表格折旧率为 15%,并使用永续盘存法测量投资量。因变量是全要素生产率的对数(Olley-Pakes 方法)。括号内为纠正了的企业水平集聚的 t 统计值。*(**)表示在 10%(5%)水平上显著。"是否属中央直辖的国企"变量是国有企业虚拟变量和中央直辖虚拟变量的交叉项。

在对企业的退出行为进行控制之后,第(2)列中表明贸易自由化对于企业全要素生产率的弹性仍然是正的。不过,我们必须小心其量级,因为在控制了企业退出行为时的第(2)列中的系数 $\hat{\alpha}_1$ 比第(1)列中没有控制的系数要低得多:$0.005 < 0.019$。我们怀疑这是由贸易自由化可能的内生性所致的。另外,贸易自由化对于出口企业生产率的影响比对非出口企业生产率的影响要小,因为交叉项 $\text{lnimp}_{jt} \times \text{EF}_{it}$ 是显著的负值。给定出口企业的变量均值是 0.49,企业出口自由化对全要素生产率的弹性仍为正 $(0.005 - 0.007 \times 0.49 \approx 0.002)$。

表 5-5 的回归结果揭示了两方面的经济含义。第一,如前所述,贸易自由化使进口竞争型企业面临着更激烈的竞争,同时也使同行业的原料进口成本下降。由于本企业数据库无法得知企业到底属于那一类,这两类企业各自从贸易自由化所得的生产率提升无法分开单独考察。① 但实证结果仍可以告诉我们这两类企业都会在贸易自由化中实现生产率的提高。第二,与非出口企业相比,出口企业在贸易自由化中获得的收益更少。原因如上所述,来料加工类的加工出口企业无法从关税减免中获利,而加工企业出口额又占全部出口的一半以上,这自然使得出口企业相对于非出口企业在贸易自由化中获益较少。

当然,这并不是说出口企业(特别是加工出口企业)在出口(或加工贸易)中没有能力提高生产率。相反,从 $\partial \ln \text{TFP}_{ijt} / \partial \text{EF}_{it} = \alpha_2 + \alpha_3 \text{lnimp}_{jt}$ 可知,出口企业生产率的提升还表现在 α_2 一项中。加工出口企业在加工贸易中可能因接触到质量较高的原材料而有利于企业本身的技术开发,从而间接实现生产率的提升。所以,出口企业相对于非出口企业而言,仍有较高的生产率提升。具体的,如第(5)列结果所示,给定平均进口渗透率对数值为 1.58,出口企业相对于非出口企业的生产率对数变化为 $0.049 - 0.008 \times 1.58 > 0$。

此前也有研究表明国有企业比非国有企业有相对较低的生产率,这主要是由它们低下的效率和无效的激励机制所导致的(吴敬琏,2005)。因此笔者在第(3)列中将是否是国有企业的虚拟变量作为一个控制变量包括进来。结果得出系数是显著的负值。这个发现和 Jefferson 等(2000)的研究一致:我国的国有企业比私有企业的全要素生产率较低。更进一步,

---

① 这是因为为求与进口产品数据相匹配,企业是被加总到二位码水平上的大行业水平。这样,企业的中间进口品和产成品都属于同一大类。

国有企业还可以分为中央直辖和隶属地方政府两类。注意到中央政府和地方政府有不同的经济利益。为了自我提升的需要,地方政府官员的主要目标是最大化当地总产出(吴敬琏,2005)。这样,地方政府更有可能去激励国有企业,这反过来又会导致更高的生产率和利润。与预期相同,第(5)列的回归结果发现国有企业和中央控制虚拟变量的交叉项为显著负值。

最后,可以预期外资企业有较高生产率,因为它们具有较快的学习效应,能采用更好的技术或更高质量的投入(Amiti-Konings,2007)。我们在第(5)列中包括了外商直接投资,并发现它尽管并不显著,但与预测一样为正。

二、折旧率的选择

如前所述,计算企业投资的大小是运用 Olley-Pakes 方法计算全要素生产率的必要步骤,它通常通过采用如下的永续盘存法计算:

$$I_{it} = K_{it} - (1 - \delta)K_{it-1} \tag{5-6}$$

这里 I_{it},K_{it} 分别表示企业 i 在 t 年的投资和固定资本。δ 表示给定我国在 1998—2002 年间折旧率不变的前提下,不同企业和不同年份间的共同折旧率。[①]

问题是,折旧率的适宜值到底为多少。正如 Perkins(1988)、Wang-Yao(2003)所推荐的,5% 的折旧率应是一个很好的选择,因为《中国统计年鉴》中就用这个数值来代表国有企业的折旧率。但是,有研究认为折旧率应为 4%(Liang,2006)。Amiti-Konings(2007)在用印度尼西亚企业数据作回归时则采用了 15% 的水平。对于 20 世纪 90 年代而言,有研究认为我国的折旧率可能高达 16%(Wang-Yao,2003)。因此,在衡量企业的投资水平时,我们允许折旧率有一定弹性。依照 Amit-Konings(2007),我们将 15% 作为默认值,但使用 10%、5% 和 4% 作为不同的折旧率来进行稳健性检验。从表 5-6 中看到,使用不同的折旧率估计所得的结果均是稳健的。

[①] Olley-Pakes 方法的一个假设是生产率冲击应该同根据投资条件预先决定的资本单调递增。投资变量作为代理变量只对非零投资的企业才有效。因此,有学者不主张采用投资变量作为描述生产率冲击的代理变量(如 Levinsohn-Petrin(2003)法)。笔者也采用该方法计算生产率,结果相似。限于篇幅忽略不报。

表 5-6　不同的投资量回归结果

因变量 $\ln(\mathrm{TFP}_{it}^{OP})$	(1) 折旧率(15%)	(2) 折旧率(10%)	(3) 折旧率(5%)	(4) 折旧率(4%)
进口渗透率对数	0.006**	0.005**	0.005**	0.005**
	(2.62)	(2.54)	(2.34)	(2.46)
是否属出口企业(EF_{it})	0.049**	0.049**	0.050**	0.050**
	(10.04)	(9.92)	(10.62)	(11.08)
$\mathrm{lnimp}_{jt} \times \mathrm{EF}_{it}$	-0.008**	-0.007**	-0.007**	-0.006**
	(-5.77)	(-5.20)	(-5.14)	(-4.75)
企业是否在下一年退出	-0.162**	-0.162**	-0.123**	-0.130**
	(-3.40)	(-3.42)	(-2.46)	(-2.84)
国有企业哑变量	-0.015	-0.012	-0.012	-0.012
	(-1.22)	(-0.95)	(-0.97)	(-0.93)
是否属中央直辖的国企	-0.094**	-0.088**	-0.090**	-0.085**
	(-5.13)	(-4.73)	(-4.56)	(-4.61)
是否外商直接投资	0.003	-0.004	-0.002	-0.003
	(0.23)	(-0.29)	(-0.21)	(-0.27)
企业固定效应	是	是	是	是
年份固定效应	是	是	是	是
样本数	301 148	301 485	302 283	302 852
R-平方	0.852	0.850	0.852	0.855

注:括号内为纠正了的企业水平集聚的 t 统计值。*(**)表示在10%(5%)水平上显著。"是否属中央直辖的国企"变量是国有企业虚拟变量和中央直辖虚拟变量的交叉项。

三、内生性分析

贸易自由化并不是外生给定的,它实际上会受到企业生产率的影响。一些生产率高的企业有很强的动机去扩大其经济规模,而这反过来又要求有来自国际市场的更多投入。企业的强烈需求会导致该行业具有更高的进口渗透率。我们需要控制贸易自由化的内生性以期获得贸易自由化对全要素生产率影响的精确估计。而工具变量(IV)法是解决这个问题的一个强有力的计量方法。①

但众所周知,完美的工具变量在现实中是很难存在的。尽管如此,本章选择储蓄作为进口渗透率的工具变量。正如 Krugman(1998)所强调的,一国的贸易顺差意味着该国的储蓄大于投资。而贸易顺差自然是出口大于进口。所以,给定其他条件不变,一国储蓄的增加将意味着顺差的上升,进口的下降,或者说进口替代率的下降。从这个角度分析,省级水平的储蓄可能是一个合适的工具变量。②

统计计量上有一些方法可用来检测该工具变量的质量。第一,笔者进行 Anderson(1984)的典型相关似然率来检验判断回归是否存在识别不足的问题;即检验工具变量(即储蓄)是否与内生性回归量(即进口渗透率)相关。认为模型不足识别的原假设在1%水平上被拒绝。第二,我们也进一步考察储蓄是否与进口渗透率仅为弱相关。倘若如此,则估计可能有偏。可是,Cragg 和 Donald(1993)的 F 值在统计上高度显著。这就有力地拒绝了弱识别这一原假设。第三,Anderson 和 Rubin(1949)χ^2 统计拒绝内生性回归系数为零的原假设。总之,各种不同的统计检验表明该工具变量具有较高的质量。

表 5-7 表明,在控制内生性之后,较高进口渗透率将导致较高的企业生产率。在所有估计中,系数 $\hat{\alpha}_1^{IV}$ 是稳定的,并且比没有控制内生性时(如表达)所得的 $\hat{\alpha}_1$ 要高。进口渗透率和出口企业虚拟变量的交叉项为显著负值,这与我们之前的发现相一致。贸易自由化对企业生产率的净效应仍为正($0.072 - 0.014 \times 0.57 = 0.06$)。这个净效应比表 5-5 中没控制内生性时的所得值略低。这意味着隐含的负向动态因果倒置减弱了贸易自由化对于企业生产率的影响。在控制内生性后,行业贸易自由化表现出对于企业的生产率有显著的影响。特别的,行业进口渗透率对数值的10%的增长导致企业生产率对数值0.6%的增长。此外,如第(5)列所示,综合各种可能的影响渠道后,出口企业比非出口企业仍具有较高的生产率($0.049 - 0.014 \times 1.58 > 0$)。

---

① IV 方法是一个控制各种可能来源的内生性问题的好方法,Wooldridge(2002,第五章)有这方面的详细介绍。

② 当然,理想状态是用企业水平的储蓄作为工具变量,但该数据不可得。退而求其次,笔者采用数据可得的省级储蓄数据。

表 5-7 内生性

因变量($\ln\text{TFP}_{ijt}^{OP}$)	(1)	(2)	(3)	(4)	(5)
进口渗透率对数($\ln\text{imp}_{jt}$)	0.067**	0.072**	0.072**	0.072**	0.072**
	(6.41)	(6.95)	(6.91)	(6.93)	(6.93)
是否属出口企业(EF_{it})	0.048**	0.048**	0.049**	0.049**	0.049**
	(9.83)	(10.03)	(10.05)	(10.05)	(10.05)
$\ln\text{imp}_{jt} \times \text{EF}_{it}$	-0.013**	-0.014**	-0.014**	-0.014**	-0.014**
	(-7.15)	(-7.61)	(-7.60)	(-7.61)	(-7.61)
企业是否在下一年退出		-0.159**	-0.159**	-0.159**	-0.159**
		(-8.67)	(-8.67)	(-8.68)	(-8.68)
国有企业哑变量			-0.012*	-0.012	-0.012
			(-1.64)	(-1.63)	(-1.63)
是否属中央直辖的国企				-0.005	-0.005
				(-0.36)	(-0.36)
是否外商直接投资		0.000	-0.000		-0.000
		(0.02)	(-0.01)		(-0.01)
企业固定效应	Yes	Yes	Yes	Yes	Yes
年份固定效应	Yes	Yes	Yes	Yes	Yes
F-统计值	2 104 z	2 088 z	2 091 z	2 094 z	2 094 z
Anderson 经典相关可能性 χ^2	2 078 z	2 062 z	2 065 z	2 068 z	2 068 z
Cragg-Donald χ^2 statistic	2 104 z	2 088 z	2 091 z	2 094 z	2 094 z
Anderson-Rubin χ^2 Statistic	41.78	49.29	48.65	48.90	48.89
Prob. $>F$ or Prob. $>\chi^2$	0.000	0.000	0.000	0.000	0.000
R^2	0.53	0.53	0.53	0.53	0.53

注:进口渗透率的对数($\ln\text{imp}_{jt}$)作为内生变量。每个回归有 137 312 个观察值。括号内为纠正了的企业水平集聚的 t 统计值。*(**)表示在 10%(5%)水平上显著。"是否属中央直辖的国企"变量是国有企业虚拟变量和中央直辖虚拟变量的交叉项。

四、企业生产率的另一种度量

如前所述,用修正版的 Olley-Pakes 法估算的全要素生产率能够处理同步偏差和选择偏差。不过,该方法是建立在资本投入比劳动投入对未观察到的生产率冲击反应更强烈的假设下的。换言之,在生产率冲击时,劳动投入被认定是外生不变的。但是,我国是一个劳动力资源丰富的国家,劳动力成本相对较低。当面临生产率冲击时,企业更可能会主要调整劳动投入来最优化其生产行为(Blomström-Kokko,1996)。所以,我们还需用其他计量方法来估算生产率,并对式(5-4)进行新的回归以考察回归结果是否稳健。

Blundell-Bond(1998)的系统 GMM 法是处理该问题的一个很好的计量方法。通过假设未观察到的生产率冲击依赖于前期的认识,系统 GMM 方法将全要素生产率的模型设定为受到包括现在和过去在内的所有类型的企业投入的影响。① 特别的,这个模型有以下的一个动态表述:

$$\ln y_{ijt} = \gamma_1 \ln L_{it} + \gamma_2 \ln L_{i,t-1} + \gamma_3 \ln K_{it} + \gamma_4 \ln K_{i,t-1} + \gamma_5 \ln M_{it}$$
$$+ \gamma_6 \ln M_{i,t-1} + \gamma_7 \ln y_{i,t-1} + \varsigma_i + \zeta_t + \omega_{it} \quad (5\text{-}7)$$

其中ς_i是企业i的固定效应,ζ_t是年份固定效应。特定项ω_{it}是序列不相关的误差项。通过使用系统 GMM 方法,我们能够获得式(5-7)中各系数的一致无偏估计。也就是说,劳动力和原材料投入不被视为外生给定的,而是同资本投入一样是内生的。当然,采用系统 GMM 方法无法控制企业退出因而存在着"选择偏差"的问题,但这并不影响我们使用它作为一项稳健检验。

表 5-8 汇报了贸易自由化对用系统 GMM 法估算所得的全要素生产率的回归结果。关键系数 $\hat{\alpha}_1$,$\hat{\alpha}_2$ 和 $\hat{\alpha}_3$ 都与表 5-5 中所示的用 Olley-Pakes 法计算的全要素生产率估计所得的结果高度接近。出口企业和非出口企业都得益于贸易自由化,不过出口企业的得益较小。但是综合而言,出口企业比非出口企业有更高的生产率。$\hat{\alpha}_4$ 显著的负值表明从市场上退出的企业平均而言均为低劳动生产率的。国有企业则比非国有企业有更低的生产率。与前表比较,表 5-8 的唯一特别之处在于由中央政府直接控制的国有企业比由地方政府控制的国有企业有更高的生产率。这个意料之外的结果也许是因为在用系统—GMM 型估算全要素生产率时,我们无法控制企业的退出行为。但总体而言,不同的估计方法对估算贸易自由化对企业的生产率的影响并不敏感。

---

① 注意由 Arellano-Bond(1991)引入的一阶方差 GMM 也允许企业投入依赖于它过去的认识。但是该方法会失去部分投入要素的工具变量,这是由于产出和投入要素的滞后项与残差项是相关的。相反,通过假设工具变量的一阶方差与固定效应无关,系统 GMM 能够引入更多的工具变量,从而得以提升回归的有效性。

表 5-8　系统 GMM 回归结果

回归因变量($\ln\text{TFP}_{ijt}^{BB}$)	(1)	(2)	(3)	(4)	(5)
进口渗透率($\ln\text{imp}_{jt}$)	-0.003**	0.004**	0.004**	0.004**	0.004**
	(-2.41)	(3.63)	(3.64)	(3.64)	(3.64)
出口企业哑变量(EF_{it})	0.613**	0.044**	0.044**	0.044**	0.044**
	(304.09)	(20.63)	(20.68)	(20.70)	(20.70)
$\ln\text{imp}_{jt} \times \text{EF}_{it}$	-0.007**	-0.003**	-0.003**	-0.003**	-0.004**
	(-10.99)	(-5.28)	(-5.32)	(-5.30)	(-5.30)
企业是否于次年退出		-0.196**	-0.196**	-0.196**	-0.196**
		(-5.76)	(-5.76)	(-5.76)	(-5.76)
国有企业哑变量			-0.006	-0.007	-0.007
			(-1.17)	(-1.24)	(-1.24)
是否属中央直辖的国企				0.016**	0.016**
				(2.03)	(2.03)
外商直接投资哑变量					-0.001
					(-0.26)
企业固定效用	Yes	Yes	Yes	Yes	Yes
年份固定效用	Yes	Yes	Yes	Yes	Yes
R-平方	0.829	0.895	0.894	0.894	0.894

注：本表中回归因变量($\ln\text{TFP}_{ijt}^{BB}$)是采用 Blundell-Bond (1998)的系统 GMM 方法计算所得的。括号内为纠正了企业水平集聚的 t 统计值。*(**)表示在 10%(5%)水平上显著。"是否属中央直辖的国企"变量是国有企业虚拟变量和中央直辖虚拟变量的交叉项。

第五节　小结

在本章中,笔者估计了我国贸易自由化对企业生产率的影响。在控制企业退出行为和贸易自由化的内生性之后,我们发现贸易自由化对企业生产率的显著影响为正。更有趣的是,对于出口企业的影响比对非出口企业的影响要小。但是综合而言,出口企业比非出口企业有更高的生产率。

这个发现和我国目前的贸易特别是加工贸易的情况是一致的:来料加工型出口企业并不需要购买进口原料,因而不断深化的贸易自由化政策对其影响不大。但是,如若加上加工出口企业在进行加工业务时所可能产生的技术外溢,则出口企业相对于非出口企业有较高的生产率提升。当然,由于单纯用工业企业数据无法对加工企业进行更细致的分析。

本章还丰富了我们对我国全要素生产率的认识。或许是因为数据质量的低劣和方法的限制,先前的研究中关于我国生产率提高的发现是大相径庭的。通过使用更可靠的我国企业水平上的微观数据,我们发现我国的全要素生产率在上一个十年中确实得到提升。我们也使用了 Olley-Pakes 的实证方法来解决估计全要素生产率的常见问题:同步偏差和选择偏差。

有意思的是,尽管出口企业在从贸易自由化中得到的生产率收益上与非出口企业相比要少,但是出口企业的生产率仍然呈现出正向的增长。在这个意义上,本章和以前的文献是一致的。如 Bernnard-Jensen(1999)表明的,在美国只有生产率较高的企业才会出口。但是,这个结果却不一定适用于我国,对我国来说,有可能是某些企业先出口,然后再从出口中获益而变得更强(戴觅和余淼杰,2011)。但无论如何,这是一个有意义的研究课题。另外,加工企业对生产率的促进作用也值得进一步研究。当然,工业企业数据库本身并没有提供企业加工信息,所以如要对这一领域做深入的研究,还须与海关进出口数据相结合来进行综合分析(余淼杰,2011)。

第六章 企业出口前研发投入、出口及生产率进步
——来自中国制造业企业的证据[①]

出口会导致企业生产率提高吗？什么因素会影响出口的生产率效应？本章采用 2001—2007 年中国规模以上制造业企业的调查数据估计了出口的即期和长期生产率效应。我们认为企业出口之前的研发投入可以通过增加企业的吸收能力来提高出口的生产率效应。通过采用倾向得分匹配的计量方法，我们发现：① 平均看来，对于首次出口的企业，其出口当年企业生产率有 2% 的提升，然而在出口之后的几年中这种提升效应均不显著。② 对于有出口前研发投入的企业，出口对生产率存在着持续且幅度较大的提升作用；但对于没有出口前研发投入的企业，出口对生产率没有显著的提升效应或提升效应短且较弱。③ 出口对生产率的提升效应随企业从事出口前研发年数的增加而提高。

第一节 引言

出口企业比非出口企业生产率更高，这是自 20 世纪 90 年代以来企业层面的贸易研究所发现的一个典型事实。为解释这一事实，研究者提出了两个假说。第一，出口企业生产率更高可能是因为只有生产率较高的企业才会选择出口：由于出口存在可观的固定成本（比如海外市场调查费用、建立海外销售渠道的费用、改进产品以符合海外消费者偏好的费用，等等），只有生产率较高的企业才能在海外市场赢得足够的利润来补偿出口带来的固定成本（Melitz，2003）。这一假说通常被称为"自选择出口"（selection into export）。第二个假说通常被称为"边出口边学"（learning by expor-

---

① 本章是与戴觅合作，最早发表于《经济学（季刊）》，2011,11(1)，第 211—230 页。

ting)。这一假说认为,出口企业生产率更高是因为出口可以提升企业的生产率。这种提升既可能是企业在出口后向国外消费者与供应商学习的结果,也可能是出口后国际市场更大的竞争压力所致。

Bernard-Jenson(1999)最早对这两个假说进行了考察。之后,大量的研究者用不同国家的企业微观数据对这两个假说进行了检验。① 几乎所有的研究都发现生产率高的企业才选择出口,但是对于出口是否能提高企业生产率这一问题,以往的研究并没有得出一致的答案。Martins 等(2009)总结了过去 10 年来有关出口的生产率效应的 33 篇文章。这些研究发现出口对生产率有显著提升作用的有 18 篇,没有发现显著效应的有 15 篇。诚然,结果的不一致有可能是由于研究所采用的计量方法不同,但即使是采用相同计量技术的文章有时也得出了完全不同的结论。② 造成这种现象的一个可能原因是研究者忽视了一些影响出口的生产率效应的重要变量。如果这些变量的值在各国或者在不同企业样本中有很大差异,那么基于不同国家甚至是基于同一国家不同样本的研究就有可能得出不同的结论。过去的部分研究已经开始试图寻找这些影响出口的生产率效应的因素。例如,De Loecker(2007)发现企业出口的目的地是一个重要因素:出口的生产率效应对于出口到发达国家的企业比出口到发展中国家的企业更大(这可能是因为与发达国家的进口商或供应商交流更容易接触到更先进的技术和管理经验)。但是,与数目众多的检验出口的生产率效应是否存在的研究相比,探讨出口生产率效应影响因素的文章仍相对较少。

在本章中,我们将提出一个影响出口的生产率效应的重要变量:出口前的研发。我们的基本逻辑是出口前持续且有意识的研发活动可以增加企业的吸收能力(即吸收和利用外部知识的能力),从而提高出口的生产率效应。在一篇经典的论文中,Cohen 和 Levinthal(1989)指出,研发有两大功能,一是直接导致发明创新(创新效应),二是提高企业的吸收能力(学习效应)。在此项研究之后,大量的实证研究证实了研发对提高企业吸收能力的重要作用。比如,Kinoshita(2000)发现对于 1995—1998 年的

---

① 比较有影响力的文章包括 Clerides 等(1998)对哥伦比亚、墨西哥与摩洛哥的研究;De Loecker(2007)对斯洛文尼亚的研究;Greenaway 和 Kneller(2004)对英国的研究;Alvarez 和 López(2005)对智利的研究。这方面相关综述参见 Martins 等(2009)。

② 例如,Greenaway 等(2002)与 Arnold 和 Hussinger(2005)都采用了倾向得分匹配的方法,但得出的关于出口是否能提高生产力的结论仍有质的区别。另外 Hahn(2004)与 Bernard 和 Jenson(1999)都采用了 OLS 回归,但得出的结论也完全不同。

捷克制造业企业,研发的学习效应比创新效应更为重要。Griffith 等(2004)用 12 个 OECD 国家的行业数据发现研发对于创新和技术追赶都有显著的正影响。Hu(2005)用中国制造业企业的面板数据发现,研发和外国技术转移存在显著的互补关系。这些研究都表明持续地进行研发的企业比没有进行任何研发的企业有着更强的吸收能力。将此结论进行延伸,我们认为如果企业在出口之前进行持续而有意识的研发,那么这些企业的吸收能力会比较强,因此能够在出口后获得更大的生产率提升。原因有两个:首先,吸收能力更强的企业能够更敏锐地识别出国外先进的技术成果和管理经验从而进行学习,而对于吸收能力弱的企业,就算它们在出口中接触到了先进的技术和经验,也有可能对此无动于衷(Cohen and Levinthal,1990)。其次,由于知识的累积性和关联性,在某一领域具有更多专业知识的企业在学习本领域与其他相关领域先进技术成果时会更加容易(Grossman and Helpman,1993)。所以吸收能力强的企业在学习国外先进技术和经验时会更有效率。

  在本章中,我们利用 2001—2007 年中国规模以上制造业企业年度调查数据估计了出口对中国制造业企业生产率的即期和长期提升效应。为控制生产率高的企业会自我选择出口,我们采用了倾向得分匹配(propensity score matching)的方法。估计结果发现,出口的生产率效应在出口前研发状态不同的企业间存在巨大差异。对于有出口前研发投入的企业,出口对生产率存在着持续且幅度较大的提升作用;但对于没有出口前研发投入的企业,出口对生产率没有显著的提升效应或提升效应较弱。此外,我们还发现出口对生产率的提升效应随企业从事出口前研发年数的增加而提高,这说明持续的研发活动可以提升企业的吸收能力,从而加强出口对生产力的提升作用。

  本章与国际贸易研究中的两支文献相关。第一支文献是关于"边出口边学"假说的检验。目前一些学者已经开始用企业层面的微观数据探讨中国出口与生产力的关系(Lu 等,2010;Park 等,2010;Feenstra 等,2011;余淼杰,2011)。其中一些研究结果间接说明出口提高了企业生产率。例如,Park 等(2010)发现如果企业出口目的地的货币贬值幅度越小,那么企业对其出口增长越快,并且出口的增长伴随着生产率的提高。Yang 和 Mallick(2010)用一个小规模的企业调查数据检验了"边出口边学"假说,他们发现出口提高了样本企业在 2000—2002 年间的生产率。近几年来国内学者对出口与生产率关系的关注也逐步加强,其中一些研究试图从行业层面或省级层面数据考察出口量(或出口份额)与行业或地区生产率之间的关系(李春顶,唐丁祥,2010;张庆昌,2011;陈媛媛,王海宁,2011),另一些研究则利用企业层面微观数据研究企业出口行为与企业生产率的关系。张杰等(2008)利用江苏省本土制造业企业微观数据发现出口不是促进企业生产率(用 TFP 衡量)增长的因素,但生产率却是促进本土企业出口的因素;许斌(2006)通过对 1998—2000 年约 1 500 个民营企业数据的分析,发现新出口企业通过出口使 TFP 增长率达到了 46%。余淼杰(2010)用中国制造业企业 1998—2002 年的数据发现中国的贸易自由化促进了中国制造业企业的生产率。本章对于已有文献的贡献在于:第一,用国家统计局的大规模工业企业调查数据系统地考察了出口对生产率的影响,所用数据比之前一些研究中所采用的小样本调查数据更具有代表性。第二,在简单考察出口对生产率的影响之外,本章还着重探讨了出口前研发对于出口的生产率效应的提升作用,而之前的研究并未涉及这一问题。

与本章相关的第二支文献着重探讨企业出口、生产率与研发等技术升级活动的互动关系。Bustos(2011)对阿根廷企业的研究发现在关税削减程度越高的行业,企业对技术的投资增长越快。Lileeva 和 Trefler(2010)发现美加自由贸易协定的签订促进了生产率较低的加拿大企业出口,提高了这些企业的劳动生产率。他们还发现这些企业是通过投资技术而使生产率得以提高的。在这些文章中,研发的作用都仅限于直接提升企业生产率,即 Levinthal(1989)中提到的"创新效应"。但研发对增加企业吸收能力的作用,即"学习效应"却被忽略了。Aw 等(2007)是这一支文献里为数不多的提到研发的学习效应的文章。他们对中国台湾企业 1986—1996 年的研究发现出口与研发的交互项对企业生产率有正的影响。但是在他们之后的一项对台湾企业 2000—2004 年的研究中,出口与研发的交互项对生产率的影响却变为了负向(Aw 等,2008)。因此,目前的研究对研发是否能提高出口的生产率效应并没有形成统一的意见。本章的发现为研发对出口的生产率效应的影响提供了新的证据。

本章的结论具有重要的现实意义。20 世纪中后期,许多发展中国家都将贸易开放作为促进经济发展的一项重要举措。尽管研究表明贸易开放确实可以促进整个经济的生产率水平,但是这通常是由于贸易开放促进了资源在企业间的重新分配,而不是由于企业自身从贸易开放中获得了生产率的提升(Bernard and Jenson,2004)。本章的结论说明出现这种情况的原因有可能是发展中国家中企业研发水平的不足使得企业吸收能力低下,导致即使采取贸易开放措施,企业也未必能从中获得生产率提升。因此,如果能将鼓励企业研发创新的政策与贸易开放政策结合起来使用,会使贸易开放政策收到更好的效果。

本章其余部分安排如下:第二节介绍所用数据并进行描述性分析;第三节用倾向得分的方法估计出口的生产率提升效应;第四节分析出口前研发对出口的生产率效应的影响;第五节进行稳健性检验和进一步讨论;第六节总结。

第二节 数据描述

本章所用数据来自于国家统计局"中国规模以上制造业企业年度调查"。调查对象包括了33个两位数行业、31个省(自治区)所有的国有企业以及"规模以上"(即总产值超过500万元)的非国有企业。本章所用的样本年份为2001—2007年。我们删除了满足以下任意一条的观测值:① 总收入、就业人数、固定资产、总销售额、中间产品价值、研发费用、出口额中至少一项为负值或为缺省值;② 就业人数小于8;③ 总销售额小于出口额。最终用于分析的样本包括了490 302家企业,1 592 246个观测值。

表6-1总结了样本企业的出口情况与研发费用情况。平均而言,在2001—2007年中,每年选择出口的企业大约为总企业数的27%,选择进行研发的企业大约为总企业数的12%。出口企业比进行研发的企业比例高,这一事实与Bustos(2011)的发现相同。由于出口企业中有一部分企业并未进行研发,我们就可以通过比较有研发的出口企业与没有研发的出口企业在出口后的生产率来识别研发对出口的生产率效应的影响(第四节)。我们进一步将所有企业细分为新出口企业、已出口企业和未出口企业。新出口企业指初次出口年份晚于企业在样本中首次出现的年份的企业;已出口企业指初次出口年份等于企业在样本中首次出现的年份的企业[①];未出口企业指在在样本中出现期间一直没有出口的企业。从表6-1可以看出,新出口企业占到了总企业数的28%,未出口企业占了64%,剩

[①] 由于我们无法知道企业在样本期之前是否出口,假设企业在被观测到的第一年选择了出口,那么在该企业在样本期之前就已经开始出口。诚然,这一假设会将部分新出口企业归到已出口企业中,但是除此之外没有更好的办法。

下的为已出口企业。① 由于我们在本章中主要考察初次出口对企业生产率的影响,我们在下面的分析中将会主要比较新出口企业与未出口企业的生产率。

表6-1 本企业的出口及研发状态

变量	年平均(2001—2007)
出口企业份额	27.14%
研发企业份额	12.01%
新出口企业份额	27.57%
已出口企业份额	8.83%
未出口企业份额	63.58%
观测值数	1 592 246

注:新出口企业指初次出口年份晚于企业在样本中首次出现的年份的企业;已出口企业指初次出口年份等于企业在样本中首次出现的年份的企业;不出口企业指在样本期内所有年份都未出口的企业。

第三节 估计出口的生产率效应

一、估计全要素生产率

本章的重点是估计出口对企业生产率的影响,因此精确地估计企业生产率对于本章的结果至关重要。按照文献中惯用的做法,我们用全要素生产率(total factor productivity, TFP)来衡量企业的生产率水平。TFP 的估计采用了 Olley 和 Pakes(1996)(以下简称 OP)的方法。与传统的 OLS 估计法相比,OP 方法有以下优势:第一,这一方法用企业投资与资本存量作为生产率的代理变量,从而解决了由企业同时选择产量与资本存量而带来的共时性(simultaneity)问题。第二,这一方法可以纠正企业面板数据中存在的样本选择偏误,即只有生产率较高的企业才能够存活下来并在样本中被

---

① 值得注意的是,新出口企业与已出口企业加起来占到了企业总数的37%,这一比例比表 6-1 中出口企业的比例(27%)要高。原因是表 6-1 中出口企业比例取的是 2001—2007 年出口企业比重的年平均值,而企业是"新出口企业"还是"未出口企业"并不因为年份而变化。例如,某企业在 2005 年停止了出口,那么它在 2006 年和 2007 年就不再被视为出口企业,但是它仍然会被归为"新出口企业"。换句话说,新出口企业的比重与已出口企业的比重相加等于在样本期内至少出口一年的企业的比重。

持续观测到。本书附录详细介绍了 TFP 的 OP 估计方法。

图 6-1 描述了 2001 年到 2007 年出口企业与非出口企业 TFP 的变化情况。从图中我们可以清楚地看到:第一,与几乎所有其他研究的发现相同,出口企业比非出口企业的 TFP 更高。在图中,出口企业的 TFP 水平大约比非出口企业高出 5%。第二,出口企业与非出口企业 TFP 变化的趋势大体相同。这可能是由于一些共同影响出口企业与非出口企业的宏观经济因素造成的。值得注意的是 TFP 在 2003 年与 2004 年都有一定程度的下降。对此一个可能的解释是 2003 年的 SARS 危机与之后的高通货膨胀降低了企业的生产率水平。

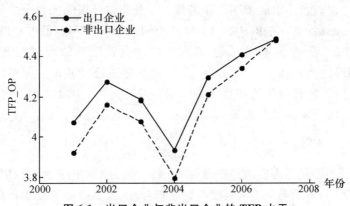

图 6-1 出口企业与非出口企业的 TFP 水平

二、估计出口的生产率效应

下面我们用计量方法来严谨地估计出口的生产率效应。我们采用"对被处理单位的平均处理效应"(average treatment effect on the treated, ATT)来估计出口对生产率的影响。我们将企业初次出口的时间记为 0 期,并用 $s \geq 0$ 代表出口后第 s 年。那么,初次出口对与出口企业的平均处理效应可以表示为

$$E(\omega_{is}^1 - \omega_{is}^0 \mid \text{Start}_i = 1) = E(\omega_{is}^1 \mid \text{Start}_i = 1) - E(\omega_{is}^0 \mid \text{Start}_i = 1)$$
(6-1)

其中 ω^1 与 ω^0 分别表示企业出口与不出口时的生产率水平。$\text{Start}_i = 1$ 表示企业 i 首次出口。一个棘手的问题是 ω_{is}^0 是观测不到的。为了无偏地估计 ATT,我们需要构建一个对照组,使对照组中的企业能够尽量代表实验组中企业(新出口企业)不出口时的情况。按照最近文献中的做法

(Wagner,2002；Greenaway and Kneller,2004；Alvarez and López,2005；De Loecker,2007),我们采用了倾向得分(propensity score)的方法来构建对照组。我们用企业在出口前一年的特征来估计倾向得分：

$$P(\text{Start}_i = 1) = \Phi(h(X_{i,-1})) \qquad (6\text{-}2)$$

其中 $X_{i,-1}$ 包括了企业 i 在出口前一期的一系列可以预测其是否出口的企业特征，包括生产率(TFP)、企业规模(用企业雇用人数总数代表)、企业固定资本总额以及一系列的地区、行业和所有制虚拟变量。为了无偏地估计倾向得分，我们采用了比较灵活的函数形式，$h(\cdot)$，即在估计式(6-2)时加入自变量的高阶和交叉项。倾向得分的估计采用了 Probit 模型，因此 $\Phi(\cdot)$ 代表正态分布的累积分布函数。在分年估计出倾向得分之后，我们借鉴 Greenaway 和 Kneller(2004) 以及 De Loecker(2007) 的方法进行了倾向得分匹配。① 由于不同行业、不同年份的企业受到的宏观经济影响不同，缺乏可比性，我们采用了分年、分行业的办法进行匹配。配对之后，我们将所有年、所有行业的观测值集中到一起，并计算实验组和对照组结果变量的平均差异。用公式表示，我们所用的匹配估计量为：

$$\text{ATT}_s = \frac{1}{N_s} \sum_i \left(\omega_{is}^1 - \sum_{j \in C(i)} w_{ij} \omega_{js}^c \right), \quad s = 0,1,2,\cdots \qquad (6\text{-}3)$$

其中 ω^1 与 ω^c 分别为实验组企业生产率以及对照组中与之相匹配企业的生产率，$C(i)$ 表示与企业 i 匹配的企业集合，w_{ij} 表示给每个与企业 i 匹配的企业 j 赋予的权重，N_s 表示匹配的总对数。② 用文字表示，这一匹配估计量实际上是实验组企业与其相匹配的对照组企业生产率的平均差异。

在此有必要说明一下对照组企业的选择问题。本章中我们采用了未出口企业(即在样本期间一直没有出口的企业)构建对照组。与此相对的另一种设计是选用当年(即在时间 t)不出口的企业作为对照组，但这种设计可能会将一些之前出口过但在时间 t 退出出口市场的企业纳入对照组，

---

① 具体方法为：(1) 将倾向得分分为 K 个等长度的区间，使实验组与对照组的倾向得分的均值在每个区间都相同。(2) 对于每个区间，检验自变量的均值是否相同，即检验"平衡条件"(the balancing condition)是否成立。(3) 如平衡条件不成立，在估计倾向得分时加入高阶项或交叉项，并重复(1)、(2)的步骤。(4) 在平衡条件满足后，用"最近邻匹配"(nearest neighbor matching)的方法对实验组和对照组进行匹配。

② 仿照 De Loecker(2007)，我们令 $w_{ij} = \frac{1}{N_{ic}}$，其中 N_{ic} 表示与企业 i 匹配的企业总数。后文中展示的结果均采用"最近邻匹配"(nearest neighbor matching)，即将对照组中与企业 i 倾向得分最相似的一个企业与企业 i 进行匹配，因此 $w_{ij}=1$。但允许多个企业与某一实验组企业进行匹配对结果并没有质的影响。

而这些企业其实已经进入过出口市场,之前的出口经历对其生产率有可能已经产生了影响,因此不应将其纳入对照组。

表 6-2 汇报了倾向得分匹配的估计结果。在上半列中,我们汇报了用企业 TFP 水平作为结果变量的匹配估计值。结果显示,在 2001 年到 2007 年中,出口对样本企业的生产率仅存在微弱的提升效应,并且这种效应仅在开始出口当年才存在。由于我们所估计的 TFP 值是对数形式,因此我们可以对结果中的 ATT 值做以下诠释:在控制了企业自选择出口的影响后,出口企业的生产率在开始出口的当年比与之相匹配的非出口企业平均高 2%(出口对生产率的"即期效应")。但是在出口三年后,出口企业的生产率和与之匹配的非出口企业相比并没有显著的提高(长期效应)。之前的研究普遍发现出口的生产率提升效应在出口当年最强(Damijan and Kostevc,2005;Greenaway and Kneller,2004;Martins 等,2009),我们的结果与此发现一致。对这一结果有几种可能的解释:一种可能是企业通过出口接触到国际市场的先进生产技术和管理经验之后,会立即对其生产和管理进行改进,使生产率在出口当年得到提高。当这些技术与经验都被掌握后,企业能从出口中再学到的东西相对变少,生产力也就不会再继续提升。另一种可能是企业在出口之前产能利用不充分,在出口当年由于市场规模的扩大使规模经济得以实现,从而使平均成本下降,生产力得以提高(Damijan and Kostevc,2005)。在表 6-2 的下半列中,我们汇报了用 TFP 年增长率作为结果变量的匹配估计值。在出口当年到出口后第三年,只有出口后第二年的估计值是显著的,并且值非常小。这说明总体而言,出口企业的生产率并不是每年都比非出口企业增长得快。

表 6-2 出口的生产率效应(全样本)

s	0	1	2	3
(1) 结果变量:TFP 水平				
ATT_s	0.0210*	0.0111	0.0230	0.0341
标准差	(0.012)	(0.022)	(0.03)	(0.039)
实验组企业数	17 357	8 371	4 291	2 306
(2) 结果变量:TFP 增长率				
ATT_s	0.0023	0.0106	0.0075*	0.0056
标准差	(0.0063)	(0.0101)	(0.0040)	(0.0079)
实验组企业数	12 374	5 787	3 218	1 798

注:本表汇报了用式(6-3)计算的匹配估计值。s 表示企业出口后第 s 年。*、**与*** 分别表示在 10%、5% 和 1% 水平下显著。

第四节 出口前研发对出口的生产率效应的影响

本节中我们将着重考察出口前研发对出口的生产率效应的影响。如引言中所说,我们认为研发不仅能直接导致创新,也能够增加企业的知识储备,提高其识别、吸收和利用外界知识的能力。由此,在出口前进行了更多研发的企业将拥有更高的吸收能力,因而能在出口后更加有效地识别和学习国外的先进技术和管理经验,从而使生产率得到更大的提升。

一、出口的生产率效应:对比有/无出口前研发的企业

我们首先将出口企业分成两组:一组在出口前进行过至少一年的研发(即至少有一年的研发费用大于0),另一组在出口前没有进行任何研发。我们以这两组企业分别作为实验组,按照本章第三节的办法以非出口企业构建对照组分别进行倾向得分匹配。两组结果分别代表出口对于有出口前研发的企业与没有出口前研发的企业的生产率提升效应。由于有出口前研发的企业有着更高的吸收能力,我们预期出口的生产率效应对于这组企业会比较大。

估计结果见表6-3。A列汇报了有出口前研发的企业的匹配结果,B列汇报了没有出口前研发的企业的匹配结果。对比A列与B列不难发现,出口的生产率效应在两组子样本中存在巨大差异。在A列中,从出口当年到出口后三年,所有估计值均显著为正,并且数值远远大于第三节中全样本的估计结果:对于有出口前研发的企业,出口对于生产率的即期效应达到了16%,而三年后效应达到了20%。然而,在B列中,所有的估计值均不显著。以上结果说明,出口前研发的确对出口的生产率效应有显著的影响。有出口前研发的企业能从出口中获得较大、较持续的生产率提升。提升较大可能是因为出口前进行过研发的企业更有能力去识别和学习那些对生产率提升效果最大的技术和管理经验,也可能是因为它们在学习过程当中效率更高。提升较持久可能是因为出口前进行过研发的企业对先进技术能够更为敏感地察觉,因而能够在出口过程中源源不断地发现值得学习的技术与经验。另外,持久的生产率提升也说明出口的生产力效应对进行过出口前研发的企业来说更可能是来自学习而不仅是出口初期产能的更有效利用(Damijan and Kostevc,2005)。与此相对,对于没有出口

前研发的企业,出口的生产率提升效应即使在出口当年也不存在。

表 6-3 出口的生产率效应(分有/无出口前研发的企业)

s	0	1	2	3
(A) 有出口前研发的企业				
ATT_s	0.1644***	0.1377***	0.2163***	0.1956***
标准差	(0.0295)	(0.0417)	(0.0570)	(0.0757)
实验组企业数	3 421	1 715	958	548
(B) 没有出口前研发的企业				
ATT_s	-0.01470	-0.0216	-0.0325	-0.0161
标准差	(0.0134)	(0.0193)	(0.0275)	(0.0366)
实验组企业数	13 936	6 656	3 333	1 758

注:本表汇报了将出口企业按照有/无出口前研发分类并用公式(6-3)计算的匹配估计值。结果变量均为用 OP 方法计算的 TFP 水平。s 表示企业出口后第 s 年。(A)列汇报了有出口前研发的子样本的结果,(B)列汇报了没有出口前研发的子样本的结果。*、** 与 *** 分别表示在 10%、5% 和 1% 水平显著。

以上实验设计中,我们将出口企业分为有出口前研发与没有出口前研发两类并均以未出口企业作为对照组。对这种方法的一个质疑是出口前研发有可能对企业生产率有着直接的影响,如果在分析中没有控制这个直接影响,那么它就被纳入出口的生产率效应中,从而导致效应过高。① 我们认为这一问题很大程度上已通过匹配方法得到解决。因为我们在估计的式子中加入了出口前一期的生产率水平,并且匹配时都检验了平衡条件(balancing condition),所以在出口前一期两个匹配企业的生产率是基本相同的,如果出口前研发对企业在出口前的生产率有直接的影响,那么这种影响很大程度上已经通过匹配控制住了,当然,如果出口前研发对生产率有滞后效应,则有可能影响到我们的估计值。为了检验我们的结果是否受这种滞后效应的影响,我们将企业按是否出口以及是否有出口前研发分成四组,然后以有研发的非出口企业作为对照组算出有出口前研发的出口企业的生产效率效应,再以没有研发的未出口企业作为对照组算出没有研发的出口企业的生产效率效应。② 结果见表 6-4。对于有出口前研发的企

---

① 作者感谢匿名审稿人对本章提出的建设性意见。
② 未出口企业无法确定其有无出口前研发。但由于匹配是分年进行的,我们在对第 t 年进行匹配时以在 t 年之前有研发(无研发)的未出口企业作为在 t 年初次出口的并有出口前研发(无出口前研发)的企业的对照组。

业,出口的生产率效应在出口当年到出口后三年的每一年中均显著,其中即期效应为 6%,三年后效应为 16%。而对于没有出口前研发的企业,出口的生产率效应即使在出口当期也不存在。因此,即使出口前研发对出口后生产率有着滞后的影响,这一影响对我们的结果也不会产生质的影响。

表 6-4 出口的生产率效应(分有/无出口前研发的企业)

s	0	1	2	3
(A) 有出口前研发的企业				
ATT_s	0.0631***	0.0854***	0.1421***	0.1571***
标准差	(0.0303)	(0.0429)	(0.0582)	(0.0769)
实验组企业数	3 347	1 657	936	532
(B) 没有出口前研发的企业				
ATT_s	0.0121	-0.0006	-0.0006	-0.0001
标准差	(0.0134)	(0.0193)	(0.0275)	(0.0369)
实验组企业数	13 877	6 617	3 311	1 742

注:本表汇报了将出口与非出口企业按照有/无出口前研发分类并用公式(6-3)计算的匹配估计值。结果变量均为用 OP 方法计算的 TFP 水平。s 表示企业出口后第 s 年。(A)列汇报了有出口前研发的子样本的结果,(B)列汇报了没有出口前研发的子样本的结果。*、** 与 *** 分别表示在 10%、5% 和 1% 水平显著。

二、出口的生产率效应:对比进行出口前研发持续程度不同的企业

在上一节中我们对比了出口的生产率效应在有出口前研发企业与没有出口前研发企业之间的差异。这一方法清楚地展示了出口前研发有助于企业从出口中获得更大更持续的生产率提升。然而,以上方法无法将那些有意识地、持续地进行研发的企业与偶然进行研发的企业区分开。Cohen 和 Levinthal(1989)指出,只有有意识的、持续的研发活动才有助于提升企业的吸收能力。也就是说,那些长期投资于研发的企业应该比偶然投资于研发的企业有着更高的吸收能力,从而能从出口中获得更大的生产率提升。

为了检验这一假说,我们将出口企业按其从事出口前研发的年数划分为不同的子样本,并对每一个子样本以非出口企业为对照组进行倾向得分

匹配并计算相应的 ATT 值。① 结果见表 6-5。总的来看，结果显示随着企业从事出口前研发年数的增加，出口对生产率的提升效应逐渐提高：对于出口前仅有一年从事研发的企业，出口在出口当年与出口后第三年分别能提高企业生产率 8% 与 20%，这比我们在上一节中用所有进行出口前研发的企业所得到的效果（即期效应与三年后效应分别为 16% 与 22%）要小。然而对于有三年出口前研发的企业来说，出口对生产率的即期与三年后效应分别达到了 32% 与 34%。② 这一结果支持了我们的假说：有意识地、长期投资于出口前研发的企业比偶然投资于出口前研发的企业吸收能力更强，因而能从出口中获得更大的生产率提升。③

表 6-5 出口的生产率效应（分不同出口前研发年数的企业）

s	0	1	2	3	4	5	6
（A）即期效应							
ATT_s	−0.01470	0.0754*	0.2336***	0.3188***	0.2222*	0.3644	0.3572
标准差	(0.0134)	(0.0466)	(0.0729)	(0.1025)	(0.1518)	(0.2743)	(0.4262)
实验组企业数	13 936	1 809	842	480	205	61	24
（B）两年后效应							
ATT_s	−0.0325	0.1997***	0.2447**	0.3350**	0.1204	n.a.	n.a.
标准差	(0.0275)	(0.0733)	(0.1210)	(0.1480)	(0.2911)	n.a.	n.a.
实验组企业数	3 333	615	202	114	27		

注：本表汇报了将出口企业按照出口前研发年数分类并用公式（6-3）计算的匹配估计值。s 表示企业从事出口前研发的年数。（A）列汇报了初次出口当年的 ATT 值，（B）列汇报了出口两年后的 ATT 值。结果变量为 OP 方法计算的 TFP 水平。*、** 与 *** 分别表示在 10%、5% 与 1% 水平显著。

---

① 在一篇有影响力的文章中，Zahra 和 George（2002）建议采用企业从事 R&D 的年数来作为企业吸收能力的代理变量。

② 对于有 5 年或者 6 年出口前研发的企业，出口对生产力的即期提升效应从水平来看更大，但是并不显著。这可能是由于这一类型能够匹配的企业数目过少的缘故。

③ 为了控制出口前研发对生产率的滞后影响，此处本应仿照本节第一部分的方法，将出口企业与非出口企业均按照出口前研发年数进行分类并对具有相同出口前研发年数的出口—非出口企业进行匹配。但是在操作中，由于采用 Olley-Pakes（1996）的方法计算 TFP 导致了样本量的较大下降，加之非出口企业中进行长期研发的企业本身较少，使得对于出口三年之后都没有足够的企业进行匹配，因此对于 Olley-Pakes（1996）的 TFP 我们无法检验出口前研发滞后效应对结果的影响。在第五部分中我们将汇报采用 Levinsohn-Petrin（2003）方法计算的 TFP 进行检验的结果。

第五节 稳健性检验与进一步讨论

一、不同 TFP 估计方法下的结果

为了检验我们的估计结果对不同的 TFP 估计方法是否稳健,我们采用了 Levinsohn 和 Petrin(2003)的方法重新估计了 TFP。这一方法采用企业的中间品投入作为生产率的代理变量,与 OP 方法一样可以解决估计中的共时性问题。① 表 6-6 汇报了用 OP 与 LP 两种方法估计的 TFP 的描述性统计。从结果来看,两组 TFP 并没有很大的差异。

表 6-6　TFP_OP 与 TFP_LP 的描述性统计

变量	均值	标准差	最小值	最大值
TFP_OP	4.214	1.151	-8.410	10.590
TFP_LP	3.433	1.891	-7.375	14.651

我们首先重复了本节第一部分中分有/无出口前研发企业进行的倾向得分匹配,但是采用 LP 方法估计的 TFP 作为结果变量。仿照本节第一部分的做法,我们先将出口企业按是否有出口前研发进行匹配(结果见表 6-7),然后将出口企业与非出口企业都按是否具有出口前研发进行匹配以控制出口前研发对出口后生产率的滞后效应(结果见表 6-8)。结果显示,我们的主要结论并没有因为 TFP 估计方法的改变而受到质的影响。表 6-7 中,对于有出口前研发的企业,出口对生产率仍然有较大并且持续的提升效应:从出口当年到出口后第三年,所有 ATT 估计值均显著为正,其中即期效应为 20%,三年后效应为 26%。在控制出口前研发的滞后效应后,表 6-8 显示出口的即期效应与三年期效应均减弱到 12%。而对于没有出口前研发的企业来说,首先,出口的生产率提升效应并不持续:在表 6-7 中,出口的即期效应与三年期效应均不显著,在表 6-8 中,两年期与三年期效应均不显著。其次,在出口后的 3 年内,ATT 的点估计值对于没有出口前研发的企业都无一例外地小于有出口前研发的企业。这一结论不论采用

---

① 与 Olley-Pakes(1996)的方法相比,Levinsohn-Petrin(2003)的方法只需要中间品投入的数据,而 OP 方法需要企业投资数据。投资额为 0 或者缺省的企业不能用于 OP 估计,但却可以用于 LP 估计。因此 LP 估计方法可以保留更多的观测值,增大样本量。

表 6-7 还是表 6-8 的方法都是成立的。

表 6-7 出口的生产率效应(分有/无出口前研发的企业,结果变量为 TFP_LP)

s	0	1	2	3
(A)有出口前研发的企业				
ATT_s	0.1997***	0.1777***	0.2578***	0.2630***
标准差	(0.0348)	(0.0501)	(0.0647)	(0.0832)
实验组企业数	5 996	3 079	1 749	1 059
(B)没有出口前研发的企业				
ATT_s	0.0154	0.0436*	0.0609*	0.0597
标准差	(0.0170)	(0.0250)	(0.0342)	(0.0453)
实验组企业数	26 226	13 003	6 557	3 867

注:本表汇报了将出口企业按照有/无出口前研发分类并用公式(6-3)计算的匹配估计值。结果变量为用 LP 方法计算的 TFP 值。s 表示企业出口后第 s 年。(A)列汇报了有出口前研发的子样本的结果,(B)列汇报了没有出口前研发的子样本的结果。*、** 与 *** 分别表示在10%、5%和1%水平显著。

表 6-8 出口的生产率效应(分有/无出口前研发的企业,结果变量为 TFP_LP)

s	0	1	2	3
(A)有出口前研发的企业				
ATT_s	0.1212***	0.10863***	0.1572***	0.1235***
标准差	(0.0354)	(0.0508)	(0.0664)	(0.0855)
实验组企业数	5 926	3 029	1 725	1 038
(B)没有出口前研发的企业				
ATT_s	0.04237***	0.0697***	0.0472	0.0620
标准差	(0.0169)	(0.0250)	(0.0343)	(0.0452)
实验组企业数	26 186	12 971	6 542	3 857

注:本表汇报了将出口与非出口企业按照有/无出口前研发分类并用公式(6-3)计算的匹配估计值。结果变量为用 LP 方法计算的 TFP 值。s 表示企业出口后第 s 年。(A)列汇报了有出口前研发的子样本的结果,(B)列汇报了没有出口前研发的子样本的结果。*、** 与 *** 分别表示在10%、5%和1%水平显著。

我们还用 LP 方法估计的 TFP 重复了第四节第二部分中按出口前研发年数不同所划分的子样本的倾向得分匹配。结果(见表 6-9)再一次确认了之前的发现:出口的生产率效应随着企业从事出口前研发年数的增加而提高。对于仅有一年出口前研发的企业,出口对生产率的即期提升效应与两年后效应分别为 15% 与 20%,然而对于有三年出口前研发的企业,即期与两年后效应分别达到了29%与47%。此外,在第四节中,出口的生产率效应对于有四年出口前研发的企业不显著,但是现在由于匹配企业数目的增加,这一效应变得显著,并且比从事出口前研发年数在四年以下的企业的效应都要大。

表6-9　出口的生产率效应(分不同出口前研发年数的企业,结果变量为 TFP_LP)

s	0	1	2	3	4	5	6
(A)即期效应							
ATT_s	0.0154	0.1502***	0.2255***	0.2868***	0.3687***	0.3511	0.2371
标准差	(0.0170)	(0.0466)	(0.0729)	(0.1025)	(0.1518)	(0.2743)	(0.4262)
实验组企业数	26 226	3 426	1 399	708	323	99	41
(B)两年后效应							
ATT_s	0.0609*	0.2028***	0.3205***	0.4715***	0.3908	n.a.	n.a.
标准差	(0.0342)	(0.0797)	(0.1430)	(0.2124)	(0.3939)	n.a.	n.a.
实验组企业数	6 557	1 172	364	165	48	n.a.	n.a.

注:本表汇报了将出口企业按照出口前研发年数分类并用公式(6-3)计算的匹配估计值。s 表示企业从事出口前研发的年数。(A)列汇报了初次出口当年的 ATT 值,(B)列汇报了出口两年后的 ATT 值。结果变量为 LP 方法计算的 TFP 水平。*、**与***分别表示在10%、5%与1%水平显著。

与之前一样,出口前研发对生产率的滞后效应有可能影响到我们的结果。为了检验结果对此是否稳健,我们将出口企业与非出口企业都按照其出口前研发的年数进行分类,然后将具有相同出口前研发年数的出口—非出口企业进行匹配,结果见表6-10。① 采用这一方法后,首先可以看到出口的生产率提升效应较大幅度地下降了,比如对于有三年出口前研发的企业来说,出口的即期与两年后效应分别由29%与47%下降到了12%与14%。其次,由于 ATT 估计值的下降,加之匹配企业数量不多,导致了所有估计值均变得不显著。然而,尽管 ATT 估计值大幅下降并因此变得不显著,我们仍能清楚地看到出口的生产率效应随着企业出口前研发年数增加而增加的趋势。ATT 的点估计值从对有一年出口前研发企业的7%单调上升为对有五年出口前研发企业的19%;而两年后效应由对有一年出口前研发企业的6%单调上升为对有四年出口前研发企业的28%。这说

---

① 与之前一样,未出口企业无法确定其出口前研发年数。我们在对第 t 年进行匹配时以在 t 年之前有 N 年研发投入的未出口企业作为在 t 年初次出口前有 N 年研发投入出口企业的对照组。

明第四节第二部分中的结论总的来说还是成立的,如果拥有更大的样本量使得匹配企业数目增加,我们应该能看到显著的结果。

表6-10 出口的生产率效应(分不同出口前研发年数的企业 TFP_LP)

s	0	1	2	3	4	5	6
(A)即期效应							
ATT_s	0.0423***	0.0664	0.1144	0.1245	0.1794	0.1906	0.0654
标准差	(0.0169)	(0.0457)	(0.0740)	(0.1163)	(0.1685)	(0.2828)	(0.4262)
实验组企业数	26 186	3 331	1 331	643	294	96	37
(B)两年后效应							
ATT_s	0.0472	0.0574	0.0845	0.1385	0.2814	n.a.	n.a.
标准差	(0.0343)	(0.0899)	(0.1533)	(0.2231)	(0.4078)	n.a.	n.a.
实验组企业数	6 542	1 144	337	153	45	n.a.	n.a.

注:本表汇报了将出口与非出口企业按照出口前研发年数分类并用公式(6-3)计算的匹配估计值。s 表示企业从事出口前研发的年数。(A)列汇报了初次出口当年的 ATT 值,(B)列汇报了出口两年后的 ATT 值。结果变量为 LP 方法计算的 TFP 水平。*、**与***分别表示在10%、5%与1%水平显著。

二、出口前研发与出口的生产率效应:行业差异

从之前的分析中我们看到,出口前研发对出口的生产率效应有着明显的影响。那么,这种影响在行业间是否存在差异呢?直觉上讲,吸收能力对于技术密集型行业应该比较重要,因此出口前研发对出口的生产率效应的影响应该在技术密集型行业比较明显。为检验这个假设,我们按照行业研发密集度高低(我们用行业研发密集度作为行业技术密集度的代理变量)对32个两位数分类的行业进行排序,并分别计算了每个行业中出口的生产率效应在对有出口前研发的企业与对没有出口前研发的企业之间的差异。结果见图6-2。其中横轴为行业研发密集度(该行业内企业"研发费用/总收入"的平均数),纵轴为该行业内出口对有出口前研发的企业的 ATT 减去对没有出口前研发的企业的 ATT 得到的差。如果出口前研发对出口的生产率效应的影响在技术密集型行业比较大,那么我们得到的应该是一条斜率为正的散点图。从图6-2的结果来看,如排除图最右面与最上面的三个异常点,行业研发密集度与两组 ATT 之差的确存在明显的正相关关系。这说明对于大多数行业来说,出口前研发对出口生产率效应的影响的确在技术密集型行业比较大。但是图中仍存在不符合这一规律的行

业。比如图 6-2 最右方的两个异常点分别代表"通信设备、计算机及其他电子设备制造业"以及"仪器仪表及文化、办公用机械制造业"。这两个行业虽然具有较高的技术密集度,但是出口前研发对出口的生产率效应影响并不大。另外,图 6-2 最上方的"石油加工、炼焦及核燃料加工业"虽然技术密集程度不高,但是出口前研发在两组企业间的差值却很大。为什么这些行业会出现与大多数行业不一致的现象,值得进一步探讨。

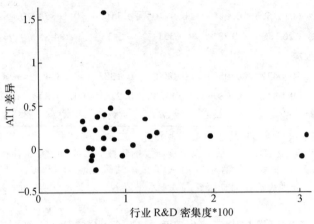

图 6-2　ATT 差异与行业研发密集度

第六节　小结

　　尽管之前的企业层面研究都发现出口企业比非出口企业生产率更高,但是对于出口是否可以提高企业生产率这一问题却没有一致的答案。找出哪些因素在影响出口的生产率效应有助于我们理解为什么之前研究会得出不同的结论。在本章中,我们认为出口前研发对企业是否能从出口中获得生产率提升起到了重要作用。企业在出口前进行研发可以提高其吸收能力,从而使其在出口后更加有效地学习国外先进技术与管理经验,从而使生产率得到更大的提高。

　　为检验这一假说,我们利用 2001 年到 2007 年全国规模以上制造业企业调查数据估计了出口对企业生产率的即期与长期提升效应。我们用 Olley 和 Pakes(1996)的方法估计了企业的 TFP,并采用了边际倾向得分匹配的方法来控制生产率高的企业选择出口所带来的内生性问题。结果显示:(1)对于所有抽样企业来看,开始出口对出口企业生产率在出口当年有2%的提升效应,然而在出口之后的几年中这种提升效应均不显著。(2)尽管对于所有企业而言,出口对生产率的提升效应微弱并且短暂,但是对于有出口前研发的企业而言,出口对生产率存在着持续且幅度较大的提升作用,即期效应根据TFP估计方法的不同和匹配方法的不同从6%到20%不等,三年期效应从12%到26%不等;而对于没有出口前研发的企业来说,根据TFP估计方法的不同和匹配方法的不同,出口的生产率效应要么不存在,要么不持续且比有出口前研发的企业小。(3)出口的生产率效应随着企业从事出口前研发的年数的增加而逐步提高。这说明有意识地、持续投资于研发的企业能够比偶然投资于研发的企业从出口中获得更大的生产率提升。此外我们还发现出口前研发对出口生产率效应的提升作用随着行业的技术密集程度提高而上升。总之,本章的结果说明出口前研发提高了企业的吸收能力,有助于企业能在出口后获得更大的生产率提升。因此我国在坚持对外开放的基础上,应该同时重视对研发创新的支持以不断增强我国企业的吸收能力,这样才能使对外开放政策的益处得到更充分的实现。

第七章 中国出口企业生产率之谜
——加工贸易的作用

出口企业比非出口企业生产率更高,这一结论已成为近十年来企业层面国际贸易研究的中心命题。有趣的是,这一命题在世界最大的出口国——中国——受到了挑战。之前一些研究发现中国出口企业的生产率可能比非出口企业低。本章通过对2000—2005年企业—海关数据的分析表明,这一令人费解的现象完全是由中国大量的加工贸易企业所造成的。我们发现中国有20%的企业完全从事出口加工,这些企业的生产率比非出口企业低4%—29%。剔除加工贸易企业的影响就能使我们回到出口企业生产率更高的传统结论当中。本章说明将加工贸易与非加工贸易企业区分开对于正确理解中国出口企业的表现至关重要。此外,在研究越南、墨西哥等其他加工贸易比较盛行的国家的企业行为时也应该充分考虑到加工贸易的影响。

第一节 引言

出口企业比非出口企业生产率更高,这一结论已成为近十年来企业层面国际贸易研究的中心命题。理论方面,出口企业的高生产率已成为新新贸易理论中几个经典模型的主要特征(Melitz, 2003;Bernard 等, 2003;Melitz and Ottoviano, 2008);实证方面,出口企业的高生产率在对许多国家的研究中得到了普遍支持,并且催生出了一大批文献去研究出口企业生产率高的原因(Bernard and Jenson, 1999;Clerides 等, 1998;De Loecker, 2007)。有趣的是,这一结论在世界最大的出口国——中国——受到了挑战。最近的一些关于中国出口企业表现的研究发现中国的出口企业的生产率可能比非出口企业更低。Lu 等(2010)发现在外资企业中,出口企业的生产率低于非出口企业。此外,Lu(2010)发现在劳动密集型行业中,出口企业的劳动生产率低于非出口企业,而在资本密集型行业中出口企业的劳动生产率仍比非出口企业高。一个自然的问题就是:为什么中国如此特殊?是什么导致了中国出口企业的生产率之谜?

  本章通过对2000—2005年企业—海关合并数据的分析发现,之前的研究中这些令人费解的发现完全是由中国大量加工贸易企业导致的。众所周知,加工贸易在中国的对外贸易中有着举足轻重的地位,占到了中国贸易总额的近50%并创造了全部的贸易顺差。[①] 但是由于数据的原因,之前的研究均没有区分加工贸易企业与一般贸易企业,而本章通过将交易层面的海关数据与之前研究中所采用的企业数据进行合并,可以获取一个企业是否是加工贸易企业的重要信息。就我们所知,本文是第一篇通过企业数据发现加工贸易企业与一般贸易企业的表现有着根本性不同的文章。我们发现将加工贸易企业与一般贸易企业区分开对于理解中国出口企业的表现至关重要。我们的主要结论有:(1)加工贸易企业的生产率显著低于一般贸易企业与非出口企业,比非出口企业低4%—29%。(2)将加工贸易企业从样本中分离开后,其他出口企业的生产率高于非出口企业,满足标准的异质性企业贸易模型。(3)之前研究中所发现的异常现象完全可以被加工贸易企业的低生产率所解释。剔除加工贸易企业的影响就能使我们回到出口企业生产率更高的传统结论当中。因此,将一般贸易企业和加工贸易企业混为一谈会使研究者错误地认为中国所有出口企业的生产率更低,而事实上一般贸易企业的生产率仍高于非出口企业。(4)加工贸易企业在其他方面的表现也与一般贸易企业有着巨大的区别。与一般贸易企业以及非出口企业相比,加工贸易企业利润率较低、支付较低的工资、有较低的资本劳动比,并且进行较少的研发。此外,我们还发现加工贸易主要集中于外资企业与劳动密集型产业中。

  本章的结论不仅说明加工贸易企业与一般贸易企业的表现有着根本性的区别,还说明了如果不考虑这种区别会使研究者对出口企业生产率水平的认识出现偏差。因此,在研究中国、越南、墨西哥等加工贸易比较盛行

[①] 按照《中华人民共和国海关对加工贸易货物监管办法》的定义,加工贸易是指经营企业进口全部或者部分原辅材料、零部件、元器件、包装物料,经加工或者装配后将制成品复出口的经营活动。与一般贸易相比,我国对加工贸易有一些特殊的政策规定。比如(1)对所有进口料件免收进口关税,对所有出口成品免收出口税与增值税;(2)所有装配后的产品原则上必须全部复出口,不允许内销。

的国家的企业行为时将一般出口企业和加工贸易企业区分开是十分重要的。

本章与国际贸易领域的三支文献相关。第一支文献着重研究出口企业表现。特别的,本章与之前所提到的对中国出口企业欠佳表现的研究密切相关。Lu 等(2010)发现在外资企业中出口企业的生产率比非出口企业更低。Lu(2010)发现在劳动密集型行业中,中国出口企业比非出口企业的生产率(用人均工业增加值衡量)更低。虽然两篇文章都对其发现提供了相应的理论解释,但是均未提及加工贸易。本章的贡献在于说明了解释出口企业低生产率的根本原因并不是其所有制或者所在行业的资本密集程度,而是出口企业是否进行加工贸易。

本章还与研究垂直化分工以及全球产品供应链的文献密切相关,因为加工贸易是垂直化分工的一种特殊形式。国际上对于垂直化分工与全球产品供应链已经有了大量的理论和实证研究(Feenstra and Hanson,1996;Hummels 等,1998;Hummels 等,2001;Yi,2003;Hanson 等,2005;Grossman and Rossi-Hansberg,2008;Costinot 等,2011;Johnson and Noguera,2011),但是这些研究主要是从宏观的角度去研究垂直化分工的成因、性质以及影响,而没有从微观的角度去研究垂直化分工的重要主体:加工贸易企业。我们的研究填补了这一空白。

第三支与本章相关的文献主要研究加工贸易的特殊性质。Bergin 等(2008)发现墨西哥的加工贸易行业(Maquiladora)波动性比非加工贸易行业大。Koopman 等(2008)说明在加工贸易盛行的国家用传统的增加值计算方法会高估该国出口的本土含量(domestic content)。余淼杰(2011)发现中国对加工贸易中进口中间投入品的免税政策使得中国中间投入品关税下降对企业生产率影响较小。本章的主要贡献是首次发现加工贸易企业生产率最低,并且加工贸易企业的低生产率可以解释之前研究中所发现的关于中国出口企业的异常现象。

本章结构安排如下:第二节介绍分析所用的数据;第三节提供了关于中国加工贸易企业的典型事实并将其与之前研究中所提到的中国出口企业的低下生产率相联系;第四节对加工贸易企业的低下生产率提供了几种可能的解释并用数据进行了简要的检验;第五节总结。

第二节 数据

本章的分析采用了两套数据。第一套数据来自于国家统计局 2000—2005 年的规模以上工业企业调查。此调查涵盖了中国所有的国有企业以及非国有企业中的"规模以上"（即总产值超过 500 万元）企业。这些企业的出口总额占到了中国制造业出口总额的 98%。数据包括了来自企业资产负债表、利润表及现金流量表中的 80 多个变量并提供了关于企业身份、所有制、出口额、就业人数以及固定资产总额等方面的详细信息。这套数据可以允许我们计算企业的生产率。在清理数据的过程中，我们删除了符合以下任何一项的观测值：① 工业销售额、营业收入、就业人数、固定资产总额、出口额、中间投入品总额中任意一项为负值或者缺省；② 企业就业人数小于 8 人；③ 企业出口额超过了企业工业销售总额。

第二套数据来自于中国海关总署的产品层面交易数据。这一数据记载了 2000—2005 年通关企业的每一条进出口交易信息，包括企业税号、进出口产品的 8 位 HS 编码、进出口数量、价值、目的地（来源地）、交通运输方式。特别重要的是，对于每一条交易，海关都记载了其贸易方式，即加工贸易、一般贸易或其他贸易类型。因此，通过这一套数据我们可以直接获取某企业是否为加工企业的重要信息。这一信息在大规模企业调查数据中是没有的。我们按照企业进行一般贸易或加工贸易将出口企业分为三类：① 一般贸易企业，这类企业仅从事一般贸易出口；② 加工贸易企业，这类企业仅从事加工贸易出口；③ 混合企业，这类企业同时从事一般贸易与加工贸易。

由于本章的重点是研究加工贸易企业的生产率，我们需要将上述的可用于计算生产率的企业数据与含有企业加工贸易信息的产品层面交易数据合并起来。合并这两套数据涉及一系列繁琐的技术细节，其原因是企业数据中的企业代码与交易数据中企业的税号采用的是两套编码系统，因此就算是同一企业，在两套数据中的代码仍是不同的。本章中，我们参照余淼杰（2011）的方法，用企业所在地的邮政编码以及企业电话号码的后七位对两套数据进行了合并。① 合并后的数据中包含了所有可以被合并起

---

① 具体的合并两套数据的技术细节可参见本书第十三章。

来的出口企业与所有的非出口企业，共 449 506 个观测值，其中 52 955 个观测值来自于出口企业，占到 2000—2005 年企业调查数据中出口企业观测值的 27.8%。

由于合并后的数据中只包含了原企业调查数据中不到 30% 的出口企业，一个可能的问题就是合并所带来的样本选择偏误。但我们认为这并不是一个大的问题，原因有两点。首先，我们在表 7-1 中对比了能够被合并起来的出口企业与不能被合并的出口企业主要特征的描述性统计。从表 7-1 我们可以看出，两组出口企业的平均雇佣人数、销售额以及生产率水平都非常相似。

表 7-1 出口企业主要特征的描述性统计

	合并上的出口企业	未合并上的出口企业
雇佣人数（对数）	5.37	5.27
	(1.13)	(1.17)
销售额（对数）	10.6	10.33
	(1.30)	(1.31)
人均工业增加值	87.32	71.58
	(203.10)	(147.69)
TFP（Olley-Pakes）	4.22	4.12
	(1.15)	(1.12)
观测值数	52 955	137 357

注：本表汇报了在合并企业—海关数据过程中能合并上的以及不能合并上的出口企业的各主要企业特征均值。括号中数值为标准差。

第三节 加工贸易企业的典型事实

一、描述性统计

我们首先来看一下加工贸易企业在中国出口中的重要性。表 7-2 汇报了样本中一般贸易企业、加工贸易企业与混合企业所占份额，其中第一列是各类企业数目占总企业数的份额，第二列是各类企业出口额占总出口额的份额。从表 7-2 第二行可以看到，样本中有 20% 的企业仅从事加工贸易，这些企业的出口额占到了样本企业出口总额的 27%，是一个不可忽略的群体。另外还有39%的企业同时从事一般贸易和加工贸易,其出口额占所有企业出口总额的50%。

表7-2 不同类型企业的企业数及出口额占比(2000—2005年平均)

企业类型	企业数	出口额
一般贸易企业	0.41	0.18
加工贸易企业	0.20	0.27
混合企业	0.39	0.50

表7-3汇报了这些混合企业的加工密集度(即加工贸易出口额比上该企业总出口额)的分布情况。可以看到,混合企业的出口额中有60%为加工贸易。因此,综上所述;与我国的宏观事实相符,加工贸易出口在样本中占到了总出口额的一半左右(27%+50%×0.6)。

表7-3 混合企业加工密集度分布情况

	全样本	外资企业	非外资企业
均值	0.60	0.64	0.42
	(0.36)	(0.35)	(0.34)
10% 分位数	0.06	0.08	0.02
25% 分位数	0.25	0.33	0.09
50% 分位数	0.68	0.77	0.34
75% 分位数	0.96	0.97	0.73
90% 分位数	0.99	0.99	0.99

注:括号中数值为标准差。

我们接下来汇报加工贸易出口在哪些所有制和哪些行业中比较集中。表7-4汇报了加工贸易出口在外资企业与非外资企业中占总出口的份额。可以看到,在外资企业出口额中,有85%为加工贸易,而在非外资企业中只有28%,此外对比表7-3第2列与第3列也可以看出外资企业中混合企业的加工密集度更高。因此,加工贸易在外资企业中有更高的比重。

表7-4 外资及非外资企业中加工贸易出口占总出口份额(2000—2005年平均)

	外资企业	非外资企业
加工贸易出口份额	0.85	0.28

图7-1汇报了资本密集度不同的行业中加工贸易出口额占行业总出

口额的份额。图中显示出行业资本劳动比与加工贸易出口占比成明显的负相关关系,这意味着加工贸易在劳动密集型行业中的比重更大。发现加工贸易集中在外资企业以及劳动密集型行业中十分重要,因为之前的研究恰好发现外资企业与劳动密集型行业中出口企业的生产率比非出口企业更低,这使我们怀疑之前研究的结果可能是由于加工贸易企业的存在导致的。

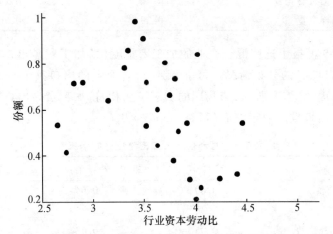

图 7-1　行业资本劳动比与加工贸易出口份额

二、计量分析

为了研究加工贸易企业的生产率水平,我们对以下方程进行估计:

$$y_{ijpt} = \alpha + \beta_1 \text{PROC}_{ijpt} + \beta_2 \text{NONPROC}_{ijpt} + \beta_3 \text{BOTH}_{ijpt} + \gamma D + \varepsilon_{ijpt} \tag{7-1}$$

其中 y_{ijpt} 是需要考察的因变量。i 表示企业,j 表示行业,p 表示企业所在省份,t 表示时间。PROC_{ijpt} 为一个虚拟变量,若某企业仅从事加工贸易出口,则取值为 1;NONPROC_{ijpt} 也是虚拟变量,当企业仅从事一般贸易出口时取值为 1;BOTH_{ijpt} 在企业同时从事一般贸易与加工贸易出口时为 1。D 包括了一系列的控制变量,包括 4 位数行业、省份以及时间虚拟变量,在一些设定下我们还会包括企业规模(用企业就业总人数代理)以及企业所有制。我们主要关心的因变量是全要素生产率(TFP)与人均工业增加值。对于 TFP 的计算我们分别采用了扩展的 Olley-Pakes(1996)方法(以下简称

OP)和传统的 OLS 方法。[1][2] 由于回归中的缺省组是非出口企业,因此 β_1、β_2 和 β_3 分别代表了加工贸易企业、一般贸易企业以及混合企业与非出口企业生产率的差异。

式(7-1)的回归结果见表 7-5,其中 1—3 列分别汇报了用人均工业增加值、TFP(OP)以及 TFP(OLS)作为自变量时的结果。从表中可以清楚地看到,不论采用哪一种生产率的衡量指标,一般贸易企业的生产率均高于非出口企业,这满足标准异质性企业贸易理论中出口企业生产率更高的预测。但是,加工贸易企业的表现则完全不同,根据不同生产率衡量指标,加工贸易企业的生产率比非出口企业平均低 4%(TFP-OP)到 29%(人均工业增加值)。此外,混合企业的生产率也显著高于非出口企业。

表 7-5 (7-1)式回归结果

	人均工业增加值	TFP(Olley-Pakes)	TFP(OLS)
一般贸易企业	0.024*	0.186*	0.099*
	(0.009)	(0.009)	(0.008)
加工贸易企业	-0.288*	-0.036†	-0.244*
	(0.019)	(0.017)	(0.017)
混合企业	0.052*	0.240*	0.087*
	(0.012)	(0.011)	(0.011)
观测值数	427 847	446 018	427 898
R^2	0.151	0.338	0.243

注:缺省组为非出口企业。所有回归中均加入了 4 位数行业、省份以及年份固定效应。括号内数值为标准误。* $p<0.01$,† $p<0.05$,†† $p<0.1$。

---

[1] 用 Olley-Pakes(1996)方法估计 TFP 的具体步骤参见本书附录,本章由于篇幅所限不再具体介绍。另一种在文献中常用的估计生产率的方法是 Levinsohn 和 Petrin(2003)中用中间投入品作为生产率代理变量的方法(简称 LP)。但如余淼杰(2011)所指出的,LP 方法对于中国来说并不是十分合适,其原因是中国存在大量的加工贸易企业,一方面这些企业从国外购买原材料,其原材料价格与从国内采购原材料的企业可能有很大差异,而我们在估计中无法剔除这种价格差异,有可能导致 LP 估计出的 TFP 有偏。另一方面对于来料加工企业来说,由于原料由外商提供,企业并不能根据其生产率自由调整原材料使用量,因此 LP 估计中原材料对生产率的单调性假设不能满足,这同样会导致 LP 方法失效。

[2] 本章之后的表格中会主要汇报以 TFP(OP)作为因变量的结果,原因是 TFP(OP)既可以控制人均工业增加值中所忽略的资本对测量生产率的影响,也可以控制 TFP(OLS)中的共时性偏误与样本选择偏误问题。但是对分行业资本劳动比的回归我们仍会汇报人均工业增加值的结果以与 Lu(2010)进行比较。

接下来我们考虑之前研究中所提到的"难题"。Lu 等(2010)发现在外资企业中出口企业 TFP 比非出口企业低,他们的结果是否可以被加工贸易企业解释呢?为回答这一问题,我们将所有企业分成外资企业与非外资企业两个子样本,并分别进行了式(7-1)的回归。结果见表 7-6。从表 7-6 中可以看到:(1) 在外资企业子样本中,一般贸易企业的 TFP(不管采用哪种计算方法)均显著高于非出口企业。加工贸易企业则完全不同,不管采用哪一种指标,其生产率均显著低于非出口企业,其中 TFP(OP)比非出口企业低 8.5%。因此,我们的结果清楚地说明 Lu 等(2010)中发现的外资企业中出口企业 TFP 比非出口企业低的异常现象是由于外资企业中加工贸易企业的低下生产力所导致的:由于外资企业中的加工贸易占比达到 85%(表 7-4),因此将一般贸易企业与加工贸易企业混在一起就会得出外资企业中出口企业生产率比非出口企业低的结论。而事实上在区分开一般贸易企业与加工贸易企业后,一般贸易企业的生产率其实比非出口企业高。(2) 在非外资企业子样本中,加工贸易企业的 TFP(OP)与非出口企业没有显著差异,但其 TFP(OLS)显著低于非出口企业。

表 7-6 分外资企业—非外资企业子样本式(7-1)回归结果

	TFP (Olley-Pakes)		TFP (OLS)	
	外资企业	非外资企业	外资企业	非外资企业
一般贸易企业	0.090*	0.178*	0.027††	0.078*
	(0.014)	(0.011)	(0.014)	(0.010)
加工贸易企业	-0.085*	0.025	-0.258*	-0.153*
	(0.019)	(0.060)	(0.019)	(0.057)
混合企业	0.116*	0.355*	-0.011	0.169*
	(0.014)	(0.023)	(0.014)	(0.022)
观测值数	74 763	371 255	72 648	355 250
R^2	0.331	0.343	0.205	0.259

注:缺省组为非出口企业。所有回归中均加入了 4 位数行业、省份以及年份固定效应。括号内数值为标准误。* $p<0.01$,† $p<0.05$,†† $p<0.1$。

Lu(2010)发现在劳动密集型行业中出口企业的劳动生产率(人均工业增加值)比非出口企业低。为验证此结论是否是由加工贸易企业导致的,我们将所有行业按照其行业资本劳动比划分成劳动密集型行业、中度资本密集型行业和资本密集型行业。仿照 Lu(2010)的做法,我们取每个行业内所有企业资本劳动比的中位数作为这一行业的资本劳动比,再取行业资本劳动比的 1/3 分位点和 2/3 分位点作为三类不同行业的分界,然后对每一类行业的子样本进行式(7-1)的回归。为与 Lu(2010)对比,表 7-7a 汇报了以人均工业增加值为因变量的回归结果。可以看到在区分一般贸易企业与加工贸易企业后,一般贸易企业在劳动密集型行业中的劳动生产率仍低于非出口企业 10%,但值得注意的是,加工贸易企业的劳动生产率更是远远低于非出口企业 50%。由于我们从图 7-1 中看到纯出口企业在劳动密集型行业中的比重相当大,Lu(2010)中劳动密集型行业出口企业劳动生产率比非出口企业低的异常现象可以部分地由加工贸易企业的低下劳动生产率解释。

表 7-7a 劳动密集型、中间行业、资本密集型行业子样本式(7-1)回归结果因变量为人均工业增加值

	劳动密集型行业	中间行业	资本密集型行业
一般贸易企业	-0.104*	-0.035*	0.048†
	(0.013)	(0.014)	(0.023)
加工贸易企业	-0.503*	-0.478*	-0.163†
	(0.026)	(0.030)	(0.076)
混合企业	-0.187*	-0.064*	0.122*
	(0.017)	(0.020)	(0.040)
观测值数	110 939	189 699	127 209
R^2	0.141	0.134	0.155

注:缺省组为非出口企业。所有回归中均加入了 4 位数行业、省份以及年份固定效应。括号内数值为标准误。* $p<0.01$,† $p<0.05$,†† $p<0.1$。

表 7-7b 中我们以 TFP(Olley-Pakes 算法)作为因变量重复了表 7-7a 的做法。用 TFP 衡量生产力时,一般贸易企业的 TFP 在每一类行业中都显著高于非出口企业,而加工贸易企业的 TFP 在劳动密集型行业和中度资本密集型行业中都显著低于非出口企业。因此,如果考虑 TFP,Lu(2010)中所发现的劳动密集型行业出口企业的低下生产率完全是由加工贸易企业的低下生产率导致的。

表 7-7b 劳动密集型、中间行业、资本密集型行业子样本式(7-1)回归结果 因变量为 TFP(Olley-Pakes)

	劳动密集型行业	中间行业	资本密集型行业
一般贸易企业	0.010*	0.155*	0.241*
	(0.013)	(0.013)	(0.022)
加工贸易企业	-0.206*	-0.099*	0.121††
	(0.023)	(0.026)	(0.066)
混合企业	0.083*	0.197*	0.351*
	(0.016)	(0.018)	(0.035)
观测值数	116 119	197 065	132 834
R^2	0.256	0.372	0.294

注：缺省组为非出口企业。所有回归中均加入了 4 位数行业、省份以及年份固定效应。括号内数值为标准误。*$p<0.01$，†$p<0.05$，††$p<0.1$。

过去的文献中还提到一类特殊的企业：纯出口企业（即所有产品全部用于出口的企业）在中国出口企业中的重要性。Lu 等(2010) 与 Lu(2010) 的模型中均预测了纯出口企业的生产率会低于非出口企业。那么，纯出口企业的低生产率是否也可以被加工贸易解释呢？为回答这个问题，我们将样本中的出口企业按照其出口类型分为两类：第一类，一般出口企业，这类企业既出口又内销；第二类，纯出口企业，这类企业只出口不内销。我们将这一出口类型虚拟变量与加工贸易类型虚拟变量进行交叉，从而将所有出口企业分成六类（一般出口/纯出口 × 一般贸易/加工贸易/混合），并进行以下回归：

$$y_{ijpt} = \alpha + \sum_{k=1}^{6} \beta_k \text{EXPTYPE}_{ijpt}^k + \gamma D + \varepsilon_{ijpt} \tag{7-2}$$

其中 y_{ijpt}、D 以及 ε_{ijpt} 的定义仍与式(7-1)相同。EXPTYPE_{ijpt}^k 是表示企业出口—加工类型的虚拟变量，共 6 个，缺省组仍为非出口企业。

回归结果见表 7-8。第一列汇报了全样本的回归结果，第 2、3 列分别汇报了外资企业与非外资企业的回归结果。从结果中我们可以看出以下几点：(1) 在纯出口企业中，仅进行加工贸易的企业生产率比非出口企业低 29%，即使是在既出口又内销的企业中（之前文献中的模型都预测这一类企业生产率最高），仅进行加工贸易的企业的生产率也并不显著高于非出口企业，并且在外资企业子样本中比非出口企业低 9%。(2) 一般贸易企业的生产率显著高于非出口企业；特别值得注意的是，即使是在纯出口企业中,进行一般贸易的企业生产率也比非出口企业高15%。结合以上两点我们可以看出,出口企业生产率是否比非出口企业高其实并不取决于该企业是纯出口企业还是一般出口企业,而是取决于该企业是从事一般贸易还是加工贸易。在本章未汇报的结果中,我们发现纯出口企业中有近50%仅从事加工贸易,因此过去的文献中发现纯出口企业生产率比非出口企业低是因为纯出口企业中有很大部分仅从事加工贸易,加工贸易对于解释中国出口企业的低生产率起到了关键性作用。

表7-8 式(7-2)回归结果,因变量为TFP(Olley-Pakes)

	全样本	外资	非外资
一般出口+一般贸易	0.172*	0.048*	0.184*
	(0.009)	(0.015)	(0.012)
一般出口+加工贸易	0.029	-0.098*	0.069
	(0.021)	(0.023)	(0.068)
一般出口+混合	0.249*	0.047*	0.368*
	(0.012)	(0.015)	(0.025)
纯出口+一般贸易	0.149*	0.079*	0.129*
	(0.02)	(0.03)	(0.027)
纯出口+加工贸易	-0.291*	-0.389*	-0.195
	(0.024)	(0.026)	(0.15)
纯出口+混合	-0.004	-0.143*	0.154*
	(0.024)	(0.026)	(0.074)
观测值数	48 404	30 722	17 682
R^2	0.383	0.376	0.438

注:缺省组为非出口企业。所有回归中均加入了4位数行业、省份以及年份固定效应。括号内数值为标准误。*$p<0.01$,†$p<0.05$,††$p<0.1$。

三、稳健性检验

我们对式(7-1)的回归进行了一系列的稳健性检验。首先,为确保之前的结果不是由企业规模和企业所有制差异所导致的,我们在回归中加入了企业规模变量(用企业总雇佣人数的对数衡量)和企业所有制(国有企业、私有企业、外资企业)作为控制变量,结果见表7-9第1列。在第2列中,我们加入了行业—省—年份的交叉固定效应来控制所有"行业—省—

年份"特有的冲击对结果的影响。由于中国在加入WTO后经历了较大的结构性变迁,将所有年份统一估计可能会掩盖不同年份的结构变化。在第3列中我们汇报了仅用2005年观测值进行的估计,在这一时期中国已经兑现了其大多数加入WTO时的承诺。在第4列中我们用企业在该行业工业增加值中所占的份额作为权重进行加权回归,以保证大企业在回归中有更高的重要性。第5列中我们剔除了数据中高低各1%的异常点以保证回归结果不受极值的干扰。最后,Hsieh和Klenow(2009)发现中国的资源错配降低了国家的整体生产率。在表7-10中我们用Hsieh和Klenow(2009)中所用的两种生产率衡量指标:基于收入的生产率(TFPR)与基于数量的生产率(TFPQ)重新估计了式(7-1)。

表 7-9　稳健性检验,因变量为 TFP(OP)

	加入企业规模及所有制	行业—省份—年固定效应	2005 年	加权回归	剔除异常点
一般贸易企业	0.124*	0.125*	0.108*	0.075*	0.117*
	(0.009)	(0.009)	(0.012)	(0.028)	(0.008)
加工贸易企业	-0.168*	-0.164*	-0.256*	-0.058	-0.175*
	(0.017)	(0.018)	(0.024)	(0.051)	(0.015)
混合企业	0.124*	0.125*	0.103*	0.121*	0.116*
	(0.012)	(0.012)	(0.016)	(0.032)	(0.011)
国有企业	-0.299*	-0.259*	-0.234*	-0.356*	-0.255*
	(0.010)	(0.010)	(0.019)	(0.030)	(0.009)
外资企业	0.120*	0.115*	0.090*	0.228*	0.106*
	(0.006)	(0.006)	(0.008)	(0.020)	(0.006)
观测值数	446 018	446 018	131 118	426 823	437 098
R^2	0.343	0.422	0.346	0.490	0.343

注:缺省组为非出口企业。括号内数值为标准误。* $p<0.01$,† $p<0.05$,†† $p<0.1$。

结果显示,在所有上述检验中,表7-5的主要结论都保持了很高的稳健性:加工贸易企业的生产率总是低于非出口企业。

表 7-10 Hsieh 和 Klenow(2009)生产率指标式(7-1)回归结果

	TFPR	TFPQ
一般贸易企业	0.091*	0.186*
	(0.007)	(0.011)
加工贸易企业	-0.134*	-0.195*
	(0.014)	(0.022)
混合企业	0.025*	0.132*
	(0.010)	(0.015)
国有企业	-0.322*	-0.384*
	(0.009)	(0.012)
外资企业	-0.119*	0.011
	(0.005)	(0.008)
观测值数	417 539	417 539
R^2	0.297	0.226

注:缺省组为非出口企业。所有回归中均加入了 4 位数行业、省份以及年份固定效应。括号内数值为标准误。* $p<0.01$,† $p<0.05$,†† $p<0.1$。

第四节 加工贸易企业低生产率的可能解释

在第三节中我们已看到加工贸易企业的生产率显著地低于一般贸易企业与非出口企业。那么一个自然的问题就是:为什么加工贸易企业的生产率比较低呢？我们在本部分中试图给出一些可能的解释。我们把可能的解释分成两个大类:第一类解释是低生产率的企业自选择进行加工贸易;第二类解释是加工贸易的"可测量生产率"较低。

关于第一类解释,如果加工贸易是一种比一般贸易技术含量更低、固定成本更低但利润率也更低的生产活动,那么生产率低的企业可能就没有能力去从事一般贸易,而只能从事加工贸易。我们采用式(7-1)的回归比较了加工贸易企业、一般贸易企业、混合企业与非出口企业的各项企业特征,结果见表 7-11a。从结果可以看出,与一般贸易企业以及非出口企业相比,加工贸易企业的人均利润显著偏低,比一般贸易企业低 50%,其平均工资比一般贸易企业低 12%,对此可能的解释是加工贸易活动技术含量较低,所雇用工人的技术水平偏低,因此工资也较低。此外,表 7-11a 最后一列显示加工贸易企业的人均 R&D 投入比一般贸易企业低 43%,也与加工贸易是一种较低技能的活动相一致。在表 7-11b 中,我们对比了加工贸易企业与其他类型企业的平均企业年龄。可以看到,加工贸易企业的平均年龄较小,这有可能是因为加工贸易的固定成本比较低,所以企业会在生产率较低时首先选择加工贸易进行出口,然后随着生产率提高再逐渐转做一般贸易。综上所述,数据总体上支持加工贸易是一项技术含量低、固定成本低但利润也低的活动,因此低生产率的企业会选择从事加工贸易。

表 7-11a 各贸易类型企业主要特征对比

	人均利润	人均工资	资本劳动比	人均 R&D
一般贸易企业	0.025	0.094*	0.024†	0.230*
	(0.018)	(0.005)	(0.012)	(0.046)
加工贸易企业	−0.486*	−0.030*	0.023	−0.196
	(0.034)	(0.010)	(0.021)	(0.120)
混合企业	0.086*	0.144*	0.221*	0.220*
	(0.024)	(0.007)	(0.015)	(0.068)
观测值数	341 204	427 599	428 189	33 933
R^2	0.144	0.263	0.187	0.213

注:缺省组为非出口企业。所有回归中均加入了 4 位数行业、省份和年份固定效应,以及企业规模与所有制。括号内数值为标准误。* $p<0.01$, † $p<0.05$, †† $p<0.1$。

表 7-11b 企业平均年龄

	非出口企业	一般贸易企业	加工贸易企业	混合企业
平均企业年龄	9.5	9.5	8.6	9.1

另一种与低生产率企业选择进入加工贸易相符的理论是考虑国家对加工贸易的特殊政策。假设一个企业可以在一般贸易与加工贸易中选择一种进行,选择加工贸易的好处是可以获得政府在税收方面的优惠待遇(进口原材料不征收关税,出口成品不征收关税与增值税),等于其生产的边际成本降低,但代价是企业的产品必须全部出口,从而失去整个国内市场。对于生产率很低的企业来说,它们原本就可能很难在国内外市场存活,但是通过进行加工贸易获得税收优惠降低边际成本,它们就可以存活下来。因此生产率低的企业更有可能选择加工贸易。为什么生产率高的企业不选择加工贸易从而获取税收优惠呢?这是因为加工贸易要求企业放弃国内市场,而对于生产率高的企业来说,它们在国内的销量较高,利润

较高(Melitz,2003),因此放弃国内市场的损失是比较大的。

第二类解释是加工贸易企业有较低的"可测量生产率"。也就是说,加工贸易企业的真实生产率并不一定低,只是因为我们在测量生产率(不管是劳动生产率或是 TFP)时所用的产出变量均为名义值,如果加工贸易企业的产出品价格比其他类型企业低,那么用名义值衡量的加工贸易企业产出就会比其他类型企业相对较低,由此导致其测量生产率低于其他类型企业。由于海关数据中同时提供了企业出口产品的数量和价值信息,我们可以直接比较加工贸易企业与非加工贸易企业的平均出口价格(表7-12)。从表 7-12 的结果来看,加工贸易企业的平均出口价格比一般贸易企业低 14%。这说明加工贸易企业的低测量生产率确实有可能是其低价出口的结果。那么是什么导致了加工贸易企业出口价格比较低呢? 我们在此提供几种可能的解释:转移定价、市场力量和产品异质性。

表 7-12　加工贸易企业、一般贸易企业与混合企业平均出口价格

	平均出口价格
加工贸易企业	-0.140^*
	(0.041)
混合企业	0.321^*
	(0.028)
观测值数	52 883
R^2	0.412

注:缺省组为一般贸易企业。所有回归中均加入了 4 位数行业、省份和年份固定效应,以及企业规模与所有制。括号内数值为标准误。$^* p<0.01$, $^\dagger p<0.05$, $^{\dagger\dagger} p<0.1$。

第一种解释是转移定价。加工贸易企业,特别是外资加工贸易企业有可能通过转移定价等方式将利润转移到国外以实现避税的目的。它们可以通过向低税负国关联企业低价售出最终产品或者高价购买原材料的方式来实现利润的转移。第三节中发现外商投资企业中加工贸易企业的生产率尤其低下,这也与转移定价更容易在外资企业中发生相吻合。那么为什么一般贸易企业不进行转移定价呢? 一种可能的解释是加工贸易不在国内销售其产品,因此监管部门很难通过对比其产品在国内与国外的价格而发现该企业是否进行了转移定价,从而使加工贸易企业进行转移定价变

得比较容易。① 另外,加工贸易原材料—成品"两头在外"的特性也为其转移定价提供了便利。第二种解释是加工贸易企业相对于一般贸易企业来说市场力量较小。加工贸易企业必须在生产前接收来自国外的加工订单,但是产品的专利与技术往往掌握在国外企业的手中,因此国外企业有较强的议价能力,可以压低加工贸易企业的成本加成及出口价格。② 第三种解释是加工贸易企业与一般贸易企业出口的产品可能是不同的,如果加工贸易企业出口的产品质量更低,那么有可能导致其出口价格更低,从而导致较低的测量生产率。

第五节 小结

大量企业层面的国际贸易研究都表明出口企业比非出口企业有着更高的生产率。然而一些关于中国的研究却发现中国出口企业生产率水平有可能比非出口企业低。本章通过对2000—2005年企业—海关数据的分析发现这一令人费解的现象完全是由中国大量的加工贸易企业所导致的。我们发现中国有20%的企业完全从事出口加工,这些企业的生产率比非出口企业低4%—29%。由于加工贸易企业主要集中于外资企业与劳动密集型行业内,将加工贸易企业与一般贸易企业混在一起就会导致之前研究中所发现的在外资企业与劳动密集型行业内出口企业生产率水平低于非出口企业的结论,而事实上一般贸易企业其生产率总是高于非出口企业,满足Melitz(2003)等标准的异质性企业贸易理论。剔除加工贸易企业的影响就能使我们回到出口企业生产率更高的传统结论当中。加工贸易企业的低生产率还可以解释之前文献中所提到的"纯出口企业"生产率低的现象。最后,我们对纯出口企业的低生产率提供了两类可能的解释,一

---

① 在未汇报的结果中,我们用 Broda 和 Weinstein(2006)的产品替代弹性数据把行业细分为三类:同质产品,中度差异化产品与差异化产品,并分别比较了外资企业与非外资企业中加工贸易企业、一般贸易企业与非出口企业的平均利润。如果假设转移定价在差异商品行业中更容易进行(因为监管部门不容易找到相同商品进行价格对比),那么我们应该看到在外资企业中,加工贸易企业相对于非出口企业的利润在差异化产品行业尤其低,中度差异化产品行业稍高,而同质产品行业最高。结果显示这一现象的确存在。

② 在未汇报的结果中,我们用 Keller 和 Yeaple(2009)的方法计算了不同企业的加成率,结果显示加工贸易的加成率的确是最低的。此外我们还发现加工贸易企业的市场规模最小,这也与其市场力量较小相符合。

类是加工贸易活动的特殊性质以及中国对加工贸易的特殊政策导致低生产率的企业自选择从事加工贸易,另一类是转移定价、低市场力量以及产品异质性等方面的原因导致加工贸易企业有着较低的测量生产率。

本章的结果对于研究和政策都有着重要的意义。对于研究而言,本章发现加工贸易企业与一般贸易企业有着完全不同的表现,并且将两者混在一起会导致我们对中国出口企业表现的认识出现偏差。因此关于中国出口企业的研究都应当对加工贸易与非加工贸易企业进行区别分析。此外,在研究越南、墨西哥等加工贸易比较盛行的国家的企业行为时也应充分考虑到加工贸易企业的影响。对于政策而言,加工贸易企业不尽人意的表现对我国目前加工贸易模式的合理性提出了一定的挑战。毋庸置疑,加工贸易在创造就业、发挥我国劳动力比较优势方面发挥了不可替代的作用,但是由于长期的经济增长很大程度上取决于生产率的进步,继续发展加工贸易是否能维持我国经济的长期增长还值得进一步探讨。从这个角度来说,培养中国出口企业生产率的增长,实现由单纯加工向高附加值生产活动以及自主品牌的转型是很有必要的。

第八章 加工贸易、企业生产率和关税减免
——来自中国产品面的证据[①]

本章研究两个问题:一是不断深化的进口关税减免对我国企业生产率提升有何影响,二是企业参与加工贸易能否有助于促进企业生产率的提升。一方面,最终产品的进口关税减免强化了企业间在本土市场的竞争,从而有助于提高生产率;另一方面,企业参与加工贸易能得到额外的贸易所得从而促进企业生产率的增长。通过采用2000—2006年间我国外贸产品的海关数据和规模以上制造业企业生产方面的大型微观数据,本章构建了各企业所面临的关税税率,并精确计算出企业的全要素生产率。基准回归结果显示,关税下降10%,企业生产率会上升大约3%—6%。大量的敏感性分析表明上述结果对不同计量建模和生产率度量都稳健成立。

第一节 引言

本章主要研究加工贸易和关税减免对中国企业生产率的影响。尽管有一些文献探讨过关税减免和企业生产率的关系,但研究加工贸易行为对企业生产率影响的文献却较为稀少。

在许多发展中国家,尤其是在中国、墨西哥和越南,加工贸易是一种十分常见的贸易形式。加工贸易行为是指企业从国外进口原材料或中间产品,在本国加工之后再出口,赚取其中的附加价值。为鼓励发展加工贸易,一国政府往往会对作为原料的中间品减免关税。关税优惠加强了进口竞争,并使加工贸易企业的生产率上升。加工贸易还能引发国际上的技术溢出效应和国内企业的学习效应,这种学习效应能使从业企业获得更快的生

[①] 本章最早发表于《经济学(季刊)》,2011,11(1),第211—230页,有删减。

产率增长速度。更重要的是,加工贸易行为有助于企业提升其产成品质量(Halpern 等,2010)。此外,企业的所有权结构往往也能决定企业是否能得到溢出效应的帮助。具体而言,外资企业(FIE)更易享受到国际溢出效应的影响,并有较高的生产率,而国有企业(SOE)则由于效率相对低下,生产率也较低。

过去的十年中,中国对外贸易的增长速度十分惊人,现已取代德国成为世界上最大的出口国。事实上,外资企业和加工贸易给中国的出口增长提供了巨大的推动力,加工贸易出口额自1995年起占到了中国出口总额的50%以上。与此同时,外资企业出口额占出口总额的比重从1992年的20%迅速增长到了2006年的60%,外商对华直接投资在1994年一度攀升至GDP总额的6%,并于随后稳定在3%左右(Naughton,2006)。此外,自2001年加入世界贸易组织(WTO)以来,中国根据承诺将关税税率从2001年的18.53%降低到了2006年的8.87%。

本章通过运用高度细化的外贸产品海关数据库和规模以上制造业企业生产数据库的大型微观数据进行实证检验,发现加工贸易企业在自由贸易中能够提高生产率。同时,本章还分析了由于企业所有权不同造成的增长率差异。据笔者所知,本章可能是第一篇运用中国几个大型微观数据库分析中国的生产率和贸易自由化问题的文章,在此之前,虽有大量文献阐明关税降低会通过加强进口竞争提高生产率(如 Tybout, 2000; Bradford and Lawrence,2003;Rodrik,2006),但却少有研究探讨加工贸易是否会有助于企业提高生产率。

首先,本章使用改进版的 Olley-Pakes(1996)法(下文简称 OP 法)来度量企业的生产率。企业的全要素生产率须使用 Olley-Pakes(1996)法才能准确计算,而为了适应中国的实际情况,我们又对其进行了必要的修正和扩展,以控制由于使用普通最小二乘法(OLS)估计所带来的联立性偏差和选择性偏差。

其次,本章将中国的加工贸易划分为几种具体类别,包括来料加工和进料加工等。对属于每一个特定类别的加工企业,本章都仔细研究了关税下降和相应类别的自身特点对企业生产率变化的影响。更为重要的是,我们发现企业在加工贸易中所得利益与企业的所有权结构紧密相关。外资企业有较高的生产率,而国有企业则生产率较低。有趣的是,从事加工贸易的外资企业比其他外资企业的生产率要低。

再次,由于我国的宏观数据可信度常常遭受怀疑,本章在分析时采集了最为细化的微观数据。事实上,中国的宏观数据和微观数据的加总常有出入,Holz(2004)就曾强调使用中国宏观统计数据所可能带来的误差。因此,用宏观工业数据得到的全要素生产率往往比较混乱并有所争议。例如Young(2003)运用宏观工业数据就曾发现,改革开放以来中国全要素生产率应该是十分低甚至是负的,这显然与直觉相悖。为避免使用宏观数据可能带来的统计误差,本章使用了企业水平上的生产数据进行回归,并先根据企业的资产、劳动力、原料及中间投入品等信息,计算出企业全要素生产率。更为重要的是,根据企业生产数据中的出口值信息,本章构造出企业面临的关税指数,用以精确估计企业参与国际贸易的程度,这较使用行业水平的关税税率的过往研究更为可信。

最后,本章采用工具变量法来控制生产率和进口关税之间可能存在的反向因果关系。控制了这些内生变量的影响之后,回归依然表明关税的下降会促进企业生产率的增长。此外,由于存在溢出效应等原因,加工贸易企业比非加工贸易企业有更显著的生产率增长。

本章的研究丰富了对生产率和贸易自由化关系研究的文献。在计算生产率时,一些文献如Trefler(2004)侧重于劳动生产率,而更多的研究则关注全要素生产率。早期的学术研究主要使用产业水平数据来衡量全要素生产率,包括Tybout等(1991)、Levinsohn(1993)、Harrison(1994)以及Head和Ries(1999)的研究俱是如此。而近期的研究则较多地立足于企业数据,例如Pavcnik(2002)以及Amiti和Konings(2007)的研究。比这些研究更进一步的是,本章的分析不仅运用了企业层面的微观生产数据,还用了产品层面的数据来进一步探究贸易自由化和生产率之间的关系。

事实上,无论是对发达国家还是对发展中国家的研究,均已有许多文献讨论了生产率和贸易自由化之间的关系。研究发达国家的成果包括Bernard等(2006)对美国、Trefler(2004)对加拿大所做的讨论。但更多研究则在关注发展中国家,例如Bustos(2009)对阿根廷,Scholr(2004)对巴西,Tybout等(1991)、Pavcnik(2002)对智利,余淼杰(2010)对中国,Harrison(1994)对科特迪瓦,Krishna和Mitra(1998)、Topalova和Khandelwal(2010)对印度,Amiti和Konings(2007)对印度尼西亚,De Loecker(2007)对斯洛文尼亚,Iscan(2008)对墨西哥以及Levinsohn(1993)对土耳其所做的讨论。①

尽管中国是世界上最大的发展中国家,但相对而言较少有研究探讨中国企业绩效和贸易自由化的关系。Jefferson 等(1996)较早地较为系统地探讨了中国全要素生产率。而 Koopman 等(2008)则通过修正 Hummels 等(2001)提出的"垂直分工"概念,以及重制投入产出表、对国内的附加值产品估值,来考察"中国制造"的产品附加值在出口总额中的比例。Lu 等(2010)还发现在华的外国企业子公司中,从事出口贸易企业的生产率要低于不从事出口贸易企业的生产率。Brandt 等(2009)近期的一项研究则表明,在 1998—2006 年间,中国是世界上生产率增长速度最快的国家之一,这项研究使用了和本章相同的企业微观生产数据。② 然而迄今为止,鲜有研究工作通过运用企业数据,来系统性地探讨贸易自由化(特别是加工贸易)对中国企业生产率的作用,本章力图填补这项空白。

本章也丰富了我们对生产率增长源的认识。如 Amiti 和 Konings (2007)指出的,生产率的增长主要来源于以下三个方面:一是竞争效应,当贸易壁垒较低时,迫于更激烈的进口竞争,国内企业不得不缩减自己的利润和市场份额,同时必须竭力提高自身的生产率以期在市场中继续存活(Helpman and Krugman,1985);二是溢出效应,从事对外贸易的企业更可能获得国际技术的外溢,具体方式包括获得外商直接投资(Keller and Yeaple,2009)、为产品加工进口高质量的中间产品,或者通过出口的学习效应获益(De Loecker,2007);三是再分配效应,通过对生产要素进行有效的再分配,企业能够显著地提高自身的生产率。Hsieh 和 Klenow(2009)即认为如果资产和劳动力要素能够得到更高效的分配,中国的全要素生产率能够获得 25% 的一次性增长。但该研究仅立足于企业间的资源分配,对企业内部生产率提升少有涉及。本章主要研究了前两种效应对生产率的影响,再分配效应的作用则留待后续研究。

与之前所有工作类似,由于难以得到衡量各种非关税壁垒的数据,本章在分析中并未计算它们的影响。但是,由于本章无意探讨贸易自由化的完整效应,因此这一局限并不影响本章的结论。此外,本章也无意具体探

---

① 一些其他学者的研究工作,例如 Van Biesebroeck(2005)、De Loecker(2007)以及 Park 等(2010)的工作,也探讨了生产率提升和出口增长的关系。

② 此外,Feenstra 等(2011)认为中国企业的信贷约束和生产率共同影响其出口额。而 Fernandes 和 Tang(2010)还探讨了中国的纯装配企业和进口加工企业的所有权和控制权问题。

索加工贸易和关税的下降影响企业生产率的各种渠道。① 在本章中我们想首先研究加工贸易,作为贸易自由化在中国催生的新元素,是否能协同关税减少影响企业生产率。而如果有,作用又是多大。回答这两个问题方是本章主旨之所在。

本章结构如下:第二节介绍计量经济方法;第三节为数据描述;第四节汇报回归结果和稳健性检验;第五节为小结。

第二节 计量回归方法

本节主要介绍全要素生产率的计算法,并据此展开我国贸易自由化对企业生产率影响的实证分析。

一、全要素生产率的度量

相关文献在研究全要素生产率时,通常使用 Cobb-Douglas 生产函数来体现技术进步的作用。② 本章与 Amiti 和 Konings(2007)一致,采用下式刻画企业技术进步:

$$Y_{it} = \pi_{it}(\tau_{it}) M_{it}^{\beta_m} K_{it}^{\beta_k} L_{it}^{\beta_l} \tag{8-1}$$

其中 $Y_{it}, M_{it}, K_{it}, L_{it}$ 分别是企业 i 在第 t 年的产出、中间投入品、资本和劳动力。企业 i 在第 t 年的生产率 π_{it} 取决于同期关税 τ_{it}。③ 现对式(8-1)做对数变换:

$$\ln Y_{it} = \beta_0 + \beta_m \ln M_{it} + \beta_k \ln K_{it} + \beta_l \ln L_{it} + \varepsilon_{it} \tag{8-2}$$

通常,全要素生产率就可通过估计真实产出和拟合值 $\ln \hat{Y}_{it}$ 之间的索洛残差来获得:

$$TFP_{it} = \ln Y_{it} - \ln \hat{Y}_{it} \tag{8-3}$$

但该方法受到联立性偏差和选择性偏差这两个问题的困扰。Marschak 和 Andrews(1944)最早指出,企业至少能够预测到全要素生产率的

---

① 我们正在进行的另一个课题则通过建立一般均衡理论模型研究这个问题。
② 另一种方法是使用超对数生产函数,这种方法与 Cobb-Douglas 生产函数有相似的估计结果。
③ 目前学界通常认为关税的变化会影响同期生产率(如 Amiti-Konings, 2007)。但如匿名审稿人所指出的,现实中也可能是关税对生产率的影响有一段时滞。采用滞后一期(或更多期)的关税来考察其对生产率的影响并不会改变本章的研究结果。为节省篇幅,正文中没有汇报,但有兴趣的读者可联系作者索要。

部分变化,并据此优化要素投入以使利润最大化。所以,全要素生产率对企业的要素投入有内生的反向作用。如果不考虑这一点,可能会错误地估计企业的利润最大化决策。此外,企业的动态行为还会引入选择性偏差。在国际竞争中,那些生产率低下的企业最终会被淘汰,生产率高的企业则得以继续存活(Krugman,1979;Melitz,2003)。在一组面板数据中,被观测到的都是幸存下来的企业,生产率较低并退出市场的企业则被遗漏。这意味着统计回归中的样本并不是通过随机选择产生的,并会因此造成估计偏差。

Olley 和 Pakes(1996)给出了一种可以处理这些联立性偏差和选择性偏差的计量方法。此后,包括 De Loecker(2007)、Amiti 和 Konings(2007)、Keller 和 Yeaple(2009)在内的学者,也对全要素生产率的计算方法进行了修正和改进。本章则将采用扩展的 Olley-Pakes 方法来计算企业的全要素生产率。①

首先,本章使用了工业水平上的平减价格来度量全要素生产率。关于生产函数的测算,Felipe 等(2004)曾强调应以货币变量的形式来度量产出所可能产生的估计误差,这种方式实际上只是对会计恒等式的估计。② 其次,由于中国加入 WTO 会给企业带来一正向需求冲击,从而使企业扩大生产规模,这也会反过来加大计算全要素生产率时的联立性偏差。所以,本章在计算时将中国 2001 年加入 WTO 这一事件纳入考虑。最后,为在计算全要素生产率中体现企业进出口行为的作用,本章构建了两个虚拟变量,其中一个为出口变量,另一个为进口变量。这样,相对于以前的研究,我们就能够进一步体现企业的外贸行为对生产率可能产生的影响。当然,一家企业即使同时有进口和出口业务也不一定加工贸易企业。③ 所以,需要强调的是,在下一步的研究加工贸易对生产率的回归中,我们是用海关数据来直接判断企业是否从事加工贸易:产品层面海关数据有一个变量专门汇

---

① 另外一个比较准确的计算全要素生产率的方法是运用系统 GMM 方法(Blundell-Bond, 1998)。该方法假设劳动力也会与生产率冲击相互关联(Ackerberg 等,2006),所以在计算全要素生产率中着重考虑了劳动力的动态变化。估计关税及运用系统 GMM 法所得生产率结果相似。限于篇幅,结果不在正文中汇报。

② 为了精确地计算全要素生产率,理论上应该根据具体产品的价格计算"实物生产率"(Foster 等,2005)。但和其他许多研究一样,我们难以得到每个企业所有产品的价格。因此,作为折中,本章将使用产业层面的价格来平减企业的产出。

③ 如批发企业也同时开展进口和出口业务,但却不从事任何加工作业。本章现已在企业数据库中剔除掉这类批发企业以避免可能产生的误差。

报企业进出口的产品是属于一般贸易还是来加工贸易。

二、回归模型

在这一部分,我们建立的实证回归框架如下:

$$\text{TFP}_{it}^{OP} = \alpha_0 + \alpha_1 \tau_{it} + \alpha_2 \text{PE}_{it} + \theta X_{it} + \varpi_i + \eta_t + \mu_{it} \quad (8\text{-}4)$$

其中,TFP_{it}^{OP}是用 Olley-Pakes 法回归的企业 i 在第 t 年的全要素生产率,而 τ_{it} 则代表企业 i 在第 t 年的基于产品数上的加权关税[①],PE_{it}是标识企业 i 在第 t 年是否进行加工贸易的虚拟变量[②]。另外,α_1 衡量了企业之间的进口竞争效应,因此应该是负值,α_2 则衡量了企业从事加工贸易时可能获取的收益。X_{it} 代表企业 i 在第 t 年的其他控制变量,例如企业利润值、产业利润值、赫芬达尔市场集中度指数、资产利用状况和所有权类型。传统观念认为国有企业的经济效率相对较低,因而生产率也较低。比较而言,由于拥有国际技术溢出的助益(Keller and Yeaple,2009),或是面临更宽松的融资约束(Feenstra 等,2011),外资企业通常有较高的生产率。因此,本章特地构造了国有企业和外资企业两个虚拟变量来标识企业的所有权属性。

进一步的,对于那些市场比较分散、垄断力量较弱、不易获取高额利润的产业部门,处于其中的企业必须竭力提高自身的生产效率从而得以存活。为了证明在那些最初比较分散的产业中,关税下降所带来的生产率提升并非只是由于缺少控制市场结构而造成的,本章还引入了以下三个有一年滞后的控制变量,以期将不同变量对生产率的作用识别出来:一是企业的成本加成(markup),遵循 Nickell(1996)以及 Keller 和 Yeaple(2009)的方法,将其定义为公司销售额除以销售额及利润的差;二是定义在统一编码 2 位码上的行业成本加成;三是赫芬达尔集中度指数,定义为在统一编码 2 位码上的企业市场占有率的平方和。最后,企业的不同要素禀赋可能会影响到其生产率的实现情况,在回归估计中我们也加入企业的资本利用情况,这一指标通常是被定义为资本劳动力比的对数。

当然,除此之外,现实世界中还存在着其他因素会对企业的生产率产生影响。限于数据,我们不可能构建经济变量加以一一控制。但是,这些可能的影响因素可以归入回归的误差项。如 Wooldridge(2002)所述,在计量上我们则可以通过下法加以控制:将模型的误差项分成三个部分。一是

[①] 本章稍后将仔细介绍如何进行加权。
[②] 加工贸易可细分为来料加工等 16 个种类,如企业从事任一类加工贸易,则虚拟变量取 1。

每个企业自身的固定效应 ϖ_i,用以控制一些不随时间变化的因素,譬如企业的所在地;二是随年份变化的固定效应 η_t,用以控制一些不随企业变化的因素,譬如人民币的升值;三是特异性效应 μ_{ijt},其服从于正态分布 $\mu_{ijt} \sim N(0,\sigma_{ij}^2)$,用以控制其他尚留的因素。

第三节　数　据

为更充分地研究贸易自由化对企业生产率的影响,本章采用了以下三组最细化的大型微观面板数据:海关总署提供的各企业每一笔外贸产品数据、我国规模以上工业企业数据及世界银行提供的6位码的我国进口关税数据。

一、企业水平的生产数据

计算企业生产率所用到的企业层面数据是来自国家统计局对规模以上企业的年度调查。本章采用的数据时间跨度为 2000—2006 年①,企业总数从 2000 年的 162 885 家上升到 2006 年的 301 961 家。我国制造业中的全部国有企业、年销售额在 500 万元人民币以上的非国有企业被收集进这个数据库②,变量则包括了三大会计报表(即资产负债表、损益表和现金流转表)上 100 多个财务变量信息。

这一数据库内容之丰富不言自明。但由于各种原因,部分企业提供的信息可能不够准确,从而使其中一些样本可能存在误导性。③ 与谢千里等(2008)的研究类似,本章将使用如下标准去除异常样本:首先,重要财务指标(如企业总资产、固定资产净值、销售额和工业总产值)有遗漏的样本

---

① 由于企业微观数据所限,我们无法调查更长的时间跨度。但样本期间显示出来的关税在不断下降及企业生产率上升这两大特点上,在样本考察期之前更长的时间内也是符合我国事实的:我国非加权关税自 1992 年的 42% 左右一直下降到 2000 年的 15% 左右(见海关历年数据或余淼杰,2009)而制造业行业生产率在整个 90 年代也是上升的(有关宏观数据方面论文见郑京海等,2009;吴延瑞,2009)。作者感谢匿名审稿人提出这一点。

② 事实上,每年由中国国家统计局发布的《中国统计年鉴》,其中工业部门的整体数据就是编制自这一数据库的。

③ 例如,一些家族企业并没有建立正规的会计系统,其会计报表往往以"元"为单位,而规范的要求是以"千元"为单位的。

被剔除;其次,雇员人数在 10 人以下的企业样本也被剔除。① 还有,如同 Cai 和 Liu(2009)、Feenstra 等(2011)的研究一样,遵循一般公认会计准则(GAAP),本章还剔除了发生以下情况的企业样本:① 流动资产超过固定资产的企业;② 总固定资产超过总资产的企业;③ 固定资产净值超过总资产的企业;④ 没有识别编号的企业;⑤ 成立时间无效的企业(例如成立时间在 12 月之后或在 1 月之前)。

二、产品水平的贸易数据

从中国海关总署所得的外贸产品数据覆盖了各贸易企业产品目录下的各种信息,包括产品的贸易价格、贸易额和统一编码 8 位码的产品价值。表 8-1 中上半部分的第一行列出了每年的外贸交易数量。值得一提的是,这一数据集不仅包含进出口数据,还细分出许多具体类别加工贸易部门的数据。

自 1995 年起,中国加工贸易的贸易额一直占到总贸易额的 50% 以上。具体的,加工贸易具体被分为 16 个种类,但其中有两种是尤为重要的:来料加工和进料加工。② 在前一种类型的贸易中,本国企业免费从其国外贸易伙伴处获得原材料和组装配件,但必须将加工后的成品出售给指定的同一国外进口商。相反,对从事来料加工贸易的企业,自行进口原材料并加工后,可以将产品售给国外的任何企业。在 20 世纪 80 年代,由于大多数中国企业缺乏足够的资金从事进口业务,以来料加工为代表的"三来一补"现象十分常见。而自 20 世纪 90 年代起,进料加工贸易也逐渐发达起来。

表 8-2 则是按年份和贸易类型整理的一份中国产品贸易数据摘要。具体的,在 17 170 641 个 2000—2006 年间统一编码 8 位码的观测样本中,有 40% 是一般贸易,它们创造了中国出口总额的 24%。这表明一般贸易的平均贸易额比加工贸易的平均贸易额要低。在占总样本数 60% 的加工贸易观测样本中,其中 9% 的产品数据属于来料加工(编码:14),它们贡献了出口总额的 11%。

---

① Levinsohn 和 Petrin(2003)在其研究中考察了所有工人数目在 10 个以上的智利企业,本章遵循了此项标准。

② 加工贸易的其余分类主要还有:境外援助(编码:12)、补偿贸易(13)、商品寄销代销(16)、货物租赁(17)、边境小额贸易(19)、工程承包(20)、外发加工(22)、易货贸易(30)、保税仓库进出口贸易(33)、保税区转口贸易(34)等。

表 8-1 基本数据摘要

	2000 年	2001 年	2002 年	2003 年	2004 年	2005 年	2006 年
观测样本数[a]			产品水平的贸易数据				
交易数量	10 586 696	12 667 685	14 032 675	18 069 404	21 402 355	24 889 639	16 685 377
贸易企业数[b]	74 225	76 235	68 130	61 017	99 707	118 765	142 273
(2000—2006) 贸易企业总数[c]							(总数 = 654 352)
有效企业数[d]	21 869	17 485	12 625	15 241	40 143	55 168	55 493
(2000—06) 有效企业总数[e]							(总数 = 218 024)
			企业水平的生产数据				
企业数量	162 885	171 256	181 557	196 222	276 474	271 835	301 961
(2000—2006) 贸易企业总数							(总数 = 1 033 276)
有效企业数	43 239	35 374	37 037	53 843	86 477	72 626	104 677
有效企业总数							(总数 = 433 273)
合并后企业数[f]							(总数 = 31 393)

注：(a) 8 位码统一编码水平上的多种产品月度贸易数据来源于中国海关总署，企业水平上的年度会计数据来源于中国国家统计局，6 位统一编码水平上的年度关税数据来源于世界贸易组织。(b) 贸易企业数指曾在海关总署有记录的外贸企业数量。(c) 贸易企业总数指在 2000 年到 2006 年间，(b) 项所列企业中所有有效企业的数量总和。(d) 有效企业数指在标会数据集中标识出有效邮政编码和电话号码信息的企业数量。(e) 有效企业总数指在 2000 年到 2006 年间，(d) 项中有效企业的数量总和。(f) 合并后企业总数指在海关记录和财会数据集中同时出现的企业数量。

表 8-2　中国不同贸易种类的产品海关数据

	类别	2000 年	2001 年	2002 年	2003 年	2004 年	2005 年	2006 年	合计
观测样本数(8位码统一编码)	10	348 634 (2.03%)	534 180 (3.11%)	679 058 (3.95%)	1 042 585 (6.07%)	1 369 341 (7.97%)	1 512 498 (8.80%)	1 289 312 (7.51%)	6 775 608 (39.46%)
	14	138 380 (0.81%)	188 227 (1.09%)	194 673 (1.13%)	219 349 (1.27%)	293 621 (1.71%)	297 851 (1.74%)	218 479 (1.27%)	1 550 580 (9.03%)
	15	762 254 (4.44%)	881 097 (5.13%)	—	—	—	—	—	1 643 351 (9.57%)
	99	139 600 (0.81%)	146 614 (0.85%)	1 048 472 (6.11%)	1 320 835 (7.69%)	1 615 786 (9.41%)	1 631 738 (9.50%)	1 298 057 (7.56%)	7 201 102 (41.94%)
	合计	1 388 868	1 750 118	1 922 203	2 582 769	3 278 748	3 442 087	2 805 848	17 170 641
	(%)	(8.09%)	(10.19%)	(11.19%)	(15.04%)	(19.10%)	(20.05%)	(16.34%)	(100%)
贸易总额	类别	2000 年	2001 年	2002 年	2003 年	2004 年	2005 年	2006 年	合计
	10	1.81e+10 (1.58%)	2.57e+10 (2.24%)	2.62e+10 (2.28%)	4.10e+10 (3.57%)	5.68e+10 (4.95%)	6.45e+10 (5.62%)	3.83e+10 (3.33%)	2.71e+11 (23.61%)
	14	6.54e+09 (0.57%)	8.77e+09 (0.76%)	8.32e+09 (0.72%)	9.79e+09 (0.85%)	2.77e+10 (2.41%)	4.45e+10 (3.87%)	1.87e+10 (1.63%)	1.24e+11 (10.84%)
	15	5.32e+10 (4.63%)	6.17e+10 (5.37%)	—	—	—	—	—	1.15e+11 (10.01%)
	99	4.35e+09 (0.37%)	5.09e+09 (0.44%)	7.79e+10 (6.79%)	1.19e+11 (10.36%)	1.59e+11 (13.85%)	1.74e+11 (15.18%)	9.76e+10 (8.51%)	6.37e+11 (55.53%)
	合计	8.22e+10	1.01e+11	1.12e+11	1.70e+11	2.43e+11	2.83e+11	1.55e+11	1.15e+12
	(%)	(7.16%)	(8.82%)	(9.80%)	(14.79%)	(21.23%)	(24.69%)	(13.48%)	(100%)

注：贸易类型包括：10 代表一般贸易，14 代表来料加工，15 代表进料加工，99 代表其他种类加工贸易。

中国于2001年加入WTO之后,不再将进料加工贸易的数据单列于这份数据集之中,而是将其归入占贸易总额55%的"其他种类加工贸易"(编码:99)。对于进料加工贸易,尽管我们只掌握了其前两年的数据,但依然发现它们占到了这七年贸易总额的10%。为了准确地衡量来料加工与进料加工两者间的差别,本章着重关注了2000年和2001年这两年的数据。此外,表8-2还表明,除2006年以外,中国的贸易总额正在逐年递增。2006年度的贸易额缩减,则是由于人民币在2005年升值所造成的(田巍和余淼杰,2012)。

三、高度细化的关税数据

关税数据可以直接从WTO相关网站获取[①],本章调用了中国2000年至2007年间在统一编码6位码水平上的关税数据。[②] 由于产品贸易数据是基于8位码水平上的,本章将首先把关税数据整合入产品贸易数据当中。由于本章着眼于研究贸易自由化对企业生产率的平均影响力度,我们可以直接使用从价关税的平均税率来度量贸易自由化的程度。

表8-3列出了2000—2006年间统一编码2位码水平上的从价关税税率(v)。在其中的15个产业门类中,纺织品和服装(编号:50—63)的平均进口税率最高,鞋帽(64—67)紧随其后。另一方面,矿产(25—27)、机械和电气产品(84—85)的税率则较低。

表8-3　2位码统一编码的产业平均关税税率(%)

产业小类	关税种类	2000年	2001年	2002年	2003年	2004年	2005年	2006年
(01—05)	产业产品税率	22.33	18.24	14.99	13.45	12.21	10.80	11.14
	企业加权税率	0.71	0.24	0.31	0.21	0.21	0.41	0.42
(06—15)	产业产品税率	16.66	15.16	11.42	10.99	9.93	9.43	9.52
	企业加权税率	1.39	0.99	0.70	0.72	0.59	0.62	0.59
(16—24)	产业产品税率	20.23	16.49	14.14	13.42	12.65	11.76	10.32
	企业加权税率	2.29	2.25	1.19	0.95	1.13	1.16	1.01
(25—27)	产业产品税率	12.25	11.58	7.96	7.65	7.12	6.93	7.00
	企业加权税率	4.35	3.97	3.72	3.16	2.37	2.88	2.26

---

① http://tariffdata.wto.org/ReportersAndProducts.aspx.
② 在WTO的网站上并没有2000年的中国关税数据,但可以查阅到1996年和1997年的数据。由于中国在1997—2000年间不曾大幅度下调关税,本章使用了1997年的关税数据来替代2000年的关税数据。

（续表）

产业小类	关税种类	2000年	2001年	2002年	2003年	2004年	2005年	2006年
(28—38)	产业产品税率	15.16	13.81	9.64	8.84	8.08	7.69	7.64
	企业加权税率	4.60	4.10	3.19	3.10	2.76	2.92	2.83
(39—40)	产业产品税率	17.53	16.10	11.69	10.36	9.39	8.89	8.96
	企业加权税率	4.66	4.62	3.77	3.51	2.87	3.13	3.88
(41—43)	产业产品税率	22.42	19.38	15.93	14.61	12.82	12.11	11.75
	企业加权税率	9.20	8.01	7.00	6.12	5.27	5.77	6.11
(44—49)	产业产品税率	18.34	16.31	12.04	10.46	9.13	8.22	8.49
	企业加权税率	6.54	5.63	4.74	4.13	3.44	3.41	3.65
(50—63)	产业产品税率	26.79	21.81	17.92	15.69	13.66	12.50	12.47
	企业加权税率	13.20	10.47	9.68	8.55	7.64	7.02	7.53
(64—67)	产业产品税率	22.88	21.51	18.05	17.10	15.99	15.76	15.26
	企业加权税率	16.09	17.02	15.02	14.14	14.65	14.25	14.29
(68—71)	产业产品税率	18.98	17.97	14.01	12.87	11.37	10.98	10.69
	企业加权税率	9.55	9.34	6.85	6.73	5.66	5.41	5.72
(72—83)	产业产品税率	14.56	13.48	10.12	9.38	8.79	8.65	8.80
	企业加权税率	5.20	4.79	4.11	3.95	3.57	3.59	3.79
(84—85)	产业产品税率	13.59	12.71	7.63	6.61	6.10	5.85	5.84
	企业加权税率	4.21	3.94	3.26	3.02	2.89	2.72	2.68
(86—89)	产业产品税率	19.71	17.43	15.80	13.66	12.63	12.61	11.78
	企业加权税率	7.07	8.42	5.79	6.05	6.84	5.56	4.96
(90—97)	产业产品税率	19.12	16.34	12.74	11.39	9.95	9.07	8.97
	企业加权税率	7.49	6.71	5.42	4.73	4.35	3.76	4.01
平均税率	产业产品税率	18.53	16.24	12.09	10.66	9.48	8.97	8.87
	企业加权税率	6.74	5.97	5.11	4.67	4.21	4.06	4.28

资料来源：作者计算所得。

本章旨在研究关税税率对企业生产率的影响，而一个企业会进口多种商品，因此如何计算企业所面临的关税水平便显得十分重要。在衡量各种产品对企业的重要程度时，理想的方法是比较该企业各种产品所有产出的国内总价值，但这类数据目前尚不可得。根据 Melitz(2003) 的研究，高生产率的企业除了能在国内销售其产品外，同时也会出口。如此，则出口产品同时也会在国内市场上销售。若假定企业的同一种产品在国内外销售的比例相同,则可利用该产品的出口总价值来构造下面这一指数(τ_{ijt}),亦即产业 j 中的企业 i 在第 t 年产出产品的加权关税指数:

$$\tau_{ijt} = \sum_{k}\left(\frac{m_{ijt}^{k}}{\sum_{k} m_{ijt}^{k}}\right) v_{jt}^{k}$$

其中,括号中的分数代表产品 k 在该企业所有产品中所占的权重(m),这一权重通过产品的出口值来度量。①

在将统一编码 2 位码中的产业合并为 15 个产业门类后,我们还在表 8-3 中列出了企业平均关税。在每一类中,企业产出的加权平均关税均低于产业的产品简单平均关税。这一现象的经济学解释是,进口关税更低的产品在企业产出中所占的价值比例会更高。当一种产品面临的进口竞争十分激烈(亦即有更低的进口关税)时,企业会竭力提高产品的质量,进而推高这种产品的单价和相应产出的总价值。结果,这种产品的权重提升了,而企业所有产品的价值也提升了。② 尽管如此,无论在产业水平上还是在企业水平上,关税都在逐年下降。

四、数据处理

如前所述,企业层面的生产数据是度量企业全要素生产率的关键工具,而产品层面的贸易数据则被用于辨识企业是否从事加工贸易。但是,将企业生产数据和产品贸易数据合并在一起会面临一定的技术困难。虽然这两个数据集内都有相同企业标识编号,但两组数据的编码系统却完全不同。贸易数据库中的企业编号为 10 位的,企业数据库编号则为 9 位,难以将它们统一起来并加以分析。

为解决这一问题,本章采用了另外两个变量来标识每个企业:邮政编码和电话号码的后 7 位。③ 这是因为每个企业都会属于某个邮政区域,并有自己独享并且唯一的电话号码。

从表 8-1 中可见,每个企业和其贸易伙伴间存在着多种产品的贸易。

---

① 然而必须注意到,受限于数据采集的困难,我们无法利用这种方法计算那些只在国内销售的产品的权重。

② 值得注意的是,在畜牧业(01—05)、植物种植业(06—15)和食品加工业(16—24)中,企业产出的加权平均关税要比产业产品的平均关税低得多。但是,本章进行的估计主要应用于制造业的企业,企业生产数据集中并没有包含农畜业的数据。

③ 另一种替代的方法是使用企业的中文名称标识企业,但由于同一企业在两个数据集里的名称未必是完全一致的,使用这种方法可能丢失高达 85% 的观测样本。

在 2000—2006 年间,654 352 个企业样本完成了超过 6 000 万宗月度外贸交易。使用邮政编码和电话号码对企业进行识别时,本章还剔除了有如下特征的企业样本:① 没有邮政编码或联系电话的企业;② 邮政编码无效(即编码数字小于 100000)的企业;③ 7 位电话号码无效(即号码数字小于 1000000)的企业。经过这些严格的筛选之后,仍有 218 024 家企业的产品贸易数据保持有效,占到了全部 640 352 个企业样本中的 34%。同理,对企业生产数据集,剔除掉其中邮政编码或电话号码无效的样本后,剩余的企业样本数为 973 207。继续按照先前的标准进行筛选,则还剩下 433 273 个企业样本,占到了 973 207 家企业中的 44.5%。

在此基础上,我们即可将产品贸易数据和企业生产数据归并整合起来。在这两个数据集中同时出现的贸易企业共有 31 393 家,只占产品贸易数据集中有效企业数的大约 15%,占企业生产数据集中有效企业数的大约 8%。从中我们可以观察到我国出口分布中的两个重要现象。

第一,从平均意义上讲,样本中的出口企业相比样本外的企业有更高的出口额。整合之后,企业产品数据集中只剩下 8% 的样本(其中 4.8% 为出口企业、3.2% 为进口企业),这说明有超过 90% 的大型企业并没有参与国际贸易。注意到由于那些缺少有效标识编号的出口企业被剔除,出口企业的比例很可能被低估。Feenstra 等(2011)发现,2000—2007 年间有 27% 的大中型企业有出口贸易。去掉 2007 年的数据后,可以发现这个比例仍是稳定的(在 2000—2006 年间约为 24%)。尽管本章使用的数据只包括大约 21% 的大型出口企业①,但它们仍然贡献了中国所有大型出口企业出口额的 45% 以上,在这个意义上,本章回归所用的数据具有普遍的代表性意义。

第二,大部分参与国际贸易的企业规模都比较小。依据海关总署在 2000—2006 年间的相关数据,此间共有 218 024 家企业从事国际贸易,但其中只有 31 393 家规模较大,也就是说 85% 的贸易企业在规模之下(即年销售额在 500 万元人民币以下)。②

最后,表 8-1 还统计了在 2000—2006 年间企业进入和退出市场的情况。显然,在 2005 年人民币升值之前,进入市场的企业比退出的多,2005 年之后这一情况则发生了逆转。

---

① 4.8%/24% = 21%
② 中小规模的国有企业已被统计进企业生产数据库中。

五、统计摘要

表 8-4 汇报了使用 OP 法进行估计的中国企业投入要素的弹性,并在统一编码 2 位码的水平上进行了分类。本章首先将 97 个统一编码 2 位码的产业分类归并为 15 个大的门类,继而估计了它们的继续存活概率和要素投入弹性。企业在第二年继续存活的概率介于 0.977 和 0.996 之间,均值为 0.994。也就是说,此段时期样本中企业退出现象比较罕见。[①]

表 8-4　Olley-Pakes 法的企业各投入要素弹性及全要素生产率估计

2 位 HS 码下的产业分类	TFP/OP	劳动力/OP	原材料/OP	资本/OP
动物和动物制品(01—05)	1.126	0.056**	0.888**	0.048**
		(3.32)	(55.36)	(1.80)
植物和植物制品(06—15)	1.286	0.007	0.891**	0.052**
		(.49)	(68.05)	(5.49)
食品、饮料、酒、醋、烟草及其制品(16—24)	1.529	0.036**	0.874**	0.044
		(2.23)	(68.48)	(1.07)
矿产品(25—27)	0.686	0.035*	0.872**	0.099**
		(1.70)	(51.00)	(2.69)
化工工业和相关工业的产品(28—38)	1.453	0.014**	0.831**	0.103**
		(1.98)	(121.70)	(7.79)
塑料、橡胶及其制品(39—40)	1.765	0.064**	0.796**	0.103**
		(8.49)	(107.17)	(5.59)
皮毛和皮革制品(41—43)	1.505	0.102**	0.810**	0.090**
		(7.76)	(65.53)	(3.36)
木材和木制品、纸制品(44—49)	2.374	0.039**	0.855**	0.012
		(4.29)	(97.11)	(.47)
纺织原料和纺织制品(50—63)	1.983	0.085**	0.810**	0.066**
		(19.50)	(192.59)	(10.38)
鞋帽及其部件(64—67)	1.629	0.072**	0.864**	0.033**
		(5.93)	(73.17)	(5.43)

---

① 这里所指的企业退出,不只包括企业停止贸易并退出市场这种情况,还包括企业年销售额缩减至低于"大型规模"(即每年 500 万元人民币)的界线以下,并被数据集抛弃的情况。受限于数据集所提供的信息,我们无法区分这两种情况。

（续表）

2 位 HS 码下的产业分类	TFP OP	劳动力 OP	原材料 OP	资本 OP
石料、陶瓷、玻璃及其制品(68—71)	1.663	0.104**	0.785**	0.103**
		(9.14)	(67.02)	(8.19)
金属及其制品(72—83)	1.167	0.045**	0.832**	0.109**
		(6.30)	(131.73)	(16.23)
机械和电子产品(84—85)	0.480	0.065**	0.825**	0.150**
		(13.36)	(206.22)	(10.83)
交通和运输设备(86—89)	1.368	0.042**	0.883**	0.043**
		(2.80)	(69.58)	(3.47)
其他产品(90—98)	1.683	0.083**	0.796**	0.098**
		(10.32)	(110.01)	(10.70)
总计	1.259	0.052**	0.820**	0.117**
		(30.75)	(493.33)	(27.08)

注：括号中是稳健的 t 估计值，*(**)代表5%(1%)的显著性水平。

表8-4 列出用 OP 法估计所得劳动力、原料和资本的弹性系数及由此估算出来的全要素生产率。① 从表8-4 的最后一行可看出，加总所有估计所得的系数，OP 法下的规模弹性系数为 0.989②，十分接近于常规模报酬系数。将最小二乘估计和 OP 法进行比较，可看出最小二乘法的估计结果有向下的偏差（$TFP^{OLS} = 0.958$；$TFP^{OP} = 1.259$），这主要是由于最小二乘估计未能有效控制联立性偏差和选择性偏差造成的。

据此，我们可用上述计算结果与其他国家的 OP 法估计结果进行跨国比较。与 Keller 和 Yeaple(2009)对美国企业以及 Amiti 和 Konings(2007)对印度尼西亚企业的估算相比，中国企业对中间投入品更为依赖，但是资本投入的重要程度则较美国和印度尼西亚企业为低。这表明，加工贸易在中国企业生产率的增长中扮演了十分重要的角色。本章随后会详细地讨论这一点。

表8-5 对一些估算中所涉及关键变量的统计结果进行了汇总。表格的上半部分展示了统一编码8位码的产品观测数据。基于16 262 159 个月

---

① 本章在此处使用了固定资产的账面价值来估计全要素生产率。然而，即使是使用折旧后的固定资产净值进行估计，也不会改变估计结果。

② OP 法的加总弹性系数计算如下：$0.052 + 0.820 + 0.117 = 0.989$

度观测样本进行计算,产品关税权重 $\left(\text{即 } m_{ijt}^k / \sum_k m_{ijt}^k\right)$ 的平均值为 0.006,加权的企业产出平均关税为 7.2 个百分点。不过,对企业年度数据而言,如表 8-5 下半部分所示,则此项关税税率下降至 4.77 个百分点。

表 8-5 统计数据摘要,2000—2006 年

变量名称	样本量	平均值	标准误	最小值	最大值
8 位统一编码(HS 码)水平上的产品观测数据					
8 位 HS 代码下的产品编号	17 170 619	6.67e+07	2.14e+07	1 031 000	9.80e+07
6 位 HS 代码从价关税	9 851 216	0.112	0.773	0	90
1996 年 6 位 HS 代码从价关税(%)	9 196 753	25.538	14.835	0	120
产品的贸易额(人民币元)	16 262 159	70 499.77	856 771.9	0	4.40e+08
产品的关税权重[a]	16 262 159	0.006	0.028	0	1
加权的企业产出关税[b]	9 304 869	0.072	0.396	0	65
实际原料的对数值(M)	17 148 596	18.401	1.836	6.907	24.565
雇员人数的对数值(L)	17 170 641	6.254	1.339	2.302	11.907
实际资本的对数值(K)	17 153 244	17.631	1.932	6.907	24.281
平减价格指数	9 817 924	0.972	0.097	0.845	2.115
实际销售额的对数值(平减后)	17 170 641	11.818	1.797	7.979	17.814
贸易类别	1 0404 300	12.228	4.510	10	39
企业水平的观测数据					
年份	101 518	2003.491	1.889	2000	2006
贸易企业的标识编号	101 518	3.52e+09	8.28e+08	1.10e+09	6.52e+09
企业全要素生产率(Olley-Pakes)	101 292	1.258	0.347	-1.783	11.627
贸易企业虚拟变量(PE_{ij})	101 518	0.404	0.490	0	1
企业的加权关税(τ_{ijt})	101 518	4.776	7.264	0	65
工具变量(τ_{it}^{1996})	71 781	29.815	0.149	0	80
企业的上一年利润	101 517	1.043	0.585	-128.642	47.315
产业部门的上一年利润	101 518	1.053	0.010	0.968	1.282
上一年的赫芬达尔指数	101 518	0.015	0.027	0.002	0.825
$\ln(K/L)_{it}$	101 401	4.195	1.370	-5.777	14.940
国有企业虚拟变量	101 518	0.017	0.129	0	1
外资企业虚拟变量(港澳台商除外)	101 518	0.332	0.470	0	1
外资企业虚拟变量(FIE_{it})	101 518	0.666	0.471	0	1
$FIE_{it} \times PE_{ij}$	101 518	0.353	0.477	0	1
$SOE_{it} \times PE_{ij}$	101 518	0.004	0.066	0	1
$FIE_{it} \times \ln(K/L)_{it}$	101 401	2.859	2.337	-5.274	14.940

注:(a)产品的关税权重见正文。(b)加权的企业产出关税指 6 位 HS 代码水平上,每种产品的权重与其关税税率的乘积。

如前所述，其他条件不变时，外资企业的生产率相对较高，而国有企业的生产率则较低。根据企业生产数据库所提供的企业所有权信息，我们构建了一个虚拟变量(FIE_{it})来标识那些接受了外资投入的企业。由于大量外资是从港澳台地区流入内地的，本章将这部分境外资金也归为外来投资。用这个广义定义，如表 8-5 下半部分所示，有三分之二的贸易企业被归入外资企业。乍一看，这一比例高于相关研究得出的结论（如 Feenstra 等(2011)发现 2000—2007 年间有 10% 左右的规模以上企业为外资企业）。造成这一差异的原因在于纳入本章的样本只包括规模以上的贸易企业，不从事外贸业务的企业已经被剔除。

类似的，虚拟变量 SOE_{it} 被用以标识国有企业。所有国有企业不论规模大小都被放进回归。事实上，回归样本包含年销售额在 500 万元以下的中小国有企业，可以避免忽视中小型企业的作用。在样本中，约有 2% 的大型贸易企业是国有企业。

第四节 实证分析结果

一、基准回归

如图 8-1 所示，在 2000 年到 2006 年间，企业产出关税逐渐降低，而同时期的企业全要素生产率呈上升的趋势。① 这意味着关税税率和企业生产率是负相关的，本节将对这两者间的关系做更充分的讨论。

表 8-6 的(1)—(4)列汇报了用这 31 393 个企业样本、跨度为 2000—2006 年的非均衡面板数据所得的混合最小二乘估计的基准回归结果。② 第(1)列的回归只考虑企业产成品关税(τ_{it})以验证最小二乘估计的结果是否与图 8-1 中的结果相一致。结果显示，企业进口关税对全要素生产率的影响显著为负，亦即表明关税降低通过产生更激烈的进口竞争显著提高了企业的效率。在第(2)列中，我们还加入了标识加工贸易企业的虚拟变量(PE_{it})。

传统贸易理论认为劳动力丰富的国家往往出口劳动力密集型产品。

---

① 2006 年的数据有相反的上升趋势，这可能是由于人民币在 2005 年升值所造成的。人民币升值之后，企业面临的进口竞争减弱，因而其提高产品质量的动机也变得不那么强。

② 总的估计样本数有 101 292 个，但其中部分观测样本缺少了全要素生产率的数据。

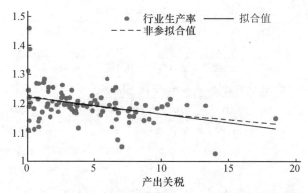

图 8-1　中国企业的生产率和产出关税,2000—2006 年

资料来源:本章作者对样本数据的计算,对所有样本年份中 2 位统一编码行业下的企业,计算其全要素生产率的对数值和产出关税水平,再对这些数据取平均值便得到了图中的生产率和产出关税数值。所以,图上的每一个点代表了某个 2 位统一编码水平的行业各年平均的样本。

若这一推测成立,则处于劳动力密集型产业中的企业(或是劳动力禀赋相对丰富的企业)会有更多出口。同时,高生产率的企业也会有较高的出口额(Bernard 等,2006)。由此推出,企业的资本利用率(资本劳动力比的对数值)与生产率应该是负相关的。故表 8-6 第(2)列的回归考虑了资本利用率来控制这两者的相关性。此外,第(2)列还控制了其他一些可能会影响进口竞争的要素,这些因素主要反映了产业市场结构的固有状态。在这些计算中我们依然发现关税减少有利于提高企业生产率。

先前相关研究表明,国有企业往往受制于效率低下和激励机制失效,其生产率较非国有企业相对更低(吴敬琏,2005)。因此,除第(1)列之外,本章在回归中均加入了一个标识国有企业的虚拟变量(SOE_{it})来控制回归结果。可以发现,各列中标识国有企业虚拟变量的系数都显著为负。这与 Jefferson 等(2000)的研究成果一致,他们认为中国国有企业的生产率比私有企业的相对更低。

然而,目前学术界对外资方应持有多大股份方可视为外资企业仍有争议。为了绕开这一问题,本章主要以是否接受境外投资为依据,并使用了一个虚拟变量来标识外资企业(FIE_{it})以示区分。在这里,企业只要有涉及包括港澳台的任何境外投资即算为外资企业。表 8-6 的第(2)列显示出外资企业相对于非外资企业具有较高的生产率。

表 8-6 基准估计结果

回归因变量：TFP_{it}^{OP}	最小二乘法（OLS）			固定效用			OLS
	(1)	(2)	(3)	(4)	(5)	(6)	(7)
企业关税 τ_{it}	-0.304**	-0.382**	-0.379**	-0.456**	-0.458**	-0.459**	-0.498**
	(-20.18)	(-20.52)	(-20.33)	(-13.77)	(-13.81)	(-13.89)	(-18.59)
PE_{it}		0.012*	0.012*	0.034**	0.034**	0.033**	0.010
		(1.92)	(0.1.88)	(2.94)	(2.94)	(2.90)	(0.82)
$(\ln K/L)_{it}$		-0.015**	-0.015**	-0.019**	-0.017**	-0.016**	0.001
		(-7.63)	(-7.94)	(-12.73)	(-5.76)	(-5.76)	(0.74)
FIE_{it}		0.063**	0.061**	0.065**	0.082**	0.081**	0.054**
		(6.22)	(6.10)	(12.44)	(5.57)	(5.52)	(4.77)
SOE_{it}		-0.059**	-0.058**	-0.049**	-0.052**	-0.052**	-0.039**
		(-4.91)	(-4.86)	(-2.58)	(-2.71)	(-2.69)	(-2.41)
markup_{it-1}		—	0.023*	0.017**	—	0.017**	0.027*
			(1.83)	(5.37)		(5.36)	(1.75)
ind_markup_{it-1}		-0.312**	—	0.271	0.269	—	—
		(-2.64)		(1.00)	(0.99)		
$Herf_{it-1}$		-0.147**	-0.133**	-0.214**	-0.218**	-0.220**	-0.164**
		(-3.55)	(-3.21)	(-2.50)	(-2.55)	(-2.58)	(-2.64)
$FIE_{it} \times PE_{it}$		-0.045**	-0.045**	-0.068**	-0.069**	-0.068**	-0.039**
		(-6.19)	(-6.13)	(-5.35)	(-5.37)	(-5.32)	(-2.86)
$SOE_{it} \times PE_{it}$		-0.004	-0.003	-0.029	-0.029	-0.028	0.038
		(-0.16)	(-0.14)	(-0.67)	(-0.68)	(-0.66)	(1.07)
$FIE_{it} \times (\ln K/L)_{it}$		-0.002	-0.002		-0.004	-0.004	0.001
		(-1.02)	(-1.01)		(-1.20)	(-1.16)	(0.23)
企业固定效应	无	无	无	有	有	有	无
年度固定效应	无	无	无	有	有	有	无
观测样本数量	101 291	68 041	68 042	68 041	68 041	68 042	33 963
Prob. > F	0.000	0.000	0.000	0.000	0.000	0.000	0.000
R^2	0.004	0.014	0.013	0.001	0.001	0.001	0.018

注：括号中记有归并到企业水平后的稳健的 t 估计值，*（**）代表10%（5%）的显著性水平。

如果加工贸易企业和外资企业都有相对较高的生产率,那么参与加工贸易的外资企业是否拥有更高的生产率呢?我们在第(2)、(3)列的回归中加入了两个分别衡量外资企业和加工企业、国有企业和加工企业之间交叉作用的自变量。回归表明衡量国有企业和加工贸易企业关系的交互变量系数在统计上并不显著。有趣的是,上述每一列中,衡量外资企业和加工贸易企业关系的交互变量系数都显著为负。这表明,不从事加工贸易的外资企业相比从事加工贸易的,其生产率更高。这一现象的经济学解释是,多数外资企业的生产率本来就比较高,而只有那些生产率较低的外资企业才更积极地寻求加工贸易的机会并获得生产率的提高。最后,我们还引入了外资企业及其资本劳动力比对数值的交互作用项,以观察资本要素较密集的外资企业是否拥有较高的生产率。这一交互作用项的拟合系数值为负,但结果并不显著。

第(4)—(6)列是将两种固定效应纳入估计后的拟合结果。如前所述,一些不随时间变化的因素(如企业所在地)也会影响企业生产率。但在第(1)—(3)列的最小二乘估计中,并未将这些因素分离出来。设想一家位于中国东南沿海地区的企业,很可能因为更靠近海岸线、从事对外贸易的运输费用更低而获益,并最终获得更高的生产率。与此类似,忽略诸如人民币升值一类随时间变化的因素也会带来最小二乘估计的偏差。在回归中考虑这些特定企业和特定时间的固定效应,则能有效地控制以上因素。统计结果表明,企业关税变量和加工贸易虚拟变量的系数,其正负符号与预期相同。此外,这些变量回归所得系数在量上也与第(1)—(3)列中经最小二乘估计所得的结果十分接近。

此外,还可能出现这样的情况:一些曾经进行加工贸易的企业可能不再从海外进口原材料,而改由国内市场采购中间投入品。类似的,一些不进行加工贸易的企业也可能转而从事加工贸易。尽管我们已经利用一个随时间变化的加工贸易虚拟变量来捕捉这一变化,对一直从事加工贸易的企业进行单独研究仍然深具价值。我们在表8-6的第(7)列中,列出了对这一类企业(此处的加工企业虚拟变量标识了在整个时期都从事加工贸易的企业)进行最小二乘估计的结果。结果表明,关税下降显著提高了企业的生产率。

二、分行业估计

我们的数据表明不同产业类型企业的生产率之间存在显著差异。在

15个归并后的产业门类中,木材和木制品产业(编码:44—49)的平均全要素生产率最高,而机械和电子产品产业(84—85)的平均全要素生产率最低。图8-2是在去掉生产率最高和最低的两个产业的极端数据后绘制的,它清楚地表明,大体上进口关税低的产业有较高的生产率。但如表8-3所示,不同产业间的企业加权关税差异很大。例如,纺织品和服装产业(50—63)的关税要比机械和电子产品产业(84—85)的关税高得多。因此,本章进一步探讨了不同行业关税下降对生产率作用的异质性。

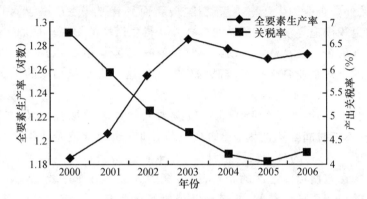

图8-2　全要素生产率和产出关税

注:通过计算样本中所有企业的全要素生产率对数值和产出关税水平,再对计算结果取均值得到生产率和总的产出关税。

表8-7的第(1)、(2)列分别列出了最小二乘估计和固定效应的回归结果,这些计算是在剔除了产业生产率最高和最低的两个门类(即木制品和机械电子产业)后进行的。估计所得的系数与表8-6中第(4)列至第(7)列中的相应结果十分接近。在计算第(3)、(4)列中的数据时,笔者只使用了木制品产业的相关数据,并发现加工企业虚拟变量的系数不仅在统计上十分显著,在量上也远高于第(1)列和第(2)列中相同数项的数值。相反,企业关税的系数则不显著。这一结论与中国木制品行业的现实是高度吻合的:这一行业中的企业从国外进口了大量的原材料和较少的最终产品。因此,无论是从统计上还是从经济学上来看,木制品产业中的企业从加工贸易中的获益都是高度显著的。

表 8-7 分行业估计结果

覆盖的产业：	除木制品和机械外的全部产业		木材和木制品		纺织业		机械电子产业	
估计方法：	OLS	FE	OLS	FE	OLS	FE	OLS	FE
回归因变量：TFP_{it}^{OP}	(1)	(2)	(3)	(4)	(5)	(6)	(7)	(8)
企业关税(τ_{it})	-0.355**	-0.425**	-0.103	-0.062	-0.114**	-0.173**	-0.512**	-0.459**
	(-17.01)	(-12.33)	(-1.53)	(-0.80)	(-2.72)	(-2.96)	(-9.69)	(-6.16)
PE_{it}	0.014*	0.029**	0.036*	0.062**	-0.008	0.008	0.001	-0.001
	(1.88)	(2.38)	(1.80)	(2.43)	(-0.68)	(0.45)	(0.10)	(-0.06)
$(\ln K/L)_{it}$	-0.014**	-0.017**	0.056**	0.064**	-0.034**	-0.032**	-0.019**	-0.022**
	(-6.61)	(-5.58)	(6.16)	(8.16)	(-8.62)	(-5.71)	(-4.18)	(-3.42)
FIE_{it}	0.059**	0.073**	0.047	0.077**	0.074**	0.057*	0.106**	0.062*
	(5.24)	(4.68)	(1.23)	(2.07)	(3.81)	(2.06)	(3.58)	(1.84)
SOE_{it}	-0.079**	-0.084**	0.187**	0.188**	-0.101**	-0.091*	0.000	0.030
	(-6.12)	(-3.90)	(3.92)	(3.40)	(-2.98)	(-1.84)	(0.01)	(0.93)
$markup_{it-1}$	0.022*	0.011**	0.304**	0.291**	0.010	0.009	0.233**	0.389**
	(1.80)	(3.78)	(4.02)	(9.16)	(0.85)	(1.45)	(2.34)	(15.80)
ind_markup_{it-1}	-0.265**	0.282	-0.267	0.894*	-0.144	0.708	-1.348**	0.128
	(-2.03)	(1.02)	(-0.70)	(1.60)	(-0.50)	(1.24)	(-3.28)	(0.22)
$Herf_{it-1}$	-0.101**	-0.174**	-0.555**	-0.410*	-0.283**	-0.377**	-0.053	-0.156
	(-2.22)	(-2.00)	(-3.24)	(-1.93)	(-2.52)	(-2.07)	(-0.40)	(-0.80)

（续表）

覆盖的产业：	除木制品和机械外的全部产业		木材和木制品		纺织业		机械电子产业	
估计方法：	OLS	FE	OLS	FE	OLS	FE	OLS	FE
回归因变量：TFP_{it}^{OP}	(1)	(2)	(3)	(4)	(5)	(6)	(7)	(8)
$FIE_{it} \times PE_{it}$	-0.046**	-0.062**	-0.009	-0.022	-0.029**	-0.041*	-0.044**	-0.038
	(-5.38)	(-4.66)	(-0.41)	(-0.81)	(-2.03)	(-1.89)	(-2.50)	(-1.56)
$SOE_{it} \times PE_{it}$	0.031	0.034	-0.272*	-0.310	0.056	0.043	-0.037	-0.018
	(0.98)	(0.73)	(1.77)	(-2.72)	(0.95)	(0.52)	(-0.68)	(-0.28)
$FIE_{it} \times (\ln K/L)_{it}$	-0.002	-0.002	-0.008	-0.013	-0.007	-0.002	-0.008	0.000
	(-0.079)	(-0.78)	(-0.83)	(-1.52)	(-1.42)	(-0.32)	(-1.31)	(0.03)
企业固定效应	No	Yes	No	Yes	No	Yes	No	Yes
年度固定效应	No	Yes	No	Yes	No	Yes	No	Yes
观测样本数量	53 069	53 069	5 526	5 526	11 564	11 564	9 446	9 446
均方根误差	0.331		0.311		0.297		0.325	
Prob.>F	0.000	0.000	0.000	0.000	0.000	0.000	0.000	0.000
R^2	0.013	0.014	0.073	0.084	0.034	0.009	0.041	0.000

注：括号中记有归并到企业水平后的稳健的t估计值，*（**）代表10%（5%）的显著性水平。

表 8-7 中剩余部分主要研究纺织业、机械电子行业的情况,前者的关税率最高,后者则最低。所有变量的估算系数都和相应值在之前其他拟合中的结果有相同的正负符号。机械产业中企业产出关税的系数要比纺织品服装产业中的大得多,这意味着前者中的企业能从关税下降中获益更多。一个可能的原因是我国机械产业存在巨大的行业内贸易,并使企业必须面对严酷的进口竞争,从而成为造成上述结果的一个可能原因。

总之,不论是样本混合回归还是分行业回归,各种方法回归结果稳健表明:关税下降10%,企业生产率会上升大约3%—6%左右。

三、内生性分析

尽管关税下降受 GATT/WTO 协定的管制,但它在某种程度上仍是内生的。处于生产率较低部门里的企业,会通过游说政府寻求政策保护(Grossman and Helpman,1994),从而迫使政府在有关国际谈判中维持较高水准的关税。从目前国情出发,虽然低生产率企业联合起来向政府求助这种情况在现实中力度如何尚不可知,但从研究的完整全面出发,我们也对这种可能的反向因果关系加以控制。工具变量估计法是一种解决这类问题的有力计量方法。[①]

但是,为关税寻找一个很好的工具变量,是一件极富挑战的任务。参照 Amiti 和 Konings(2007)的研究,本章使用企业在 1996 年的进口加权关税作为这一工具变量。具体而言,这一变量的表达式如下:

$$\tau_{it}^{1996} = \sum_{k} \left(\frac{m_{it}^{k}}{\sum_{k} m_{it}^{k}} \right) v_{k}^{1996}$$

其中,v_{k}^{1996} 是产品 k 在 1996 年的关税税率,出口价值权重 $m_{it}^{k} / \sum_{k} m_{it}^{k}$ 衡量了第 t 年时产品 k 对企业 i 的重要程度。因此,1996 年的加权关税 τ_{it}^{1996} 表征了这些关税对企业仍在生产产品的重要程度。这一设计的经济学原理在于,由于国内特殊利益集团的影响,对那些已经享受政策高度保护的产业,政府通常较难降低它们的高额关税。因此,有理由认为,在中国加入WTO 满五年之前具有高额关税的产业,其现在的关税仍将比其他产业部门高。与此同时,由于一家企业可以生产多种产品,即使一些产品的关税

---

① 工具变量估计法是控制内生性问题的有效方法,Wooldridge(2002)对这一问题进行了仔细的研究。

相同,不同企业受到的影响仍然会有所差异。

为了确认这一工具变量的有效性,本章进行了几项必要的检验。首先,我们检验了这一排他的(exclusive)工具变量是否是"相关的",亦即是否与内生的回归因子(企业现在的加权关税)相关。表8-8中的第(1)—(3)列列出了这些检验结果。在本计量模型中,我们假定误差项是异方差分布的: $\varepsilon_{ijt} \sim N(0, \sigma_{ij}^2)$。因此,常见的Anderson(1984)典型相关似然比检验不再适用,而只适用于独立同分布假设。本章使用了Kleibergen-Paap(2006)提出的瓦尔德统计量(Ward statistic),来检验这一工具变量是否与内生的回归因子相关。这一模型零假设的拒绝域,由1%的显著性水平确定。

表8-8 工具变量估计

回归因变量: TFP_{it}^{OP}	工具变量			工具变量固定效应		
	(1)	(2)	(3)	(4)	(5)	(6)
企业关税(τ_{it})	-1.501**	-1.512**	-1.512**	-1.556**	-1.570**	-1.571**
	(-24.83)	(-24.86)	(-24.84)	(-17.30)	(-16.90)	(-16.89)
PE_{it}	0.015*	0.015*	0.015*	0.021*	0.020	0.020
	(1.89)	(1.93)	(1.93)	(1.65)	(1.59)	(1.58)
$(\ln K/L)_{it}$	-0.026**	-0.026**	-0.026**	-0.028**	-0.027**	-0.026**
	(-17.52)	(-17.43)	(-11.28)	(-14.70)	(-14.55)	(-7.79)
FIE_{it}	0.029**	0.028**	0.028**	0.042**	0.041**	0.050**
	(8.30)	(8.17)	(2.32)	(7.04)	(6.96)	(3.04)
SOE_{it}	-0.071**	-0.069**	-0.069**	-0.074**	-0.074**	-0.075**
	(-5.11)	(-5.03)	(-5.01)	(-3.17)	(-3.16)	(-3.20)
$markup_{it-1}$		0.017	0.017		0.012**	0.012**
		(1.52)	(1.52)		(3.81)	(3.80)
ind_markup_{it-1}			-0.357**	-0.357**		-0.381	-0.387
			(-2.30)	(-2.30)		(-1.13)	(-1.15)
$Herf_{it-1}$	-0.025	-0.022	-0.022	0.063	0.059	0.058
	(-0.39)	(-0.34)	(-0.34)	(0.54)	(0.50)	(0.49)
$FIE_{it} \times PE_{it}$	-0.061**	-0.060**	-0.060**	-0.073**		-0.073**
	(-6.70)	(-6.64)	(-6.64)	(-5.09)		(-5.06)
$SOE_{it} \times PE_{it}$	-0.009	-0.009	-0.009	-0.008		-0.007
	(-0.35)	(-0.33)	(-0.34)	(-0.16)		(-0.14)

（续表）

回归因变量：TFP_{it}^{OP}	工具变量			工具变量固定效应		
	(1)	(2)	(3)	(4)	(5)	(6)
$FIE_{it} \times (\ln K/L)_{it}$			0.000			-0.002
			(0.08)			(-0.54)
τ_{it}^{1996}（第一阶段工具变量）	0.182**	0.183**	0.183**			
	(76.26)	(72.75)	(72.66)			
Kleibergen-Paap rk LM 统计量	4 214.15†	4 142.45†	4 135.72†			
Kleibergen-Paap Wald rk F 统计量	5 367.74†	5 292.17†	5 278.96†			
Anderson-Rubin χ^2 统计量	684.57†	681.86†	681.21†			
Stock-Wright LM S 统计量	666.21†	663.65†	663.15†			
企业固定效应	无	无	无	有	有	有
年度固定效应	无	无	无	有	有	有
观测样本数量	49 683	49 682	49 682	49 683	49 682	49 682
R^2	0.001	0.001	0.001	0.01	0.01	0.01

注：括号中是稳健的 t 估计值，*(**)代表10%(5%)的显著性水平。†代表 p 值小于 0.01。

其次，本章检验了这一工具变量是否与企业现在的关税存在弱相关。若如此，则工具变量法所做的估计将失去价值。对第一阶段被弱识别这一零假设，Kleibergen-Paap(2006)的 F 统计量足以在一个较高的显著性水平上拒绝之。① 再则，Anderson 和 Rubin(1949)统计量(一种 LM 检验)，以及 Stock 和 Wright 的 S 统计量(一种 GMM 距离检验)，都拒绝了内生回归因子系数等于零的零假设。简而言之，这些统计检验充分证明了工具变量的表现良好。

使用 OP 法对全要素生产率进行回归，工具变量估计的结果列于表 8-8 的第(1)—(3)列。在对进口关税的内生性进行控制之后，企业关税变量的系数显著为负，在量上也比表 8-6 中的相应数据要大得多。这依旧证实了关税下降会导致企业生产率上升。由于低效企业会游说政府给予政策保护，如果不控制这一反向因果关系，估计所得关税变量的系数便会被

---

① Cragg 和 Donald(1993)的 F 统计量只是用于独立同分布假设，因而在此处失效。

低估。表8-8第(2)列的计算还考虑了企业利润和行业利润的影响,结论与第(1)列相类似。此外,我们还对外资企业虚拟变量和企业资本劳动力比对数值的交互作用项进行了稳健性检验,结果列于第(3)列。对于企业产出关税和加工企业虚拟变量这两个关键量,回归结果也是稳健的。

在表8-8的第(4)—(6)列中,本章列出了控制两种固定效应后进行工具变量估计的结果。可以发现,三种方案下的所有变量系数都各自保持稳定。唯一例外的是,如此处理之后的企业成本加成系数显著为正。造成这种相关关系的一个可能原因是,一些其他基础因素会同时影响企业利润和企业生产率。这一现象有待进一步讨论,但其并非本章的要旨所在。相反,值得指出的是,控制了市场结构的因素之后,关税下降将带来企业生产率的上升,而加工贸易企业还能享受更大的获益。

四、关于加工贸易的进一步估计

为全面探讨关税下降的竞争效应对企业全要素生产率的作用,本章进而研究了不同种类的加工贸易,考察不同种类间竞争效应的异质性。如前所述,在中国现有的16种加工贸易类型中,来料加工和进料加工是最重要的两种模式。与其他类别不同,来料加工是完全零关税的。企业一旦从国外获得组装配件,将立即获得关税免除的待遇。而从事进料加工的企业虽然也可以免关税,但必须上缴增值税。此外,在将加工完毕后的增值产品出口之后,企业能够从政府得到相应的增值税退税。因此,与不进行加工贸易的企业相比,进口原料加工企业实际上享受到了关税免除的优待。但即使如此,由于企业必须在最初支付增值税,因此这类企业对现金流的需求比装配加工企业要高。在这个意义上说,进料加工企业相比不从事加工贸易企业有更低的进口成本,但它的这一成本却又高于来料加工企业。

我们可以构造一个标识进料加工企业的虚拟变量 $PWIM_{it}$(即对参与进料加工的企业,这一变量值为1,否则为0)。若上述观点成立,则 $PWIM_{it}$ 的回归系数应比加工贸易企业虚拟变量(PE_{it})的系数要高。如表8-9中的第(1)、(2)列所示,$PWIM_{it}$ 在工具变量估计中的系数为0.036,在固定效应的工具变量估计中,其系数为0.039。这两个数值都大于表8-8中第(3)列的对应值0.015和第(6)列中的对应值0.020。

表 8-9　不同加工贸易类别的工具变量估计

回归因变量：TFP_{it}^{OP}	进料加工		除去来料加工		除去来料加工和进料加工	
	(1)	(2)	(3)	(4)	(5)	(6)
企业产出关税(τ_{it})	-0.445**	-0.488**	-1.517**	-1.551**	-1.609**	-1.680**
	(-5.81)	(-5.40)	(-25.09)	(-16.73)	(-24.85)	(-17.42)
加工企业虚拟变量(PE_{it})			0.027**	0.032**	0.035**	0.045**
			(2.99)	(2.27)	(3.33)	(2.88)
进口原料企业虚拟变量(PWIM_{it})	0.036**	0.039**				
	(3.39)	(2.80)				
$(\ln K/L)_{it}$	-0.028**	-0.033**	-0.027**	-0.025**	-0.027**	-0.026**
	(-6.57)	(-6.20)	(-11.22)	(-7.47)	(-11.23)	(-7.60)
FIE_{it}	0.078**	0.077**	0.020	0.039**	0.016	0.039**
	(3.81)	(3.09)	(1.63)	(2.40)	(1.28)	(2.38)
SOE_{it}	-0.086**	-0.083**	-0.069**	-0.079**	-0.070**	-0.077**
	(-3.45)	(-3.44)	(-5.02)	(-3.41)	(-5.07)	(-3.36)
markup_{it-1}	0.012	0.009**	0.016	0.012**	0.016	0.011**
	(1.31)	(2.20)	(1.51)	(3.81)	(1.41)	(3.44)
ind_markup_{it-1}	-0.028	0.710*	-0.269*	-0.385	-0.403**	-0.623*
	(0.14)	(1.78)	(-1.69)	(-1.15)	(-2.25)	(-1.80)
Herf_{it-1}	-0.006	0.140	-0.030	-0.010	-0.029	-0.024
	(-0.07)	(1.07)	(-0.46)	(-0.09)	(-0.41)	(-0.20)
$\text{FIE}_{it} \times \text{PWIM}_{it}$	—	—	-0.076**	-0.091**	-0.088**	-0.109**
			(-7.58)	(-5.81)	(-7.57)	(-6.39)
$\text{FIE}_{it} \times \text{PE}_{it}$	-0.058**	-0.063**				
	(-4.41)	(-3.84)				
$\text{SOE}_{it} \times \text{PWIM}_{it}$	—	—	-0.018	-0.006	-0.018	-0.039
			(-0.62)	(-0.12)	(-0.48)	(-0.63)
$\text{SOE}_{it} \times \text{PE}_{it}$	0.041	0.043	—	—	—	—
	(0.94)	(1.04)				
$\text{FIE}_{it} \times (\ln K/L)_{it}$	-0.001	-0.006	0.002	0.000	0.002	-0.000
	(-0.35)	(-0.10)	(0.71)	(0.05)	(0.87)	(-0.21)
企业固定效应	无	有	无	有	无	有
年度固定效应	无	有	无	有	无	有
观测样本数量	13 283	13 283	46 616	46 616	43 383	43 383
R^2	0.015	0.01	0.001	0.01	0.001	0.01

注：括号中记有归并到企业水平后的稳健的 t 估计值，*(**)代表 10%(5%)的显著性水平。

还需指出的是,直接将来料加工企业的样本纳入回归估计并不是十分恰当。来料加工企业从国外的代理商处免费获取原材料,企业自身并不对生产原材料的选择进行决策。若这一论述成立,目前任何一种计算方法计算生产率都不是十分适合这类企业,因为它们都假定企业会根据利润最大化的目标来做出投入决策,所以企业应该可以调整诸如原材料一般的中间投入,来适应整体的生产率冲击。为了规避这一可能的瑕疵,我们剔除了来料加工企业的样本并重新进行了计算。结果汇报于表8-9第(3)、(4)列。从中可以发现,加工贸易企业虚拟变量的系数不但为正,且在量上大于表8-8中的对应值。表8-9的第(5)、(6)列所记录的计算结果,是在剔除了装配加工企业以及进口原料加工企业的样本后得到的,其相关估计值反映出更甚于之前的效应。这说明,尽管上述两种类型以外加工企业的出口额,只占到中国加工贸易企业出口总额的一小部分,但这些企业仍然从贸易中获得了显著的生产率提高。

第五节 小结

本章着力于研究加工贸易行为能否提高企业生产率。在很多发展中国家,贸易自由化往往体现在关税下降和加工贸易上。关税减低可以通过国际竞争效应来提高企业生产率,然而加工贸易一般通过来自外国的技术外溢效应提高企业生产率。本章的研究基于高度细化的中国贸易、关税、企业产品大型微观数据,得出两个结论:我国大型企业在平均意义上能够从关税下降中获得生产率提升;更重要的是,企业还能从加工贸易中得到额外的生产率增长。

本章丰富了我们对于中国企业全要素生产率的认识。可能是受制于数据质量和计量方法,先前的研究对中国全要素生产率增长的看法不一。本章在整合了我国最为可靠的企业生产数据和产品贸易数据之后,得以精准地计算出企业的全要素生产率。我们还修正了Olley-Pakes计量方法,来处理全要素生产率计算中的两个常见问题:联立性偏差和选择性偏差。我们发现,21世纪以来中国企业的全要素生产率得到了显著的增长。

本章还具有较强的政策指导意义。首先,由于从事加工贸易行为能显著地提高企业生产率,发展中国家(如中国)的政府可以通过实施出口导向型的发展战略来出口本国具有比较优势的产品,从而促进经济增长(林毅夫,2009;姚洋和余淼杰,2009)。当然,这并不是发展经济的唯一途径,各国也应根据本国实际具体应用。其次,如果加工贸易企业和非加工贸易企业都能在关税下降中得以提升生产率,那么即使关税下降政策会加剧企业面对的国际竞争,自由贸易也仍然有利于本国企业。经过 GATT/WTO 多个回合的谈判,现有的各国关税税率已经被维持在一个相对较低的水平,但形式多样的非关税壁垒依然十分常见。在这个意义上,无论是对消费者还是对生产者而言,更进一步的全球贸易自由化都让人期待。

当然,从完美的角度出发,对全要素生产率的计算中运用的价格指标应是企业各个产品的价格。目前,如同所有此类研究一样,产品水平上的价格指标并不可得。但这不失为未来改进的一个方向。

第九章 企业生产率和企业"走出去"对外直接投资
——基于企业层面数据的实证研究[①]

随着中国"走出去"战略的实施,我国企业的对外直接投资(OFDI)也日益增长。通过采用浙江省制造业企业生产和对外直接投资的企业层面数据,在准确衡量"走出去"企业的全要素生产率的基础上,本章考察了企业生产率及其直接对外投资的关系。在控制了回归分析可能的内生性及其他影响因素后,我们发现:第一,生产率越高的企业对外直接投资的概率也越大;第二,生产率越高的企业对外直接投资的量也越大;第三,目的国的收入水平高低对企业投资与否的决定没有显著影响。此外,行业的资本密集程度对企业的生存环境没有显著影响。所以,本章的发现为我国企业的对外直接投资提供了微观层面的经验证据,一定程度上弥补了这方面研究的空白。

第一节 引言

众所周知,外商对华直接投资(FDI)一直是拉动中国经济的主力,中国是吸收 FDI 的世界大国,占了流向发展中国家的 FDI 总量的三分之一。但另一方面,中国也是世界资本的一大供给源,虽然目前中国流出的对外直接投资(OFDI)和流入的外商直接投资(IFDI)相比还规模还较小,但其增长速度不容小觑,仅 2005 年一年,对外直接投资的增幅就达到了 32%,中国的很多跨国大企业也在国际商务中扮演着越来越重要的角色。据联合国的估计,中国的对外直接投资已经超过了 GDP 的 3%。20 世纪 80 年

[①] 本章是与田巍合作,最早发表于《经济学(季刊)》,2012,11(2),第 383—408 页。

代中国的对外投资管理严格,只有国有企业和部分监管企业可以对外投资。20世纪90年代放开管制以后,在逐渐完善的监管体制之下,中国的"走出去"战略的实施以及相应的政策刺激,信息辅助等措施都促进了大量中国企业在外拓展市场,尤其是家电、电子、通信等领域,对外投资的企业也不再局限于国有企业。投资企业多为位于东部沿海城市的企业,在行业分布上则多为制造业、商业和矿产业,这些对外投资主要流向包括香港和其他一些"避税天堂"在内的地区(见 Poncet,2007)。图 9-1 则描述了我国 21 世纪以来对外投资的宏观走势。

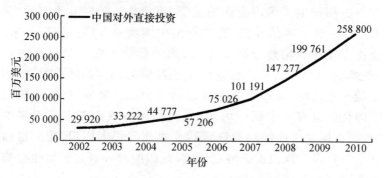

图 9-1 中国 21 世纪以来对外直接投资

资料来源:CEIC 数据库。

据《2009 年度中国对外直接投资统计公报》显示,截至 2009 年年底,中国 12 000 多家境内企业在境外直接投资,分布在 177 个国家及地区,投资累计净额约 2 457.5 亿美元,非金融类占 84.5%。中国 2009 年对外直接投资占全球对外直接投资总额流量的 5.1%,存量的 1.3%,流量位列全球第五。其中投资主要流向了服务业、采矿业、金融业、批发零售业、制造业和交通运输业,这几项的总投资占当年的 93.8%。其中制造业的投资额约占 4%,制造业企业数目占对外投资企业总数目的约 32%。按投资流向地来看,71.4% 的投资流向亚洲其他国家。① 投资的主体中地方投资大幅增长,企业数目约占总数目的 95%,其中东部地区以及湖南等中部地区仍是地方直接投资的主力;中央企业虽然数目仅占约 5%,但投资的流量占总投资超过 60%,虽然比例仍然很高,但是与历史相比,其主力作用在逐渐让位于地方企业。

---

① 其他大洲的投资比例分别为:13% 流向拉丁美洲,欧洲占了 5.9%,大洋洲 4.4%,北美洲 2.7%,非洲 2.6%。

决定我国对外直接投资的因素很多,目前还没有研究中国对外直接投资的系统实证文献,但如外国投资指导性服务(Foreign Investment Advisory Service,2005)机构发起的调查问卷所显示的,中国市场的因素、目的国的政策因素和中国的政策性因素都会对企业对外投资决策有影响。具体的,第一,国内需求不足和企业产能过剩导致企业有寻找市场的动机,但是很多领域的出口都受到配额的限制,直接建厂投资是规避配额的有效方式,如果大部分对外直接投资的企业以此为目的,则可看到在原本出口多、贸易盈余大的国家也将有较大的对外直接投资增长。第二,流入中国的直接投资一方面加剧了国内企业的竞争,迫使企业转向其他市场,另一方面带来了技术和资本的外溢,有效帮助中国企业在海外建厂。第三,有的大企业在发达国家建立研发中心,为的是学习它们的科研技术。第四,一些炼油、天然气、矿产行业的企业在资源丰富的国家投资,为的是获得充足的原材料,这些企业主要是国有企业。第五,目的国的政策优惠对中国企业也有很大吸引力,比如英国招商政策吸引了很多中国企业。第六,中国政府的战略和政策转变也起到很大作用,比如目前中国已签订了一百多个双边投资协定,这对我国的对外直接投资也会有一定的促进作用。

以上调查显示的分析都是基于宏观层面的,这些日益增长的对外投资究竟是由什么样的企业贡献的?剔除相同的宏观经济环境、不同的行业因素和不同的目的国的影响,什么样的企业更容易选择对外直接投资?企业的生产效率和企业的对外投资行为有什么关系?这些在企业层面的复杂差异很难由一个笼统的调查阐释清楚,因此须运用企业层面的微观数据,给出严谨的分析才能回答上面的问题。

在经济学理论上,Montagna(2001)、Melitz(2003)等文章对这些问题通过严密的论证做出了理论方向上的预测:同一个行业内,生产率最低的企业只服务于本国市场,生产率较高的企业不仅在本国出售,还出口到别国,而生产率最高的企业同时在本国出售、出口以及在外国直接投资。实证方面,Helpman-Melitz-Yeaple(2004)则研究了企业的生产率对其出口和对外直接投资的决策的影响。他们发现,对美国企业而言,出口企业比只在国内销售的企业的生产率要高约39%,而进行对外投资(OFDI)的企业又比出口企业的生产率高约15%。这一发现与Melitz(2003)的经典理论预测一致。

在此之后,Head-Ries(2003)则采用日本企业的数据进行实验检验,同样发现了生产率最高的企业仍然是对外投资企业,生产率较低的企业选择出口,生产率最差的只在本国销售。更有意思的是,他们也发现了低生产率的企业容易被低收入国家吸引,而高生产率企业主要投资到高收入国家。Eaton-Kortum-Kramarz(2004)用法国企业数据进行检测,发现无论是出口还是对外直接投资,目的国的数量都和企业生产率成正比,说明了不同国家的进入成本和竞争程度对企业的决策有影响。Damijan-Polanec-Prasnikar(2007)用斯洛文尼亚的数据进行检测,他们的结果支持了 Helpman-Melitz-Yeaple(2004)的结论,发现只有生产率最高的企业会对外投资,但是他们发现对高收入国家投资和对低收入国家投资的进入门槛没有显著不同,这又与 Head-Ries(2003)的发现有所不同。

对中国企业而言,目前的研究多停留在研究企业生产率对企业出口决策的影响上。比如 Feenstra-Li-Yu(2011)发现,企业的出口受其生产率及信贷约束的影响。高生产率的企业较为可能出口,而出口的量也较大。随后,Lu(2010)也发现中国企业进入国内市场的成本和出口的成本取决于行业特性。对劳动密集型部门而言,国内的竞争压力远大于国外市场,因此进入出口市场的成本反而比在国内销售的成本要低,因此对劳动密集型部门而言,最有效率的生产者在国内销售,而低生产率的企业销往国外。Lu-Lu-Tao(2010)同样用中国的企业数据发现中国的企业选择不仅与生产率相关,还与企业的所有结构有关。在对华投资的外资企业里,高生产率者更倾向于在中国销售而非出口至其他国家。

或因数据所限,目前关于中国企业的外向直接投资很少,如有则多是停留在宏观层面上(Huang-Wang,2010)。关于企业外向投资微观层面的研究,据笔者所知,目前只有余淼杰和徐静(2011)一文,该文同样运用浙江省的外向直接投资企业数据,发现了中国企业"走出去"并不会减少企业本身的出口。企业外向直接投资与企业出口是互补的。不过,他们并没有从企业本身绩效出发去考察企业的生产率对对外投资决定及大小的影响。

因此,本章旨在从以下三个方面展开研究:第一,企业生产率对其投资的动机是否有正相关关系?生产率越高的企业是否进行对外直接投资的概率也越大?第二,生产率越高的企业是否其对外直接投资额也越大?第三,目的国的收入水平高低对企业投资与否的决定有没有显著的影响?

就比较而言,本章的研究采用2006—2008年三年企业面板数据,这相对于Helpman-Melitz-Yeaple(2004)及Head-Ries(2003)文中所采用的横截面数据而言更具优势。因为，上述这两篇研究之所以在实证方法上遭到了后人的质疑，一个主要的原因在于他们只运用了横截面数据。这样，实证回归就没办法控制内生性问题，换言之，无法证明高生产率的企业选择对外直接投资（或出口）而不是企业从对外投资（或出口）中受益提高了生产率。而本章通过采用面板数据且选择合适工具变量以控制内生性从而得以有效地避免上述不足。

本章结构如下：第二节详细描述回归所用数据及如何准确衡量企业生产率；第三节讨论对外投资企业与非对外投资企业的主要差异；第四节探讨企业生产率大小对其对外直接投资决策的影响；第五节则研究企业生产率对对外投资额的影响；第六节为小结。

第二节 数据和衡量

本章使用的数据有两套，一套来自工业企业数据库，包含了在销售额500万元的规模以上的大中企业的各主要会计变量信息。这套数据包含了丰富的企业层面的信息，包括了地理位置、行业、资本构成、员工组成、主要经营项目、盈利情况、出口值等上百个变量。这套数据目前可用的年份是从1998年开始到2008，为与对外直接投资的企业数据年份相匹配，本章用了其中2006年到2008年的样本。这套数据虽然信息丰富，但缺少企业对外直接投资的信息，因此我们用的另一套数据则是浙江省大型制造业企业三年的对外直接投资指标。这套数据包含了浙江省对外直接投资中方和外方国家乃至城市的信息、投资额、所属行业等重要指标，这些都是本章计量分析不可缺少的变量。

在我国的对外直接投资中，浙江省具有非常重要的地位。前面已经提到东部沿海城市始终是地方投资的主力，而浙江省又是重中之重。浙江省的对外投资企业数目占全国的21.4%，位列榜首，其投资额在每年的地方排名中也总是名列前茅。如表9-1所示，2010年的投资额占地方总对外直接投资额的16%以上，名列第一。

表 9-1　2006—2010 年浙江省对外直接投资额及比重

年份	各省市中当年排名	投资额(万美元)	占地方总对外直接投资比重(%)
2006	4	19 165	8.52
2007	2	45 898	10.22
2008	2	50 558	8.23
2009	5	78 207	8.36
2010	1	262 139	16.06

资料来源:商务部合作司。

浙江省的对外直接投资始于1982年,基本上与我国的对外直接投资是同时代开始的。截至2007年6月,经核准的境外企业累计达2 809家,投资总额16.4亿美元,境内主体数和境外机构数居全国第一。浙江省的对外直接投资也非常有代表性:约70%的投资由民营企业创造,投资领域主要涉及机械、纺织、电子、轻工等行业,主要集中在亚洲、欧洲和北美,形式主要以设立境外加工企业、资源开发、境外营销网络、房地产开发和设立研发机构等为主。对外直接投资途径也逐渐多样化,从单纯出资设立企业到跨国参股并购、境外上市,企业从单打独斗到集群式规模开发。因此用浙江省的制造业企业数据分析首先保证了企业参与对外投资途径的多元化、企业主体的多元化和制造业内行业的多元化;其次,因为主要投资主体是民营企业,这样避免了在一些转型国家中出现的特殊历史政治因素,即效率低下的国有企业因为经济转型前的历史地位而至今在对外直接投资中举足轻重。

这一数据库内容虽然丰富,但由于各种原因,部分企业提供的信息可能不够准确,从而使其中一些样本可能存在误导性。① 与谢千里等(2008)、余淼杰(2010,2011)的研究类似,本章将使用如下标准去除异常样本:首先,重要财务指标(如企业总资产、固定资产净值、销售额和工业总产值)有遗漏的样本被剔除;其次,雇员人数在10人以下的企业样本也被剔除。还有,如同 Cai 和 Liu(2009)、Feenstra-Li-Yu(2011)的研究一样,遵循一般公认会计准则(GAAP),本章还剔除了发生以下情况的企业样本:① 流动资产超过固定资产的企业;② 总固定资产超过总资产的企业;③ 固定资产净值超过总资产的企业;④ 没有识别编号的企业;

---

① 例如,一些家族企业并没有建立正规的会计系统,其会计报表往往以"元"为单位,而规范的要求是以"千元"为单位。

⑤ 成立时间无效的企业(例如成立时间在 12 月之后或在 1 月之前)。在对数据进行严格可靠的筛选后,我们就可据此对企业的生产率进行测算。

在以往的研究企业生产率和企业行为的文章中,很多学者采用的都是劳动生产率。这种度量方式有一定局限,劳动力投入比例的变动会导致劳动生产率的改变,对同一个行业,资本密集的企业比劳动力密集的企业劳动生产率高,当中国的企业到海外竞争时,如果我们密集使用劳动力,就天然地成了低生产率企业,外国企业就是高生产率,但这种意义上的生产率对企业的生存和发展没有必然的决定,密集使用劳动力的企业并不一定就比密集使用资本的企业更不容易存活。所以这种定义本身有一定误导,比较好的度量方法是使用全要素生产率(TFP),它对所有要素投入一视同仁,度量的是剩余的技术和效率因素,不会因为要素投入比例改变影响生产率的结果。

因此在本章中,我们用全要素生产率作为企业生产率的度量。计算全要素生产率的标准方法是用 OLS 法计算索洛残差,但是传统的 OLS 方法有两个缺陷:反向因果关系和选择性偏误。一方面,企业可能同时选择产量和资本存量,或者为了实现一定产量而追加特定量投资,即资本存量的决定受到产量影响,而非外生的,这样就使产量和资本存量间产生反向因果关系。为此,虽然研究者们最初普遍采用加入企业和时间的双向固定效应,但这样只能减小共生性偏误,并不能完全克服反向因果问题。另外一方面,面板数据中往往存在样本的选择偏误,也就是说,只有生产率比较高的企业才能留在样本中,生产率很低的企业自然被剔除了样本,这个问题在本章的数据中更为突出,因为主要数据之一是规模以上的企业数据,只有规模达到一定水平的企业才能留在数据中,而渐弱萎缩的企业很可能会退出。这个问题是传统的 OLS 方法不能解决。为此早期的研究通常剔除掉中途退出样本的企业以使面板平衡,但是毫无疑问这样就浪费了大量信息资源,而且无法包含刻画企业的动态行为。在此难题上做出巨大贡献的是 Olley-Pakes(1996)的方法,这是目前非常流行的计算 TFP 的方法,他们通过设立半参方程计算并解决了选择性偏误问题。Van Biesebroeck(2005)及 Amiti 和 Konings(2007)在其基础上,在计算中引入了企业的出口投资等决策,使计算结果更缜密周全,并且通过建立企业存活的概率模型解决了样本选择性偏误问题。

如同余淼杰(2010,2011),根据我国的实际情况,我们对 Olley-Pakes

(O-P)生产率的计算进行如下的扩展:首先,本章使用了工业水平上的平减价格来度量全要素生产率。关于生产函数的测算,Felipe等(2004)曾强调应以货币变量的形式来度量产出所可能产生的估计误差,这种方式实际上只是对会计恒等式的估计。① 其次,为在计算全要素生产率中体现企业的进出口行为的作用,本章构建了两个虚拟变量,其中一个为出口变量,另一个为进口变量。这样,相对于以前的研究,我们就可进一步刻画企业的外贸行为对生产率可能产生的影响。具体的计算方法请见本书附录。在下面的部分中,为了简化文字,我们将上述用O-P方法计算的全要素生产率简记为生产率。

经过整理后的数据包括了浙江省2006—2008年制造业3万多个大中型企业三年的样本,总计100 999个观察值,其中平均每年有一百多个企业参与海外直接投资,计有257个企业有对外直接投资行为。表9-2列出回归所用的一些重要变量的统计特征。图9-2是对外直接投资企业投资额对数分布图,它基本服从正态分布。事实上,大部分的企业投资额集中在1 000万美元以内,三年一共只有十个左右的企业投资额超过千万美元。为避免异常值的存在对回归结果产生的可能偏差,我们将这十多个观察值从样本中去掉。

表9-2 主要变量统计特征

变量名	均值	标准差	最小值	最大值
生产率	4.08	0.94	-4.13	8.59
企业对外直接投资与否	0.0025	0.05	0	1
出口与否	0.42	0.49	0	1
对外直接投资额对数	3.27	1.53	0	8.61
出口—内销比例	0.27	0.40	0	1
资本	7.96	1.57	-0.29	15.99
劳动力	4.45	0.98	0	10.16

注:各变量有100 999个观察值。生产率、资本、劳动力均为对数形式。

---

① 为了精确计算全要素生产率,理论上应该根据具体产品的价格计算"实物生产率"(Foster-Haltiwanger-Syverson,2005)。但和其他许多研究一样,我们难以得到每个企业所有产品的价格。因此,作为折中,本章将使用产业层面的价格来平减企业的产出。

图 9-2 企业对外直接投资对数值分布图

第三节 影响企业进入对外直接投资市场的决定因素

在进行严格的计量分析之前,有必要讨论非对外投资企业与对外投资企业在劳力、资本及全要素生产率这些关键变量上是否存在着显著的区别。

Helpman-Melitz-Yeaple(2004)的理论模型已预测,生产率最高的企业将对外直接投资,而生产率低的企业不会。但在中国这样的转型国家,也许会出现相反的现象,即一些国有企业因为政策性垄断等原因,很早就开始对外直接投资,当改革开放之后,国有企业生产率相对较低(Wu,2005),但它们仍可凭借着已开拓的海外市场在境外活跃。这样,我们也许就会观察到低生产率的企业反而寻求对外投资的现象。

不过,在我们的样本中,只有1%的对外投资企业是国有企业,所以,国有企业对外投资这一历史因素并不会改变整个故事。为检测是否高生产率的企业较有可能对外直接投资,我们首先将企业分成有对外投资和没有的两组,表9-3列出这两组企业的平均生产率、资本和劳动力,并计算两组的差值。从表9-3a中可看出,相对于没有对外直接投资的企业而言,进行投资的企业有更高的生产率,更高的资本规模和劳动力规模。这个结论与理论预期一致。当然,据此并不足以判断高生产率的企业更倾向于对外投资,因为有可能企业先投资,并随着投资积累经验逐步提高生产率。

表 9-3a　非对外投资企业与对外投资企业生产率、劳动力和资本之差

	生产率	劳动力	资本	观察值
非对外直接投资企业	92.85	155.41	12 379.01	100 742
对外直接投资企业	174.20	592.54	62 790.58	257
差值	-81.34***	-437.13***	-50 411.57***	
	(-9.92)	(-19.62)	(-10.00)	

为此,我们在表 9-3b 中列出了逐年的企业生产率的差值,如果企业有学习效应,那么对外投资的企业相对于非对外投资企业的生产率优势应随着时间递增,但从表中可见,优势非但没有随着时间增强,反而有减弱的趋势,在 2008 年两组企业的生产率并没有显著差别,说明对外直接投资企业的生产率优势是先决的,而非在投资中积累的。

表 9-3b　非对外直接投资企业与对外直接投资企业生产率之差(按年)

生产率	2006	2007	2008
非对外直接投资企业	91.02	99.17	86.07
对外直接投资企业	270.09	170.31	70.51
差值	-179.07***	-71.14***	15.57
	(-12.10)	(-5.35)	(1.08)
观察值:非对外直接投资	34 371	39 087	27 284
观察值:对外直接投资	77	113	67

表 9-4 再次确认了这种推断。表 9-4a 中显示的是从没有参与过对外直接投资的企业和第一次参加对外直接投资的企业的差别,可见新进入对外直接投资市场的企业有着更高的生产率、劳力和资本。而表 9-4b 中显示的是一直参与对外投资的企业和今年新进入对外直接投资市场的企业的差别,显然前一类企业并没有因为学习和经验获得明显的优势。

表 9-4a　从未对外直接投资的企业和首次对外直接投资企业的比较

	生产率	劳力	资本	观察值
从未对外直接投资企业	92.58	153.72	12 203.3	100 316
首次对外直接投资企业	171.99	572.38	60 996.71	239
差值	-79.41***	-418.66***	-48 793.41***	
	(-9.37)	(-18.46)	(-9.38)	

表 9-4b 非首次对外直接投资企业和首次对外直接投资企业的比较

	生产率	劳力	资本	观察值
非首次对外直接投资企业	203.33	860.05	86 609.17	18
对外直接投资企业	171.99	572.38	60 996.71	239
差值	31.33	287.66	25 612.46	
	(0.36)	(1.11)	(0.68)	

接着,我们进一步考察企业对外投资量与目的国收入是否相关。为此,我们按目的国的收入水平将有对外直接投资的企业分为两组,即对中高收入国家投入的企业和对中低收入国家投资的企业。具体的,按照世界银行 2008 年对国家收入水平的分类,我们定义人均 GDP 在 3 855 美元之下的为低收入国家,在其上的为高收入国家。① 但是这样分组也有潜在的弊端,即同一个企业可能同时向多个国家投资,就会造成分组重叠。不过,在我们的样本中,这一点不足为虑:样本中只有一个企业在同一年投资了两个国家,其作用可以忽略不计。

结果在表 9-5 中显示,大部分企业投资到富裕国家中,这些国家主要位于包括了欧洲、北美洲、大洋洲、东南亚和少数中东及拉美国家,只有少部分企业投资到非洲等地区的贫困国家。从表 9-5 的结果可见,投资到富国和穷国的企业在生产率、规模和资本上都没有显著差别。这一点与 Helpman-Melitz-Yeaple(2004)预期一致,投资到穷国和没有对外投资的企业各方面上有显著差异,而与 Head 和 Ries(2003)的发现有所不同。当然造成这一结果的也可能是穷国和富国在行业比较优势以及资源上的不同,比如贫穷国家往往拥有较多的劳动力优势而富裕的国家往往有技术优势或资源优势,因此不同国家吸引不同行业的企业,而仅这个简单的对比不能排除行业的差异,还需要更严谨的计量支持。

---

① 根据世界银行 2008 年的划分,人均 GNP 在 975 美元以下的为低收入国家,在 975 至 3 855 美元之间的为中等收入水平偏下,在 3 855 至 11 906 美元之间的为中等收入水平偏上,高于 11 906 美元的为高收入国家。

表 9-5　投资于低收入国家和投资于高收入国家的企业比较

	生产率	劳动力	资本	观察值
非对外直接投资	92.84	155.40	12 379.01	100 742
对外直接投资低收入国	132.58	402.94	45 481.18	35
差值	-39.74*	-247.53***	-33 102.17**	
	(-1.80)	(-4.14)	(-2.43)	
对外直接投资低收入国	132.58	402.94	45 481.18	35
对外直接投资高收入国	130.75	556.50	48 168.99	166
差值	1.83	-153.56	-2 687.813	
	(0.06)	(-0.81)	(-0.11)	

如果一企业所在行业的劳动密集度比较高,那么有可能由于我国的企业在国内市场比在国际市场的竞争压力要大,其进入成本也相应更高,因此只服务于本国的企业应该有最高的生产率,高于出口的企业(Lu,2010)。以此类推,本国企业的生产率也应高于对外投资的企业。为了检测这个推测,仿照 Lu(2010)的测度方法,我们对制造业的部门按 2 位码进行行业分类,并求出每行业平均所需的资本劳动比,然后再对各行业计算出非对外直接投资与对外直接投资的企业生产率的差。图 9-3 显示的是产业(按 4 位代码划分)的资本劳动力比的分布,大部分企业都处在劳动力密集型的部门。按 Lu(2010)预计此差值应与行业的资本劳动比成正相关性,但是结果却显示,相关系数为 -0.128,是微弱的负相关关系。

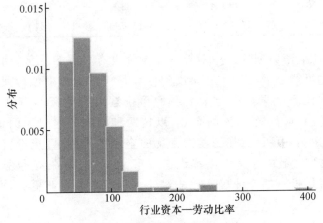

图 9-3　行业的资本劳动比分布

不过,由于样本中对外投资的企业并不多,若以2位行业分类会造成每个行业投资的企业数目很少,影响检测的有效性。于是我们进而采取较粗略的分类法,将所在部门资本劳动比较高的一半企业分为一组,较低的一半分为另一组,对每组分别计算非对外直接投资企业与对外直接投资企业生产率等指标的差。如果推论正确,应该看到低资本劳动比的一组差值为正,高资本劳动比的一组为负。表9-6显示,即使在劳动力密集型的部门对外直接投资企业仍然在生产率等各个方面显著高于非对外直接投资的企业。

表9-6a 劳动力密集产业中非对外直接投资企业与对外直接投资企业
（按中位分组）

	生产率	劳动力	资本	观察值
非对外直接投资	87.82	166.52	6 882.529	50 296
对外直接投资	111.61	468.88	24 919.84	129
差值	-23.78**	-302.35***	-18 037.31***	
	(-2.36)	(-9.83)	(-7.38)	

表9-6b 资本密集产业中非对外直接投资企业与对外直接投资企业
（按中位分组）

	生产率	劳动力	资本	观察值
非对外直接投资	97.84	144.32	17 859.15	55 402
对外直接投资	237.25	717.15	100 957.2	135
差值	-139.41***	-572.83***	-83 098.03***	
	(-10.77)	(-17.79)	(-8.51)	

但是资本密集型部门中对外直接投资也有显著的优势,而且优势更大一些,这可能是因为资本密集度的分界是仅仅依据中位行业任意选定的,会影响检测结果。为此最后我们再挑选出行业资本劳动比最低的15%的企业和最高的15%的企业,以这两种极端的部门为例重新检测,结果如表9-6c中所示,在劳动力密集的企业里,对外直接投资的企业与非对外直接投资的企业生产率没有显著差别,但是在资本密集的行业里,对外直接投资的企业确实比非对外直接投资的企业更有效率也更有规模。

表 9-6c 劳动力密集和资本密集行业中非对外投资与对外投资企业生产率
（取两端各 15% 的样本）

	劳动力密集部门	资本密集部门
非对外直接投资	91.54	115.01
对外直接投资	123.08	289.86
差值	-31.53*	-174.84***
	(-1.74)	(-5.81)
观察值:非对外直接投资	14 386	15 181
观察值:对外直接投资	40	36

第四节　企业生产率与企业对外投资决策

一、企业生产率对其对外直接投资决策的影响

至此,可以初步判断出进行对外投资企业与非对外投资企业在生产率等方面有着显著的差异。更严格的,我们可以进一步考察在控制各方面因素之后,外商投资企业是否会有较高的生产率。考虑如下回归式:

$$\ln\mathrm{TFP}_{it} = \beta_1 D_{it}^{\mathrm{Exp}} + \beta_2 D_{it}^{\mathrm{OFDI}} + \beta_3 \ln\mathrm{klratio}_{it} + \varepsilon_{it} \qquad (9\text{-}1)$$

其中,为企业 i 在 t 年的生产率对数值,则企业 i 在 t 年时是否进行对外直接投资及出口(是为 1,否为 0),则表示企业的资本—劳力比。当然,除此之外,还存在着其他变量会影响企业的生产率,我们把它通通吸收到误差项来,并将其分解成以下三个方面:一是每个企业自身的固定效应 ω_i,用以控制一些不随时间变化的因素;二是随年份变化的固定效应 η_t,用以控制一些不随企业变化的因素;三是特异性效应 μ_{ijt},其服从于正态分布 $\mu_{ijt} \sim N(0, \sigma_{ij}^2)$,用以控制其他尚留的因素。

表 9-7 列出相关的回归结果。在第(1)列中我们控制了双向固定效用,可以发现,对外投资企业较之于非投资企业有较高的生产率。出口企业较之于非出口企业也有较高的生产率。在列(2)—(4)中我们分年进行回归,也有类似的回归。唯一的例外是 2008 年,对外投资企业并没有较高的生产率,出口企业的生产率也相对较低,如 Feenstra-Li-Yu(2011)强调的,这可能是由于金融危机的负面影响所导致的。不过,总体而言,我们的结果与 Helpman-Melitz-Yeaple(2004)的发现是一致的。

表 9-7　对外直接投资对企业生产率的影响①

生产率	（1）	（2）	（3）	（4）
	全样本	2006	2007	2008
对外投资与否	0.38***	0.66***	0.35***	0.02
	(6.53)	(4.82)	(3.29)	(0.20)
出口与否	0.11***	0.14***	0.16***	-0.05***
	(21.90)	(13.02)	(15.76)	(-4.58)
资本密集度	-0.08***	0.00	-0.00	-0.29***
	(-33.37)	(0.75)	(-0.38)	(-63.88)
年份固定效应 企业固定效应	是 是	否 是	否 是	否 是
观察值	100 999	34 448	39 200	27 351
R^2	0.01	0.01	0.01	0.15

注：*** $p<0.01$，** $p<0.05$，* $p<0.1$。

更进一步的，为区别企业在出口或对外直接投资中的边干边学效应，和企业进入市场时因面临进入成本而自我选择的效应，首先假设企业每一年选择进入或不进入对外直接投资市场是与历史相关的，为剔除曾经进行过对外直接投资的企业的学习效应，我们将当年首次参与对外直接投资的企业和从未参与过对外直接投资的企业从数据中分离出来，将这些企业构成的子样本用 PROBIT 概率模型估计其选择行为。

$$\Pr(D_{it}^{OFDI}=1\mid X_{it})=\beta_0+\beta_1\ln TFP_{it}+\beta_2\ln K_{it}+\beta_3\ln L_{it}+\beta_4 D_{it}^{Exp}$$
$$+\beta_5 D_{it}^{SOE}+\beta_6 D_{it}^{FIE}+\varepsilon_{it} \qquad (9\text{-}2)$$

另外，这样还在一定程度上控制了导致企业历史行为差异的不可观测的异质性。如表 9-8 中的第(1)列所示，对从未参与过对外直接投资的企业，其拥有越高的生产率，开始对外投资的可能性就越大。为控制不同企业的资本规模对企业决策的影响，同时为了控制出口企业相对于非出口企业的信息和市场优势，在第(2)列中加入了这些控制变量，结果仍然显著。可见，充足的资本和较大的规模同样有助于创建对外直接投资市场，而同时出口的企业开始对外投资的可能性更高，得益于对海外市场的认知和熟悉。但是这个结果没有考虑到不同年份之间的波动，以及不同行业间的差别，而不同行业的海外市场进入门槛千差万别，因此随后我们加入年份的

---

① 在本章以下的回归中，生产率、资本、劳动力和资本密集度都是以对数形式呈现的。为了简洁，在表中变量均简称为生产率、资本、劳动力和资本密集度。下同。

哑变量和行业的哑变量。因为这里回归所用的数据是所有企业的数据,因此采用2位代码的行业分类不会造成样本太少变量太多的问题。结果显示在第(3)列,与之前的回归颇为接近。

表 9-8 企业生产率对企业对外投资决策的影响

	(1) Probit	(2) Probit	(3) Probit + FE	(4) Probit	(5) Probit + FE
生产率	0.13***	0.05**	0.09***	0.09***	
	(5.02)	(2.17)	(2.93)	(2.86)	
滞后一期的生产率					0.16***
					(5.07)
资本		0.09***	0.09***	0.09***	0.08***
		(4.77)	(3.87)	(3.93)	(3.17)
劳动力		0.12***	0.13***	0.13***	0.13***
		(4.38)	(4.21)	(4.25)	(3.90)
出口与否		0.68***	0.68***	0.69***	0.72***
		(10.27)	(10.38)	(10.53)	(9.88)
外资企业				−0.09*	
				(−1.66)	
国有企业				−0.34	
				(−0.89)	
观察值	100 555	100 555	100 450	100 450	84 537
pseudo R^2	0.0104	0.127	0.133	0.134	0.142
年份固定效应	否	否	是	是	是
行业固定效应	否	否	是	是	是

注: *** $p<0.01$, ** $p<0.05$, * $p<0.1$。

在以上分析的基础上,为了更详细地刻画企业的选择行为,我们在控制变量中引入了企业的所有者类型,包括外资企业(包括港澳台企业)、国有企业和其他三类。不同所有制企业的对外投资决策有很大差异。在全国范围,主要的对外投资主体是国有企业,占了69%。在浙江省,主要投资主体是民营企业,民营企业相对国有企业市场力量更弱,持有的资源也少,但是运作更加灵活。而港澳台企业和外资企业的投资量非常小,企业数目也比较少,但相比国有企业和民营企业,外商企业有更好的海外资源和市场。所以无论从投资的数目还是从企业的性质上看,这几类企业都大不相同,所以很有必要控制其影响。控制企业所有者结构后的结果显示在第(4)列和第(5)列,生产率对企业行为的影响仍然显著为正,其他主要控制变量的影响也没有改变,而企业的所有结构对企业对外投资的决策并没有额外影响。

二、对外投资决策与企业生产率的内生性

不过,即使经过这样的筛选,仍然无法完全控制反向因果问题,因为仍然无法排除在这一年内新进行对外投资的企业经过一年的学习提高了生产率。另外,即使这样控制了大部分企业因边干边学可能出现的反向因果问题,但仍不足以控制全部内生性:上述结果可能是由于存在不可见的遗漏变量,同时影响企业的生产率和进入对外直接投资市场的成本,比如企业所在环境里外资企业的增加带来的溢出效应,一方面传播了外来新技术,提高了企业生产率,另一方面拓展了企业的海外通道,降低了对外投资的成本。这时候仅通过筛选样本和控制固定效应还不能解决共生性带来的内生问题,而只有三年的时间跨度也限制了我们控制更多不可观察的企业异质性。不失一般性,如假设模型误差项没有太强时间序列相关性,而是由本期的扰动决定,这样,就可用滞后一期的生产率替代当期值(Wooldridge, 2002)①,即

$$\Pr(D_{it}^{\text{OFDI}} = 1 \mid X_{it}) = \beta_0 + \beta_1 \ln \text{TFP}_{it-1} + \beta_2 \ln K_{it} + \beta_3 \ln L_{it} + \beta_4 D_{it}^{\text{Exp}}$$
$$+ \beta_5 D_{it}^{\text{SOE}} + \beta_6 D_{it}^{\text{FIE}} + \varepsilon_{it} \tag{9-3}$$

如果假设 ε_{it} 和 θ_{it} 独立,这样就排除了本期企业参与对外直接投资对企业生产率的影响。回归结果如表9-8第(5)列显示的,结果非常稳健而且显著,生产率对企业的决策仍然有显著正向的作用,而且影响程度也与之前的分析结果相近,资本存量、规模、出口企业与否的影响也仍然显著为正。

当然,这里还需检验模型的误差项是否真的没有太强的时间序列相关性。这可以从两个方面进行检验。首先,我们发现,滞后一期的 TFP 和当期 TFP 有着很强的正相关关系,说明这种替代是合理的。其次,为了检测滞后一期的自变量是否是外生的,我们首先从回归结果中估算出残差项的值,然后用滞后一期的生产率对其回归,发现残差对上期的生产率没有影响,其相关系数也非常低,只有0.004,从而也证明了不存在时间上持续的

---

① 另一个有效的替代办法就是工具变量进行两阶段回归,我们在下一小节也采用这种方法处理内生性。

因素同时影响本期的企业行为和上一期的企业生产率。

三、企业生产率与投资目的国收入关系

如前所述,Head-Ries(2003)模型认为收入水平低的国家具有更低的进入门槛,因此更容易吸引生产率低的企业对其投资,这是导致本国企业对低收入国家投资的平均生产率要低于不对外投资的原因之一。为了检测不同收入水平的国家是否对企业有不同的吸引力,我们按目的地分别做两个回归。在第一个回归中用首次投资到低收入国的企业和从来没有对外投资的企业构成的样本回归,估计投资到低收入国的概率,第二个回归中用投资到高收入国的企业和没有投资的企业做相应的估计。再检测这两个回归的系数异同,比较两个回归中生产率对企业投资到不同国家的影响有没有差别。

$$\Pr(D_{OFDI,it}^{Poor} = 1 \mid X_{it}) = \beta_0 + \beta_1 \ln TFP_{it} + \beta_2 \ln K_{it} + \beta_3 \ln L_{it}$$
$$+ \beta_4 D_{it}^{Exp} + \beta_5 D_{it}^{SOE} + \beta_6 D_{it}^{FIE} + \varepsilon_{it}$$

$$\Pr(D_{OFDI,it}^{RICH} = 1 \mid X_{it}) = \beta_0 + \beta_1 \ln TFP_{it} + \beta_2 \ln K_{it} + \beta_3 \ln L_{it}$$
$$+ \beta_4 D_{it}^{Exp} + \beta_5 D_{it}^{SOE} + \beta_6 D_{it}^{FIE} + \theta_{it}$$

(9-4)

为简单起见,这里不妨先假设 ε_{it} 和 θ_{it} 独立,这时可以分别做两个PROBIT估计。结果如表9-9a的第(1)、(2)列所示,两个回归中企业的生产率对企业决策没有显著影响,当然这可能是由于样本分离之后数量有限造成的问题。但是基于这两个回归的联合 t 检测结果显示,在0.1的检定水平上都无法拒绝两个TFP的系数相同的原假设,说明企业在选择目的国的收入类型时,TFP没有作用。

表9-9a 目的国贫富水平与企业投资选择

因变量: 对外投资虚拟变量	(1)	(2)	(3)	(4)	(5)
	按贫富回归		按贫富联合回归贫/富		
样本	首次投资到穷国及从未投资	首次投资到富国及从未投资	首次投资到穷国及从未投资	首次投资到富国及从未投资	首次投资
生产率	0.03	0.02	0.04	0.02	-0.13
	(0.59)	(0.86)	(0.87)	(0.71)	(-1.22)
资本	0.08**	0.07***	0.08**	0.07***	-0.04
	(2.12)	(2.99)	(2.20)	(3.00)	(-0.48)

（续表）

因变量：对外投资虚拟变量	(1)	(2)	(3)	(4)	(5)
	按贫富回归		按贫富联合回归贫/富		
样本	首次投资到穷国及从未投资	首次投资到富国及从未投资	首次投资到穷国及从未投资	首次投资到富国及从未投资	首次投资
劳动力	0.04	0.15***	0.04	0.14***	0.26*
	(0.75)	(4.35)	(0.78)	(4.12)	(1.75)
出口与否	0.28***	0.75***	0.27***	0.75***	0.76**
	(2.67)	(8.41)	(2.61)	(8.41)	(2.44)
观察值	100 555	100 555	100 555	100 555	188
行业固定效用	是	是	是	是	是
年份固定效用	是	是	是	是	是
双变概率模型估计	否	否	是	是	否
pseudo R^2	0.0621	0.124	—	—	0.115

注：*** $p<0.01$，** $p<0.05$，* $p<0.1$。

当然这个基准估计方法还有改进的余地。因为如果把企业的投资决策分离成两类——投资给穷国或不投资，投资给富国或不投资，这两个投资显然不是独立的。也即在上面的回归中，和是相关的。虽然一个企业可以同时投资到低收入国和高收入国，但是受企业总资源的限制，两个决策互相牵制，基本上没有企业在同一时间投资到两类国家中。为此在上面的计量模型基础上，我们进一步采用双变概率模型估计（Bivariate Probit Model）。上面两个回归选用的子样本和回归式均不变，但是假设它们的误差项相互关联，在回归计算时可以利用误差项的相关性质增强估计的有效性。回归结果显示在表9-9a 的第(3)、(4)列，同时检定两个回归系数的异同，得到 P 值约为 0.8，仍然支持了企业的生产率对不同目的国投资的影响没有差别的结论。

为了直接对比不同贫富程度国家的吸引力，我们再用当年首次对外投资的所有企业构成的子样本回归，估计这些决定对外投资的企业在所有国家中选择高收入国的概率。结果在表9-9a 第(5)列显示，很明显，企业的生产率、资本和规模都对企业是选择高收入国还是低收入国没有显著影响。企业选择目的国与其生产率没有关系，说明了不同收入的国家之间的进入成本没有巨大差异。或者即使存在进入成本的差异，这种差异在企业决定对谁投资的时候也不是最重要的影响因素。[1]

同前面一样,上述回归中无法避免生产率内生性的问题,因此我们仿照前面的做法,用滞后一期的生产率代替当期的生产率重做表 9-9a 中的回归,结果列在表 9-9b 中。由第(1)、(2)列的结果可见,在处理了内生性以后,无论是在穷国投资的企业还是在富国投资的企业,本国企业的生产率提高都显著增加了企业对外投资的可能性,并且与 HR 预测正相反的是,投资于穷国的企业生产率更高一些。而第(3)列用有对外投资的企业做的回归中,结果和表 9-9a 一致,企业投资到穷国还是富国并没有显著受到生产率的影响,这再次证明了 HR 命题在中国企业不成立。

表 9-9b 目的国贫富水平与企业投资选择(控制内生性)

因变量: 对外投资虚拟变量	（1）	（2）	（3）
	按贫富回归		贫/富
样本	首次投资到穷国及 从未投资	首次投资到富国及 从未投资	首次投资
滞后一期的生产率	0.10*	0.06**	-0.17
	(1.83)	(2.14)	(-1.37)
资本	0.05	0.07***	-0.00
	(1.17)	(3.03)	(-0.00)
劳动力	0.07	0.13***	0.13
	(0.98)	(3.73)	(0.92)
出口与否	0.32**	0.80***	0.93***
	(2.48)	(8.25)	(2.62)
观察值	84 423	84 548	179
年份固定效应	是	是	是
行业固定效应	是	是	是
R^2	0.0559	0.125	0.0579

注:*** $p<0.01$,** $p<0.05$,* $p<0.1$。

四、企业对外投资与所在行业劳力密集度

为了检测是否在我国会出现劳动力密集的行业中生产率低的企业投

---

[1] 在此基础上我们又用 multinomial Probit 模型做了稳健性的估计,以接近 0.8 的 p 值拒绝了两组系数相同的假设,结果与表 9-9a 相近,为节省篇幅,不再单独列出。

资、生产率高的企业不投资的逆转现象。在表9-10a中,我们首先将样本按劳动力密集型和资本密集型分类,再分别做OLS和双向固定效用回归。这里我们对资本密集型和劳动力密集型的分类与第三节一致,是用行业的平均资本密集度的中位数作为分界点,资本密集度高于中位数的行业划分为资本密集型的行业,反之则划分为劳动力密集型。这样的分类虽有些主观性,但仍然有很大的代表性。对每组子样本的回归结果依然强烈支持生产率对企业投资决定有显著正促进作用。通过这三组分析可以得出结论,即使在劳动力密集的部门对外投资的企业仍然比不投资的企业有更高的生产率,说明影响企业投资决策的主要动因并不是市场竞争的强弱。

表9-10a 分行业资本密集度:企业生产率对企业对外投资与否的影响

	(1) 劳动密集型	(2) 劳动密集型	(3) 资本密集型	(4) 资本密集型
生产率	0.06*	0.10**	0.04	0.07**
	(1.93)	(1.99)	(1.21)	(2.03)
资本	0.11***	0.12***	0.06**	0.06*
	(3.57)	(3.62)	(2.05)	(1.85)
劳动力	0.08*	0.08*	0.18***	0.18***
	(1.95)	(1.77)	(4.24)	(4.34)
出口与否	0.73***	0.75***	0.65***	0.64***
	(6.50)	(6.72)	(7.89)	(7.77)
观察值	50 184	49 381	50 371	50 027
年份固定效应	否	是	否	是
行业固定效应	否	是	否	是
资本—劳力比	低	低	高	高
pseudo R^2	0.110	0.116	0.145	0.157

注: *** $p<0.01$, ** $p<0.05$, * $p<0.1$。

类似前面的分析,为了控制内生性的影响,我们在表9-10b中用滞后一期的企业生产率代替当期生产率,重新做了表9-10a中的回归。结果显示,无论是劳动力密集的行业,还是资本密集的行业,企业的生产率都是企业是否投资的重要而显著的决定因素。并且即使在劳动力密集的行业,仍然是高生产率的企业对外投资的可能性更高,与Lu(2010)的预测相左。

表 9-10b　分行业资本密集度：企业生产率对企业对外投资与否的影响（控制内生性）

	（1） 劳动力密集型	（2） 劳动力密集型	（3） 资本密集型	（4） 资本密集型
滞后一期的生产率	0.07**	0.10**	0.14***	0.21***
	(2.10)	(2.32)	(3.64)	(4.79)
资本	0.11***	0.11***	0.05*	0.04
	(3.10)	(3.13)	(1.67)	(1.16)
劳动力	0.09**	0.09*	0.17***	0.18***
	(2.06)	(1.89)	(3.76)	(3.88)
出口与否	0.71***	0.72***	0.74***	0.74***
	(6.19)	(6.31)	(7.69)	(7.60)
观察值	41 782	40 093	42 842	42 563
年份固定效应	否	是	否	是
行业固定效应	否	是	否	是
R^2	0.104	0.110	0.166	0.181
资本密集度	低	低	高	高

注：*** $p<0.01$，** $p<0.05$，* $p<0.1$。

第五节　企业生产率对对外投资额的影响

在分析完企业决定对外投资或不投资，以及投资给谁之后，本章最后要研究的问题是如果企业对外投资，企业的生产率对企业的投资量有没有影响。图9-4是对外直接投资的投资水平和企业生产率的关系图，我们可以看出其中明显的正向关系。

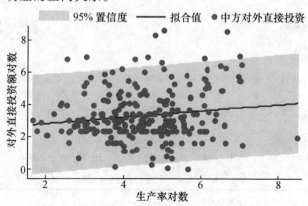

图 9-4　企业对外投资额与企业生产率的关系

一、基准回归

我们考虑下式进行回归：

$$\ln\text{OFDI}_{it} = \beta_0 + \beta_1 \ln\text{TFP}_{it} + \beta_2 \ln\text{klratio}_{it} + \beta_3 D_{it}^{SOE}$$
$$+ \beta_4 D_{it}^{FIE} + X_{it} + \gamma_i + \mu_t + \varepsilon_{it} \quad (9\text{-}5)$$

其中，D_{it}^{SOE}、D_{it}^{FIE} 分别代表企业 i 在年份 t 时是否是国有企业、外资企业，其他各变量如前所述。表 9-11 的第(1)列只包括了企业的生产率变量。可以发现，简单的对外直接投资投资量对企业生产率的回归显示二者之间存在正向的显著关系，说明生产率高的企业有意愿也有实力多投资。

表 9-11 企业生产率对投资大小的选择

因变量：企业对外投资水平	(1) OLS	(2) OLS	(3) OLS	(4) 2SLS	(5) 2SLS
生产率	0.20**	0.19**	0.27**	1.68**	1.43**
	(2.12)	(2.05)	(2.65)	(1.98)	(2.17)
资本密集度			0.15	0.12	0.14
			(1.32)	(0.94)	(1.25)
国有企业			3.57***	3.88*	3.98**
			(109.53)	(1.72)	(2.04)
外资企业			0.15	0.22	0.09
			(0.82)	(0.66)	(0.31)
出口占总销售量份额		-0.39**	-0.31**	0.02	-0.14
		(-1.62)	(-2.32)	(0.04)	(-0.37)
是否采用工具变量	否	否	否	是	是
Kleibergen-Paap Wald rk F 统计量				5.459	7.469
Kleibergen-Paap rk LM 统计量				5.471	7.486
年份固定效应	否	否	是	否	是
行业固定效应	否	否	是	否	是
R^2	0.02	0.03	0.09	0.62	0.73
观察值	256	256	256	246	246

注：*** $p<0.01$，** $p<0.05$，* $p<0.1$。

从理论上讲,企业的出口量和企业的对外投资关系紧密,一方面出口高的企业可能不需要太多海外投资盈利,另一些在海外建厂的公司可以直接在当地生产销售,回避了出口带来的配额和关税限制,因此从这个意义上讲二者存在替代关系;另一方面,一些企业在海外建立公司或办事处或海外市场,为的是可以扩大自己的产品的海外市场和销售渠道,因而有利于出口,从这个角度看二者又有互补关系。因此在回归第(2)列,我们加入企业出口占总销售量的份额,结果显示生产率仍然显著地影响对外投资量。

在第(3)列回归中,我们进一步控制了年份的固定效应和行业的固定效应,发现企业生产率和对外投资值之间的关系也没有改变。而且,国有企业的投资量显著高于其他企业,而外资企业并没有多投资的倾向。这个结论与经济直觉相吻合,说明国有企业的确有丰厚的资金实力和对外投资的传统,而外资企业对再次对外投资没有特别的偏好。

二、内生性分析

但是,以上分析只能说明生产率和投资量的相关关系,要说明其因果关系,还需要控制其中的内生性,要保证企业不会因为多投资而获得更多的经验积累和技术学习,从而提高了生产率,也要保证不存在共同影响企业生产率和投资量的遗漏变量。因此在这里我们用工具变量控制企业生产率可能导致的内生性。

具体的,本章采用上一年度的研发投入作为工具变量,既可以保证工具变量和企业生产率有显著的相关性,又能保证工具变量相对企业对外投资的外生性。从经济学直觉上讲,一方面企业的研发对企业的技术进步有明显的促进作用。另一方面,在我们的样本中,企业的研发对企业的对外投资没有直接影响:大部分中国对外投资企业的主要投资目的是开拓市场而非学习技术。从对外投资企业的类别来看,本数据的 257 个样本中只有 5 个是在境外建立研发机构,而绝大部分企业对外投资的形式都是建立贸易公司或办事处,因此可以认为在这套数据中企业的研发活动是通过生产率的作用去影响企业对外投资的。

为了确认这一工具变量的有效性,本章进行了几项必要的检验。首先,我们检验了这一排他的(exclusive)工具变量是否是"相关的",亦即是否与内生的回归因子(企业当期生产率)相关。表 9-11 中的第(5)、(6)列列出了这些检验结果。在本计量模型中,我们假定误差项是异方差分布的：$\varepsilon_{it} \sim N(0, \sigma_i^2)$。因此，常见的 Anderson(1984) 典型相关似然比检验不再适用，而只适用于独立同分布假设。本章使用了 Kleibergen-Paap(2006) 提出的瓦尔德统计量(Ward statistic)，来检验这一工具变量是否与内生的回归因子相关。这一模型零假设的拒绝域，由 1% 的显著性水平确定。

其次，本章检验了这一工具变量是否与企业当期的生产率存在弱相关。若如此，则工具变量法所做的估计将失去价值。对第一阶段被弱识别这一零假设，Kleibergen-Paap(2006) 的 F 统计量足以在一个较高的显著性水平上拒绝之。[①] 再则，采用上一期（而非当期）的企业研发投入还可以避免企业当期生产率与当期研发的本身的内生性。简言之，这些统计检验充分证明了这个工具变量表现良好。

这样，表 9-11 中的第(4)列与第(5)列分别汇报了两阶段最小回归(2SLS)的第二阶段结果。从中可见，较高的企业生产率会导致较高的企业对外投资。具体的，在 2006—2008 年中，对外投资企业生产率每提升 10%，则其对外投资也会抽调 14% 左右。此外，在控制内生性之后，企业出口占总销售量的份额与企业的对外投资额并没有显著关系；这说明企业主要定位于国内市场还是国际市场，并不会影响到企业的对外投资量。

最后，我们再考察企业的投资额是否会受到行业资本密集度的影响。我们在回归中控制了企业和行业的平均资本劳动力比（即资本密集度）。如果在劳动力密集的行业，发达国家的竞争压力比国内小，而在资本密集的行业里发达国家的竞争压力要大一些，那么从对发达国家投资的样本里，应该可见在资本密集度越高的行业，对外投资越不容易，投资额越小，而资本密集度越低的行业，海外竞争越小，投资额也越高。因此我们用投资到欧美发达国家的企业数据回归，但是，结果如表 9-12 所示，行业的资本密集度并不影响企业的投资额，再次说明了行业的资本密集度不是影响企业生存环境优劣的主要因素，也不是决定企业发展大小的主要因素。

---

① Cragg 和 Donald(1993) 的 F 统计量只是用于独立同分布假设，因而在此处无效。

表 9-12　行业资本密集度对企业投资额影响（发达国家样本）

因变量： 企业对外投资水平	（1） OLS	（2） OLS	（3） 2SLS	（4） 2SLS
生产率	0.19*	0.27**	1.74**	1.74**
	(1.85)	(2.48)	(2.10)	(2.34)
企业资本密集度	0.13	0.14	0.18	0.25*
	(1.28)	(1.54)	(1.21)	(1.68)
行业资本密集度	0.00	0.00	-0.00	-0.00
	(1.45)	(1.14)	(-0.35)	(-0.80)
国有企业			3.83*	4.13*
			(1.66)	(1.91)
观察值	221	221	215	215
年份固定效应	否	是	否	是
采用工具变量回归	否	否	是	是
R^2	0.06	0.10	0.61	0.66

注：*** $p<0.01$，** $p<0.05$，* $p<0.1$。

三、更多稳健性检验：基于重力方程的分析

重力方程是分析国家和行业层面双边贸易的经典模型，重力方程认为国家的地理距离、经济水平等是两国双边贸易的重要决定因素。为检验我们先前的主要结论在经典的引力方程框架下是否依然稳健，我们把主要的重力方程变量引入式(9-5)中。虽然尚没有成熟的理论模型从企业层面解释对外投资的重力方程版本，但是借鉴经典的重力模型，我们认为地理距离、投资目的国的 GDP 等都对此国家的外资投入额有重要影响。因此我们在下面的回归中，采用重力方程模型检验了上面结论的稳健性。其中，我们采用企业在目的国签订合同所需时间以及办理执照所需成本作为当地投资环境的度量，此数据来自世界银行"Doing Business"数据，这套数据中还有其他一些度量指标，比如开始生意的成本、签订合同的手续等，用不同的指标得到的结果基本相同。表 9-13 显示了回归的结果，结果同前面保持一致。企业的生产率对投资有显著的正向决定作用，中国 GDP 对对外投资的影响显著而且正向，而目的国的贫富以及行业的资本密集程度对对外直接投资都没有稳健的显著影响。与典型的出口的重力方程不同，地理距离对对外直接投资的影响并不确定，这是因为地理距离一方面直接影响对外直接投资的难易，另一方面在更大程度上影响着出口的成本，而如

回归所示,出口与对外直接投资是存在替代关系的,因而回归中地理距离的影响就变得不显著了。

表 9-13　企业生产率对投资大小的选择(重力方程模型)

因变量: 企业对外投资水平	(1) FE	(2) 2SLS	(3) FE	(4) 2SLS
生产率	0.21**	1.53**	0.23***	1.44**
	(2.58)	(2.00)	(3.37)	(2.17)
国有企业	2.92***	3.15	2.50***	3.19
	(12.78)	(1.54)	(8.04)	(1.63)
外资企业	0.35	0.27	0.23	0.15
	(1.24)	(0.83)	(0.77)	(0.50)
资本密集度	0.11	0.27*	0.05	0.23*
	(1.06)	(1.91)	(0.64)	(1.70)
出口占总销售量份额	-0.36*	-0.04	-0.57***	-0.16
	(-1.74)	(-0.08)	(-8.74)	(-0.35)
地理距离	-0.002	0.32	-0.09	0.24
	(-0.02)	(0.94)	(-0.80)	(0.83)
中国 GDP		4.11**		4.27***
		(2.30)		(2.74)
目的国 GDP	0.05	0.09	0.02	0.10
	(0.63)	(0.76)	(0.33)	(0.89)
签订合同所需时间	-0.57***	-0.39		
	(-3.16)	(-0.69)		
办理执照所需成本			-0.20**	0.06
			(-2.50)	(0.30)
是否采用工具变量	否	否	否	是
Kleibergen-Paap rk Wald F 统计量		6.303		8.045
Kleibergen-Paap rk LM 统计量		6.422		8.124
年份固定效应	否	否	是	否
行业固定效应	否	否	是	否
观察值	207	200	208	200

注:*** $p<0.01$, ** $p<0.05$, * $p<0.1$。生产率、资本密集度、中国 GDP、目的国 GDP、签订合同所需时间、办理执照所需成本等都以对数形式呈现。

第六节　小结

本章用浙江省制造业企业对外投资的数据考察了理论文献中关于生产率对企业对外直接投资影响的几个主要结论。研究发现,第一,生产率对企业投资的动机以及投资额都有显著正向的影响。生产率越高的企业对外直接投资的概率越高,生产率越低的企业投资的概率越低,同时生产率高的企业投资额也更大。第二,总体而言收入水平低的国家并不比收入水平高的国家进入成本低,目的国的收入水平高低对企业的投资决定没有显著的影响,对企业的投资多少也没有显著影响。第三,行业的资本密集程度对企业的生存环境没有显著的影响。劳动力密集型的行业中企业在国外的生存压力并不比在国内小,对外投资的企业生产率门槛也很高。因此不存在劳动力密集型部门中高生产率的企业不投资、低生产率的企业反而投资的逆转现象。企业的投资决定,以及投资量的选择,与行业的资本劳动密集度没有显著关系。

之前或因为数据原因,很少有关于中国企业微观层面对外投资的研究。虽然这套数据尚不够完美,也存在着样本较少年份较短等问题,但毕竟还是在一定程度上弥补了我国学术界关于企业"走出去"对外投资微观层面研究的空白。为了弥补数据的缺陷,本章做了详细的实证分析,从多个角度运用了多种手法检测结果的稳健性,有效地控制了回归中可能潜藏的反向因果、遗漏变量等内生性问题,并且控制了企业进出对外直接投资市场潜在的样本选择性偏误问题,保证了结果的可信度。当然如果今后能获取更丰富细致的企业对外投资数据,可以使研究结果更可靠严谨,也可以分析关于企业流向地、企业投资的动态行为等更多对外投资中的问题。

第十章 中印外贸比较

本章首先系统梳理比较了中国和印度在21世纪以来的贸易模式,我们发现:(1)两个国家近年来都有较高的外贸依存度,且和不断增长的劳动生产率正相关。(2)中国在世界出口中的比重不断上升,而印度在世界出口中所占的比重很小且保持不变。(3)两个国家的贸易在很大程度上是产业内贸易,尽管两个国家的出口中,重工业的制造品都占很大的比例。(4)中国比印度出口更多复杂和精细的产品,尽管差距不断缩小。(5)印度的出口中,高科技产品占了重要的份额,但是考虑了加工贸易之后,这个份额小于中国。(6)加工贸易是中国的主要出口方式,而在印度加工贸易并不重要。我们研究了两个国家间不同的政策,用来解释为什么会有这些差异性和相似性。我们认为造成两个国家贸易上不同表现的关键原因是相比于中国,印度对于外向型经济的相关政策出台较晚。为了说明这点,我们也从政治经济学的角度通过仔细推敲两国在经济特区的设立、加入GATT/WTO、削减关税的演变,甚至两个国家贸易的便利化方面的差异。

第一节 引言

作为全世界最大的两个发展中国家,中国和印度是当今世界经济中两个最重要的新兴巨头。在上个十年,中国维持了每年约10%的增长率,印度同期的增长率约为7%。中国经济的巨大成功,从很大程度上来说,是因为其自1979年以来采用的出口导向型的发展战略。今天,中国出口占世界出口的份额为10%,已经成为全世界最大的出口国。相反,印度的国际贸易远小于中国:印度的出口占世界出口的比重仅为1%,尽管其在21世纪出口份额的增速很快。

这就引发了一个有趣的问题:为什么中国和印度有不同的出口表现

呢？众所周知,两国有着许多共同的特点:这两个国家是世界上人口最多的两个国家,中国有 13 亿人口,印度有 11 亿人口。这两个国家都在 20 世纪中期获得政治独立,最初都采取了重工业导向的发展战略,并且在一定程度上都是中央计划经济。这两个国家都在 20 世纪 80 年代放弃最初的进口替代发展战略,开始走向贸易自由化。

本章的目的是从贸易的角度来回答这个问题。我们通过外贸依存度和贸易平衡比较了两个国家的贸易模式。事实证明,两个国家都有较高的外贸依存度,然而却有不同的贸易平衡:中国有庞大的贸易盈余而印度有巨额的贸易赤字。

然后,我们通过分解探索了产业间贸易和产业内贸易的相对重要性来研究中国和印度的贸易模式。关键的发现是,轻工产品如纺织品和服装并不是中国和印度最重要的出口品,相反,重工业部门在两国的贸易中发挥了越来越重要的作用。有了相关的资料,我们就能进一步探讨这两个国家最重要的十大出口商品。

出口进一步分解表明,两大巨头之间的主要区别在于,今天,中国的出口集中在电气机械及运输设备,而印度更多地出口矿物燃料和矿物油。这样的差异提示我们两国贸易品的要素密集程度不相同,因此我们研究了两国出口品的精密程度。我们的计算表明,中国比印度更多地出口复杂和先进的产品。

这种差异可以进一步跟踪每一个国家的高科技出口的重要性。令人惊讶的是,中国比印度出口更多的高科技产品到世界各地,不管是绝对量还是相对份额。对于这个发现,我们要保持谨慎,因为同印度相比,中国对加工贸易的依赖很大,而不是一般贸易。

为了了解两大巨头不同的国际贸易故事,在第三节我们会进一步讨论贸易增长的渠道。我们认识到,生产力的增长在中国和印度的贸易增长中起到了重要的作用。我们接着研究了劳动生产率增长,计算了两个国家不同时间不同行业的显性比较优势。

我们在第四节从政策角度探讨了这两个国家贸易差异的来源。我们认为,贸易表现区别的主要原因在于,印度较晚采取外向型的政策。印度在 20 世纪 90 年代才开始放弃进口保护政策,实行出口导向政策。然后,我们通过仔细推敲经济特区的设立、加入 GATT/WTO、削减关税的演变甚至两个国家贸易的便利化来说明这点。

第二节 两国的贸易模式

一、外贸依存度

外贸依存度可以被定义为进口和出口的总和除以 GDP。从图 10-1 中可以看出,中国的外贸依存度在加入 WTO 的前一年,即 2000 年为 44%左右,在 2001 年成为 WTO 的第 143 个成员之后,中国的外贸依存度迅速增加。2004 年之后维持在 60%的高点,在 2007 年的时候达到 72%的顶峰,这是美国同期的近三倍。在 2007 年的时候下降到 70%,这在某种程度上是因为人民币对美元的升值。2008—2009 年的全球金融危机严重影响了中国的对外贸易,但依然保持了 65%的水平。

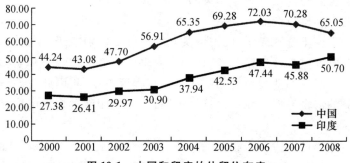

图 10-1　中国和印度的外贸依存度

资料来源:世界发展指数,世界银行。

相比之下,印度的外贸依存度就小得多了,尽管它也是世界最大的开放经济体之一。在 2000 年的时候,印度的外贸依存度约为 27%,是其十年前的两倍(1990 年为 13%)。但是这只有中国同期的约五分之三。由于在 21 世纪迅速的贸易自由化,印度的外贸依存度保持着不断的增长,经过十年的努力,印度的外贸依存度已经上升到 50.7%,同样几乎是 2000 年的两倍。

但是,尽管印度的外贸依存度逐渐接近中国,但这并不意味着印度的外贸总额处在和中国类似的水平。在 2008 年的时候,印度的出口达到了 1 790 亿美元的历史新高,但只有中国出口总额的 12%,中国的出口总额在 2008 年达到创纪录的 1.43 万亿美元。尽管在 2009 年中国的出口下降了 16%,但在很大程度上是因为全球金融危机导致的负面的需求冲击,仍然超过了德国,成为全世界最大的出口国,占据了全球出口份额的约 10%。

从图 10-2 中我们可以看出中国和印度出口占世界总出口的份额:尽管印度的出口从 2001 年的 440 亿美元飞跃至 2008 年的 1 790 亿美元,在一个十年内增加了近 4 倍,但是其出口份额在世界的总出口中相当稳定,印度的出口只占世界总出口的 1% 左右。相反的,中国的出口在 2000 年的时候只占世界的 4%,到 2008 年的时候上升到 9%。尽管世界金融危机使得世界的总出口下降了约 20%,但是中国仍然成功保持了较高的出口份额,在 2010 年的时候达到了 10%。

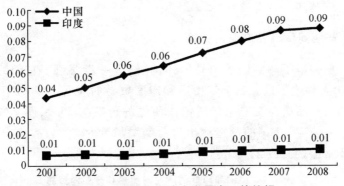

图 10-2 中国和印度占世界出口的份额

资料来源:世界发展指数,世界银行。

伴随着高出口的是中国维持了较高的经常账户盈余。图 10-3 描述了中国和印度 2000 年至 2008 年经常账户余额的比例。中国在 21 世纪保持

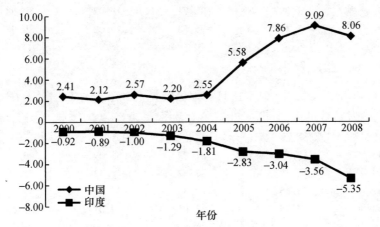

图 10-3 中国和印度贸易余额的比例

资料来源:世界发展指数,世界银行。

了一个较高的贸易盈余,在 2000 年时,中国的出口占其 GDP 的 23.3%,比进口占 GDP 的比重(20.9%)高 2.41%。这个差距在多年来不断扩大,在 2007 年时,中国贸易盈余的比例达到了 9.09%,由于人民币的升值,在 2008 年时下降到了 8%。

与此形成鲜明对比的是,印度在 21 世纪保持了贸易赤字。在 2000 年至 2008 年印度的贸易赤字比例不断扩大。2000 年印度的贸易赤字占 GDP 的比例不到 1%,但是在 2008 年激增到 5.35%,这表明印度的进口超过出口越来越多。

二、产业间贸易和产业内贸易

为了更好地了解两国的贸易模式,我们进一步探讨了它们的贸易结构。表 10-1 描述了过去三十年中国和印度贸易的演变。1980 年,中国的农业和初级产品出口在总出口货值中所占的份额为 35%,而制造业出口为 65%。十年后,中国的制造业出口份额增加到 81% 左右。这两个数字和印度非常接近。

表 10-1　中国和印度的产业间贸易和产业内贸易　（单位:%）

年份	农产品和矿物	制造业	轻工业	重工业
		中国出口		
1980	34.93	65.07	44.41	55.59
1990	18.73	81.27	27.22	72.78
2000	7.29	92.71	19.02	80.98
2007	3.47	96.53	19.02	80.98
		中国进口		
1980	34.1	65.9	31.81	68.19
1990	16.48	83.52	20.48	79.52
2000	14.39	85.61	23.44	76.56
2007	16.23	83.77	14.43	85.57
		印度出口		
1996	18.11	81.89	53.09	46.91
2000	17.38	82.62	48.42	51.58
2007	29.65	70.35	40.18	59.82
2009	26.95	73.05	37.07	62.93
		印度进口		
1996	32.63	67.37	24.49	75.51

（续表）

年份	农产品和矿物	制造业	轻工业	重工业
2000	37.47	62.53	22.29	77.71
2007	38.14	61.86	17.94	82.06
2009	37.07	62.93	18.95	81.05

资料来源：COMTRADE 数据库，作者计算。

但是，两个国家的贸易情况在 21 世纪开始出现不同趋势。中国的制造业出口在 21 世纪仍然保持增长，相比于农产品的出口，制造业的出口占绝对的主导地位。中国的制造业出口在其加入 WTO 之前占总出口的份额为 92%，在加入 WTO 之后，2006 年增加到了 96.5%，这表明了中国成为全世界最大的世界工厂。与此形成鲜明对比的是，印度的制造业在 21 世纪徘徊不前，制造业的出口份额在 2000 年只有 82%，这和 10 年前的份额几乎相同。有趣的是，其制造业的出口份额在 2007 年甚至下降到 70%，尽管这种趋势到 2009 年开始扭转。

这两个国家在贸易结构上的差异引发了一个有趣的问题：这两个国家的贸易模式是否遵循传统贸易理论的预测。众所周知，赫克歇尔-俄林贸易理论认为：劳动力丰富的国家应出口劳动密集型产品，进口资本密集型产品。毫无疑问，中国和印度是当今世界上人口最多的两个国家。如果传统的贸易理论在这方面是有效的，在给定这两个国家要素禀赋非常相似的情况下，我们应该期待看到这两个国家的出口劳动密集型产品贸易模式相类似。

要回答这个问题，我们首先要把制造业出口分为轻工业和重工业。根据标准的国际分类法（SIC），如食品、烟草、纺织品、服装、木材、家具、造纸、化工和石油产品等行业被列为轻工业，而制造业的其余部分被计算为重工业。

中国和印度在轻工业的份额上有着相似的演变。在 20 世纪的最后几个十年，两国在轻工业出口上都有相对较大的比重。但随后在 21 世纪，两国轻工业出口的比重迅速下降。中国从 1980 年的 44% 下降到 2007 年的 19%，印度从 1996 年的 53% 下降到 2009 年的 37%。如此看来，赫克歇尔-俄林模型无法解释中国和印度的贸易事实。

至于进口方面，表 10-1 显示，今天中国和印度仍然进口一大部分制造业产品。特别是对于中国来说，制造业的进口占总进口的份额为 84%，尽管其制造业出口占总出口份额达 96%。在制造业中，重工业出口占制造业出口的份额达到了80%,然而,重工业的进口占制造业进口的份额甚至更高,达到了85%。类似的情况也适用于印度,在2009年,印度制造业的进口份额为62%,与此同时其制造业的出口份额为73%。对于重工业产品来说,其重工业的进口占制造业的进口份额达到了81%,甚至比重工业出口占制造业出口的份额(63%)还高。以上这些,都说明了产业内贸易比产业间贸易更能解释两国的贸易模式。换句话说,中国和印度都进口大量的重工业产品,然后出口类似数量的重工业产品。

三、出口结构的分解

从表10-1中我们能够得到的最重要的信息是,在21世纪,轻工业产品如纺织品和服装不再是中国和印度最重要的贸易品。相反,重工业部门在两国的贸易中发挥着越来越重要的作用。现在我们进一步探讨两国最重要的出口部门。

表10-2报告了中国和印度2000—2008年在HS二位码下的前十大出口品。对于中国来说,在98个行业中,前十个行业占全国的出口总额在80%左右,其中前三个行业占一半。这三个行业分别是:电机、电气设备及其零件;机械及机械用具;矿物燃料和矿物油。其中,排名首位的行业——电机、电气设备及其零件,占中国出口总额的将近四分之一。由于中国的总出口大概占世界总出口的10%,这意味着中国该行业的出口占世界总出口的2.5%。

表10-2 中国和印度在HS二位码下的前十大出口品,2000—2008年

排名	HS二位码分类	代码	占总出口的百分比
	中国		
1	电机、电气设备及其零件	85	25.45
2	机械及机械用具	84	14.37
3	矿物燃料和矿物油	27	10.66
4	光学和摄影仪器	90	6.67
5	塑料及其制品	39	4.95
6	矿砂、矿渣及矿灰	26	4.44
7	有机化工原料	29	3.86
8	钢铁	72	3.29
9	车辆及其零件、附件,但铁道及电车道车辆除外	87	2.24
10	铜及其制品	74	2.20

（续表）

排名	HS 两位码分类	代码	占总出口的百分比
	印度		
1	矿物燃料和矿物油	27	32.96
2	宝石及贵金属	71	15.93
3	机械及机械用具	84	9.07
4	电机、电气设备及其零件	85	7.63
5	有机化学品	29	3.52
6	钢铁	72	2.90
7	动物或植物油	15	2.12
8	光学和摄影仪器	90	1.84
9	无机化学品	28	1.66
10	飞机和航天器	88	1.65

资料来源：COMTRADE 数据库，作者计算。

对于印度来说，前十个行业占全国的出口总额在80%左右。但是，电机、电气设备及其零件不是印度最大的出口部门，相反，矿物燃料和矿物油部门占印度总出口的将近三分之一，其次是宝石及贵金属（15%）和机械及机械用具（9%）。这三个部门再加上电机、电气设备及其零件的出口，共同占印度出口总额的约三分之二。

这个结果和以往的研究例如 Dimranan 等（2007）和 Panigariya（2008）相一致。特别是 Panigariya（2008）发现在20世纪的最后20年印度的出口大部分是资本密集型的，而中国的某些出口部门却是劳动密集型的。服装是印度前六大出口部门中唯一劳动密集型的。我们发现了重工业的出口在中国和印度今天的出口中起主导作用，然而，在今天，纺织品和服装不再是印度主要的出口产品。

四、出口产品复杂度

上述的研究表明，中国和印度主要的出口产品集中在重工业部门。两国的不同之处在于中国出口更多的电气机械及运输设备，而印度出口更多的矿物燃料和矿物油，这种差异提示我们，要素含量（更确切地说，技术含量）在两国肯定不相同。因此，我们进一步讨论了两国出口产品的复杂程度，对于随着时间的推移，两国出口产品的复杂程度是否提高，我们也很感兴趣。

为了衡量出口产品的复杂程度，我们根据 Hausmann 等（2006），

Hidalgo 等(2007)和余淼杰(2011b)采取了 EXPY 的方法。这个方法构建了一个衡量一个国家产品加权生产力的指标。它包括两个步骤。

第一步是通过将一个国家的人均 GDP 纳入其出口指数来构建一个产品的收入指数(即所谓的 PRODY 指数),通常我们用显性比较优势作为权重。

$$\text{PRODY}_j = \sum_c \frac{EX_{jc}/EX_c}{\sum_c (EX_{jc}/EX_c)} Y_c \qquad (10\text{-}1)$$

其中分子项代表国家 c 中产业 j 的出口占其总出口的份额。分母项代表产业 j 在全世界的出口占全世界总出口的份额。Y_c 代表国家 c 的人均 GDP。通过这种方式,PRODY 指数能够避免部门的分配不同对国家的收入水平造成失真。

第二步是构建一个指标来衡量一国的出口收入水平(所谓的 EXPY 指数)。注意到产品收入指数随着产业的不同而不同,由于一个出口产品可能来自不同的行业,因此我们考虑以下指标:

$$\text{EXPY}_c = \sum_j \left(\frac{EX_{jc}}{EX_c}\right) \text{PRODY}_j \qquad (10\text{-}2)$$

其中产业 j 占国家 c 的出口份额被用作权重来衡量某一个产业的相对重要程度。

有了这两个指标,我们开始编译有关的数据统计。根据 Yu(2011b),我们要依靠两个大型数据库。出口的数据来自联合国产品和贸易数据库(COMTRADE),关于人均国民总收入的数据来自世界银行的世界发展指标(WDI)。此外,我们还用了 Hausmann 等(2006)购买力平价调整后的数据来衡量国民总收入。我们贸易数据是 2000—2008 年的 HS-4 位码。因此我们能够获得 2000—2008 年间 105 个国家的出口复杂程度指数。

表 10-3 报告了中国、印度和世界其他国家在 2000—2008 年间的出口复杂指数。为了更好地解释,我们在表中报告了第一年(2000),最后一年(2008),以及中间的年份(2005)。从表中我们可以看出,中国和印度的出口复杂指数比世界其他国家的平均更高,这表明了这两个新兴的巨人出口更复杂的产品到世界各地。例如,在 2008 年,中国的出口复杂指数为 11 703,这是高于印度(10 256)和世界其他国家(9 577)的平均值。请注意,出口的复杂指数最低的国家是马拉维(4 252),最高的是瑞士(14 534)。

表 10-3 两国出口产品复杂程度的指标

年份	中国	印度	世界其他		
			均值	最小值	最大值
2000	10 447	8 118	8 104	2 271	13 537
2005	11 591	9 283	8 641	2 691	20 277
2008	11 703	10 256	9 577	4 252	14 534

资料来源：COMTRADE 数据库和 WDI，作者计算。

表 10-3 的第二个发现是，总体而言，中国在这三年都比印度有着更高的出口复杂指数。这一点可以在图 10-4 中更清楚地表现出来。很明显，中国的出口复杂指数高于印度。不过，印度的出口复杂指数增长迅速，从 2000 年的 8 118 迅速增加到 2008 年的 10 256，因此，中国和印度之间的出口复杂指数的差距正在逐渐缩小。

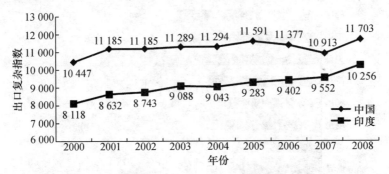

图 10-4 中国和印度的出口复杂指数，2000—2008 年
资料来源：COMTRADE 数据库和 WDI，作者计算。

这种观测结果和表 10-2 的结果是相一致的。一般来说，电气设备和运输设备更加复杂，更加高科技导向，中国出口大约四分之一的复杂产品，而印度仅出口 7% 左右的此类产品。这部分解释了为什么中国出口产品的复杂程度高于印度。

有趣的是，我们也观察到，摄影及光学仪器，飞机和航天器这两种产品在印度的出口中排名第 8 位和第 10 位，这两种产品毫无疑问是高科技产品。这说明了高新技术产品的出口也在印度的出口中发挥着重要的作用。现在我们来探讨这一点。

五、高新技术出口产品

根据以往的研究，例如 Hu 等（2007），Dai 和 Yu（2011），余淼杰

(2011b)，那些 R&D 密度较高的产业，例如航空航天，计算机，医药，科学仪器和电子机械，被列入高科技行业。我们首先检验了高科技产品的出口占某个国家总出口的份额。

图 10-5 列出了高科技产品的出口占其总出口的份额排名前十位的国家，令人吃惊的是，在 10 个国家中，只有 6 个国家是高收入国家（即新加坡、韩国、美国、荷兰、瑞士、英国）。其他的 4 个国家是中等收入国家，包括菲律宾、马来西亚、中国和泰国。特别是，中国高科技产品占其总出口的份额在 2007 年接近 30%。

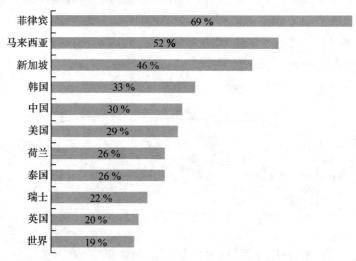

图 10-5　高科技产品的出口占总出口份额排名前十位的国家
资料来源：世界发展指标，世界银行。

在图 10-5 中我们发现印度高科技产品的出口份额并没有排在前十名，下面我们进一步研究每年印度高科技产品的出口份额。如图 10-6 所示，印度高科技产品的出口份额很小，1996 年的时候只有 3%，到 2008 年的时候翻倍达到 6.5%。

但是，看这两幅图的时候我们需要注意的是，亚洲的四个发展中国家之所以在高科技产品的出口份额能够排在前十，在很大程度上是因为加工贸易。接下来我们将讨论加工贸易。

六、一般贸易和加工贸易

正如余淼杰（2011）所述，同一般贸易不同，加工贸易指的是一个国内

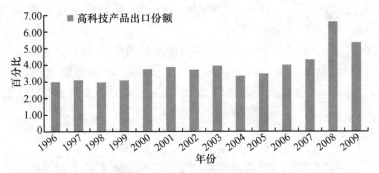

图 10-6　印度的高科技产品的出口占总出口份额,2000—2008 年
资料来源:CEIC 数据库。

的公司从外国进口原材料和中间产品,在国内经过加工装配之后将最终产品出口的贸易。加工贸易是某些亚洲国家例如中国和马来西亚流行的贸易模式。特别的,在今天,加工贸易的出口仍然占中国总出口的 50% 以上。如图 10-7 所示,中国的加工贸易出口自 1993 年后一直超过常规贸易出口。加工贸易出口占总出口的比例甚至在 1998 年达到高峰的 60%,然后保持在 55% 的高位。

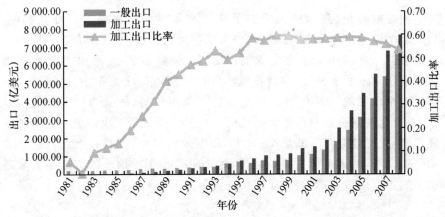

图 10-7　中国的一般贸易和加工贸易,1981—2008 年
资料来源:《中国统计年鉴 2009》。

然而,这个情况并不适用于印度。为了探究印度的加工贸易,我们必须有印度加工贸易的数据。但我们无法得到这样的数据。为此,我们需要寻找一些有关印度加工贸易的间接数据,根据中国海关关于中国从印度进口产品的分类数据(即加工贸易和一般贸易)来探究印度的加工贸易。当前,中国海关只公布了 2000—2006 年的数据。我们根据这些数据就能研究印度出口产品的贸易模式。

很明显,从图 10-8 中可以看出,中国从印度进口的产品主要是一般贸易。2000 年,从印度进口的产品中加工贸易和一般贸易的比例为 1:1,然而,加工贸易的份额在 2002 年下降到 34%,2005 年下降到 22%,2006 年为 34%。

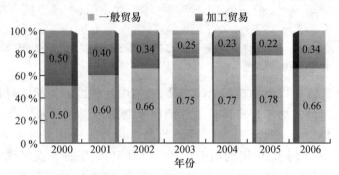

图 10-8　根据类型划分的中国从印度的进口品
资料来源:中国海关数据(2000—2006)。

到目前为止,我们仔细研究了中国和印度的贸易模式。可以发现:(1)两个国家近年来都有较高的外贸依存度,并且两个国家有着不同的贸易余额:中国保持了大量的盈余而印度有大量的赤字。(2)中国在世界出口中的比重不断上升,而印度在世界出口中所占的比重很小且保持不变。(3)两个国家的贸易在很大程度上是产业内贸易,尽管两个国家的出口中,重工业的制造品都占很大的比例。(4)中国比印度出口更多复杂和精细的产品,尽管差距不断缩小。(5)印度的出口中,高科技产品占了重要的份额,但是考虑了加工贸易之后,这个份额小于中国。(6)加工贸易是中国的主要出口方式,而在印度加工贸易并不重要。

第三节　中印两国出口增长的渠道

在上一节中,我们发现了中国和印度经历了一个高速的出口增长。为什么两国在 21 世纪能够取得这样的成功,这是一个值得研究的问题。有两个可能的原因:第一个原因是中国和印度经历了一个工业生产率的高速增长,第二个可能的原因是出口的增长朝着具有较强比较优势的行业倾斜。现在我们来研究这两个可能的渠道。

一、生产率增长

经济学家通常依靠两种不同的方法来衡量生产率:劳动生产率和全要素生产率(TFP)。诚然,全要素生产率更系统,因为它考虑到了各种生产要素如劳动力、资本和中间材料等。由于不同行业的公司可能会出现生产率的异质性,目前的贸易经济学家通常用企业层面的生产数据,了解企业的 TFP。最近对于中国企业层面生产率的研究,有余淼杰(2011)、Feenstra 等(2011)、Brandt 等(2011)等,类似的,也有一些对印度企业层面生产率的研究,例如 Goldberg 等(2011),两个国家对比的研究有 Hsieh-Klenow(2009)。但我们无法得到印度企业层面的数据,因此无法计算印度的 TFP。不过这并不是一个大问题,因为我们研究的主要是生产率的演化,而非行业/企业生产率的异质性。因此,在本章中我们用劳动生产率来衡量这两个国家的产业表现。

图 10-9 刻画了中国和印度在 2000—2008 年的劳动生产率。部门的劳动生产率等于部门的产出除以部门的就业人数。在这里我们有两个发现。首先,这两个国家在 21 世纪保持了劳动生产率的增长,然而,中国的劳动生产率增长比印度快得多。准确地说,中国加总的平均工业劳动生产率从 2000 年的 39 000 美元增加到 2008 年的 156 000 美元,期间增长了 4 倍。相反,印度的劳动生产率从 2000 年的 9 000 美元增加到 2008 年的约 3 万美元,在此期间增长了 3 倍。其次,在两国的对比方面,2000 年中国的平均工业劳动生产率约为印度的 4 倍,这样的差异在 2008 年增加到 5 倍左右。尽管如此,在生产率增长和出口增长的联系上,两国的出口表现是一致的。

二、显性比较优势

图 10-9 表明,出口的增长伴随着随时间推移而增长的生产率。然而,如表 10-4 所示,出口的增长在各个行业是不相同的。排名前十位的工业产品的出口占这两个国家出口总额的 80% 左右。一个有趣的问题是,是否这两个国家的出口向具有比较强的比较优势的行业倾斜。

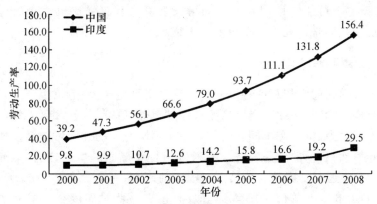

图 10-9　中国和印度的劳动生产率，2000—2008 年

资料来源：CEIC 数据库，作者计算。

表 10-4　中国和印度的显性比较优势（RCA）系数

代码	描述	中国		印度	
		2000	2006	2000	2006
0	动物和蔬菜	0.383	0.284	0.359	0.383
1	食品及饮料	1.090	0.894	1.403	0.794
2	烟草及矿产	0.991	0.999	2.699	2.067
3	化工及塑料制品	1.356	0.877	0.593	0.585
4	皮革、木材和造纸	1.307	0.945	0.664	0.586
5	纺织品和服装	2.918	1.905	0.991	0.958
6	鞋类及玻璃	0.287	0.170	0.097	0.120
7	金属	1.240	0.867	2.891	1.995
8	机械及运输设备	0.992	1.231	0.376	0.637
9	杂项制品	0.522	0.829	0.380	0.346

资料来源：COMTRADE，作者计算。

为了测量一个国家的比较优势，研究人员通常运用不同行业间的显性比较优势（RCA）系数。显性比较优势是这样定义的：一个国家某行业的出口占全世界该行业总出口的份额，除以一个国家的总出口占全世界总出口的份额。如式(10-3)所示，EX_{jc} 表示国家 c 在产业 j 的出口，$\sum EX_c$ 表示国家 c 的总出口，国家 c 在产业 j 的显性比较优势系数如下所示：

$$RCA_{jc} = \frac{EX_{jc} / \sum_c EX_{jc}}{EX_c / \sum_c EX_c} \quad (10\text{-}3)$$

假如某行业的显性比较优势高于 1，那么这个行业在该国具有比较优势。根据这个方程,我们计算了中国和印度分年和分行业的 RCA 系数。通过高度分类的贸易数据,我们能够计算 SITC 六位码的 RCA 系数,为了节约空间,表 10-4 只报告了 2000—2006 年 SITC 一位码的 RCA 系数。

表 10-4 所示的结果有丰富的含义。在 21 世纪之初,中国拥有较强比较优势的行业包括以下的行业:纺织品和服装(RCA 系数等于 2.91),化工及塑料制品(1.35),皮革、木材和造纸(1.30),金属(1.24),食品及饮料(1.09)。今天,中国在纺织品和服装上仍然保持自身的比较优势,尽管 RCA 系数从 2.91 降到 1.90。其他中国之前有比较优势的行业如化工及塑料制品,皮革、木材和造纸,金属,食品及饮料现在都有比较劣势。这说明,印度尼西亚和越南等其他一些劳动力丰富的国家,在一定程度上可能削弱了中国的国外市场。

更重要的是,中国现在在机械和运输设备上有着显著的比较优势,这使得中国和大多数发展中国家的生产和贸易格局不相同(Rodrik,2008)。为了更好地了解中国的比较优势在每个行业的动态演变,表 10-5 报告了中国在上个十年分年和分行业的 RCA 系数。

表 10-5 中国在 HS 一位码下的 RCA 系数

年份	0	1	2	3	4	5	6	7	8	9
2000	0.383	1.090	0.991	1.356	1.307	2.918	0.287	1.240	0.992	0.522
2001	0.364	0.977	0.872	1.218	1.201	2.637	0.265	1.259	1.085	0.604
2002	0.334	0.825	0.866	1.111	1.104	2.351	0.224	1.254	1.152	0.625
2003	0.304	0.991	0.864	0.936	0.985	2.037	0.194	1.300	1.195	0.721
2004	0.285	1.151	1.001	0.879	0.915	1.947	0.180	1.067	1.170	0.818
2005	0.283	0.991	0.976	0.894	0.898	1.866	0.170	1.017	1.170	0.966
2006	0.284	0.894	0.999	0.877	0.945	1.905	0.170	0.867	1.231	0.829
2007	0.285	1.094	1.086	0.844	0.910	1.744	0.156	0.886	1.176	0.900
2008	0.290	1.254	1.160	0.802	0.950	1.512	0.165	0.780	1.149	0.886

资料来源:COMTRADE,作者计算。

相比之下,在 21 世纪初,印度有显著比较优势的行业,如金属(2.89)、烟草及矿物(2.69)、食品和饮料(1.40)等行业,在今天,除食品和饮料之外,仍然具有比较优势,虽然其竞争力减弱,这可能是因为在过去十年,来自中国和一些其他东盟国家强有力的竞争(见 Yu,2011a)。这样的结果和表 10-2 中报告的印度最大的出口部门的结果是一致的。同样的,表 10-6 报告了印度在上个十年分年和分行业的 RCA 系数。

表 10-6　印度在 HS 一位码下的 RCA 系数

年份	0	1	2	3	4	5	6	7	8	9
2000	0.359	1.403	2.699	0.593	0.664	0.991	0.097	2.891	0.376	0.380
2001	0.549	1.383	2.384	0.597	0.750	1.188	0.103	3.144	0.403	0.469
2003	0.503	1.502	2.279	0.523	0.661	1.276	0.095	2.831	0.540	0.356
2004	0.421	1.241	2.240	0.500	0.670	1.043	0.111	2.727	0.538	0.302
2005	0.389	0.952	2.009	0.552	0.595	1.066	0.110	2.618	0.549	0.368
2006	0.383	0.794	2.067	0.585	0.586	0.958	0.120	1.995	0.637	0.346

资料来源：COMTRADE,作者计算。

简单地说,中国和印度在 21 世纪都经历了一个高速的劳动生产率增长,这和它们同一时期高速的出口增长相联系。揭示各行业的比较优势,也有助于我们了解整个行业的异质的出口表现。

相比之下,今天中国出口的产品不仅比印度更多,而且更加复杂和先进。中国已经是世界上最大的出口国,而印度的出口占全世界的份额仍然很小。无可否认的是,印度出口一些高科技产品到世界各地,甚至可能在一些部门,如软件,印度在世界市场上发挥着关键作用。然而,与中国相比,总体而言,印度的高科技出口占出口总额的份额仍然很小。今天,中国已经具备了机械和运输设备的比较优势,同时保持其对纺织品和服装的绝对优势。印度仍然很大程度上依赖于重工业,如金属、矿物燃料、矿物油的出口。

第四节　中印两国政策层面的比较

中国和印度出口表现的不同非常有趣,特别是两个国家在半个世纪之前有着相同的社会和经济结果。它们同样在 20 世纪中期取得政治独立,之后都采取了重工业优先发展的战略,在相同的十年制订了第一个五年计划(见 Lin 等(2004)、Lin(2009)、Panagariya(2008)的详细讨论)。此外,这两个国家都有丰富的劳动力,中国有 13 亿人口,印度有 11 亿人口。但是为什么两国的出口表现如此不同? 在这节中我们将从两个国家不同的政策制定角度来回答这个问题。

一、进口替代 VS 出口导向发展战略

首先,发展战略的差异也许是贸易表现不同的最重要原因。自 20 世纪80年代以来,中国采取了出口导向的发展战略,相比之下,印度直到20世纪90年代初期,才从内向控制型制度转换到外向型的制度。比较晚地采取出口导向的发展战略部分解释了印度今天的出口量较小。

正如 Lin(2003)、Lin-Yu(2008)和 Yao-Yu(2009)所论述的,获得政治独立后,中国最初采取了重工业导向的发展战略。鉴于中国缺乏足够的资本来资助重工业,因此只好高估本国货币,并采取了进口替代的战略,设置高额进口关税,保护幼稚产业。这样,中国经济与世界经济是隔绝的,中国的外贸依存度(出口加进口除以 GDP)在20世纪70年代只有10%左右,其中出口占 GDP 约5%,进口占 GDP 约5%。

中国自1979年开始"门户开放"政策。从本质上讲,这是出口导向型的发展战略。理由很简单:鉴于中国是一个劳动力丰富的国家,中国政府在过去的三十年采取了各种政策以促进出口。这样的政策可以概括为以下几点:① 设置经济特区和出口加工区;② 鼓励加工贸易;③ 加入世界贸易组织;④ 积极的贸易自由化。我们现在开始一个个讨论这些策略。

通过对比,我们发现印度的贸易自由化和促进出口的道路是漫长的。根据 Bhagwati-Srinivasan(1975)和 Panagaya(2008),印度在其政治独立后的经济增长可以分为四个阶段。第一个时期是1951—1965年的起飞阶段,平均经济增长率高达4.1%。然而,1965—1980年间,由于中央计划经济的停滞,印度只有3.2%的年均增长率。印度在20世纪80年代经历了经济自由化的复兴与5%左右的年均增长率。1990年以后,印度经历了显著的经济增长,享受6.3%的年增长率。

在其起飞时期,印度确实对外商投资采取了一个相对宽松的政策。然而,这样一个宽松的政策其效果是微乎其微的,由于某些历史的原因,只有少数几个国家想投入。因此,印度最根本的经济政策是进口替代。印度政府也开始限制企业出口到国外。

在20世纪60年代中期,印度开始以刺激出口,卢比对美元贬值(然后在1973年布雷顿森林体系崩溃后,对英镑贬值)。然而,促进出口的努力收效甚微,因为这些政策大大提高了出口税,减少出口补贴,使得效果被大部分抵消掉了。因此,印度在1980年仍然是一个非常封闭的经济,出口和进口占 GDP 的比重分别为4.7%和8.7%。

相比之下,印度自1990年以来已进行积极的贸易自由化,并开始走向出口导向型发展战略,大幅削减进口关税,消除各种出口限制,卢比进一步贬值,并允许其经常账户可兑换。我们在下面的小节将讨论这些细节。

二、经济特区的建立

设置经济特区和出口加工区,在中国经历了三次浪潮。第一次浪潮是1980年在广东、福建两省沿海的四个城市(广东的深圳、珠海、汕头和福建的厦门)设置了经济特区。选择这四个城市的主要的原因是,这些城市或者靠近香港、澳门,或者与东南亚有较强的社会关系。例如,汕头人和厦门人有和东南亚做生意的悠久传统,这种网络有利于外商来投资。在经济特区,进口完全免税。此外,区域内的外国投资可以享受额外的好处,如降低所得税等,设在经济特区的企业可以享受更大的管理灵活性,进入国际市场较为容易。事实证明,这种政策是非常成功的:今天的深圳已经从一个贫穷小村,发展为中国的两个区域金融中心之一。

1984年,中国政府将14个东部沿海城市列为"开放城市",这些城市将享受类似四个经济特区的特权。这可以被视为贸易自由化的第二次浪潮。不久之后,中国建立了两个比较特殊的经济区,即浦东经济特区和海南岛经济特区。此外,中国还成立了珠江三角洲和燕子河三角洲经济发展区,并在1991年开放四个北方港口,与蒙古、俄罗斯和朝鲜进行贸易。

贸易自由化的第三次浪潮发生在1991—1992年。中国扩大了对外开放政策,从东部沿海扩展到中部乃至西部地区,中国中部和西部的许多工业城市建立了各类经济开发区和高新技术开发区。最后,自2000年以来,中国开始在东部沿海城市设立出口加工区(EPZ),以促进企业的出口。今天,中国有39个出口加工区。正如Naughton(2006)提到的,在2003年年底,中国已经有大约160个经济开发区(见表10-7)。

表10-7 中国和印度特殊经济区的数量,截至2006年

特殊经济区的类型	中国	印度
经济特区(SEZ)	6	11
出口加工区(EPZ)	39	8
经济技术开发区(ETDZ)	54	—
高新技术开发区(HTDZ)	53	—
保税区/出口导向单位(EOU)	15	1

资料来源:Naughton(2005);Panagariya(2008)。作者加总。

通过对比,我们发现,印度经济特区的发展远远落后于中国,不管是在数量上还是发展的脚步上。虽然印度开始这样的经历,甚至比中国更早,

印度早在 1965 年推出了其第一个出口加工区（EPZ）——在吉吉拉特邦的 Kandla 出口加工区,然后在 20 世纪 70 和 80 年代成立了五个新的出口加工区。类似的,印度也在 1981 年成立了一个保税区或者出口导向型单位(EOU)。但是,由于官僚的管制和重税,它们在过去并不怎么有效。

这些自由贸易区的状况在 21 世纪似乎好了很多。首先,8 个原有的出口加工区在 2001 年被转换成经济特区。经济特区在 2005 年推出之后,经济特区的数量急剧增加。2006 年年底的时候只有 11 个经济特区,但今天,印度有 200 多个经济特区得到了政府的批准。事实上,新兴的经济特区部分解释了今天印度的经济增长和显著的国际贸易水平提高。

三、加工贸易的作用

正如第二节所讨论的,加工贸易是中国对外贸易的关键。加工贸易有两种类型:来料加工和进料加工。前一种类型在 20 世纪 80 年代盛行,在 1990 年后,后一种类型比较流行,这两类加工贸易有两个关键区别。

首先,来料加工贸易并不需要对原材料支付费用,而进料加工贸易需要对进口的原材料支付费用。来料加工贸易意味着中国厂商从外国厂商免费进口原材料,经过加工之后,再将价值增值的最终产品送往同一个外国厂商。因此,中国厂商不需要支付原材料的费用,但也只能赚取加工服务的费用。进料加工贸易企业则需要自己购买原材料和中间产品,然后再将价值增值的最终产品卖往世界各地。料件的来源国和最终产品的销往国可能不同。

其次,来料加工贸易是完全免税的,而进料加工贸易需要对进口的中间产品缴纳进口税,等企业将最终产品出口的时候,它们可以得到一个完全的退税。这意味着进料加工贸易面临着一个更大的信贷约束（Feenstra 等,2011）。

尽管存在着这样的差异,这两种类型的加工贸易对中国的出口增长都是非常重要的,因为它们成功结合了来自世界各地的要素。中国是一个劳动力相对丰富、资本相对稀缺的国家。因此,劳动力的边际生产率也比较低。随着中国的廉价劳动力与低成本的外国资本和中间投入相结合,生产的产品可以被有效地卖往世界各地。因此,中国的出口急剧增长。相比之下,加工贸易在印度相对不重要,因为印度政府仍然没有按照其要素禀赋建立起比较优势。

四、加入 GATT/WTO

加入 GATT/WTO 也对中国的贸易增长起了重要作用。与印度相同,中国也是 1948 年关税和贸易总协定的创始成员,但是,在 1949 年失去会员资格。1986 年以后,中国申请重新加入关贸总协定。然而,加入 GATT/WTO 的道路是漫长的。经过多轮谈判,中国成为 WTO 的第 143 个成员国。

在中国加入 GATT/WTO 之后,中国的贸易,包括加工贸易和一般贸易,都得到了飞速的发展。如图 10-2 所示,中国的出口占世界出口的份额从 2001 年的 4% 翻倍到 2008 年的 8%。

对于印度的情况,乍看之下,似乎印度的加入并没有对印度的贸易促进起很大的作用。印度也是 1947 年关贸总协定的初始成员,然而,由于其内向型的发展战略,印度的外贸依存度近半个世纪内都比较低。

但是,这并不意味着 WTO 在促进印度的贸易自由化上是无用的。事实上,印度在 2000 年仍对许多消费品发牌照,这引起了其贸易伙伴的广泛不满,WTO 对印度做出判决后,印度开始开放其进口市场,中止进口许可证。

五、关税削减

作为一个贸易自由化的重要手段,中国和印度的关税削减在经济上都很显著,虽然有不同的模式。

当中国在 1992 年宣称其是"市场经济"国家的时候,其联合国的简单加权关税仍然高达 42%。但是,中国在 1994—1997 年开始降低进口关税,从 1994 年的 35% 降到 1997 年的 17% 左右。这样一个关税剧减的原因之一是加快进入世界贸易组织(WTO)的步伐。在 1994 年,GATT/WTO 的第八轮多边谈判——乌拉圭回合谈判在 1994 年取得成功,成员国同意削减约 40% 的关税。尽管当时中国还不是 GATT/WTO 的正式成员,但中国政府决定采取一个更加开放的政策,通过削减关税以达到 GATT/WTO 规定的标准。

在谈到印度时,我们发现印度的进口关税甚至更高。1986 年印度的简单平均关税为 137.6%,约 1/10 的产品税目是 200%(Pursell,1992)。1990 年印度的简单平均关税为 113%,最高税率为 355%,其加权平均关税也得到了 87%。关税增加的原因是从非关税障碍,如进口配额关税收入租金的交换:在20世纪90年代之前,印度通过发放进口配额来保持一个严重的进口保护水平。

印度在20世纪90年代开始削减关税。最高税率在1995年下降到85%左右,然后在1996年削减到50%。如图10-10所示,印度的简单平均关税在2000年为33%,随后在2002年下降到28%,在2006年下降到12%。实际上,在2008年,印度的关税甚至比中国还要低。

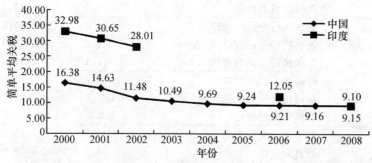

图10-10 中国和印度的简单平均关税,2000—2008年
资料来源:TRAINS,世界银行。

中国于2001年加入WTO之后,其进口关税从16.3%立刻下降到14.6%。在这之后,中国严格遵守入世承诺,中国的关税在2008年削减到9.15%左右,这和GATT/WTO中的发展中国家成员国保持了一个类似的水平。

六、贸易和便利化和经济环境

最后,中国和印度的贸易便利化的差异,也有助于我们了解这两个国家的贸易表现差异。从广义上讲,贸易便利化包括国内基础设施、进口和出口所需要的时间、贸易边界甚至劳工和环境标准。在这个意义上,贸易便利化类似于衡量世界银行所提出的在一个国家做生意的方便程度,为了方便进行国际比较,我们这里借用世界银行提出的"经商容易度"作为衡量贸易便利化的指标。

表10-8把两个国家的"经商容易度"指标分为了6类:结束营业,牌照的取得,合同的执行,获取电力,开办企业,投资者保护和贸易边界。每个类别也可以再细分为几个子类。最后两列报告了中国和印度每个子类的得分。

表 10-8　中国和印度的贸易便利化

类别	子类	中国	印度
结束营业	恢复率（美分）	36.4	16.3
	平均关闭企业的时间（年）	1.7	7.0
	关闭企业的费用	22.0	9.0
牌照的取得	取得牌照的程序数	37.0	37.0
	取得牌照的时间（天）	336.0	195.0
	取得牌照的费用	523.4	2 143.7
合同的执行	强制执行合同的程序数	34.0	46.0
	强制执行合同的时间（天）	406.0	1 420.0
	强制执行合同的费用	11.1	39.6
获取电力	获得电力的程序数	5.0	7.0
	获得电力所需要的时间（天）	132.0	140.0
	获得电力的费用	755.2	1 108.4
开办企业	开办企业的程序数	14.0	12.0
	开办企业的时间（天）	38.0	29.0
	开办企业的费用	4.5	56.5
	支付的最小资本（人均收入的%）	118.3	188.8
投资者保护和贸易边界	出口所需要文件的数量	7.0	8.0
	出口需要的时间（天）	21.0	17.0
	出口的费用（美元，每集装箱）	500.0	1 055.0
	进口所需要文件的数量	5.0	9.0
	进口需要的时间（天）	24.0	20.0
	进口的费用（美元，每集装箱）	545.0	1 025.0

资料来源：世界银行。

从最后一项开始，根据进出口所需要的文件数量、时间和费用来看，在中国做贸易比在印度容易得多。唯一的例外是在中国出口需要花更长的时间。有很多原因可以解释为什么在中国做贸易更容易。更好的基础设施就是一个重要的原因。这可以用获得电力的便利程度来衡量。从表10-8中我们可以看出中国比印度更容易获得有效的电力供给。

对于启动和关闭企业来说，总体而言，中国比印度更加有效。合同的执行情况也是如此，唯一的例外便是牌照的取得，虽然获取牌照的程序数上两个国家差不多，但是在中国需要花更多的时间来获取牌照，不过，这个缺点很大程度上可以被获取牌照更低廉的费用所抵消。因此，通过研究这些指标，我们能够很有把握地得出以下结论：总体而言，在中国做生意比印度更容易。

第五节 小结

在本章中,我们首先比较了中国和印度的贸易模式。两国贸易相同的地方是都出口许多先进的重工业制造业产品,产业内贸易在这两个国家也很普遍。然而,有所不同的是,中国出口更先进和复杂的产品,如机械和运输设备,因为中国在这些产业有较强的比较优势,尽管这种优势仍维持在一些劳动密集型产业,例如纺织品和服装业。相比之下,印度出口的主要商品仍然依赖于矿物燃料和矿物油。总体而言,中国比印度有庞大得多的贸易额,成为最大的世界工厂。

中印在国际贸易上表现出的差异在一定程度上可从政治经济学的角度进行解释。最主要的原因在于两国采取的发展战略的差异。尽管这两个国家的经济发展上有相似的路径,但印度采取出口鼓励型发展战略非常晚,这导致了它在国际贸易上比中国表现得逊色不少。

第十一章 生产率、要素禀赋和贸易模式
——基于中、印、东盟地区的实证分析

本章首先研究了中国、印度和东盟（中—印—东盟）的贸易模式和行业生产率。通过1998—2006年间高度细分的商品贸易数据库，发现这一区域（特别是中国）在此期间经历了制造业生产率的显著增长。中—印—东盟国家的国际贸易和区域内贸易在这段时期有大幅度的增长。中国从印度的进口多为一般贸易，而中国从东盟的进口多为加工贸易。基于引力模型的实证研究发现生产率和要素禀赋是决定该区域内贸易规模大小和贸易结构的两个关键因素。具体的，我们发现：第一，在该区域内，生产率是影响该区域内各国贸易额大小的一个重要因素。第二，对于贸易结构而言，基于要素禀赋差异的比较优势理论解释了该区域内出口国资本密集型行业出口比例的不同。第三，生产率及要素禀赋都会对该区域内各国对华的加工出口比例造成显著影响。

第一节 引言

过去半个世纪中，亚洲的大部分经济体都经历了经济的高速增长。特别是在过去10年，它已成为全世界经济增长的火车头。大部分东亚国家从1997—1998年的金融危机恢复之后，保持了一个较高的增长速度。亚洲新兴工业化国家在21世纪更是保持着6%的年均GDP增长率。东亚经济的第二次觉醒，在很大程度上是因为中—印—东盟（中国—印度—东盟10国）的崛起。① 事实上，中国在21世纪甚至保持了10%的真实GDP的

---

① 东盟10国指的是东南亚国家联盟的10个国家：文莱、柬埔寨、印度尼西亚、马来西亚、老挝、缅甸、菲律宾、新加坡、泰国和越南。

年增速。尽管全球遭遇了金融危机,但是中国的人均国民总收入在2009年增加至4 000美元,成功进入了中等收入发展中国家行列。

国际贸易在中—印—东盟区域中起了一个重要的作用。截至2008年,该区域的出口占世界总出口的17%,为10年前(1998)的1.5倍。[①] 其中,中国为世界上最大的出口国,占全世界总出口的约10%,接下来是马来西亚(1.38%)、泰国(1.11%)和印度(1.09%)。正如Feenstra(1998)指出的,贸易一体化和生产的分散化是当今经济全球化的两个重要特征。而今天中—印—东盟地区已成为一个最重要的世界工厂。

研究中—印—东盟区域的贸易模式有助于理解这一地区为何会成为一个世界工厂。在本章中,贸易模式包含三部分内容:第一,贸易有多少?第二,贸易什么产品?是出口(进口)较多的劳力密集型产品,还是资本密集型产品?第三,外贸的结构是什么?是多进口加工贸易用的原材料和中间品,还是多一般贸易用的最终产成品?具体的,对全球第一大出口国——中国而言,它从印度及东盟的进口结构有什么不同?

更重要的是,为什么会有这些贸易模式的不同?中—印—东盟区域的国际贸易流的大小由什么决定?出口的资本密集型产品比重又由什么决定?进一步来说,如果中国从印度和东盟的进口结构有很大不同,为什么会有这些不同?

本章试图回答上述这两个问题。我们发现,中—印—东盟区域要素禀赋的异同仍是解释该区域为何出口大量劳力密集型产品的一个主要原因。早在20世纪70年代,亚洲第一代新兴经济体如中国香港、韩国、新加坡和中国台湾最重要的出口产品就是劳动密集型的制造业产品。而这符合赫克歇尔-俄林模型所指出的,劳动力丰富的经济体将出口劳动密集型产品,显然,大部分的亚洲经济体都是劳动力丰富的。

时至今日,中—印—东盟区域的贸易模式仍比较符合比较优势理论的预测:劳动力丰富的国家所生产的纺织品和服装这类劳动密集型产品依然是它们重要的出口产品。不过,事实远非如此简单。如同Rodrik(2008)指出的,作为中—印—东盟区域最大的国家,中国的出口品与人均GDP相似的国家相比,要复杂得多。中国的许多出口都发生在高品质的行业,这使中国的出口结构更像是一个典型的发达国家。而这个现象通过Amiti-Freund(2009)的研究得到再次确认:在过去10年,中国的出口产品从纺

---

① 数据来源于联合国商品和贸易数据库。

织品、服装和鞋类转向电子产品和交通运输设备。类似的情况事实上也发生在印度——印度的软件行业在全世界具有非常强的竞争力。所以,比较优势可能不应是解释中—印—东盟区域的贸易模式的唯一原因。

制造业部门劳动生产率的提升也可能是解释中—印—东盟区域的贸易模式的另一重要原因。最近的研究如 Lin（2009）和 Szirmai（2009）认为,在亚洲国家追赶发达国家的过程中,制造业起着重要的作用,其中很大的原因是这些部门的高生产率。而 Krugman（1994）怀疑亚洲国家是否经历了较高的生产率增长。如果答案是肯定的,那么亚洲国家就在长期内维持增长。相反,如果亚洲国家过去的经济增长只是因为要素禀赋的积累,那么一旦人口红利消失,资本不再积累时经济增长将会消失;此外,一旦面临负面的需求冲击,整个国家的经济会非常脆弱。因此,研究中—印—东盟区域内各国不同制造业行业的生产率显得十分必要。考虑到现在制造品是中—印—东盟区域最重要的出口品,研究制造业部门的生产率有没有增长,以及增长有多大,就显得很有意义了。

同样,要素禀赋差别和行业生产率高低也可以影响我国在中—印—东盟区域内不同的进口模式——是加工贸易还是一般贸易。众所周知,加工贸易是指一国从国外进口原材料和中间产品,在国内经过一些加工过程,然后出口最终产品。已有研究发现,加工贸易是解释中—印—东盟区域特别是中国出口产品的复杂程度上升的一个重要原因（Schott,2008；Wang and Wei,2008；Yu,2011）。由于加工贸易通常多在劳动密集型行业,当中国从外国进口原材料和中间产品时,如果该国劳动力相对丰富,则有可能多出口劳动密集型产品,从而成为中国的加工进口源。当然,如前所述,由于比较优势可能是动态变化的,在下文的计量研究中,我们还要仔细考察行业生产率的作用。

本章结构安排如下:第二节研究中—印—东盟区域内的贸易模式和行业的生产率,力图讨论该区域内各经济体的出口大小规模、贸易方式、结构,并仔细计算其中的最大经济体——中国的各制造业行业生产率及其增长率。第三节为本章核心,重在检验在中—印—东盟区域内,出口国的生产率及要素禀赋如何影响双边贸易流大小,又如何影响一般贸易、加工贸易的比重大小。第四节为小结。

第二节 贸易模式和行业生产率

首先我们对中—印—东盟区域内各国产业结构做一个宏观的考察。总体而言,以制造业为主的第二产业已成为中—印—东盟区域内各经济体中最重要的产业。如图 11-1 所示,以制造业为主的第二产业在中—印—东盟区域内的三大产业中比重逐渐升高。尽管印度的第二产业比重较小,而第三产业比重较大。但中国的第二产业在 2008 年达到 46% 的份额,高于第三产业的 42% 和第一产业的 11%。东盟的第二产业在过去 10 年中也从 32.8% 上升到 45.8%。事实上,就东盟内部成员国而言,比较富裕的国家如文莱、印度尼西亚、马来西亚,第二产业有更高的份额,而对于那些相对贫穷的国家如柬埔寨、老挝、缅甸和越南来说,第二产业的份额较低。不过,中—印—东盟区域内的第二产业占国民经济的比重远高于发达国家的水平(平均约为 25%)。所以,从这个角度说,中—印—东盟区域的确已成为一个"世界工厂"。

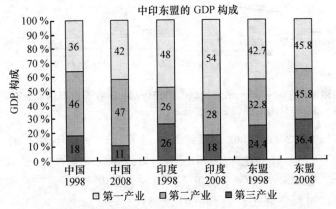

图 11-1　1998 年和 2008 年中—印—东盟国家三大产业比重

为什么中国会成为世界工厂呢?正如 Feenstra(1998)所说,当今的全球化有两个基本的现象:贸易的一体化和生产的分散化。因此,贸易是理解生产异质性的重要驱动力。那么,这一判断对于中—印—东盟是否成立呢?或者说,伴随着以制造业为主的第二产业的提升,中—印—东盟区域的出口是否也有一个显著的上升呢?而如果有的话,支撑制造业和出口增长背后的原动力又是什么呢?为回答这些问题,我们下面具体考察中—印—东盟区域的贸易模式及制造业行业生产率的增长。

一、贸易模式

如前所述,贸易模式包含三个层面的含义。一是区域内各主要经济体的贸易流;二是出口品多为资本密集型产品,还是劳动密集型产品;三是贸易的结构(即多为加工贸易,还是一般贸易)。先来考察中—印—东盟区域内,各经济体占全球出口的比重在过去10年的变化情况。

如图11-2所示,中—印—东盟区域的出口在过去10年经历了高速的增长。该区域的出口份额占全世界GDP的比重从1998年的12%增长到2008年的17%。特别是中国的出口占世界出口的份额从1998年的5%增长到2008年的10%,从中可以看出中国的确已成为最大的世界工厂。同时,印度的出口份额在上个10年从0.7%增加至1%。

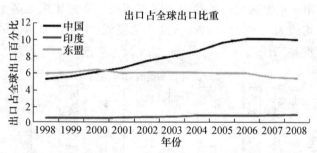

图11-2 中—印—东盟区域的出口份额(占世界出口的百分比)
资料来源:联合国商品和贸易数据库。

但东盟10国的出口并没有显著的增长(从1998年的5.97%上升到6.02%),不过,如我们把东盟10国的出口细化到每个国家,可以观察到越南、柬埔寨、缅甸和老挝等国经历了出口的大幅度增长,而菲律宾和新加坡等国的出口份额下降了。表11-1体现了这一点。

表11-1 东盟国家的出口占世界出口的百分比

年份	1998	1999	2000	2001	2002	2003	2004	2005	2006	2007	2008
文莱	0.04	0.04	0.05	0.06	0.06	0.06	0.06	0.06	0.06	0.07	0.07
柬埔寨	0.01	0.02	0.02	0.03	0.03	0.03	0.03	0.03	0.03	0.03	0.03
印度尼西亚	0.93	0.94	0.97	0.99	0.96	1.03	0.98	0.98	0.98	0.95	0.98
老挝	0.004	0.004	0.005	0.005	0.005	0.005	0.005	0.006	0.009	0.008	0.009
马来西亚	1.56	1.62	1.77	1.66	1.7	1.7	1.71	1.65	1.61	1.42	1.38

（续表）

年份	1998	1999	2000	2001	2002	2003	2004	2005	2006	2007	2008
缅甸	0.02	0.02	0.03	0.05	0.05	0.04	0.04	0.04	0.04	0.04	0.04
菲律宾	0.62	0.65	0.7	0.62	0.66	0.65	0.65	0.61	0.59	0.55	0.45
新加坡	1.55	1.51	1.52	1.3	1.27	1.25	1.19	1.19	1.17	1.03	0.93
泰国	1.07	1.09	1.13	1.1	1.1	1.12	1.13	1.15	1.16	1.12	1.11
越南	0.17	0.19	0.21	0.24	0.27	0.3	0.33	0.34	0.36	0.37	0.42

资料来源：联合国商品和贸易数据库。

进一步讲，为什么东盟不发达国家的出口会同中国的出口同向增加？一个可能的原因就是加工贸易的存在。在全球一体化中，不同国家分别位于全球供应链中的不同环节。东盟中不发达的四国（即越南、柬埔寨、缅甸和老挝）出口的增长很有可能是因为它们出口更多的原材料或中间品给中国，然后再由中国结合本国或其他国家的中间品进行装配、整合加工出口到世界各国。而如果这个猜想成立的话，我们应该观察到两点事实：第一，中国从东盟各国的进口逐年增加；第二，中国从东盟各国的进口多为加工贸易。

先考察第一点。表 11-2 考察了过去 10 年中中—印—东盟区域的区域内贸易。在 21 世纪初，中国并不是东盟国家重要的出口目的地，在 2000 年，只有不到 4% 的东盟出口产品运往中国，但到了 2008 年这个比例增加到 14.4%。相反，东盟运往印度的出口占其出口的份额却从 2000 年的 8.6% 下降至 2008 年的 1.4%，这表明印度并不是东盟重要的出口目的地。此外，印度至中国的出口占印度出口的比例从 2000 年的 3% 剧增至 2008 年的 12%，在 10 年内有近四倍的增长。这则说明中国已成为中—印—东盟区域内其他国家重要的出口目的地。

表 11-2　出口份额占总出口百分比的跨国比较　　（单位：%）

年份	从东盟 10 国至		从中国至		从印度至	
	中国	印度	东盟 10 国	印度	中国	东盟 10 国
1998	0.0006	0.11	3.92	0.38	2.45	5.35
1999	4.91	0.1	4.06	0.4	2.06	4.06
2000	3.9	8.63	4.57	0.36	2.94	7.11
2001	5.02	1.13	4.70	0.44	3.59	7.63
2002	2.81	12.35	5.37	0.55	4.35	7.38
2003	7.05	1.53	5.33	0.61	6.6	6.25
2004	4.9	2.72	5.76	0.77	8.75	6.72

(续表)

年份	从东盟10国至		从中国至		从印度至	
	中国	印度	东盟10国	印度	中国	东盟10国
2005	12.21	13.14	5.88	1.05	9.84	7.29
2006	13.299	1.13	6.18	1.33	8.89	6.59
2007	10.11	0.007	6.29	1.77	10.2	7.03
2008	14.43	1.46	6.80	2.03	11.91	8.31

资料来源：联合国商品和贸易数据库。

当然，我们也不能简单地认为东盟国家并不是中国的出口市场。正如表11-2第2列所示，中国至东盟的出口占中国出口的份额在过去10年从3.92%上升至6.8%，这也说明东盟已逐渐成为中国主要出口地之一。

那么，中国从东盟各国的进口是不是多为加工贸易呢？我们根据2000—2006年的分类数据来确定来自印度和东盟的加工贸易的进口品和一般贸易的进口品的比例。产品层面的分类贸易数据来源于中国海关总署。它记录了每一个贸易企业每一种产品的一系列有用的信息：它们的交易价格、数量、在HS八位数代码中的金额。更重要的是，该数据库还提供了每笔交易的装运货物种类（例如，加工贸易或一般贸易）和原装的进口国。根据这些信息，可以计算出从东盟和印度到中国的一般贸易进口和加工贸易进口的比例。不过，由于目前海关总署只公布了截至2006年的细化贸易数据，因此，我们只能把研究的时间上限设至2006年。

表11-3统计出中国2000—2006年从印度和东盟进口的不同贸易模式的比重。如表11-3所示，从印度到中国的进口产品大部分是一般贸易，从东盟10国至中国的进口产品大部分是加工贸易。此外，从时间序列数

表11-3 中国从中一印一东盟其他地区的进口（通过装运种类）

年份	从印度的进口		从东盟10国的进口	
	一般贸易	加工贸易	一般贸易	加工贸易
2000	0.503	0.497	0.407	0.593
2001	0.601	0.399	0.418	0.582
2002	0.661	0.339	0.398	0.602
2003	0.751	0.249	0.376	0.624
2004	0.765	0.234	0.361	0.639
2005	0.777	0.223	0.308	0.692
2006	0.661	0.339	0.397	0.603

资料来源：中国海关进出口数据，作者计算加总。

据中我们也可以观察到这一点:加工贸易是东盟和中国间最重要的贸易模式,一般贸易是印度和中国之间最重要的贸易模式。从东盟至中国加工贸易进口的比例从2000年的59.3%增加至2005年的69.2%,相反,从印度至中国一般贸易进口的比例从50.3%增加至77.7%。

二、生产率的增长

为什么中—印—东盟区域能够经历出口的剧增呢? 从微观的角度着眼,出口企业生产率的上升应是出口国贸易流能够迅速增加的关键原因。这是因为企业的生产率是保证一个企业能够维持其核心竞争力的基本要素(Porter,1998)。通常而言,低生产率的企业只会在国内市场进行生产和服务,只有生产率高的企业才出口,因为出口的利润能够弥补出口所需的额外的固定费用(Melitz,2003)。因此,企业生产率的异质性决定了企业是否出口。

所以,要深刻理解中—印—东盟区域在过去10年出口的增长,就必须仔细考察这一区域是否真的经历了生产率的增长。当然,第一个问题是如何准确衡量企业的生产率。企业的生产率从本质上说就是体现为企业的实际产出和其生产过程中所采用的各种要素的贡献间的增值部分。目前国际学术界公认的最准确的指标就是全要素生产率(TFP),即"索洛残差"——观察到的产出和运用计量方法得到的产出拟合值之间的残差值。在早期阶段,研究人员通常运用最小二乘法来计算。但是,运用这种方法可能面临着联立性偏差和选择性偏差,Olley-Pakes(1996)和Levinsohn-Petrin(2003)发展了两种半参数的估计方法克服了计量上的难题(田巍和余淼杰,2011)。

问题是,用TFP的方法衡量企业的生产率对数据的要求很高:不论是简单的最小二乘法还是比较先进的半参数方法估计,都需要用到关于资本、劳动力和中间品的企业层面数据。目前,东盟和印度的企业层面数据仍然不可得。幸运的是,我们有中国方面的企业面数据,从而可以计算出中国企业的全要素生产率。考虑到中国是中—印—东盟区域中最大的经济体,也是世界上最大的出口国,如果我们能够发现中国企业的生产率的确在过去10年有显著增长,也就在很大程度上说明了中—印—东盟区域企业的生产率在这段时期内有增长。

因此,结合中国的实际,我们使用修正的Olley-Pakes法来计算中国的企业生产率。我们所使用的数据是规模以上的制造业工业数据库(1998—2006年)。关于详细的Olley-Pakes法的具体的过程细节和计量方法,可详见余淼杰(2010)。这里,我们强调对标准的 Olley-Pakes 法的几点修正和拓展:首先,同 Brandt 等(2011)一样,笔者考虑了不同投入要素和产出品间不同的物价平减指数,投入品的物价平减指数根据产出品的物价平减指数和中国的国家投入产出表(2002)构建,产出品的平减指数则根据中国统计年鉴的"参考价格"来构建。① 这对于测量 TFP 来说非常必要,因为 TFP 测量的其实应是企业的真实投入和真实产出。

其次,考虑到在 Olley-Pakes(1996)的方法中,最关键的是如何获得真实的企业投资数据。如同 Feenstra-Li-Yu(2011)一样,我们采用永续盘存法来计算企业的投资。不同于一些文献所采用的指定任意一个折旧率的做法,本章采用了企业在数据里面报告的真实的折旧数据。最后,考虑到中国在 2001 年加入了 WTO,从而可能产生一个正面的需求冲击,我们在计量中加了一个 WTO 的虚拟变量来控制加入 WTO 可能产生的影响。

根据中国 2002 年(GB/T 4754)的行业分类调整,我们在表 11-4 中计算出用修正的 Olley-Pakes(1996)法计量出来的行业代码从 13 到 42 的各行业资本、劳动力和中间品的估算弹性系数。就全行业而言,测算出的劳动力的平均弹性是 0.061,资本的平均弹性是 0.075,中间产品的平均弹性是 0.828。把这三个系数加在一起,接近常数 1,这表明模型估算中的企业"规模经济不变"的假设与现实比较接近。而且中间产品的系数也高于其他两个系数,也说明用 Olley-Pakes(1996)方法比用 Levinsohn-Petrins(2003)法要更为合理。②

从表 11-4 中可见,中国各行业的平均生产率对数值在 Olley-Pakes(1996)法下为 1.454。其中,烟草制品业,通信设备、计算机及其他电子设备行业的生产率最高。这与我国在 21 世纪中通信设备、计算机及其他电子设备行业的出口迅速增长的事实也是一致的。而烟草制品业之所以会有高生产率,则可能是因为在现行体制下,政府对该行业存在着在大量的保护,从而导致该行业的要素(如资本及中间投入品)价格存在较大的扭曲,因而造成生产率虚高。如果这个假说成立的话,我们应该观察到,随着改革的不断推进,其生产率的增长率应为负的。所以我们在表 11-4 的最后一列中来考察 2000—2006 年各行业生产率的增长率。

---

① 数据可以从 http://www.econ.kuleuven.be/public/N07057/CHINA/appendix/得到。
② 这是因为 Levinsohn-Petrins(2003)法要用到中间品作为代理变量。但中国的中间品有很大比重是加工进口,其价格并不同于国内中间品价格。所以,相对于 Olley-Pakes(1996)法,用 Levinsohn-Petrins(2003)法计算 TFP 的话,会造成更大的误差。

表 11-4　中国企业的全要素生产率的对数

行业（中国代码）	劳动	原材料	资本	TFP	TFP 增长率(%)(2000—2006)
食品加工(13)	0.043	0.890	0.058	1.317	0.57
食品制造业(14)	0.058	0.840	0.023	1.393	2.56
饮料制造业(15)	0.068	0.855	0.044	1.375	2.44
烟草制品业(16)	0.048	0.854	0.182	2.017	-0.57
纺织业(17)	0.056	0.879	0.036	1.393	-1.27
服装、鞋、帽制造业(18)	0.096	0.796	0.019	1.323	1.68
皮毛制造业(19)	0.082	0.842	0.078	1.310	3.62
木材加工及制造,竹、藤、棕、草制品(20)	0.051	0.881	0.045	1.608	-0.80
家具制造业(21)	0.154	0.732	0.077	1.474	6.83
造纸及纸制品业(22)	0.061	0.849	0.048	1.537	1.59
印刷、传媒业(23)	0.063	0.847	0.052	1.433	3.83
文体教育用品制造(24)	0.068	0.827	0.045	1.374	5.03
石油加工、炼焦及燃料(25)	0.041	0.906	0.061	1.459	0.01
化学原料制造业(26)	0.031	0.857	0.074	1.465	-1.33
医药制造业(27)	0.064	0.803	0.002	1.601	0.65
化纤制造业(28)	0.029	0.923	0.032	1.402	2.22
橡胶制品业(29)	0.089	0.729	0.142	1.519	1.96
塑料制品业(30)	0.074	0.816	0.051	1.482	4.13
非金属矿物制造业(31)	0.038	0.870	0.870	1.527	4.83
黑色金属的冶炼及压延(32)	0.043	0.921	0.036	1.492	1.82
有色金属的冶炼及压延(33)	0.038	0.889	0.052	1.337	-0.07
金属制品制造业(34)	0.102	0.710	0.063	1.350	-0.15
通用设备制造业(35)	0.049	0.835	0.058	1.500	0.07
专用设备制造业(36)	0.029	0.868	0.070	1.508	1.64
交通运输设备制造业(37)	0.077	0.804	0.058	1.405	3.09
电气机械及器材(39)	0.068	0.833	0.119	1.350	-0.94
通信设备、计算机及其他电子设备(40)	0.094	0.785	0.148	1.678	3.99
仪器仪表及文化办公用品(41)	0.049	0.815	0.050	1.581	1.22
工艺品(42)	0.073	0.849	0.045	1.356	0.61
所有行业	0.061	0.828	0.075	1.454	2.43

资料来源：作者计算。

从表 11-4 的最后一列可以看出,自 2000 年至 2006 年,我国各制造业的平均生产率增长率为 2.43%。其中增速最高的有家具制造业、文体教育用品制造业、非金属矿物制造业和通信设备、计算机及其他电子设备。前几个增速较快主要是因为其加入 WTO 前的生产率处于较低的水平。通信设备、计算机及其他电子设备的快速增长也解释了为什么在表 11-4 第 4 列能观察到该行业有较高的平均生产率。有意思的是,我们观察到烟草制品业的增长率为负,这在一定程度上佐证了我们上面对该行业生产率情况的分析。总之,我们的计算结果总体上与 Brandt 等(2011)的发现一致:进入 21 世纪以后,中国制造业的生产率经历了较快的提升。

第三节 生产率和要素禀赋对贸易模式的影响

至此,我们发现中—印—东盟区域的出口总量在过去 10 年中不断增加。就贸易结构而言,中国对东盟多为加工进口而对印度多为一般进口。与此同时,中国的制造业生产率在同期也有明显增加。那么,制造业企业或者行业的生产率进步能否影响到这两个贸易模式(贸易总量与贸易结构)呢? 此外,是否资本丰富型的国家出口更多资本密集型的产品,或者说,赫克歇尔-俄林模型所强调的比较优势理论能否在中—印—东盟区域的贸易模式中得到支持呢?

如 Feenstra(2003)指出的,引力模型是解释国际贸易中双边贸易流迅速增长的最成功模型。而 Baier-Bergstrand(2001)也发现,贸易伙伴国的经济规模、贸易自由化程度以及运输成本的下降是解释第二次世界大战后各国双边贸易增长的三个最主要原因。所以,在控制这些因素的前提下,我们决定采用引力模型来考察生产率和要素禀赋的差异是否也能解释中—印—东盟区域的贸易模式。

一、数据

如前所述,准备衡量企业的生产率,最好的指标是直接采用全要素生产率。虽然我们已成功计算了中国制造业企业的生产率,但是对于东盟和印度而言,我们无从获得这些企业甚至是行业的数据。原因有两个:第一,对于东盟大多数国家,它们本身并没有对制造业做这方面的调查。而且那怕是各行业的中间投入品及资本投入都是不可得的。第二,印度虽然对部分制造业做这方面的调查,但是对数据高度保密,并不用于非本国居民的学术研究。同样,它也没有对行业的资本投入量做出估计。所以,我们只能退而求其次,在引力方程的估计中,采用 CEIC 数据库和世界银行整理的"世界发展指标"(WDI)数据库来计算中—印—东盟区域内各国的劳动生产率。

具体的,劳动生产率是指一国的制造业部门增加值除以该部门所用的劳力。当然,采用劳动生产率一个可能的不足是无法区分中间品和资本对产出的不同贡献。但是,由于劳动生产率是采用附加值来计算的,用这种方法计算生产率也相对较为可靠(Trefler,2004)。表 11-5 比较了中—印—东盟区域内各主要经济体劳动生产率对数的大小。从中可见两点:第一,就纵向比较而言,中国、印度和东盟的生产率都在不断提高。更具体的,中国的劳动生产率平均增长率为 1.81%,接近于我们先前用全要素生产率计量所得的 2.43%。这也从另一角度说明在这里用劳动生产率来代替全要素生产率是一种较为合理的方案。第二,就横向比较而言,中国的劳动生产率各年都比印度高,这与直觉相近。但东盟的劳动生产率也较高,这可能与直觉有点不同。之所以如此,是因为东盟中的一些较富有国家如新加坡、文莱、印度尼西亚的生产率都比中国高出很多,这就拉高了整个东盟的劳动生产率的均值。

表 11-5 中国—印度—东盟区域劳动生产率对数的比较

	1998	1999	2000	2001	2002	2003	2004	2005	2006
中国	6.71	6.76	6.85	6.95	7.03	7.14	7.30	7.44	7.61
印度	6.04	6.11	6.11	6.13	6.18	6.33	6.47	6.60	6.71
东盟	7.29	7.32	7.41	7.34	7.38	7.51	7.62	7.71	7.85

资料来源:CEIC 数据库及"世界发展指标"(WDI)数据库。

中—印—东盟区域各经济体出口至世界其他各国的出口数据(包括国家层面和行业层面)都可以在联合国商品和贸易数据库中得到。由于这些数据是用美元记录的,同 Rose(2004)的处理方法一样,我们用美国的 CPI 进行调整(1995=100)以得到真实值。此外,同 Baier-Bergstrand(2001)一样,我们用贸易伙伴国的消费价格指数(CPI)来衡量价格总水平。当然,为保证结果不因价格指标的选择而有较大偏差,在后面的稳健性回归中,我们也采用了批发价格指数(WPI)来代替 CPI。这些数据如同贸易国的 GDP 指标一样都可从 WDI 数据库中直接得到。最后,地理距离等指标可直接从 Rose(2004)中得到。表 11-6 列出了关键变量的基本统计资料。

表 11-6　基本统计信息

变量	平均值	标准误差
双边出口的对数	9.98	3.13
出口国劳动生产率的对数	7.29	1.25
地理距离的对数	8.54	0.63
出口国 GDP 的对数	25.57	1.48
进口国 GDP 的对数	23.99	2.11
出口国 CPI 的对数	1.13	1.25
进口国 CPI 的对数	1.36	1.17
出口国资本—劳动比例的对数	5.50	0.82
进口国资本—劳动比例的对数	5.99	1.48
资本—劳动比例对数的差	-0.50	1.71

二、基准估计结果

如前文所述,各种贸易成本对于双边贸易量有很大的影响(Anderson and van Wincoop,2004)。贸易国较远的地理距离或其他边界效应都会使双边贸易量在经济维度上和统计维度上显著减少。一个可能的担心是,生产率对双边贸易流的影响只是分解了地理距离等贸易成本对双边贸易流的影响。如果这个假设是对的,我们应该观察到加入生产率后,地理距离变量的估计系数会有很大的变化。为排除这种可能性,我们在表 11-7 中首先比较了是否有包含出口国劳动生产率的回归。正如第(1)列和第(2)列所示,运输成本变量的回归系数(例如,地理距离的对数)在两个回归中变化不大,且回归所得系数都在统计上显著。考虑更多的贸易成本变量例如陆地边界、岛屿的个数和其他区域贸易协定变量像 WTO 成员、自由贸易协定的数量(FTA)、货币同盟或者普遍优惠制(GSP)并不会改变这种结果。[①]

表 11-7　国家层面的估计

因变量:	双边出口的对数				双边出口	
回归元:	(1)	(2)	(3)	(4)	(5)	(6)
出口国劳动生产率的对数	—	0.38***	0.51***	0.21	3.80***	1.01**
		(21.10)	(14.37)	(0.27)	(3.29)	(4.96)

[①] 受篇幅的限制,这里并没有报告加入这些变量之后的估计结果。有兴趣的读者可以联系作者索要。

(续表)

因变量:	双边出口的对数				双边出口	
回归元:	(1)	(2)	(3)	(4)	(5)	(6)
两国地理距离的对数	-1.11***	-1.18***	—	—		
	(-36.74)	(-42.46)				
出口国 GDP 的对数	1.03***	1.04***	1.19***	0.26	-2.70***	—
	(67.90)	(73.82)	(38.04)	(0.35)	(-2.41)	
进口国 GDP 的对数	1.00***	1.00***	1.11***	1.23***	0.85***	0.66**
	(109.57)	(112.68)	(9.39)	(14.24)	(4.71)	(3.54)
出口国 CPI 的对数	-0.19***	0.03	0.09***	0.01	0.006*	0.02
	(-12.51)	(1.56)	(3.84)	(0.64)	(0.19)	(0.58)
进口国 CPI 的对数	-0.05***	-0.05***	-0.03	-0.04**	-0.028	-0.03
	(-2.69)	(-3.16)	(-1.29)	(-2.12)	(-0.55)	(-0.73)
观测值	6 321	6 321	7 080	7 080	7 080	7 080
R^2	0.76	0.78	0.64	0.88	0.95	0.95
年度固定效应	否	否	是	是	是	是
PPML	否	否	否	否	是	是
多边抵制性的控制	否	否	否	是	是	是
国家特定固定效应	否	否	是	否	否	否

注:括号内的数字是统计量的 t 值,***(**,*)分别表示在 1%(5%,10%)的统计水平上显著。

经典的引力模型估计得出贸易两国的国内生产总值对双边贸易有一个显著的影响。出口国的 GDP 增加意味着更多的供给。而进口国 GDP 的增加则意味着更多的需求。这两者都会促进双边贸易流的上升。在 Anderson-van Wincoop(2003)的模型中,国内生产总值对于贸易伙伴国的边际影响接近等于 1。表 11-7 的第(1)列和第(2)列基准回归也有类似的发现。此外,Anderson-van Wincoop(2003) 的模型也预测了双边贸易量与出口国和进口国的物价指数有关,尽管行业价格指数的数据不可得,我们可以用国家的 CPI 作为一个价格的代理变量。在控制了价格指数之后,我们仍然可以观察到生产率更高的国家会出口更多。这一发现与 Melitz(2003)这一经典论文的发现一致。高生产率的企业能出口并出口更多。我们发现这一推断不仅在企业层面得出理论支持,在国家层面也得到实证检验。

三、多边抵制性的控制

为研究出口国劳动生产率对于双边出口的影响,我们已经控制了贸易国的 GDP 和 CPI 以及地理距离。但是,一些其他的变量例如使用的语言、区域的认同、文化联系和意识形态的相似性也会影响双边贸易。因此,我们运用了双向固定效应的计量方法来控制这些缺失变量。这意味着误差项可分解为一个贸易国家对特定(country-pair-specific)的变量,一个年度特定(year-specific)的变量和一个观测不到的符合正态分布的误差项。国家对特定固定效应用来控制那些不随着时间改变的因素(例如贸易国的距离),年度特定固定效应用来控制那些随着时间而改变的因素(例如汇率)。在考虑了双向固定效应之后,在表 11-7 的列(3)中我们仍然可以发现出口国劳动生产率的增长导致了双边贸易的增加。如果一个出口国的劳动生产率增长 10%,它的出口大约会增长 5.1%。

不过,需要指出的是,一些回归元,如进口国的物价指数仍然可能和误差项相关。当一国从全世界各地进口产品时,进口价格会被其他国家的进口所影响,也就是说,尽管我们只关注双边贸易,但是双边进口也会被从世界其他国家的进口所影响。Anderson-van Wincoop(2003)一文特别强调这一现象,并把它称为"多边抵制性"。

所以,为精确估计引力模型,我们还需控制多边抵制性。如同 Baldwin-Taglioni(2006)一样,除了在回归中控制年份特定固定效用外,我们还控制了随时间而改变的国家的固定效应。这一固定效用包含 $2 \times N \times T$ 个虚拟变量,其中 N 为国家的数量(在本章中,中—印—东盟区域的国家数 $N=12$),T 代表年数(这里 $T=8$)。此外我们还需控制进口国和出口国两方面,所以有 $2 \times N \times T$ 个虚拟变量。如 Baldwin-Taglioni(2006)指出的,在回归中加入这些虚拟变量能有效地控制价格的内生性或"多边抵制性"问题。有趣的是,在控制了多边性之后,劳动生产率的系数虽然依然为正,但在统计上变得不显著了。之所以如此,很可能是因为没有控制回归中可能出现的零贸易问题。我们现在来处理这个问题。

四、零贸易问题

诸如 Westerlund-Wilhelmsson(2006)、Santos Silva-Tenreyro(2006)以及 Helpman 等(2007)等近期的研究指出:采用对数线性作为因变量的引力方程会因零贸易问题的存在而导致估计上的有偏。由于使用的是对数线性的形式,那些双边贸易为零的观测值就被舍去了。这样,样本观察值就被人为减少了。为处理这个问题,Santos Silva-Tenreyro(2006)论证了拟泊松最大似然法(PPML)回归可准确地处理零贸易问题。① 因此,我们这里也运用 PPML 的估计方法,即直接把双边贸易量当成因变量进行回归。如表 11-7 中列(5)所示,在控制了多边抑制性之后,PPML 的估计结果显示出口国生产率的提高会导致更高的双边贸易额。

不过,细心的读者会发现,在列(5)的回归中,出口国的 GDP 是显著为负的。这与我们的直觉相悖。这可能是因为一国的劳动生产率与其经济规模(GDP)可能紧密相关。在其他情况不变的前提下,较高的劳动生产率通常会使企业扩大生产,从而导致较大的规模。虽然出口国 GDP 在回归中只是一个普通的控制变量,我们无需过度关注,但仍有理由担心,列(5)回归中得出的生产率显著为正的结果会受到出口国 GDP 的影响。为排除这种可能,在表 11-7 的最后一列中我们把出口国 GDP 去掉,在控制了多边抵制性之后,再进行 PPML 回归。结果仍然发现出口国的生产率系数是显著为正的。至此,我们可以放心得出结论:中—印—东盟的出口国生产率越高,其出口也就越多。

五、内生性讨论

最后我们将讨论生产率的内生性问题。一个出口更多产品的国家可能会通过"出口中学习"来升级它的技术。最近的研究发现这种行为在发展中国家确实存在,例如斯洛文尼亚(De Leocker, 2007)和中国(戴觅和余淼杰, 2011)。因此,我们可能会担心更高的生产率和更多的出口只是有相关关系,但并不一定有因果关系。

解决这个问题最理想的方法自然是选取合适的工具变量来控制可能的生产率内生性。不过,在东盟国家的数据受到限制的情况下,要找到一个可靠的工具变量很困难。因此,这里我们选择另一种方法来解决这个问题。具体的,选取劳动生产率对数的滞后一期作为关键的自变量。之所以如此,是因为当期的出口虽然可以反过来影响企业生产率,但却无法影响上一期的生产率。这样,通过在回归中避免使用当期的生产率,可以避免上面讨论到的反向因果关系。当然,在现实中很难确定滞后的影响,因此我们也选用滞后两年的劳动生产率对数作为稳健性检验。

表 11-8 报告了运用劳动生产率的滞后作为自变量的结果。如列

---

① 修正的 Heckman 两步法是处理零贸易问题的另外一个有效方法。运用这种方法也会得出相似的结果,受篇幅限制,这里略去不报。

(1)—(2)所示,OLS 估计方法和固定效应的估计方法都说明了一期滞后的劳动生产率对于出口有促进作用。这样的结果在考虑两期滞后的情况下也是稳健的。因此,我们可以放心得出这样的结论:劳动生产率的提高导致了贸易的增加。

表 11-8 用劳动生产率对数的进一步估计

回归元:双边出口	(1)	(2)	(3)	(4)
出口国劳动生产率对数的一期滞后	0.36***	0.48***	—	—
	(6.41)	(7.21)		
出口国劳动生产率对数的两期滞后	—	—	0.40***	0.52***
			(6.65)	(6.77)
出口国 GDP 的对数	1.07***	1.26***	1.10***	1.22***
	(25.52)	(23.91)	(23.87)	(20.32)
进口国 GDP 的对数	1.03***	1.35***	1.01***	0.54
	(37.08)	(3.26)	(34.74)	(1.15)
出口国的 CPI	0.01	0.12**	-0.05	0.09
	(0.20)	(2.14)	(-0.72)	(0.95)
进口国的 CPI	-0.07	-0.09	-0.01	0.05
	(-1.23)	(-1.21)	(-0.22)	(0.63)
距离的对数	-0.99***	—	-1.09***	—
	(-9.19)		(-11.30)	
观测值	625	700	548	621
R^2	0.77	0.71	0.78	0.65
年度特定固定效应	否	是	否	是
国家特定固定效应	否	是	否	是

注:括号内的数字是统计量的 t 值,***(**,*)分别表示在 1%(5%,10%)的统计水平上显著。

六、对比较优势的进一步检验

接下来,我们要考察一国是否会出口更多其具有比较优势的商品。换言之,在中—印—东盟区域中,资本相对丰富的国家是否会出口更大比重的资本密集型产品。

这在理论上已得到很好的诠释。如 Dornbusch-Fisher-Samuelson(1979,简称 DFS)所指出的,在一个多产品的李嘉图模型框架下,贸易两国的生产是符合 Armington(1969)假设的,即两国的贸易产品的种类数是固定的。而由于更高的生产率,一国将会在更多产品集上具有比较优势,因此会出口更多的产品。同时,由于存在超额供给,贸易条件会恶化,这会导致国内工资水平的下降。所以 DFS 模型认为:一个拥有较高劳动生产率的国家会在更多产品上拥有比较优势,因此会生产并出口更多产品。

不过,由于这个模型并没有考虑资本的投入,而和现实世界的情况相去甚远。在考虑了资本的影响后,经典的赫克歇尔-俄林模型指出:在一个两种产品(资本密集型产品和劳动密集型产品)和两种要素(资本和劳动力)的模型中,资本丰富的国家将出口资本密集型产品。问题是,赫克歇尔-俄林模型的推断能否在中—印—东盟区域的贸易模式中得到印证。

我们接下来构建了一个出口国和进口国资本—劳动比差值的变量,用来说明进口国和出口国之间资本—劳动比例的不同。如果一个出口国和进口国相比是资本丰富的,在赫克歇尔-俄林模型中,出口国将会出口更多资本密集的产品。这个理论具有丰富的实证含义,即相对于劳动密集型行业而言,资本劳动比对资本密集型行业出口的影响会相对较大。为检验这个推断,我们在因变量中去掉了那些劳动密集型的出口品。具体的,在 STIC 1 位码中,我们舍去代码为 0、1、2、3、4 和 9 的产品,而只在回归中包含资本密集型产品,且回归的因变量采用资本密集行业出口占总出口比重。

表 11-9 报告了行业层面回归的结果。从列(1)中可见,在控制了贸易国家及年份固定效用后,出口国与进口国资本劳动比差值越大,或者说,中—印—东盟国家中的出口国越是资本丰富,则该国会出口越多的资本密集型产品。而且,这个发现并不受其他控制变量是否在回归中出现所影响。比如说,列(2)中我们舍去出口国劳动生产率对数变量,出口国与进口国资本劳动比差值的系数仍显著为正,且经济维度上与列(1)相近。

表 11-9　检验比较优势:资本密集行业出口比重的估计

资本密集行业出口占总出口比重	(1)	(2)	(3)	(4)
出口国与进口国资本劳动比差值	0.016***	0.019***	0.032***	0.027***
	(2.46)	(6.47)	(3.25)	(9.25)
出口国劳动生产率的对数	0.003	—	−0.006	—
	(0.42)		(−0.49)	
出口国 GDP 的对数	0.065**	0.064***	0.040***	0.042***
	(22.09)	(22.41)	(7.66)	(7.95)

（续表）

资本密集行业出口占总出口比重	(1)	(2)	(3)	(4)
进口国 GDP 的对数	-0.002	-0.001	-0.014	-0.017
	(-0.21)	(-0.005)	(-1.52)	(-1.56)
出口国 CPI 的对数	-0.005***	-0.005***	—	—
	(-2.18)	(-2.67)		
进口国 CPI 的对数	-0.001	-0.000		
	(-0.05)	(-0.02)		
出口国 WPI 的对数	—	—	-0.032	-0.039***
			(-1.55)	(-2.45)
进口国 WPI 的对数	—	—	-0.012	-0.012
			(-0.95)	(-0.98)
观察值	9 988	9 988	4 561	4 561
R^2	0.40	0.40	0.40	0.42
年度特定固定效应	是	是	是	是
国家对特定固定效应	是	是	是	是

注:括号内的数字是稳健统计量的 t 值, ***(**,*)分别表示在1%(5%,10%)的统计水平上显著。

另外,虽然文献中通常用 CPI 来作为各国价格水平的代理变量,但是我们也想了解如果用不同的价格指标,主要回归结果是否依然稳健。所以在表11-9 的第(3)、(4)列中我们采用了各国的批发价格指数(WPI)来取代 CPI。这一数据同样可从世界银行的世界发展指标(WDI)数据库中得到。我们发现,出口国与进口国资本劳动比差值回归系数依然显著为正。换言之,我们上面所得的结果依然稳健。所以,我们发现,建立在比较优势基础上的赫克歇尔-俄林模型仍然能够很好地解释中—印—东盟区域的贸易模式:资本丰富型的出口国将出口较多的资本密集型产品。

七、生产率和要素禀赋对加工贸易比的影响

至此,实证回归结果已表明,在中—印—东盟区域内,生产率越高的出口国的出口也越高,生产率是影响该区域内国家出口大小的一个重要因素。同时,对于贸易结构(即资本—劳动比例的出口)而言,基于要素禀赋差异的比较优势理论也能够解释该区域内出口国资本密集型行业出口比例的不同。我们最后关心的问题是:在此区域内,为何中国从印度进口的大部分为一般贸易,而从东盟进口的大部分为加工贸易? 决定这种贸易方式的原因究竟是怎样的? 是生产率,还是要素禀赋,还是两者兼而

有之?

为回答这些问题,我们用印度和东盟出口到中国的加工贸易占其对华的总出口比重作为因变量,把出口国与中国资本劳动比差值与出口国生产率对数作为两个核心自变量,在控制其他因素之后,考察这两核心变量对出口国对华加工贸易出口比重的影响。

表11-10第(1)列汇报了简单最小二乘法回归结果。从中可见,出口国与中国资本劳动比差值的系数显著为负。这说明,相对于中国来讲,出口国越是资本丰富,其对华加工出口的比重也就越小。这一发现与现实生活中观察到的现象也相符。中国多从东盟中的经济相对落后的国家(如越南、缅甸等)进口原材料和中间产品,而多从东盟中的发达国家(如新加坡、文莱)进口产成品。印度的经济发展水平虽不及东盟中的发达国家,但远高于东盟中的大部分发展中国家。这就部分解释了为什么中国会多从印度进口产成品,而多从东盟进口原材料和中间产品。

列(1)的回归的另一重要发现则是:在中—印—东盟出口国中,生产率越高的出口国其对华加工出口的比重也越大。一个可能的原因是它们对中国多出口产品技术较先进的核心零部件或中间品,换言之,这部分加工贸易多为"进料加工"(详见余淼杰,2011)。从这个角度来看,这一区域中生产率较高的出口国对华出口模式与日本、韩国的对华出口有相似之处:日韩对中国的出口多为核心零部件的加工进口。

当然,简单的OLS回归可能会因缺失一些重要的变量而导致回归结果有偏。因此,在列(2)中,我们加入了国家特定和年度特定的双向固定效应;列(3)则控制了价格的"多边抵制性"。结果发现上述两个重要发现依然稳健。生产率及要素禀赋两个因素共同解释了中—印—东盟区域内各出口国对华贸易结构(具体的,加工贸易比重)的影响。

最后,由于通常生产率较高的出口国也相对较为资本丰富。因此,有必要考察一下,若不考察生产率大小,相对资本丰富的出口国是否会有较低的加工出口比重。所以,表11-10的最后一列屏蔽了出口国生产率的指标,回归结果依然显示资本相对丰富的出口国有较低的加工出口比重。这说明我们上面的发现是较为稳健的。生产率及要素禀赋都会对中—印—东盟区域内各出口国对华的出口结构产生影响,虽然具体的方向和机制都有所不同。

表 11-10　生产率和要素禀赋对加工贸易比的影响

加工贸易出口占总出口比率	(1)	(2)	(3)	(4)
出口国与中国资本劳动比差值	-0.59***	-0.60***	-0.81***	-0.46***
	(-9.10)	(-380.0)	(-14.86)	(-8.34)
出口国生产率的对数	0.70***	0.63***	12.05**	
	(11.18)	(70.95)	(11.85)	
双边地理距离对数	-0.421**	—	—	
	(-6.38)			
出口国 GDP 的对数	-0.04***	-0.05**	-13.14***	-0.15**
	(-5.36)	(-10.09)	(-11.96)	(-2.45)
进口国 GDP 的对数	-0.61**	—	1.94***	-0.13
	(-7.50)		(10.89)	(-1.59)
出口国 CPI 的对数	-0.02	0.11***	-0.06***	0.023
	(-1.54)	(3.54)	(-3.62)	(0.81)
进口国 CPI 的对数	-0.07***	0.04		
	(-5.48)	(0.63)		
观测值	189	194	194	194
R^2	0.90	0.64	0.88	0.91
年度特定固定效应	否	是	是	是
控制多边性	否	否	是	是
国家对特定固定效应	否	是	否	否

注:括号内的数字是稳健统计量的 t 值,***(**,*)分别表示在 1%(5%,10%)的统计水平上显著。

第四节　小结

本章研究了中—印—东盟这一区域的贸易模式和行业的生产率。我们发现,在过去 10 年间,该区域内各经济体的出口都有所上升。其中中国出口占世界出口比重更是上升很快。同时,中国各主要制造业行业的生产率保持着一个较高的增长率。此外,该区域中资本相对丰富的国家出口更多的资本密集型产品。而在该区域内,中国从印度进口的大部分为一般贸易,而从东盟进口的大部分为加工贸易。

基于这些观察,我们通过基于引力模型的实证回归发现:在中—印—东盟区域内,生产率更高的国家会有更高的出口。换言之,生产率是影响该区域内国家出口大小的一个重要因素。而对于贸易结构而言，基于要素禀赋差异的比较优势理论也能够解释该区域内出口国资本密集型行业出口比例的不同。同时，生产率及要素禀赋都会对中—印—东盟区域内各出口国对华的出口结构产生影响。相对于中国来讲，出口国越是资本丰富，其对华加工出口的比重也就越小。最后，生产率越高的出口国其对华加工出口的比重也越大。这些发现对不同的计量方法均为稳健。因此，本章在一定程度上丰富了学术界对21世纪以来中—印—东盟这一区域的贸易模式的研究。

第十二章　人民币升值与我国对美国的出口关系研究①

自 2005 年 7 月起,我国放弃人民币对美元的固定汇率制度转而盯住一篮子货币,并对美元升值。本章在理论上发展了国际贸易理论中的引力模型,并使用 2002—2007 年间的我国各行业面板数据进行实证回归以考察人民币升值对中国和美国的影响。大量计量研究结果表明:人民币升值会显著减少中国对美国的出口。给定其他不变,人民币升值 10%,中国对美国的出口将减少 11%。该发现对于不同计量方法和不同时期的估计均为稳健显著。

第一节　引言

一国汇率的变化及其对国内价格变化的传导效应已广泛地引起经济学家的关注。尽管目前国内已有许多研究讨论汇率和贸易的关系(如谢建国和陈漓高,2002;何帆和张斌,2003;梁琦和徐原,2006;等等),但从价格传递的渠道进行汇率变化与贸易流之间关系的研究却相对比较少。目前,中国是美国的第二大贸易伙伴。自 2005 年 7 月起,我国放弃人民币对美元的固定汇率制度转而盯住一篮子货币,并对美元升值。在此后的 5 年中,人民币对美元升值了约 20%,从 1 美元兑 8.3 元升值至 1 美元兑 6.8 元。与此同时,中国对美国的出口也从 2006 年的 2 034 亿美元增加到 2008 年的 2 523 亿美元。当然,观察到这一现象并不足以说明人民币的升值会导致中国对美国出口增加——因为除汇率外的其他因素也会导致我国对美国出口的增加。但不管如何,人民币升值对中国对美国出口的影响是一

---

① 本章是与田巍合作,最早发表于《中大管理研究》,2012,7(2),第 47—65 页。

个值得深入研究的课题。

初看起来,道理似乎很直观:人民币升值使得我国的出口品变得更加昂贵,出口会相应减少,而进口也会相应增加。但事实上,问题远非如此简单。如 Feenstra(1998)所述,双边贸易量主要是受两个贸易国家的 GDP、运输成本的大小和其贸易自由化程度影响的。由于汇率与关税对一国国内价格的影响本质上是一致的(Feenstra,1989),汇率也可类似地归入与关税同类的双边贸易"冰山"运输成本。从这一角度上讲,汇率变动对双边贸易的影响仍然是一个实证问题。

正如 Anderson-van Wincoop(2003)指出的,引力模型也许是当今唯一能成功解释双边贸易额的理论模型。在它最简单的形式中,引力模型意味着双边贸易额与贸易国的 GDP 直接成比例。本章因此采用一个一般均衡理论模型来研究人民币升值对中美双边贸易的影响。简单地说,人民币升值会对美国国内价格产生一定的价格传递作用,而这又会影响中美双边贸易额。换言之,由于美国是贸易大国,汇率变动如同征收关税一样,会产生"贸易条件"方面的变化。

类似于本章的研究还有其他探索汇率和贸易方面的论文。正如 Goldberg-Knetter(1997)所介绍的,探索汇率与商品价格关系的文献主要集中在以下三个方面:汇率的传导,一价定律,根据市场定价(pricing to market)。Feenstra(1989)发现,利用日本和美国的行业数据可以很好地验证关税和汇率对进口价格的影响的确是对称的。最近,Bergin-Feenstra(2008)也研究了美国从采用固定汇率国(如中国)进口份额的变化会如何影响汇率对于美国进口价格的传导。在本章中我们将进一步研究汇率变化如何通过使得进口厂商的贸易条件改善和不完全的汇率传导来影响双边贸易。

本章首先构建了含有汇率在内的引力模型,并据此理论模型进行结构式的实证回归。本章发现人民币对美元升值显著减少了中国对美国的出口。具体地,给定其他不变,人民币升值10%,中国对美国的出口将减少12%。该发现对于不同计量方法和不同时期估计均为稳健显著。因此,即使不考虑人民币升值对我国从美国进口的正面影响,人民币升值对降低中美双边贸易的不平衡、避免相应潜在的贸易冲突作用也是明显的。

本章安排如下:第二节简要介绍我国的汇率改革;第三节构建一个含汇率的引力理论模型;第四节描述如何估计这个含有汇率的引力理论的结构性回归模型;第五节是主要的回归结果和敏感性分析;第六节为小结。

第二节 人民币汇率改革进程

正如林毅夫(Lin,2003)所指出的,如同其他许多欠发达国家一样,在改革开放以前,中国采取了重工业优先的发展战略。由于重工业项目多为资本密集型,其项目所需要的仪器多半无法在国内生产,因而需要进口。然而其时由于我国出口量较少,且多限于出口低附加值的农产品和资源型产品,外汇资源非常稀缺。因此,中国政府不得不高估人民币汇率来降低为发展重工业项目所需进口的仪器成本。这样,在改革开放初期(1980年),人民币对美元的汇率定为1.5元兑1美元,政府严重高估人民币。

随后,从1984年开始的10年中,中国采用汇率双轨制(余淼杰,2009a)。一个是官方的固定汇率体系,另一个则是由市场决定汇率的外汇互换市场。在官方的固定汇率体系中,汇率于1986年固定在3.5元对1美元的水平。而在非官方体系中,进口商与出口商以及其他有外汇供给或需求的市场参与者按照市场决定的汇率进行交易。非官方体系由于受到较少的监管,在这个市场中出口厂商能卖掉它们额外的储备,因而美元设定在一个更高的均衡价格。1994年1月,中国政府决定汇率并轨,并贬值30%。同时,允许经常账户自由兑换。所以,1994年的汇率变化可视为人民币汇率的第一个结构性变化。

在随后的10年中,人民币对美元汇率被固定在8.3人民币兑1美元的水平。即使在东南亚金融危机(1997—1998年)中,许多国家都通过本币贬值来减轻危机带来的不利冲击(如日元贬值20%而泰铢贬值近40%)。而中国政府坚持汇率固定不变。但人民币汇率的第二个结构性变化则是发生在2005年6月,人民币对美元汇率升值了2%。同时,人民币不再仅仅盯住美元,而是盯住包括美元、日元等货币在内的一篮子货币。事实上,自2005年至今,人民币持续稳定升值,在五年内升值已超过20%。

为什么中国政府在2005年重估人民币汇率呢?一个重要的原因是中美双边贸易不平衡。在2002—2006年间,中美双边年贸易增长率平均超过20%。2007年,当双边贸易额(包括从香港的再出口)达到3180亿美元时,中国已经取代墨西哥成为美国的第二大贸易伙伴。同时,中国对美国保持了很大的贸易顺差额。2004年,中美贸易顺差已达1 610亿美元。更重要的,在关贸总协定(GATT)中的第八轮乌拉圭回合谈判中,中美再一次达成关于纺织品的有关协议(the Agreement on Textile and Clothing, ATC),同意在10年内结束之前已存在的限制发展中国家向发达国家出口的纺织品及成衣协议(Multi-Fiber Agreements, MFA),即中国同意对每年出口到美国的纺织品额设定一个上限。由于MFA协定到2005年1月到期失效,随即导致中国向美国的纺织品出口急剧增长。双边贸易的失衡使得美国国内贸易保护主义重新抬头。美国工会等特殊利益集团通过国会向中国政府施压,如中国不"自愿"限制对美国的出口,美国国会则会对中国施加贸易制裁。为了避免潜在的双边贸易战,中国政府同意在2005年7月21日人民币对美元升值2%。同时,汇率允许在一定的区域内浮动。如图12-1所示,人民币自2005年开始进入升值轨道。

可见,改革开放30年来人民币汇率改革可大致概括为:10年双轨制(1984—1994年),10年固定汇率(1994—2004年),两次结构式调整(1994年和2005年)。那么,近期的汇率调整对中国向美国的出口影响如何呢?为回答这一问题,先让我们用引力模型对其加以理论引导。

第三节 含汇率的引力模型

如余森杰(2008,2010)所介绍的,Tinbergen(1962)是第一次使用引力方程来描述两国贸易模式的。引力方程的最简式表示,双边贸易水平与贸易国的国内生产总值是成正比例的。随后,Anderson(1979)运用一个常替代弹性的效用函数为引力方程提出了一个理论上的微观基础,并由此成为以后相关研究的标准模式。本章在理论上的创新之处则是把汇率引入引力模型,从而得以估计出汇率变动对中美双边贸易的影响。

为简化并与文献一致起见,假设每个国家生产唯一的产品种类,因而行业k中的产品类别h从i国出口到j国等于在j国消费该种产品种类h。假设国家$i=1,\cdots,I$,在行业k中生产N_{ik}商品,则有常替代弹性效用函数:

$$U = \int_{i=1}^{I}\int_{k=1}^{K}\int_{h=1}^{N_{ik}}(C_{ik}^{h})^{\rho}\mathrm{d}h\mathrm{d}k\mathrm{d}i, \quad (\rho > 0) \qquad (12\text{-}1)$$

其中C_{ijk}^{h}是j国消费的i国生产的行业k中的产品种类h。替代弹性σ由

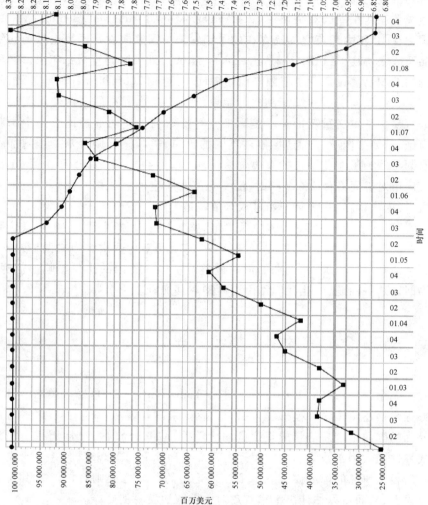

图 12-1　人民币 2005 年后进入升值轨道

资料来源：CEIC 数据库。图中 ━●━ 代表中国向美国的月度出口量（百万美元），━■━ 代表人民币汇率（美元/人民币）。

$\sigma = 1/(1-\rho)$ 给定。类似于 Anderson-van Wincoop（2003），假设给定 i 和 j，对于行业 k 中所有位于序列 $\{1,\cdots,N^i\}$ 中的 h 和 h' 来说，有 $p^h_{i,\text{us},k} = p^{h'}_{i,\text{us},k}$。

换言之,j 国从 i 国进口的同行业的所有产品都有相同的价格 $p_{i,\mathrm{us},k}$。[①] 这样,对各种产品类别而言,j 国的消费量就会是一样的,即:$\forall h \in \{1,\cdots,N_{ik}\}$,$C_{ijk}^{h} = C_{ijk}^{h'} = C_{ijk}$。因此,进口国 j 代表性消费者效用函数可表示为:

$$U = \int_{i=1}^{I}\int_{k=1}^{K} N_{ik}(C_{ik})^{\rho} \mathrm{d}k\mathrm{d}i \tag{12-2}$$

该消费者根据其预算约束最大化其效用:

$$Y^{\mathrm{us}} = \int_{i=1}^{I}\int_{k=1}^{K} N_{ik} p_{i,\mathrm{us},k} C_{ik} \mathrm{d}k\mathrm{d}i \tag{12-3}$$

其中 Y^{us} 是美国的 GDP 水平。求解该最大化问题,可得到每个产品类别的衍生需求函数 C_{ik}:

$$C_{ik} = (p_{i,\mathrm{us},k}/P_k)^{\frac{1}{\rho-1}}(Y_j/P^k) \tag{12-4}$$

其中总价格指数定义如下:

$$P_k \equiv \Big[\int_{i=1}^{I}\int_{k=1}^{K} N_{ik}(p_{i,\mathrm{us},k})^{\frac{\rho}{\rho-1}}\mathrm{d}k\mathrm{d}i\Big]^{\frac{\rho-1}{\rho}} \tag{12-5}$$

最后,美国从中国的进口额为:

$$X_{\mathrm{us},k}^{\mathrm{ch}} = \int_{h=1}^{N_{k}^{\mathrm{ch}}} p_{\mathrm{ch},\mathrm{us},k}^{h} C_{\mathrm{ch},\mathrm{us},k}^{h} \mathrm{d}h = N_{k}^{\mathrm{ch}} p_{\mathrm{ch},\mathrm{us},k} C_{\mathrm{ch},\mathrm{us},k} \tag{12-6}$$

其中第一个等式是进口值的定义,第二个等式则是根据不同品种商品等价的假设。联立式(12-4)、(12-5)和(12-6),得到中国向美国的出口值:

$$X_{\mathrm{us},k}^{\mathrm{ch}} = N_{k}^{\mathrm{ch}} Y_{k}^{\mathrm{us}} (p_{\mathrm{ch},\mathrm{us},k}/P_k)^{\frac{\rho}{1-\rho}} \tag{12-7}$$

尽管如此,双边贸易也受出口国产品数量 N_k^{ch} 的影响,但问题是 N_k^{ch} 是难以观察的。为回归估计的需要,这里采用 Krugman(1979)首先使用的垄断竞争模型来帮助我们消去式(12-7)中的出口产品数量。

正如 Krugman(1979)、Baier-Bergstrand(2001)和 Feenstra(2002)指出,考虑一个典型的新古典追求利润最大化的企业 i。当给定商品的产量(y_k^{ch})及其固定成本(κ_k^{ch})和等边际成本(ϕ_k^{ch})时,劳动力(l_k^{ch})是该企业在行业 k 中唯一的投入:

$$l_k^{\mathrm{ch}} = \kappa_k^{\mathrm{ch}} + \phi_k^{\mathrm{ch}} y_k^{\mathrm{ch}} \tag{12-8}$$

代表性企业的垄断竞争均衡意味着两个条件。第一,对于代表性厂商

[①] 注意到:虽然同一行业内产品价格不变,但我们允许不同行业间的价格可变。这个假设与以下事实一致:丰田车中皇冠型车与凯美瑞型车的价格差别相对于其与一支铅笔的价格相比,前者基本可以忽略。

来说,边际收益等于边际成本。因为当国家 i 的产品种类数量 N_k^{ch} 很大的时候,需求弹性等于替代弹性 σ,可得到了第一个均衡条件:

$$\rho p_k^{ch} = \phi_k^{ch} w_{ch} \tag{12-9}$$

其中中国的工资用 wch 表示。

第二,由于企业可自由进出,每个企业得到零利润。因此中国行业 k 代表性企业的利润函数是 $\pi_k^{ch} = p_k^{ch} y_k^{ch} - w^{ch}(\kappa_k^{ch} + \phi_k^{ch} y_k^{ch})$,因此可以算出中国行业 k 的代表性企业的均衡生产水平 $\bar{y}_k^{ch}$:

$$\bar{y}_k^{ch} = \frac{\rho \kappa_k^{ch}}{(1-\rho)\phi_k^{ch}}$$

其中给定 ρ、κ_k^{ch} 和 ϕ_k^{ch} 都是固定参数后,$\bar{y}_k^{ch}$ 是常数。现记中美之间汇率水平($/¥)为 e,则中国的 GDP 用美元来计量为 $Y^{ch} = \frac{1}{s_k^{ch}} e N_k^{ch} p_k^{ch} \bar{y}_k^{ch}$,其中 s_{ik} 是行业 k 占 GDP 的比重,将此式代入式(12-7)中,可得:

$$X_{us,k}^{ch} = \frac{s_k^{ch} Y^{ch} Y_k^{us}}{e p_k^{ch} \bar{y}_k^{ch}} [p_{ch,us,k}/P_k]^{\frac{\rho}{\rho-1}} \tag{12-10}$$

因此,双边贸易量取决于汇率水平及贸易国的 GDP、出口代表性企业的产量和各种价格指数。

第四节 实证方法

为估计引力方程(12-10),现先将两边取对数:

$$\ln X_{us,k}^{ch} = \ln(Y^{ch} Y_k^{us}) - \ln e - \ln p_k^{ch} + \ln s_k^{ch} + (1-\sigma)\ln p_{ch,us,k}$$
$$+ (1-\sigma)\ln P_k - \ln \bar{y}_k^{ch} \tag{12-11}$$

汇率对交易两国价格的影响起着同关税近似的"冰山"交易成本(Samuelson,1952)的作用。根据关税和汇率间的对称"传递"假说,如同一大国采用进口关税会降低世界价格一样,人民币升值也可视为降低出口国的产品价格。换言之,汇率对进口品价格起着一定的传导作用(Pass-through)。这个关系用下式来表示:$p_{ch,us,k} = e(p_k^{ch})^\delta$,其中 $\delta < 1$。注意到 $p_{ch,us,k}$ 为含成本、保险、运输费在内的到岸价,而 p_k^{ch} 则为离岸价。取对数后,我们考虑以

下形式[1]：

$$\ln p_{ch,us,k} = \alpha_k + \ln e + \delta \ln p_k^{ch} + \mu_k \quad (12\text{-}12)$$

其中，常数项 α_{jk} 表明其他所有具体化的边界影响。这样将式(12-12)代入(12-11)可得下列估计式：

$$\ln X_{us,kt}^{ch} = \ln(Y_t^{ch} Y_{kt}^{us}) - \sigma \ln e_t + [\delta(1-\sigma) - 1]\ln p_{kt}^{ch} + [(1-\sigma)\alpha_k$$
$$- \ln \bar{y}_k^{ch} + \ln s_{kt}^{ch} + (\sigma-1)\ln P_{kt} + (1-\sigma)\mu_{kt}] \quad (12\text{-}13)$$

在上式中，双边出口的对数值主要受贸易国的 GDP、汇率以及中国的离岸价价格指数($\ln p_k^{ch}$)和进口厂商的对数总价格指数($\ln P_{us}^k$)影响。此外，双边出口值也受不可观察的出口代表性企业产值 $\bar{y}_k^{ch}$ 的影响。

不过，式(12-13)中，除了其他未界定的边界效用(μ_{kt})、中国 k 行业中代表性企业的产值($\bar{y}_k^{ch}$)、中国各行业所占 GDP 比重(s_k^{ch})之外，进口国综合价格指数都是无法观测的，因为它取决于等式(12-5)中无法测量的出口类别数 N_k^{ch}。这样，根据 Feenstra(2003)，可把总价格指数项、确定的出口国生产水平、各种难以明确指出的边界效应都放入误差项 ε_{kt} 中：

$$\varepsilon_{kt} = (1-\sigma)\alpha_k - \ln \bar{y}_k^{ch} + \ln s_{kt}^{ch} + (\sigma-1)\ln P_{kt} + (1-\sigma)\mu_{kt}$$

最后，由于以前的汇率水平可能影响当期的汇率变化。仿照 Feenstra(1989)，每个季度的期望汇率都取当期汇率和其前三季度平均即期汇率的对数线性函数。[2] 相应的，有如下形式的估计：

$$\ln X_{us,kt}^{ch} = \beta_0 + \beta_1 \ln Y_t^{ch} + \beta_2 \ln Y_{kt}^{us} + \sum_{l=0}^{3} \beta_{3l} \ln e_{t-l} + \beta_4 \ln p_{kt}^{ch} + \varepsilon_{kt}$$
$$(12\text{-}14)$$

注意到，这里并没有把两个贸易国 GDP 的系数限制为 1 个单位，而是允许 β_1 和 β_2 具有一定的灵活性，并让数据来决定其大小。

第五节 数据、计量与回归结果

本节首先描述数据，随后汇报分析主要的计量回归结果并讨论如何解决可能存在的汇率内生性问题。最后，梳理分析各种稳健性回归结果。

---

[1] 注意到采用不同形式来描述汇率的传导效用并不会影响回归结果。
[2] 这里先前季度数的不同选取不会影响回归估计结果。

一、数据

本章回归所用的数据涵盖范围为 2002 年第一季度到 2007 年第四季度。之所以集中考虑这一时期是由于中美双边贸易自中国于 2001 年入世以后增长极为迅速。式(12-13)中因变量为 SITC-2 位码的美国从中国工业进口值的对数值。数据方面采用美国从中国的进口而非中国的出口数据以避免因忽略内地从香港再出口而造成的数据不准确问题(Feenstra-Hanson,2006)。而在自变量中,人民币对美元的即时汇率采用季度平均汇率来计量。之所以不采用每季度结束时的即时汇率则是为了避免该时日的随机波动误差(Feenstra,1989)。①

至于回归所用的价格数据,最理想的衡量方法无疑是使用美国进口产品的单位批发价来度量。可惜的是,目前尚无法得到这类数据。退而求其次,本章采用我国工业价格指数(PPI)来衡量出口价格(即离岸价格)。

表 12-1 给出各个变量的描述性统计。本章所用数据涵盖 2002—2007 年间 62 个行业的 1 482 个季度观察值。文中所用的数据均可公开获得的。

表 12-1　基本统计数据, 2002—2007 年

变量名	观测值数量	均值	标准误差	最小值	最大值
美国 GDP 对数(百万)	1 488	3.967	0.531	2.679	5.147
美国人均 GDP 对数	1 488	4.609	0.036	4.555	4.663
中国 GDP 对数	1 488	5.723	0.12	5.56	5.919
中国人均 GDP 对数	1 488	2.609	0.116	2.453	2.8
中国 PPI 对数(1995:100)	1 488	1.982	0.127	1.436	2.496
汇率对数($/¥)	1 488	-0.888	0.102	-0.918	-0.398
滞后一期汇率对数($/¥)	1 426	-0.909	0.012	-0.918	-0.889
滞后二期汇率对数($/¥)	1 364	-0.911	0.01	-0.918	-0.885
滞后三期汇率对数($/¥)	1 302	-0.913	0.008	-0.918	-0.889
中国基础货币(M1)对数	1 488	7.425	0.116	7.16	7.623
年	1 488	2 004	1.708	2002	2007
季度	1 488	2.5	1.118	1	4
中美贸易行业编码	1 488	31.5	17.901	1	62

---

① 也正如 Meese-Rogoff(1983)指出并由 Feenstra(1989)验证的,用季度远期汇率来代替即时汇率并不会改变估算结果。

如无特殊指明,则数据可从 CEIC 数据库中获得。① 在该数据中,贸易伙伴国的 GDP 和人均 GDP 均用美元衡量。按部门分类的美国 GDP 数据(NA-ICS)则可从美国经济分析局(BEA)获得。中国工业价格指数可从国家统计局的《中国统计年鉴 2007》中得到,注意到 1995 年是基年。表 12-2 也提供了 SITC-2 位码和中国工业价格指数(PPI)分类的对照。

表 12-2　SITC-2 位码和中国工业价格指数分类对照表

中国工业价格指数分类	中美贸易 SITC-2 位码
冶金	20,42,43,44,45,66
煤炭	16,22
石油	23,24
化学品	19,28,29,30,32,33,34,35,36,38
装备制造	46,47,48,49,50,51,52,53,54
建筑材料	55,56
木材	15,39
食品	1,2,3,4,5,6,7,8,9,10,11,12,14,21,25,26,27,31
纺织品	18,41
服装	57,58,59
皮革	13,37
纸	17,40
文化教育与手工艺术	60,61

注:此处不包含电力行业,因为它不包括在中美双边贸易中。

二、回归估计

表 12-3 汇报了人民币对美元汇率变化对双边贸易流的影响。注意到在所有的估计中,汇率都是以美元对人民币标价的($/¥)。因此,汇率的上升表明人民币的升值。第(1)列汇报基准的 OLS 结果。主要发现有三:第一,美国和中国的 GDP 对数值系数均为正且在统计上显著。这一发现与标准的引力模型相一致,即贸易直接与参与贸易国家的 GDP 成比例。给定其他不变,贸易国规模越大,贸易量越多。第二,出口国(中国)价格指数系数为负。这也与传统认识相符,即较高的出口价格会使出口下降。

第三个发现也是最有意思的发现:汇率回归项为负号。这表明人民币的升值会在统计上显著导致中国向美国出口的减少。为更严格地验证这

---

① 资料来源:http://www.ceicdata.com。

一发现是否稳健,由于以前各期的汇率水平可能会影响回归结果(Feenstra,1989),故在回归式第(2)列中将先前三季度滞后汇率分别纳入回归式。不过,回归结果表明这些变量系数均不显著。而当期汇率对数值的系数对双边贸易流的影响仍显著为负。

表 12-3　汇率变动对中美贸易的影响,2002—2007 年

美国从中国的进口	OLS				IV	
	(1)	(2)	(3)	(4)	(5)	(6)
中国价格指数对数	-4.190**	-4.057**	-0.072	0.364*	-4.296**	-0.021
	(-9.31)	(-8.68)	(-0.39)	(1.66)	(-9.36)	(-0.12)
汇率对数($/¥)	-5.225**	-4.895**	-1.333**	-0.742**	-5.424**	-1.108**
	(-9.44)	(-7.47)	(-7.10)	(-3.12)	(-9.37)	(-5.57)
滞后一期汇率对数		-3.454		—		
		(-0.15)		(1.45)		
滞后二期汇率对数		-4.265		2.377		
		(-0.13)		(0.43)		
滞后三期汇率对数		2.913		-0.743		
		(0.11)		(-0.18)		
美国 GDP 对数	0.210**	0.202**	0.065**	0.059**	0.210**	0.065**
	(3.06)	(2.59)	(2.47)	(2.28)	(3.07)	(2.47)
中国 GDP 对数	2.297**	2.578**	-2.007	-1.663	2.363**	-1.993
	(7.12)	(3.70)	(-0.93)	(-0.42)	(7.22)	(-0.92)
年度特定固定效应	否	否	是	是	否	是
季度特定固定效应	否	否	是	是	否	是
行业特定固定效应	否	否	是	是	否	是
第一阶段 F 统计量					8 108.04‡	57 238.34‡
Anderson 似然 χ^2 统计量					3 242.64‡	5 295.68‡
Cragg-Donald χ^2 统计量					11 733.72‡	57 726.17‡
Anderson-Rubin χ^2 统计量					88.40‡	31.03‡
Prob. $>F$ or Prob. $>\chi^2$	0.000	0.000	0.000	0.000	0.000	0.000
观测值	1 482	1 296	1 482	1 296	1 482	1 296
R^2	0.11	0.11	0.49	0.45	0.71	0.49

注:括号内的数字是 t 值。*(**)表明显著性为 1(5)%。‡ 表统计量的 p 值小于 0.01。过度认定测试的 Hansen 统计量也是认定的。

更进一步的,从式(12-12)中可知,双边贸易流也受进口国的加总价格指数和代表性出口行业产出的影响,而这些又都是不可观察的。因此,我

们采取以下形式的固定效应回归来控制这些因素：
$$\varepsilon_{kt} = \eta_k + \varphi_t + \nu_{kt}$$
其中 η_k 是未观察到的各行业时间不变的影响，φ_t 是随时间变化的固定效应。ν_{kt} 则代表其他模型中未涉及的其他特征。由于样本为季节性数据，年度和季节固定效应都被包括进来以完全刻画固定效应。第(3)、(4)列是式(12-13)相应的固定效应回归结果。第(3)列回归结果表明汇率的回归系数降低到 -1.333，这意味着人民币升值1个百分点将会导致中美双边贸易降低1.333个百分点。第(4)列回归结果则发现，在控制了固定效用之后，汇率的各滞后期依然在统计上不显著。

三、内生性问题

值得强调的是，双边汇率并不是外生给定的，而是会受到双边贸易平衡的影响。如前所述，在2005年年初，纺织品及成衣协议(MFA)的到期导致中国纺织品向美国出口量剧增。结果，中美贸易(中方)顺差急剧增长。这反过来使得美国国内贸易保护主义的势力抬头。为避免与美国可能发生的贸易战，中国政府同意在2005年7月21日将人民币升值2%。同时，人民币不再盯住美元，而是盯住一篮子货币。可见，双边贸易也会反过来影响汇率。因此，表12-3中第(1)—(4)列所得回归结果有因逆向因果性而产生的内生性问题。

工具变量(IV)估计法是控制汇率内生性的一个标准方法。这里我们选取中国的狭义货币存量(M1)作为工具变量来进行GMM估计。采用GMM估计的主要原因是它对误差项要求的假设较少，并且相对于最小一般二乘法，它有能力产生具有异方差的稳健标准误项(Hall, 2004)。表12-3的第(5)、(6)列是运用GMM所得的回归结果。

之所以选择M1作为汇率的工具变量，其经济含义是明显的。如Bergin-Feenstra(2008)所指出的，如果政府通过紧缩银根以降低货币供给，则会使利率上升。这样，外国对本国有投资愿望，因而对人民币的超额需求推动汇率升高。人民币走强时，对美国的出口可预期减少。当然，为充分评判该工具变量的有效性，我们进一步运用多种统计检验作最严格的验证。

首先，表12-3检查了回归方程式的第一阶段F统计量，以此来检验第一阶段的工具变量是否可以排除在回归外。我们在0.1%的水平上拒绝模型被误设这一零假设。其次，检验工具变量是否与内生的解释变量相关。按照 Anderson(1984)的典型相关似然比的检验方法来检验回归式是否可识别,我们发现在 0.1% 的显著性水平表明回归式是可被识别的。再次,我们进一步检验工具变量(M1)是否与内生的解释变量(汇率)是弱相关的。如果是,则回归结果将不可信。Cragg-Donald (1993)提供的 F 统计量在一个很高的显著性水平上拒绝了第一阶段是被弱识别的零假设。最后,Anderson-Rubin (1949)的 χ^2 统计量拒绝了内生回归系数等于零的原假设。① 总之,所有的统计检验都充分表明 M1 在这个回归中是一个很好的工具变量。

表 12-3 的第(5)、(6)列汇报了用 M1 作为工具变量时所得的回归结果。第(5)列表明中美汇率对出口的弹性为 -5.424,这与第(1)列的基准回归结果相当接近。尽管如此,在第(6)列中,在控制了双向固定效用及内生性影响之后,汇率对出口的弹性估计值在绝对量上大大减少了。不过,其经济含义却依然十分清晰:人民币升值会显著降低中国对美国的出口。

回归结果具有明显的政策建议。从回归(6)中可知,在控制了汇率的内生性后,人民币与美国对华进口值的弹性为 -1.108。这意味着如果人民币升值 10%,则美国从中国的进口值将下降约 11%。所以,即使人民币升值不会增加中国从美国的进口,也的确可以降低中美贸易逆差。

四、更多稳健性分析

如前所述,人民币对美元汇率是从 2005 年 7 月后才开始升值的。因此,如果在回归中包含大量在此之前的样本,则汇率对双边贸易量的影响可能被低估。因此我们剔除 2005 年之前的样本并进行重新估计。

表 12-4 汇报了用 2005—2007 年间样本所估计的人民币与美元汇率对中国对美国出口的影响。结果虽然在量上与表 12-3 中所得的结果略有不同,但经济含义却是一致的:在控制汇率的内生性问题后,人民币升值显著降低中国对美国的出口。具体的,汇率对双边贸易的点弹性从第(4)列中的 -2.07 到第(6)列中的 -1.17 不等。其他如贸易伙伴国的 GDP 变量也与表 12-3 中的相应变量结果接近。

---

① 注意 Hansen 检验也包括在我们的估计中,我们没有列出 Hansen 检验是因为等式相当一致。

表 12-4 汇率变动对中美贸易的影响,2005—2007 年

美国从中国的进口	OLS				IV	
	(1)	(2)	(3)	(4)	(5)	(6)
中国价格指数对数	-3.785**	-3.611**	-0.232	-0.872	-3.850**	0.012
	(-7.00)	(-6.14)	-0.39	(-0.98)	(-7.06)	-0.02
汇率对数($/¥)	-4.655**	-4.501**	-1.412**	-2.069**	-4.770**	-1.168*
	(-7.22)	(-5.32)	(-2.41)	(-2.32)	(-7.23)	(-1.80)
滞后一期汇率对数		-18.375		-8.01		
		(-0.53)		(-0.71)		
滞后二期汇率对数		26.765		6.583		
		(0.68)		(1.06)		
滞后三期汇率对数		3.615		3.948		
		(0.13)		(0.32)		
美国 GDP 对数	0.217**	0.268*	0.062**	0.056**	0.215**	0.027
	(2.00)	(1.80)	(2.42)	(2.03)	(1.98)	(1.38)
中国 GDP 对数	1.296	-1.305	-3.203**	0.918	1.378	1.162**
	(1.40)	(-0.40)	(-0.64)	(0.29)	(1.48)	(4.63)
季度特定固定效应	否	否	是	是	否	是
行业特定固定效应	否	否	是	是	否	是
第一阶段 F 统计量					2 739.10‡	1 858.70‡
Anderson 似然 χ^2 统计量					2 124.56‡	1 103.87‡
Cragg-Donald χ^2 统计量					12 257.10‡	2 767.59‡
Anderson-Rubin χ^2 统计量					52.55‡	3.21‡
Prob. > F or Prob. > χ^2	0.000	0.000	0.000	0.000	0.000	0.000
观测值	742	556	742	556	742	742
R^2	0.1	0.11	0.06	0.05	0.11	0.11

注:括号内的数字是 t 值。* (**)表明显著性为1(5)%。‡表明统计量的 p 值小于 0.01。

最后,考虑到大多数引力模型都把贸易国的人均 GDP 变量包含在回归元中,我们因此也在回归中控制贸易国的人均 GDP 变量以检验上述回归结果是否仍稳健。表 12-5 汇报了这一结果。可以发现,我们先前的所有发现依然成立。人民币升值依然显著降低中国对美国的出口。有趣的是,两贸易国人均 GDP 变量回归系数均为负。这并不令人意外:一国的人均 GDP 并不是外生给定的,它事实上是受该国的制度所影响的(Anderson-Marcouiller,2002)。不过,这里由于该系数统计上并不显著,无需太在意这一点。

表 12-5 中国对美国出口的估计,2002—2007 年

美国从中国的进口	OLS				IV	
	(1)	(2)	(3)	(4)	(5)	(6)
中国价格指数对数	-4.192**	-4.072**	-0.013	0.365**	-4.186**	-0.01
	(-9.40)	(-8.76)	(-0.07)	(-1.67)	(-9.30)	(-0.05)
汇率对数($/¥)	-4.969**	-4.917**	-1.126**	-0.762**	-4.957**	-1.122**
	(-8.49)	(-7.38)	(-5.62)	(-3.13)	(-8.23)	(-5.57)
滞后一期汇率对数		-1.392		-0.537		
		(-0.05)		(-0.09)		
滞后二期汇率对数		-5.26		-1.521		
		(-0.15)		(-0.22)		
滞后三期汇率对数		-0.077		-1.157		
		(-0.00)		(-0.19)		
美国 GDP 对数	0.255**	0.231**	0.065**	0.059**	0.255**	0.066**
	(3.45)	(2.87)	(2.46)	(2.28)	(3.46)	(2.48)
中国 GDP 对数	43.929	74.845	—	—	44.339	109.139
	(0.56)	(0.38)			(0.57)	(1.29)
美国人均 GDP 对数	9.425*	8.987	-2.132	-2.581	9.429*	-2.12
	(1.68)	(1.55)	(-0.67)	(-0.39)	(1.69)	(-0.67)
中国人均 GDP 对数	-46.21	-78.312	-1.902	-1.806	-46.641	-111.047
	(-0.57)	(-0.38)	(-0.88)	(-0.45)	(-0.58)	(-1.28)
年度特定固定效应	否	否	是	是	否	是
季度特定固定效应	否	否	是	是	否	是
行业特定固定效应	否	否	是	是	否	是
第一阶段 F 统计量					19 674.01‡	69 480.22‡
Anderson 似然 χ^2 统计量					3 816.76‡	5 295.68‡
Cragg-Donald χ^2 统计量					17 986.6‡	57 726.17‡
Anderson-Rubin χ^2 统计量					67.61‡	31.03‡
Prob. > F or Prob. > χ^2	0.000	0.000	0.000	0.000	0.000	0.000
观测值	1 482	1 296	1 482	1 296	1 482	1 296
R^2	0.11	0.11	0.49	0.45	0.71	0.49

注:括号内的数字是 t 值。*(**)表明显著性为 1(5)%。‡表明统计量的 p 值小于 0.01。

总之,所有的实证结论均表明人民币的升值显著减少了中国对美国的出口。

第六节 小结

通过使用2002—2007年间的行业面板数据,本章研究了人民币升值对中美双边贸易的影响。与先前其他简化式的回归不同,本章的结构性参数回归(structural-form parameters estimation)是严格以一个修正的引力理论模型为引导的。因此,我们得以在统计上和经济上来解释估计结果。估计结果清晰地表明人民币对美元升值显著降低了中国对美国的出口。给定其他不变,人民币升值10%,中国对美国的出口将减少11%。而这些发现对不同计量方法的采用和不同时期的调查均是稳健的。

本章的发现也具有重要的政策含义。人民币的持续升值会造成中国对美国的出口减少。即使不考虑升值对中国从美国进口的正面促进作用,也可知人民币的升值会在一定程度减小中美贸易顺差。这自然会缓解中美一度紧张的贸易关系,但是却会给国内出口商造成较大的压力,并可能会进一步影响到我国宏观经济的未来增长。因而,如果要继续保持我国经济的高增长,则宜把政策重心放在促进内需上。

最后是对本章一些可能的拓展。其一,如果数据可得,则宜用真实水平的离岸价来代替行业价格指数。这样,汇率的传导就能够得到更精确的识别。其二,也可考虑在模型中加入进口关税变量,以检验汇率和关税的对称假说。由于数据限制,我们在此先不探讨这些问题,但却不失为未来研究的可能方向。

第十三章 中国企业层面的加工贸易
——趋势、特征和生产率[①]

第一节 引言

加工贸易包括了国内企业从国外进口原材料和中间投入品,在当地加工,并出口有附加值的产品。政府通常会提供关税减免来鼓励加工贸易的发展。本章试图为中国加工贸易发展的趋势、特征和生产率水平提供一个全面性理解角度。

我们首先以对加工贸易的总体情况,特别是它的规模和主要类型作为开始。之后,我们分析了为什么加工贸易在过去 30 年里在中国发展得如此迅速。中国的开放政策,特别是出口特区的建立,在加工贸易的快速增长中扮演着重要角色。我们使用了 2000—2006 年的交易层面的数据来研究各种可能会影响加工贸易的因素,如来源地和目的地、主要的进口和出口商品、运输模式、企业所有权、主要港口及其贸易量、消费者和生产者所在的主要城市和省份,等等。

我们的交易层面的数据包括了企业层面的信息。每笔交易数据都属于一个企业。我们研究了企业进口和出口的产品数目(即产品种类数量),和它们交易伙伴的数量。最重要的是,因为企业生产效率是理解贸易表现的关键指标(Melitz,2003),我们还研究了企业的生产率增长。具体做法是将交易层面的贸易数据和企业层面的生产数据合并起来,然后用 Olley-Pakes(1996)的半参数方法来估计每个企业的生产率。进一步的,这

---

① 这篇文章是与田巍、王雅琦合作的。同时也收入《中国再平衡与可持续性增长》,社科文献出版社,2013。

篇文章还给出了一个将两个重要的数据库(交易层面的数据和企业层面的数据)合并起来的方法。

我们发现加工贸易主要来自韩国、中国香港和日本。电子器械和运输设备行业在加工贸易中的份额最大。大多数加工进口品是通过海运和空运来到中国。上海、深圳和南京是加工进口品的三个最重要的港口。而深圳、浦东和苏州是三个有最高加工进口品量的港口。商品单价最高的行业是航空行业。运到中国质量最高的产品的前五个国家都位于欧洲,即挪威、法国、芬兰、德国和荷兰。外商独资企业是加工进口的主要企业。近20%的企业只进口一种产品,而近50%的企业进口少于10种产品。进口产品种类的数目近年来也有下降。然而,加工企业也比一般企业生产率要低。

本章的其余部分结构如下:第二节讨论中国支持加工贸易的政策;第三节检验中国加工贸易的各种特征;第四节提供企业层面的生产数据和交易层面的贸易数据的仔细分析,紧接着是用半参数方法对企业生产率的精确估计;第五节为小结。

第二节 鼓励加工贸易的政策

类似于 GDP 的快速增长,中国的对外贸易在过去 30 年增长迅速。尽管在 20 世纪 80 年代中国的对外开放度很低,但到 2006 年开放度已经提高到了将近 70%;其中出口占据了 GDP 的 39%,进口占据了 GDP 的 31%。尽管受金融危机的影响中国的出口在 2009 年下降了 16%,但还是超过了德国成为世界商品贸易量最高的国家(见图 13-1)。到今天,中国的对外贸易量(即出口和进口之和)占据了世界贸易量的 10%。

加工贸易占据了中国贸易的半壁江山。加工贸易在中国开始于 20 世纪 70 年代后期。在 80 年代早期,加工进口只占据了总进口的一小部分。然而,中国的加工进口从 90 年代早期开始显著增加,而在 1994 年超过了一半进口(见图 13-2a)。加工贸易在 1997 年达到了顶峰,而在后来的 10 年逐步达到了一个 50% 的平台。在最近的金融危机中,加工贸易的比例更是下降到了大约 37%。

中国的加工贸易展示了一个相似的演化趋势。在当地组装和加工之后,中国将最终增值品出口给世界。1998 年,中国的加工出口品超过了一

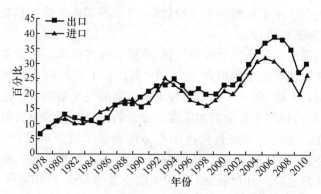

图 13-1　中国出口和进口占 GDP 的比例,1978—2010 年
资料来源:《中国统计年鉴 2011》。

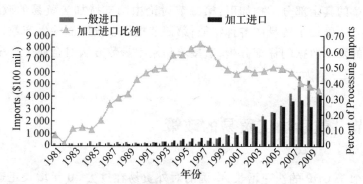

图 13-2a　中国加工进口和一般进口,1981—2010 年
资料来源:《中国统计年鉴 2011》。

般出口品,在加工进口品达到顶峰的后一年(见图 13-2b)。这表明来料加工在中国所花时间很长,一般持续一年。在新千年,中国的加工出口稳定占据了总出口的超过一半。甚至在 2008 年的金融危机,中国的加工出口的比例仍然超过了 50%,而加工进口品的比例下降到了大约 35%,表明在加工贸易中增值活动有逐渐增加的趋势。

中国海关总署的分类中有 19 种贸易方式:加工贸易(编码:10),国家间、国际组织无偿援助和赠送的物资(11),其他捐赠物资(12),补偿贸易(13),来料加工装配贸易(14),进料加工贸易(15),寄售代销贸易(16),边境小额贸易(19),加工贸易进口设备(20),对外承包工程出口货物(22),租赁贸易(23),外商投资企业作为投资出口的设备、物品(25),出料加工贸易(27),易货贸易(30),免税外汇商品(31),保税监管场所进出境

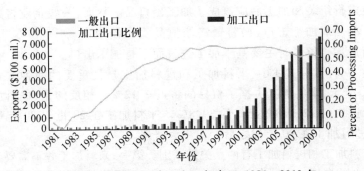

图 13-2b 中国加工出口和一般出口,1981—2010 年

资料来源:《中国统计年鉴 2011》。

货物(33),海关特殊监管区域物流货物(34),海关特殊监管区域进口设备(35),其他(39)。表 13-1 展示了每种贸易方式的贸易额份额。

表 13-1 按贸易方式分的贸易份额,2010 年

贸易方式	进口(%)	出口(%)
10. 加工贸易	55.096	45.673
11. 国家间、国际组织无偿援助和赠送的物资	0.002	0.019
12. 其他捐赠物资	0.013	0.000
13. 补偿贸易	0.000	0.000
14. 来料加工装配贸易	7.117	7.118
15. 进料加工贸易	22.783	39.802
16. 寄售代销贸易	0.000	0.000
19. 边境小额贸易	0.690	1.040
20. 加工贸易进口设备	0.087	0.000
22. 对外承包工程出口货物	0.000	0.800
23. 租赁贸易	0.404	0.009
25. 外商投资企业作为投资出口的设备、物品	1.168	0.000
27. 出料加工贸易	0.009	0.012
30. 易货贸易	0.000	0.000
31. 免税外汇商品	0.001	0.000
33. 保税监管场所进出境货物	4.377	2.242
34. 海关特殊监管区域物流货物	7.826	2.313
35. 海关特殊监管区域进口设备	0.286	0.000
39. 其他	0.141	0.972

资料来源:《中国贸易和对外经济统计年鉴 2011》。

从表 13-1 中可以看到在 2010 年,加工进口品占据了总进口的将近 45%,而加工出口品占据了总出口的将近 55%。正常情况下,加工进口品

在当地进行组装和加工后应该成了加工出口品。然而,一些企业将进口中间投入品当成加工进口,而将最终增值品卖向国内市场。① 在本章中,我们在衡量加工贸易时主要基于加工进口而不是加工出口。

在 19 种贸易方式中,来料加工和进料加工是最重要的两种方式。如表 13-1 所示,来料加工占据了贸易的将近 7.12%。相反的是,进料加工超过了总进口的 22% 和总出口的 39.8%。来料加工在 20 世纪 80 年代很流行,而进料加工在 90 年代之后变得更为普遍。

来料加工和进料加工有两点关键区别。第一,来料加工并不需要企业支付原材料的费用。中国企业免费进口原材料,然后将其增值产品运至来源国的同一企业。中国企业不需要支付中间产品成本却能从它们的服务(即组装)中获得支付。相反,进料加工则需要为进口中间投入品支付费用,然后进料加工企业再将其增值品销售给世界。这里,来源国和目的国可能不同。

第二,来料加工是百分百免税的。而进料加工企业必须首先为其投入品支付进口关税。在出口最终品之后,它们可以获得百分百税免。这表明进料加工企业比来料加工企业的信贷约束更紧(Feenstra-Li-Yu,2011)。从表 13-1 中我们可以清楚地看到在贸易量上,进料加工现在超过了来料加工和其他贸易形式。过去 30 年中加工贸易的迅速增长背后的原因值得我们探究。

中国加工贸易的大面积存在与各种自由贸易区(如经济特区、经济技术开发区、高新技术开发区、出口加工区)的存在密不可分。自由贸易区的发展经历了三个阶段。

第一阶段,经济特区建立不久之后,几个城市被允许与港商签订来料加工的合同。小型贸易初步形成。

1980 年春天,广东和福建省的四个沿海城市,即广东省的深圳、珠海和汕头,福建的厦门由于其与东南亚紧密的社会联系被选为特区。例如,汕头和厦门的居民与东南亚有着很长的贸易往来史。外企发现这种社会联系对于在中国内地投资尤为有利。在经济特区,进口是完全免税的。外国投资者同样享有额外的福利,如减少收入税。中国政府保障了外商投资者在前两年的税收全免和接下来三年的税收减少。另外,在经济特区的企业有更多的经营自由权,也更容易接近外国市场。这些政策在深圳被证明是十分有效的,而深圳也成为两个地区金融中心之一。

1984 年,中国政府允许了沿海 14 个城市成为"开放城市",在此层面上,这些城市将享有与四个经济特区类似的优先权。这标志着贸易自由化

---

① 这些进口中间投入品并不符合关税退税。

的第二阶段。不久之后,中国又多成立了两个经济特区,浦东经济特区和海南岛经济特区。另外,中国又将珠江三角洲和长江三角洲划分为经济发展特区,在 1991 年还开放了四个与蒙古、俄罗斯和朝鲜相邻的北部港口。

中国贸易自由化的第三波发生在 1992 年年初,中国将其改革开放政策从东海岸一直推广到中部和西部,在中部和西部的工业城市建立了许多经济发展园区和高科技发展园区。表 13-2 显示出在 2010 年年底,至少有 8 个经济特区、55 个出口加工区、33 个经济技术发展园区、49 个高科技发展园区和 5 个保税区。在这些自由贸易园区的总加工进口占据了中国加工进口的 32%。

表 13-2 中国特殊经济区域的数目,2010 年

特殊经济区域的类型	数目	占加工进口的比例
经济特区(SEZ)	8	3%
出口加工区(EPZ)	55	11.2%
经济技术发展区(ETDZ)	33	12.8%
高科技发展园区(HTIDZ)	49	4%
保税园区(EOU)	5	1%

资料来源:中国海关数据(2010)。

促进加工贸易最直接和相关的政策是在 2000 年后出口加工区的建立。在中国加入 WTO 的约一年前,中国在一些东部沿海城市建立了许多出口加工区。只有加工企业在这些区域有如免税和最小管制限制的特权。到 2010 年,中国建立了 55 个出口加工区。表 13-3 将这些出口加工区按照其占总加工进口的比例进行排名。到 2010 年,所有出口加工区的加工进口占据了总加工进口的 11.5%。江苏有最多的出口加工区,12 个,而总的出口加工区数目为 55 个。其中江苏的昆山出口加工区是所有出口加工区中最大的,占总加工进口的 2.62%。

表 13-3 按加工进口排名的出口加工区,2010 年

排名	名称	比例(%)	排名	名称	比例(%)
1	昆山(江苏)	2.6213	29	济南(山东)	0.0165
2	松江(上海)	1.8914	30	南通(江苏)	0.0157
3	烟台(山东)	1.3422	31	渝北(重庆)	0.0146
4	徐州(江苏)	1.0562	32	南昌(江西)	0.0144
5	成都(四川)	1.0019	33	嘉定(上海)	0.0128
6	无锡(江苏)	0.6701	34	沈阳(辽宁)	0.0113
7	宁波(浙江)	0.5542	35	常熟(江苏)	0.0109
8	闵行(上海)	0.4190	36	嘉兴(浙江)	0.0099

(续表)

排名	名称	比例(%)	排名	名称	比例(%)
9	西安(陕西)	0.2945	37	福州(福建)	0.0097
10	深圳(广东)	0.1725	38	珠海(广东)	0.0081
11	杭州(浙江)	0.1618	39	镇江(江苏)	0.0073
12	奉贤(上海)	0.1127	40	武汉(湖北)	0.0065
13	威海(山东)	0.0971	41	广州(广东)	0.0064
14	南京(江苏)	0.0834	42	石家庄(湖北)	0.0062
15	常州(江苏)	0.0538	43	呼和浩特(内蒙古)	0.0057
16	大连(辽宁)	0.0531	44	塘沽(天津)	0.0057
17	顺义(北京)	0.0437	45	慈溪(浙江)	0.0054
18	厦门(福建)	0.0411	46	郴州(湖南)	0.0048
19	扬州(江苏)	0.0395	47	连云港(江苏)	0.0040
20	青浦(上海)	0.0374	48	昆明(云南)	0.0034
21	北海(广西)	0.0349	49	珲春(吉林)	0.0031
22	青岛(山东)	0.0339	50	泉州(福建)	0.0028
23	淮阴(江苏)	0.0303	51	潍坊(山东)	0.0022
24	郑州(河南)	0.0285	52	绵阳(四川)	0.0021
25	吴江(江苏)	0.0227	53	秦皇岛(河北)	0.0011
26	芜湖(安徽)	0.0198	54	赣州(江西)	0.0004
27	浦东(上海)	0.0187	55	乌鲁木齐(新疆)	0.0002
28	九江(江西)	0.0169			

资料来源:中国海关数据(2010),作者计算。

加工进口聚集在以下三个区域:江苏的苏州,上海和山东的烟台。江苏的徐州,四川的成都,江苏的无锡和浙江的宁波的加工进口占总加工进口的超过1%。许多加工进口区坐落在东部沿海城市,所有加工区域都坐落在长江的北部。

除了出口加工区,其他的自由贸易区也推动了中国的加工贸易。虽然中国有8个经济特区,但其加工出口总和只占总量的3%,如表13-4所示。

表13-4 按照加工进口的经济特区排名,2010年

排名	名称	比例(%)	排名	名称	比例(%)
1	深圳(广东)	1.7464	5	汕头(广东)	0.0777
2	珠海(广东)	0.6235	6	云浮(广东)	0.0538
3	厦门(福建)	0.5908	7	其他(海南)	0.0152
4	海口(海南)	0.1334	8	三亚(海南)	0.0029

资料来源:中国海关数据(2010),作者计算。

保税区的总加工进口量很小。2010年中国有5个保税园区：塘沽，浦东，宁波，青岛和张家港。只有天津的塘沽有相对较大的加工进口比例（0.81%）。高科技工业园区（HTIDA）占总加工进口的大约4%。如表13-5所示，中国有49个工业园区，最大的一个是江苏的苏州高科技工业园区，占总加工进口的1.38%。

表13-5 按加工进口排名的高科技工业园区，2010年

排名	名称	比例（%）	排名	名称	比例（%）
1	苏州（江苏）	1.3834	26	闵行（上海）	0.0043
2	无锡（江苏）	1.0092	27	丰台（北京）	0.0037
3	广州（广东）	1.0063	28	咸阳（陕西）	0.003
4	惠州（广东）	0.228	29	绵阳（四川）	0.0029
5	武汉（湖北）	0.2104	30	昌平（北京）	0.0028
6	徐汇（上海）	0.1231	31	吉林（吉林）	0.0024
7	深圳（广东）	0.085	32	鞍山（辽宁）	0.0015
8	保定（河北）	0.0838	33	中山（广东）	0.0015
9	厦门（福建）	0.0819	34	桂林（广西）	0.001
10	威海（山东）	0.0551	35	九龙坡（重庆）	0.001
11	海淀（北京）	0.0534	36	襄樊（湖北）	0.001
12	南开（天津）	0.0495	37	南京（江苏）	0.0009
13	沈阳（辽宁）	0.0344	38	朝阳（北京）	0.0008
14	成都（四川）	0.0321	39	潍坊（山东）	0.0006
15	南昌（江西）	0.0311	40	长沙（湖南）	0.0003
16	西安（陕西）	0.0301	41	郑州（河南）	0.0002
17	大连（辽宁）	0.021	42	兰州（甘肃）	0.0001
18	昆明（云南）	0.0207	43	株洲（湖南）	0.0000
19	合肥（安徽）	0.0147	44	乌鲁木齐（新疆）	0.0000
20	常州（江苏）	0.0138	45	石家庄（湖北）	0.0000
21	南京（江苏）	0.012	46	济南（山东）	0.0000
22	杭州（浙江）	0.0109	47	南宁（广西）	0.0000
23	淄博（山东）	0.0052	48	贵阳（贵州）	0.0000
24	珠海（广东）	0.0052	49	太原（陕西）	0.0000
25	长春（吉林）	0.0045			

资料来源：中国海关数据（2010），作者计算。

经济与技术发展园区（ETDA）是加工进口的主要园区。如表13-6所示，苏州经济与技术发展园区占中国总加工进口的4.83%，比最大的出口加工区——江苏的昆山出口加工区——显著要高。33个经济与技术发展

园区的总和(12.8%)比 55 个出口加工区的总和(11.5%)还要高。一个可能的原因是出口加工区的成立时间要比经济与技术发展园区晚很多。江苏省在加工进口上比其他省份表现得更加出众。

表 13-6　按加工进口排名的经济与技术发展园区,2010 年

排名	名称	比例(%)	排名	名称	比例(%)
1	苏州(江苏)	4.8365	18	沈阳(辽宁)	0.034
2	浦东(上海)	2.1234	19	太原(山西)	0.0277
3	塘沽(天津)	1.4245	20	合肥(安徽)	0.0277
4	大兴(北京)	0.8821	21	南汇(上海)	0.0258
5	大连(辽宁)	0.8012	22	连云港(江苏)	0.0252
6	广州(广东)	0.7714	23	芜湖(安徽)	0.0189
7	烟台(山东)	0.3768	24	湛江(广东)	0.0117
8	宁波(浙江)	0.296	25	长春(吉林)	0.0047
9	青岛(山东)	0.2247	26	哈尔滨(黑龙江)	0.0042
10	其他(海南)	0.1621	27	温州(浙江)	0.0032
11	福州(福建)	0.1609	28	南安(重庆)	0.001
12	南通(江苏)	0.1293	29	成都(四川)	0.0008
13	杭州(浙江)	0.123	30	西宁(青海)	0.0000
14	武汉(湖北)	0.0766	31	银川(宁夏)	0.0000
15	乌鲁木齐(新疆)	0.0618	32	石河子(新疆)	0.0000
16	秦皇岛(河北)	0.0575	33	常宁(上海)	0.0000
17	闵行(上海)	0.0469			

资料来源:中国海关数据(2010),作者计算。

第三节　加工贸易的特征

在这一节,我们将讨论加工贸易的一些特征:中国加工投入品进口来源前十位的国家,加工进口前十位的行业,分运输方式的加工进口百分比分布,分所有权的进口百分比分布,加工企业的范围,加工进口品的质量。我们也对加工进口品、一般进口品和总进口品进行了比较。为了实现比较,我们使用了来自海关的交易层面的数据,这一部分的数据记录了 2010 年 330 万次进口交易。数据也包括了关于海关地区、进口商所在地、贸易方式、来源国、中国消费者所在地、运输方式、HS-8 位码、数量和月进口量(以美元衡量)等信息。因为这个数据集并没有包括企业层面的信息,而企业层面的信息对于从微观角度理解中国加工进口是十分关键的,所以我们使用了

2000—2006年的交易数据,这段时间内的数据包括了企业层面的一些信息。

一、加工进口的来源

首先,我们来看加工进口品的来源。使用海关2010年的数据来找出前十位的进口来源国/地区(分总进口、加工进口和一般进口)。如表13-7的最后两列所示,中国的主要进口国/地区为日本、韩国和中国台湾。中国从转口港(中国香港、澳门)进口量很大。虽然美国只在总进口量上排到第五,但是在一般进口品上,美国的排名仅次于第一名日本。在加工进口的排名中,韩国排在首位,紧接着是中国香港、日本和中国台湾。这部分表明了中国会从韩国和日本进口核心部件,然后将最终价值增加的产品出口到美国和欧洲。

表13-7 按贸易方式分类的进口国/地区排名,2010年

排名	国家/地区	加工进口(%)	国家/地区	一般进口(%)	国家/地区	总进口(%)
1	韩国	14.97	日本	11.77	日本	12.80
2	中国香港	14.43	美国	8.34	韩国	10.02
3	日本	14.06	德国	7.66	中国台湾	8.40
4	中国台湾	13.93	澳大利亚	7.37	中国香港	7.76
5	美国	6.17	韩国	5.95	美国	7.36
6	马来西亚	5.43	巴西	4.58	德国	5.40
7	泰国	3.43	中国台湾	3.87	澳大利亚	4.38
8	德国	2.65	沙特阿拉伯	3.41	马来西亚	3.66
9	新加坡	2.43	安哥拉	2.78	巴西	2.77
10	菲律宾	1.85	中国香港	2.28	泰国	2.41
总共		79.34		58.02		64.96

资料来源:中国海关数据(2010),作者计算。比例代表的是2010年加工进口占总进口的比例(一般、加工或者两者)。排名是按照国家进行的。

前十位的进口来源国的进口总量占到了中国总进口的2/3和加工进口的80%。剩下的20%由剩下的200个其他贸易国家/地区生产。下一节我们将讨论中国进口的中间投入品的产品种类。

二、加工进口品的产品种类

如表13-8所示,电机、电气设备行业成为加工进口产品(HS-2位码分类)进口数量最多的行业,大约占到了中国总进口量的40%。与此行业加在一起,其他四个行业,即机器、机械器具行业,光学、照相设备行业,矿物燃料、矿物油行业,塑料及其制成品行业一起,占到了中国总加工进口品的将近70%。这五个行业进口了大量的中间投入品。然而,我们仍然需要

探究这些行业是否也采用了大量的国内投入品。

表 13-8　按进口排名的行业,2010 年

排名	HS-2 位码	进口比例	HS-2 位码	进口比例
1	电机、电气设备及其零件	38.97	电机、电气设备及其零件	22.83
2	机器、机械器具及其零件	13.99	矿物燃料、矿物油	13.71
3	光学、照相等设备	10.25	机器、机械器具及其零件	12.51
4	矿物燃料、矿物油	5.98	矿砂、矿渣及矿灰	7.90
5	塑料及其制品	5.44	光学、照相等设备	6.54
6	铜及其制品	3.10	塑料及其制品	4.63
7	有机化学品	2.35	车辆及其零件、附件	3.60
8	钢铁制品	1.74	有机化学品	3.50
9	橡胶及其制品	1.59	铜及其制品	3.35
10	航空器、航天器及其零件	1.10	油子仁,工业植物	1.97

资料来源:中国海关数据(2010),作者计算。比例代表的是 2010 年加工进口占总进口的比例(一般、加工或者两者)。排名是按照 HS-2 位码进行的。

我们计算了几个行业中进口中间投入品占总的中间投入品的比例。行业中间投入品包括进口中间投入品和国内中间投入品。我们使用了中国海关总署的中间投入品的数据和中国 2005 年的投入产出数据来计算进口中间投入品的比例。如图 13-3 所示,之前提到的五个行业使用了大量的进口中间投入品(例如,机械行业的比例为 30%,而非金属矿物质行业的比例为 17%)。

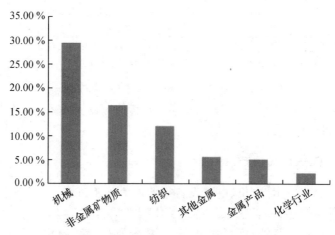

图 13-3　进口中间投入品的比例,2006 年

资料来源:引用自 Yu(2011)。

三、运输模式

已经有大量的实证研究表明电机、电气设备是中国加工进口中最重要的商品。这些产品如何到达中国的港口是另一个有意思的问题。这些进口品到达中国是通过海运、陆运还是空运呢?我们将2010年的进口按运输模式分类。在这里我们考虑了六种运输模式:海运(或河运)、铁路、货车、空运、邮政和其他。表13-9的最后一列显示2010年加工进口的62.52%(以进口价值衡量)是通过海路运输的。这一观察与中国的大多数自由贸易区都位于其东部沿海的事实一致。第二重要的运输模式是空运(19.63%),排在第三的是货车运输(15.72%)。

表 13-9 按运输方式排名的进口,2010 年

运输模式	加工贸易	一般贸易	总贸易
海运	41.47	79.81	62.52
铁路运输	1.09	1.58	1.36
货车运输	27.42	6.12	15.72
空运	29.56	11.47	19.63
邮政运输	0.01	0.04	0.03
其他	0.45	0.99	0.75

资料来源:中国海关数据(2010),作者计算。比例代表的是2010年加工进口占总进口的比例(一般、加工或者两者)。排名是按照运输方式进行的。

加工进口品的运输模式与总进口品的运输模式基本保持一致。海运占据了总加工进口品的41.47%,空运和货车运输分别占据了总加工进口品的29.56%和27.42%。令人惊讶的是空运的比例比货车运输高,因为直觉上更多的物品应该由货车运输。然而,进口品是由进口品价值衡量的,不是由商品数量衡量的,空运的物品单价比货运的物品单价通常要高。

四、最重要的港口

接下来,我们来看中国哪些港口具有最大的总进口量/加工进口量/一般进口量。2010年加工进口量最高的10个港口从高到低依次为:上海,深圳,南京,青岛,广州黄埔,广州,天津,上海拱北,大连,北京(表13-10)。除了北京以外,这些港口都是东部沿海的海港或是河港。不论是加工进口品还是一般进口品,上海都是进口量最大的港口。另外,从总进口品上看,上海也是进口量最大的港口,紧接着是深圳。

表 13-10　前十大进口港口,2010 年　　　　　　　　　　(%)

排名	港口	加工进口	港口	一般进口	港口	总进口
1	上海	22.57	上海	15.99	上海	18.97
2	深圳	17.77	青岛	10.46	深圳	12.64
3	南京	15.23	天津	8.57	南京	11.38
4	青岛	9.19	深圳	8.42	青岛	9.15
5	黄埔	7.57	南京	8.23	黄埔	6.46
6	广州	3.40	宁波	6.10	天津	6.14
7	天津	3.19	大连	4.62	宁波	4.42
8	上海拱北	3.02	黄埔	4.23	大连	3.80
9	大连	2.80	杭州	4.05	广州	3.69
10	北京	2.78	广州	3.92	北京	3.38

资料来源:中国海关数据(2010),作者计算。

加工进口量最高的三个港口是上海、深圳和南京,三者之和超过了全国总进口的55%。这证实了中国大多数加工进口都在上海、广东和江苏进行。相反,一般进口量前三的港口从高到低依次是上海、青岛和天津,仅仅占据了中国一般进口总量的35%。这表明中国的加工进口比一般进口更加集中。

五、需求量最高的区域

我们考察了中国加工进口品的目的地。大多数加工进口品都是通过上海、深圳和南京进口的,一个自然的猜测是加工进口者也集中在这些区域。加工进口企业通常会选择最近的港口来减少成本。为了验证这一想法,我们用中国2010年的数据来找出需求量最大的城市/地区(表13-11)。

表 13-11　前十最高需求城市,2011 年　　　　　　　　　　(%)

排名	城市	加工进口	城市	一般进口	城市	总进口
1	深圳,广东	7.40	朝阳,北京	10.05	朝阳,北京	6.41
2	浦东,上海	6.11	西城,北京	5.71	深圳,广东	3.58
3	苏州,江苏	4.56	海淀,北京	3.06	浦东,上海	3.27
4	东莞,广东	3.64	朝阳,北京	2.87	门头沟,北京	3.22
5	深圳,广东	2.38	浦东,上海	1.76	苏州,江苏	2.38
6	朝阳,北京	1.98	深圳,广东	1.47	东莞,广东	1.89

(续表)

排名	城市	加工进口	城市	一般进口	城市	总进口
7	松江,上海	1.74	广州,广东	1.13	海淀,北京	1.71
8	东莞,广东	1.74	浦东,上海	1.06	朝阳,北京	1.58
9	昆山,江苏	1.24	深圳,广东	0.95	浦东,上海	1.33
10	东莞,广东	1.09	浦东,上海	0.93	深圳,广东	1.08

资料来源:中国海关数据(2010),作者计算。有时城市会出现超过一次,因为这些城市的企业可能会在不同的区域里(如 EPZ、ETDA 和 HTIDA)。

深圳、浦东和苏州是加工品进口需求最高的三个区域。然而,这三个地区的进口之和只占总加工进口的 18%。一般进口需求最高的三个区域有很大不同,为朝阳、西城和海淀,这三个区域都位于北京。一个可能的解释是一般进口品有更多的最终消费品,而加工进口品有更多的中间品。将加工进口品和一般进口品放在一起看,北京的朝阳区是中国最高的进口目的地,紧接着是深圳和浦东,而朝阳区占总进口的份额为 6.41%。

六、加工进口品的质量

另外一个有意思的问题是加工进口品的质量。中国从很多贸易伙伴国进口原材料,那么哪个国家的加工进口品质量最高?哪些产品质量最高?回答这些问题需要衡量产品的质量,而这是一个挑战性很强的任务(Khandelwal,2010)。一个通常的测量方法是用产品的单位价值(Hallak,2006),单位价值的计算方式为产品的价值除以产品的数量。

出口给中国最高单位价值进口品的十个国家/地区,其中九个都位于欧洲。而前五个国家从高到低依次为:挪威、法国、芬兰、德国和荷兰,美国是第六名。同时,最高质量的一般进口品来源国从高到低依次是开曼群岛、芬兰、德国、巴拿马和奥地利。开曼群岛出口高质量产品的一个原因是它是避税天堂,一些国家可以将其产品出口到开曼群岛,然后再转运到中国。

表 13-12 列出了进口高质量产品的行业。航空设备行业的进口品单位价值最高,为 239 万美元。接下来是船舶行业和机器、机械器具行业。从表 13-12 中同样可以看到前三个行业进口品的单位价值有着巨大差异。

表 13-12　加工进口质量最高的前十名,2010 年　　　　　(万美元)

编码	HS-2 位码的描述	单位价值
88	航空器,航天器及其零件	2 398 441
89	船舶及其浮动结构体	482 843
84	核反应堆、锅炉、机器、机械器具及其零件	42 994
90	光学、照相等设备	17 576
87	车辆及其零件,附件	13 083
86	铁道及电车道机车、车辆及其零件	3 493
85	电机、电气设备及其零件	2 890
30	药品	1 064
92	乐器及其零件,附件	878
81	其他贱金属	727

资料来源:中国海关数据(2010),作者计算。

七、加工进口品的所有权

到现在为止,我们从行业角度,特别是来源国、主要产品、运输模式、进入港口和商品质量对中国加工进口品有了一些了解。那么,从所有权上看,哪些企业有最大的加工进口品份额? 我们使用 2010 年中国海关交易数据来回答这一问题。

如表 13-13 所示,超过一半的加工进口是来自于外商投资企业。另外的 17% 的加工进口是来自于中外合资企业(契约合资企业或股权合资企业)。国有企业和私人企业仅仅占据了一小部分的份额(分别是 12.2% 和 10.2%)。同时,国有企业是一般进口品进口最多的企业类型(表 13-13 的第 2 列)。将加工进口品和一般进口品一起看(表 13-13 的最后一列),外商投资企业是进口商中份额最大的企业类型(37.86%),紧接着是国有企业(28.16%)。

表 13-13　按所有权分类的进口比例,2010 年　　　　　(%)

企业类型	加工进口	一般进口	总进口
国有企业	12.24	41.23	28.16
中外契约式合营企业	0.66	0.44	0.54
中外股份式合营企业	16.53	14.14	15.22
集体企业	58.76	20.70	37.86
私人企业	1.42	3.45	2.54
其他,包括有外国办公室在中国的企业	10.17	20.00	15.57

资料来源:中国海关数据(2010),作者计算。比例代表的是 2010 年加工进口占总进口的比例(一般、加工或者两者)。排名是按照企业所有权进行的。

八、加工进口企业的产品数目

加工企业到底进口多少种产品?与一般进口企业相比,加工企业会进口更多种产品吗?回答这些问题需要一套企业层面信息的数据。中国2010年的海关数据(最新公布的)并没有包括这些信息。一个折中的办法是利用以前的数据。因此,我们采用了中国2000—2006年间交易层面的贸易数据。这些数据中有企业姓名、地址、邮编和电话号码。

在研究加工企业的进口种类之前,我们需要对这类企业做一个正式的定义。Yu(2011)将图13-4中的中国企业分成了四类:(1)非进口企业:不使用任何外国中间品投入;(2)非加工进口企业:使用一些外国中间品投入但是并不将自己的最终产品销往国外;(3)混合(或者常规)加工企业:同时参与加工进口和一般进口;(4)纯加工企业:只参与加工进口和出口,但是并不在国内市场销售它们的产品。在这篇文章中,我们将混合加工和纯加工企业都归类为加工进口商。换句话说,有加工进口业务的企业都被归类为加工企业。

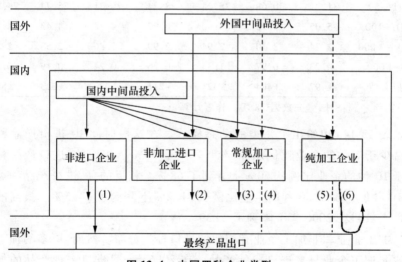

图 13-4　中国四种企业类型

表 13-14a 列出了每年的加工进口企业的产品种类数目。在 2000—2006 年间,大约 20% 的企业只进口一种产品,而大约有 10% 的企业会进口两种产品。2000 年,有大约 45% 的企业会进口少于 5 种产品,而有大约 60% 的企业会进口少于 10 种产品。而 31% 的企业会进口超过 10 种

少于50种产品。3.24%的企业进口超过50种而少于1 000种产品。只有0.23%的企业会进口超过1 000种产品,而其中进口种类最高达3 497。

表13-14a 进口企业的产品种类数目,2000—2006年 (%)

产品种类数	2000	2001	2002	2003	2004	2005	2006
1	19.04	18.90	19.76	20.32	21.65	22.66	23.60
2	10.27	10.14	10.55	10.77	11.43	11.97	12.19
3	6.67	7.15	7.23	7.34	7.66	7.93	8.10
4	5.26	5.39	5.42	5.76	5.64	5.78	5.96
5	4.38	4.41	4.50	4.62	4.63	4.65	4.62
6	3.61	3.87	3.90	3.79	3.80	3.69	3.76
7	3.29	3.26	3.34	3.34	3.20	3.17	3.20
8	2.98	2.89	2.89	2.81	2.79	2.70	2.73
9	2.44	2.66	2.54	2.53	2.49	2.38	2.34
10	2.33	2.35	2.36	2.26	2.12	2.13	2.11
11—50	31.21	30.68	28.23	28.24	26.71	25.74	24.51
51—100	5.05	4.23	4.90	4.97	4.78	4.43	4.34
101—1 000	3.24	3.10	2.94	2.99	2.86	2.58	2.34
>1 000	0.23	0.97	1.34	0.26	0.24	0.19	0.20
最大值	3 497	3 404	3 321	3 211	3 070	3 023	2 839

资料来源:中国海关数据(2010),作者计算。

表13-14a也给出了每类的动态模式。在这段时间里,进口产品种类数目少于5种的企业比例从45%上升到了54%。相似的,进口产品种类少于10种的企业比例从60%上升到了68%。相反的是,进口产品种类超过10种但是少于50种的企业比例从31.2%下降到了24.5%。最高的进口种类数目在2006年下降到了2 839。

加工企业和非加工企业有相似的进口种类分布。然而,更多的加工企业比非加工企业只多进口一种产品。在2006年,只进口一种产品的加工进口商的比例(25.4%)比非加工进口商的比例(23.6%)更高。在表13-14b中可以看到,在同一年,进口超过50种的加工进口商的比例(4.42%)比非加工进口商的比例(6.88%)要低。

表 13-14b　加工进口企业的产品种类数目,2000—2006 年　　　　　　(%)

产品种类数目	2000	2001	2002	2003	2004	2005	2006
1	20.60	20.34	21.60	22.37	23.41	24.40	25.42
2	10.69	10.56	11.09	11.45	11.71	11.97	12.32
3	6.82	7.21	7.39	7.66	7.70	7.98	8.07
4	5.42	5.70	5.55	5.78	5.77	5.86	6.07
5	4.53	4.57	4.67	4.83	4.72	4.69	4.69
6	3.69	4.06	3.90	3.95	3.87	3.88	3.81
7	3.38	3.32	3.47	3.35	3.46	3.25	3.33
8	2.90	2.95	2.86	2.99	2.98	2.79	2.75
9	2.63	2.72	2.68	2.50	2.54	2.50	2.45
10	2.32	2.44	2.44	2.34	2.29	2.21	2.16
11—50	31.04	30.62	29.37	27.93	26.73	25.96	24.51
51—100	3.96	3.73	3.45	3.36	3.37	3.09	3.10
101—1 000	1.83	1.58	1.34	1.30	1.30	1.27	1.18
>1 000	0.19	0.20	0.19	0.19	0.15	0.15	0.14
最大值	3 489	3 397	3 319	3 199	3 070	3 023	2 836

资料来源:中国海关数据(2010),作者自己的计算。

图 13-5 显示出企业进口的产品种类数目随着时间下降。不管是加工进口商还是一般进口商都显示出了这种趋势。在样本所在的大多数时间段里,加工企业比一般企业进口更少的种类。因此,所有进口商的最高进口种类数目比加工进口商要高。

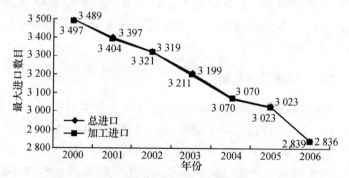

图 13-5　中国海关数据,2000—2006 年

资料来源:作者计算。

在此之前,我们了解了加工企业主要来自于韩国、中国香港和日本。行业中加工进口量最高的是电子机械和运输设备。加工进口的大多数都

通过海运和空运到达中国。加工进口产品最经常到达的三个港口是上海、深圳和南京,而拥有最多加工进口品的地区是深圳、浦东和苏州。有最高单价商品的行业是航空器、航天器及其零件。以加工为目的运输到中国的商品质量最高的前五个国家是:挪威、法国、芬兰、德国和荷兰。从进口企业的所有权分类来看,外国投资企业是进口加工品最多的企业类型。几乎20%的企业只进口一种产品,而几乎50%的企业会进口少于10种的产品。而企业进口产品的种数也逐年下降。到现在,仍有一个重要的问题需要回答:加工企业与非加工企业相比,其生产率是更高还是更低?我们下面将会为这个问题找寻答案。

第四节 企业数据和海关数据合并方法

为了获得加工企业的生产率,我们需要加工企业的产出水平和劳动数量的数据。如果生产率是用全要素生产率衡量的,我们还需要资本和中间投入品的数据。交易层面的贸易数据虽然有丰富的信息,但却没有产出和投入要素相关的信息。因此,我们需要使用另外一套企业数据并对两套数据进行合并。在以下的部分中,我们首先描述两套数据,并且给出将它们合并的详细方法。之后,我们将描述合并数据的效果。事实上,这两套数据在中国的国际贸易和企业异质性的研究中是被广泛认可的。然而,就我们所知,很少有论文提供了匹配这两套数据的详细和可靠的方法。因此,我们的目的之一是填补中国企业异质性研究这一方面的空白。

一、交易层面的贸易数据

关于2000—2006年交易层面的月度贸易数据来自于中国海关总署。每笔交易都在HS-8位码水平上有记录。月观测值的个数从2000年1月的78 000增加到2006年12月的超过230 000。如表13-15中的第(1)列所示,观测值的个数在2000年超过1 000万,而在2006年达到1 600万。第(2)列表明在2000—2006年间有286 819个企业从事国际贸易。

表 13-15　匹配统计描述——企业数目

年份	贸易数据		生产数据		匹配数据			
数目	海关 (1)	企业 (2)	原始 (3)	处理后 (4)	使用原始 企业数据 (5)	使用处理后 企业数据 (6)	使用原始 企业数据 (7)	使用处理后 企业数据 (8)
2000	10 586 696	80 232	162 883	83 628	18 580	12 842	21 665	15 748
2001	12 667 685	87 404	169 031	100 100	21 583	15 645	25 282	19 091
2002	14 032 675	95 579	181 557	110 530	24 696	18 140	29 144	22 291
2003	18 069 404	113 147	196 222	129 508	28 898	21 837	34 386	26 930
2004	21 402 355	134 895	277 004	199 927	44 338	35 007	50 798	40 711
2005	24 889 639	136 604	271 835	198 302	44 387	34 958	50 426	40 387
2006	16 685 377	197 806	301 960	224 854	53 748	42 833	59 133	47 591
小计	118 333 831		286 819	615 951	438 165	83 679	69 623	90 558

注：第(1)列报告了中国海关总署 HS-8 位码水平的贸易年度数据。第(2)列报告了海关数据中覆盖的企业的数目。第(3)列报告了没有经过处理的国家统计局企业数据库中覆盖的企业数目。相反的是，第(4)列给出了根据 GAAP 规则进行处理和过滤后覆盖的企业数目。相应给出了用名字作为匹配依据的匹配企业数目。最后，第(7)列给出了以企业名称和邮编作为依据的匹配企业数目。相反的，第(8)列给出了以企业名称、邮编和电话号码作为匹配依据的匹配企业数目。

对于每笔交易，这个数据集包括三类信息：① 基本信息的 5 个变量：包括交易量（以美元现行价格计算），贸易身份（出口商/进口商），贸易数量，交易单位和单价（价值除以数量）；② 关于贸易模式的 6 个变量：出口的目的地，进口的来源地，中转地（产品是否经过中转地区），贸易方式（一般贸易或者加工贸易），贸易模式（海运、汽车运输或者邮寄），到达港口（商品离岸或到岸的港口）；③ 关于企业信息的 7 个变量：企业名称，企业编码，企业所在城市，电话号码，邮政编码，法人名称，企业所有权性质（外资、私人或者国有）。

二、企业层面的生产数据

本章所用的数据覆盖了 2000—2006 年间平均 230 000 个制造业企业。企业的数目从 2000 年的 162 883 翻倍到了 2006 年的 301 960。数据是通过国家统计局每年对制造业企业的问卷调查得到的。问卷包括了三类财会表的信息：收支表、损益表和现金流表。从平均水平上看，这个数据集中的工业企业的生产量之和已经达到中国工业企业生产总量的 95% 左右。国家统计局编纂的中国统计年鉴中工业部门部分的数据就来自这个数据库。这个数据库包括了所登记的企业财会表中的超过 100 个金融变量。数据库中有两种制造业企业:所有国有企业和所有年销售额超过500万元人民币的非国有企业。登记的企业数从2000年的160 000增长到了2006年的301 000。如表13-15中的第(3)列所示,在样本期间一直都在数据库的企业有615 951家。

然而,数据库也有些许不尽如人意之处,主要是一些企业给出了错误的信息。例如,一些家族企业汇报信息时是基于1元的单位,而官方的要求是以1 000元作为单位。仿照蔡洪滨和刘俏(2009)以及Feenstra-Li-Yu(2011)的做法,我们将根据以下规则对样本中不合格的观测值予以清除:① 流动资产高于总资产;② 总固定资产高于总资产;③ 固定资产超过总资产;④ 企业编码缺失;⑤ 成立时间不真实(例如,开业月份比12月份晚或者比1月份早)。经过删除后,数据中还保留有438 165个企业,近1/3的企业被删除。如表13-15的第(4)列所示,在早年间被删除的比例较高,在2000年差不多有半数的企业被删除。

三、匹配方法

匹配这两套数据是一个具有挑战性的任务。两套数据都有企业编码,然而,这两套数据的编码系统完全不一样。例如,交易层面的数据库中企业编码的长度有10位,而企业层面的数据库中编号则只有9位。中国的海关总署与国家统计局的编码系统完全不一样。

匹配两套数据需要两步:第一步,我们将根据企业名称和时间将两套企业进行配对。如果一个企业在同一年中有完全一样的中文名称,它们被认定为同一家企业。时间变量是一个识别过程中的辅助变量,因为有些企业可能在不同年份的名称并不一样,而有些新进入的企业可能会用它们之前弃用的名称。匹配后我们有83 679个企业,使用更严密的方法,最后匹配得到了69 623个企业。

第二步,我们使用另外一套匹配方法作为补充。我们使用另外两个共同变量来识别企业,即邮政编码和企业电话号码的最后七位。逻辑是在同一地区,同一企业应该有独一无二的电话号码。虽然这个方法看上去很容易理解,实际上操作起来却比较困难。例如,海关数据中的电话号码中有连号和地区编号,而企业数据库却没有包括。因此,我们用电话号码的后七位作为企业编号的代理变量,理由有两个:第一,在2000—2006年间,一些中国城市会在其七位电话号码的前端多加一个数字。因此,使用电话号码的后七位不会混淆企业识别。第二,海关数据汇报的含区号的电话号码中,还有一个连线字符,而使用整个号码(含区号及连线字符)的后七位就能很好地解决这个问题。

企业可能会缺失其电话或者邮编的信息。为了使文章中所覆盖的企业足够多,我们将满足以下条件中任何一个的企业收归到匹配数据中。如表 13-15 中第(7)列所示,匹配企业个数增加到了 90 558。我们匹配数据的方法是可以与其他相似研究类比的。例如,Ge 等(2011)用同样的数据和类似的方法却只得到了 86 336 个匹配企业。同时,如果我们用更严苛的方法来匹配,将得到 76 832 个企业,如表 13-15 中第(8)列所示。

我们的匹配数据表现如何?表 13-16 比较了匹配数据集和全样本数据的几个关键企业信息变量。匹配数据和全样本数据相比明显有更高的销售额、出口量、雇员数目、资本劳动比和劳动生产率的对数,说明大企业更容易在匹配后数据库中留下。匹配后数据库中只有年销售额超过 770 000 美元的企业才能留下,而匹配后数据中的企业出口总和占到全样本的 70%。因此,我们的匹配后数据集对中国大型出口企业有足够的代表性。

表 13-16 匹配后数据和全样本数据

变量	匹配后数据			全样本数据		
	均值	最小值	最大值	均值	最小值	最大值
销售额	156 348	5 000	1.57e+08	85 065	5 000	1.57e+08
出口	51 751	0	1.52e+08	16 544	0	1.52e+08
雇员数目	479	10	157 213	274	10	165 878
资本劳动比的对数	3.62	−5.71	9.87	3.53	−6.22	11.14
劳动生产率的对数	3.86	−7.75	10.78	3.84	−8.96	10.79

资料来源:引用自 Qiu-Yu(2012)。

最后来比较一下加工企业和非加工企业的生产率。用以前各章所采用的修改的 Olley-Pakes(1996)方法来估计企业生产率。如图 13-6 所示,三种企业是我们讨论的重点:非加工企业(即一般企业)、纯加工企业和混合企业。图 13-6 刻画的是三种企业生产率的动态变化。在 21 世纪,所有企业的生产率不断上升。加工企业有最低的生产率,一般企业有最高的生产率,而混合企业在两者之间。这意味着与非加工企业相比,加工企业的生产率更低。

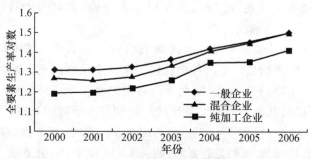

图 13-6　中国企业的全要素生产率的对数，2000—2006 年

第五节　小结

本章的目的是用 21 世纪高度细化的数据（企业层面或交易层面）描画中国加工贸易。我们首先指出了加工贸易在中国对外贸易中的重要性，然后探究了为什么加工贸易会在近三十年里发展如此迅速。中国的自由贸易政策极大地推动了加工贸易。各种自由贸易区，如出口加工区和经济与技术发展区，作为重要的工具极大地推动了加工贸易。

了解这种背景后，我们探究了各种加工进口的特征。从行业层面研究了加工进口，包括起源国、主要产品、运输模式、进入港口、消费目的地和产品质量。我们提供了加工贸易产品种类详尽的数据。

相似的，为了了解更多的加工贸易的信息，我们用半参数的 Olley-Pakes 方法和 GMM 方法计算了全要素生产率。我们的估计显示了在 21 世纪所有企业的生产率都增加了。然而，加工企业比一般企业经常会有更低的生产率。

最后，我们还提供了一个详尽的将企业信息和交易信息配对的方法。尽管可能还存在些许纰漏，但是得到的最后的配对后企业仍在中国企业中非常具有代表性。

附 录

第五章 修正的 Olley-Pakes(1996)估计

计量经济学家曾尝试过多种方法来克服估计 TFP 过程中遇到的问题。传统的 OLS 方法有两个缺陷:第一,企业可能同时选择产量和资本存量,使产量和资本存量间产生反向因果关系:资本存量的选择影响产量,而产量的选择也反过来影响资本存量。第二,OLS 方法无法解决面板数据中的样本选择偏误,即只有生产率较高的企业才能够存活并留在样本当中。为解决第一个问题,起初研究者们普遍采用加入企业固定效应与时间固定效应的方式来减小模型中的共时性偏误。虽然固定效应方法能够在一定程度上减小共时性,但是它并不能克服企业同时选择产量与资本存量所带来的反向因果问题。为解决第二个问题,研究者通常丢掉那些在样本期中退出的企业,使数据变为平衡面板。但这种方法会造成大量信息浪费,并且对企业的动态决策问题完全不予考虑。

假定企业 i 的投资可以为一个隐性生产率和资本对数的增函数($k_{it} \equiv \ln K_{it}$)。依照 van Biesebroeck(2005)、Amiti-Konings(2007),大多数企业的出口决策是在前一期决定的(Tybout,2003),我们因此修订 Olley-Pakes(1996)的方法,将企业的出口决策作为投资函数的一个额外变量:

$$I_{it} = \tilde{I}(\ln K_{it}, v_{it}, \mathrm{EF}_{it}, \mathrm{WTO}_t) \tag{5-4}$$

其中,EF_{it} 是衡量企业 i 在 t 年是否出口的虚拟变量。另外,由于我们的样本是从 1998 年到 2002 年的,也包括了 WTO 虚拟变量(我国于 2001 年加入 WTO,所以 2001 年之后为 1,之前为 0)。因此,式(5-4)的反函数是 $v_{it} =$

$\tilde{I}^{-1}(\ln K_{it}, I_{it}, \mathrm{EF}_{it}, \mathrm{WTO}_t)$。① 隐性生产率也取决于资本的对数和企业的出口决策。相应的,估计式(5-2)现在可以写成:

$$\ln Y_{it} = \beta_0 + \beta_m \ln M_{it} + \beta_l \ln L_{it} + g(\ln K_{it}, I_{it}, \mathrm{EF}_{it}, \mathrm{WTO}_t) + \varepsilon_{it} \quad (5\text{-}5)$$

这里 $g(\ln K_{it}, I_{it}, \mathrm{EF}_{it}, \mathrm{WTO}_t)$ 被定义为 $\beta_k \ln K_{it} + \tilde{I}^{-1}(\ln K_{it}, I_{it}, \mathrm{EF}_{it}, \mathrm{WTO}_t)$。依照 Olley-Pakes(1996) 和 Amiti-Konings(2007),我们使用资本的对数、投资的对数和企业出口虚拟变量的四阶多项式来估计 $g(\cdot)$ 来表征函数 $g(\cdot)$ 如下②:

$$g(k_{it}, I_{it}, \mathrm{EF}_{it}, \mathrm{WTO}_t) = (1 + \mathrm{WTO}_t + \mathrm{EF}_{it}) \sum_{h=0}^{4} \sum_{q=0}^{4} \delta_{hq} k_{it}^h I_{it}^q \quad (5\text{-}6)$$

在得到估计系数 $\hat{\beta}_m$ 和 $\hat{\beta}_l$ 之后,就可计算出由 $R_{it} \equiv \ln Y_{it} - \hat{\beta}_m \ln M_{it} + \hat{\beta}_l \ln L_{it}$ 定义的残差 R_{it}。

接下来的步骤是获取一个无偏的估计系数 β_k。为了纠正上面提到的选择偏差,Amiti-Kongings(2007)建议用资本对数和投资对数的高阶多项式来估计生存概率指标。于是,我们可以估计下面的式子:

$$R_{it} = \beta_k \ln K_{it} + \tilde{I}^{-1}(g_{i,t-1} - \beta_k \ln K_{i,t-1}, \hat{p}r_{i,t-1}) + \varepsilon_{it} \quad (5\text{-}7)$$

其中 $\hat{p}r_i$ 表示下一年企业 i 退出概率的拟合值。由于不知道反函数 $\tilde{I}^{-1}(\cdot)$ 特有的方程形式,采用了 $g_{i,t-1}$ 和 $\ln K_{i,t-1}$ 的四阶多项式是合适的。另外,式(5-7)也要求第一期和第二期资本对数的估计系数相同。因此,最理想的计量技术莫过于采用非线性最小二乘法来估计了(Olley and Pakes,1996;Arnold,2005)。最后,一旦得到估计系数 $\hat{\beta}_k$,就可得到 Olley-Pakes(OP)方法的全要素生产率:

$$\mathrm{TFP}_{ijt}^{\mathrm{OP}} = \ln Y_{it} - \hat{\beta}_m \ln M_{it} - \hat{\beta}_k \ln K_{it} - \hat{\beta}_l \ln L_{it} \quad (5\text{-}8)$$

第八章 全要素生产率的度量

与第五章所用的修改版 Olley-Pakes(1996)方法相比,本章因为要考虑加工贸易的关系,所以把企业是否是进口企业这一信息加在第一阶段的回归中。具体的,投资函数的表达式为:

---

① Olley 和 Pakes(1996)指出,通过设定一些适当的关于企业生产技术的假设,投资需求函数在生产率冲击 v_{it} 中是单调递增的。

② 用更高阶的多项式来估计 $g(\cdot)$ 不会改变估计结果。

$$I_{it} = \tilde{I}(\ln K_{it}, v_{it}, \text{EF}_{it}, \text{IF}_{it}) \tag{8-6}$$

其中,$\text{EF}_{it}(\text{IF}_{it})$是用来标识企业$i$是否在第$t$年进行出口(进口)的虚拟变量。据此可得,(8-6)式的反函数为$v_{it} = \tilde{I}^{-1}(\ln K_{it}, I_{it}, \text{EF}_{it}, \text{IF}_{it})$。[①] 同时,不可观测的生产率也取决于资本对数值和企业出口决策。于是回归模型可以写成:

$$\ln Y_{it} = \beta_0 + \beta_m \ln M_{it} + \beta_l \ln L_{it} + g(\ln K_{it}, I_{it}, \text{EF}_{it}, \text{IF}_{it}) + \varepsilon_{it} \tag{8-7}$$

其中,$g(\ln K_{it}, I_{it}, \text{EF}_{it})$被定义为$\beta_k \ln K_{it} + \tilde{I}^{-1}(\ln K_{it}, I_{it}, \text{EF}_{it})$。参照 Olley 和 Pakes(1996)、Amiti 和 Konings(2007)的工作,我们使用资本对数值、投资对数值和企业出口虚拟变量的四阶多项式来逼近$g(\cdot)$。[②] 此外,由于企业数据集的时间跨度为1998年至2005年,我们还加入了一个WTO虚拟变量(2001年后的值为1,此前值为0)来表示$g(\cdot)$:

$$g(k_{it}, I_{it}, \text{EF}_{it}, \text{WTO}_t) = (1 + \text{WTO}_t + \text{EF}_{it} + \text{IF}_{it}) \sum_{h=0}^{4} \sum_{q=0}^{4} s_{hq} k_{it}^h I_{it}^q$$
$$\tag{8-8}$$

在得到估计系数$\hat{\beta}_m$和$\hat{\beta}_l$之后,我们使用公式$R_{it} \equiv \ln Y_{it} - \hat{\beta}_m \ln M_{it} - \hat{\beta}_l \ln L_{it}$计算了残差$R_{it}$。

下一步是计算系数β_k的无偏估计。为了修正选择性偏差,Amiti 和 Konings(2007)提出计算资本对数值和投资对数值的高阶多项式的存活指标概率。继而,我们可以精确地对下述方程式进行估计:

$$R_{it} = \beta_k \ln K_{it} + \tilde{I}^{-1}(g_{i,t-1} - \beta_k \ln K_{i,t-1}, \hat{pr}_{i,t-1}) + \varepsilon_{it} \tag{8-9}$$

其中,$\hat{pr}_i$是企业在下一年退出市场概率的拟合值。由于反函数$\tilde{I}^{-1}(\cdot)$的"真实"方程形式无从知晓,使用含有$g_{i,t-1}$和$\ln K_{i,t-1}$的四阶多项式对其进行估算是可取的。此外,在式(8-9)第一、第二项中,资本对数值的估算系数必须完全一致。因此,非线性最小二乘法是最为适用的计量方法(Pavcnik, 2002; Arnold, 2005)。最终,一旦得到估计系数$\hat{\beta}_k$,我们就可以获得任意产业j的 Olley-Pakes 法全要素生产率:

$$\text{TFP}_{ijt}^{OP} = \ln Y_{it} - \hat{\beta}_m \ln M_{it} - \hat{\beta}_k \ln K_{it} - \hat{\beta}_l \ln L_{it} \tag{8-10}$$

---

① Olley 和 Pakes(1996)的研究表明,在对企业生产技术附加一些温和的假设后,可以证明投资需求函数对生产率变动v_{it}是单调递增的。

② 使用更高阶的多项式来逼近$g(\cdot)$并不会改变估算结果。

参考文献

Abowd JM, Creecy RH, Kramarz F. 2002. Computing Person and Firm E_ects Using Linked LongitudinalEmployer-Employee Data. (Cornell University, Unpublished).

Abowd JM, Kramarz F, Margolis DN. 1999. High Wage Workers and High Wage Firms. *Econometrica*. 67(2): pp. 251—333.

Ackerberg, Daniel, Kevin Caves, and Garth Frazer (2006), "Structural Identification of Production Functions," UCLA mimeo.

Ahn JB, Khandelwal A, Wei SJ. 2011. The Role of Intermediaries in Facilitating Trade. *Journal of International Economics*. Forthcoming.

Akerman A. 2010. A Theory on the Role of Wholesalers in International Trade Based on Economies of Scope. (Stockholm University, Unpublished).

Akhmetova Z. 2011. Firm Experimentation in New Markets. (University of New South Wales, Unpublished).

Albert, Park, Xinzheng, Shi, Dean Yang, and Yuan Jiang, "Exporting and Firm Performance: Chinese Exporters and the Asian Financial Crisis", *Review of Economics and Statistics*, 2010, 92(4), pp. 822—842.

Albornoz F, Calvo-Pardo H, Corcos G, Ornelas E. 2011. SequentialExporting. (London School of Economics, Unpublished).

Allanson P, Montagna C. 2005. Multi-product Firms and Market Structure: An Explorative Application to the Product Lifecycle. *International Journal of Industrial Organization*. 23: pp. 587—597.

Alvarez, Roberto & López, Ricardo, "Exporting and Performance: Evidence from Chilean Plants," *Canadian Journal of Economics*, 2005, 38(4), pp. 1384—1400.

Amiti M, Cameron L. 2011. Trade Liberalization and the Wage Skill Premium: Evidence from Indonesia. New York Federal Reserve Bank, mimeograph.

Amiti M, Davis DR. 2011. Trade, Firms, and Wages: Theory and Evidence. *Review of Economic Studies*. Forthcoming.

Amiti, Mary and Craoline Freund. 2007. "An Anatomy of China's Export Growth," in Feenstra, Robert and Shang-jin Wei, eds. "China's Growing Role in World Trade," pp. 35—

56.

Amiti, Mary, and Jozef Konings (2007), Trade Liberalization, Intermediate Inputs, and Productivity: Evidence from Indonesia, *American Economic Review* 93, pp. 1611—1638.

Amiti, Mary, and Jozef Konings. 2007. "Trade Liberalization, Intermediate Inputs, and Productivity: Evidence from Indonesia," *American Economic Review* 97 (5), pp. 1611—1638.

Anderson, James (1979), "A Theoretical Foundation for the Gravity Equation," *American Economic Review* 75 (1), pp. 178—190.

Anderson, James and Douglas Marcouiller (2002), "Insecurity and the Pattern of Trade: An Empirical Investigation," *Review of Economics and Statistics* 84(2), pp. 342—352.

Anderson, James, van Wincoop, Eric. 2003. Gravity with Gravitas: a Solution to the Border Puzzle. *American Economic Review* 93 (1), pp. 170—192.

Anderson, James, van Wincoop, Eric. 2004. Trade Cost. *Journal of Economic Literature*.

Anderson, T. W., and H. Rubin. (1949), "Estimation of the Parameters of a Single Equation in a Complete System of Stochastic Equations," *Annals of Mathematical Statistics* 20, pp. 46—63.

Anderson, T. W. (1984), *Introduction to Multivariate Statistical Analysis*, 2nd ed. New York: John Wiley & Sons.

Antràs P, Costinot A. 2011. Intermediated Trade. *Quarterly Journal of Economics*. Forthcoming.

Antràs P, Helpman E. 2004. Global Sourcing. *Journal of Political Economy*. 112(3): pp. 552—580.

Antràs P, Helpman E. 2008. *Contractual Frictions and Global Sourcing. In The Organization of Firms in a Global Economy*, ed. E Helpman, D Marin, T Verdier. Cambridge MA: Harvard University Press.

Antràs P. 2003. Firms, Contracts, and Trade Structure. *Quarterly Journal of Economics*. 118(4): pp. 1375—1418.

Araujo L, Mion G, Ornelas E. . 2011. Institutions and Export Dynamics (London School of Economics, Unpublished).

Arellano, Manuel and Stepen Bond. 1991. "Some Tests of Specification for Panel Data: Monte Carlo Evidence and an Application to Employment Equations," *Review of Economic Studies* 58, pp. 277—297.

Arkolakis C, Klenow P, Demidova S, Rodriguez-Clare A. 2008. Endogenous Variety and The Gains fromTrade. *American Economic Review. Papers and Proceedings.* 98(2): pp. 444—450.

Arkolakis C, Muendler M. 2010. *The Extensive Margin of Exporting Products: A Firm-level Analysis.* NBERWorking Paper. 16641.

Arkolakis C, Ramondo N, Rodriguez-Clare A, Yeaple S. 2011b. Proximity Versus Comparative Advantage: A Quantitative Theory of Trade and Multinational Production. (Yale University, Unpublished).

Arkolakis C. 2010. Market Penetration Costs and the New Consumers Margin in International Trade. *Journalof Political Economy.* 118(6): pp.1151—1199.

Arkolakis C. 2011. A Uni_ed Theory of Firm Selection and Growth. (Yale University, Unpublished).

Armington, Paul. 1969. A Theory of Demand for Products Distnguished by Place and Production. *IMF Staff Papers* 16, pp.159—178.

Arnold, Jens Matthias & Hussinger, Katrin. 2005. Export Behavior and Firm Productivity in German Manufacturing: A Firm-Level Analysis. *Review of World Economics* (Weltwirtschaftliches Archiv), 141(2), pp.219—243.

Arnold, Jens Matthias. 2005. *Productivity Estimation at the Plant Level: A Practical Guide.* Mimeo, Bocconi University.

Arnold, Jens Metthias (2005), "Productivity Estimation at the Plant Level: A Practical Guide," mimeo. Bocconi University.

Atkeson A, Burstein A. 2010. Innovation, Firm dynamics, and International Trade. *Journal of Political Economy.* 118(3): pp.433—484.

Aw, Bee Yan & Roberts, Mark J. & Winston,Tor. 2007. Export Market Participation, Investments in R&D and Worker Training, and the Evolution of Firm Productivity, *The World Economy*, 30(1), pp.83—104.

Aw, Bee Yan & Roberts, Mark J. & Xu,Daniel Yi. 2008. R&D Investments, Exporting, and the Evolution of Firm Productivity. *American Economic Review*, 98(2), pp.451—456.

Axtell RL. 2001. Zipf Distribution of US Firm Sizes. *Science.* 293:1818—1820.

Baier, Scott L. and Bergstrand, Jeffery H. (2001), "The Growth of World Trade: Tariffs, Transport Costs, and Income Similarity," *Journal of International Economics* 53, pp.1—27.

Bajona, Claustre and Tianshu Chu. 2004. China's WTO Accession and Its Effect on State-owned Enterprises, East-West Center Working Paper, No. 70.

Baldwin J, Gu W. 2009. *The Impact of Trade on Plant Scale, Production-Run Length and Diversi_cation. In Producer Dynamics: New Evidence from Micro Data,* ed. T Dunne, JB

Jensen, MJ Roberts. Chicago:University of Chicago Press.

Baldwin R, Harrigan J. 2011. Zeros, Quality, and Space: Trade Theory and Trade Evidence. *AmericanEconomic Journal: Microeconomics.* 3: pp. 60—88.

Bastos P. , Silva J. 2008. *The Quality of a Firm's Exports: Where you Export to Matters.* GEP Research Paper 2008/18. University of Nottingham.

Bergin Paul R. and Robert C. Feenstra (2008), "Pass-through of Exchange Rates and Competition Between Floaters and Fixers," *Journal of Monetary Economics*, forthcoming.

Bergin, Paul R; Feenstra, Robert; Hanson, Gordon H. 2008. *Outsourcing and Volatility.* Mimeo UC Davis.

Bernard AB, Eaton J, Jensen JB, Kortum SS. 2003. Plants and Productivity in International Trade. *American Economic Review.* 93(4): pp. 1268—1290.

Bernard AB, Grazzi M, Tomasi C. 2010d. Intermediaries in International Trade: Direct versus Indirect Modes of Export. *National Bank of Belgium Working Paper.* p. 199.

Bernard AB, Jensen JB and Schott PK. 2006b. Survival of the Best Fit: Exposure to Low-Wage Countriesand the (Uneven) Growth of US Manufacturing Plants. *Journal of International Economics.* 68: pp. 219—237.

Bernard AB, Jensen JB, Redding SJ, Schott PK. 2007b. Firms in International Trade. *Journal of EconomicPerspectives.* 21(3): pp. 105—130.

Bernard AB, Jensen JB, Redding SJ, Schott PK. 2009b. The Margins of U.S. Trade. *American Economic Review. Papers and Proceedings.* 99(2): pp. 487—493.

Bernard AB, Jensen JB, Redding SJ, Schott PK. 2010b. Intra-_rm Trade and Product Contractibility. *American Economic Review. Papers and Proceedings.* 100 (2): pp. 444—448.

Bernard AB, Jensen JB, Redding SJ, Schott PK. 2010c. Wholesalers and Retailers in U.S. Trade. *AmericanEconomic Review. Papers and Proceedings.* 100(2): pp. 408—413.

Bernard AB, Jensen JB, Schott PK. 2006a. Trade Costs, Firms and Productivity. *Journal of Monetary Economics.* 53(5).

Bernard AB, Jensen JB, Schott PK. 2009a. *Importers, Exporters and Multinationals: A Portrait of Firmsin the U.S. that Trade Goods.* In Producer Dynamics: New Evidence from Micro Data, ed. T Dunne,JB Jensen, MJ Roberts. Chicago: University of Chicago Press.

Bernard AB, Jensen JB. 1995. Exporters, Jobs, and Wages in US Manufacturing: 1976—87. *Brookings Paperson Economic Activity: Microeconomics.* pp. 67—112.

Bernard AB, Jensen JB. 1997. Exporters, Skill Upgrading and the Wage Gap. *Journal of International Economics.* 42: pp. 3—31.

Bernard AB, Jensen JB. 1999. Exceptional Exporter Performance: Cause, Effect, or Both? *Journal ofInternational Economics.* 47(1): pp. 1—25.

Bernard AB, Jensen JB. 2004. Why Some Firms Export. *Review of Economics and Statistics*. 86(2): pp. 561—569.

Bernard AB, Redding SJ, Schott PK. 2007a. Comparative Advantage and Heterogeneous Firms. *Review of Economic Studies*, 74(1): pp. 31—66.

Bernard AB, Redding SJ, Schott PK. 2009c. Products and Productivity. *Scandinavian Journal of Economics*. 111(4): pp. 681—709.

Bernard AB, Redding SJ, Schott PK. 2010a. Multi-product Firms and Product Switching. *American Economic Review*. 100(1): pp. 70—97.

Bernard AB, Redding SJ, Schott PK. 2011. Multi-product Firms and Trade Liberalization. *Quarterly Journalof Economics*, forthcoming.

Bernard AB, Van Beveren I, Vandenbussche H. 2010e. Multi-Product Exporters, Carry-Along Trade and the Margins of Trade. *National Bank of Belgium Working Paper*. p. 203.

Bernard, Andrew B. & Bradford Jensen, J.. 2004. Exporting and Productivity in the USA. *Oxford Review of Economic Policy*, 20(3), pp. 343—357.

Bhagwati, Jagdish, and T. N. Srinivasan. 1975. Foreign Trade Regimes and Economic Development: India, New York: National Bureau of Economic Research.

Blomström, Magnus and Ari Kokko. 1996. The Impact of Foreign Investment on Host Countries:A Review of the Empirical Evidence, *World Bank Policy ResearchWorking Paper*, No. 1745.

Blum BS, Claroz S, Horstmann IJ. 2011. Intermediation and the Nature of Trade Costs: Theory andEvidence. (University of Toronto, Unpublished).

Blundell, Richard and Stepen Bond (1998), "Initial Conditions and Moment Restrictions in Dynamic Panel Data Models," *Journal of Econometrics* 87, pp. 11—143.

Blundell, Richard and Stepen Bond. 1998. Initial Conditions and Moment Restrictions in Dynamic Panel Data Models. *Journal of Econometrics* 87, pp. 11—143.

Bradford, Scott and Robert Lawrence, 2003. Has Globalization Gone Far Enough? The Costs of Fragmentation in OECD Markets, Washington DC: The Institute for International Economics.

Brandt, Loren; Van Biesebroeck, Johannes; and Zhang, Yifan. 2009. Creative Accounting or Creative Destruction? Firm-Level Productivity Growth in Chinese Manufacturing. *NBER Working Paper*, No. 15152.

Broda C, Weinstein D. 2006. Globalization and the Gains from Variety. *Quarterly Journal of Economics*, 121(2): pp. 541—585.

Buch, Claudia, Iris Kesternich, Alexander Lipponer, and Monika Schnitzer. 2008. *Real versus Financial Barriers to Multinational Activity*. Mimeo, University of Tuebingen.

Burstein A, Eichenbaum M, Rebelo S. 2005. Large Devaluations and the Real Exchange Rate. *Journal of Political Economy*. 113(4): pp. 742—784.

Burstein A, Vogel J. 2010. Globalization, Technology, and the Skill Premium: A Quantitative Analysis. (Columbia University, Unpublished).

Bustos P. 2007. The Impact of Trade Liberalization on Skill Upgrading: Evidence from Argentina. (CREI, Unpublished).

Bustos P. 2011. Trade Liberalization, Exports and Technology Upgrading: Evidence on the impact ofMERCOSUR on Argentinian Firms. *American Economic Review*. 101(1): pp. 304—340.

Cai, Hongbin and Qiao Liu (2009), Does Competition Encourage Unethical Behavior? The Case of Corporate Profit Hiding in China. *Economic Journal* 119, pp. 764—795.

Cai, Hongbin and Qiao Liu . 2009. Competition and Corporate Tax Avoidance: Evidence from Chinese Industrial Firms. *Economic Journal*, 119(April), pp. 764—795

Caves, Richard, Jefferey Frankel, and Ronald Jones (2007), World Trade an Payments: An Introduction, Pearson-Addison-Wesley Press.

Clerides, Sofronis; Lach, Saul; and Tybout, James R. . 1998. Is Learning by Exporting Important? Micro-dynamic Evidence from Columbia, Mexico and Morocco. *Quarterly Journal of Economics*, 113, 903—947.

Costinot, Arnaud; Vogel, Jonathan; and Wang, Su . 2011. *An Elementary Theory of Global Supply Chains*. Mimeo Columbia University.

Cragg, J. G. and S. G. Donald (1993), "Testing Identfiability and Specification in Instrumental Variables Models," *Econometric Theory* 9, pp. 222—240.

Crino, Rosario . 2009. Service Offshoring and White-collar Employment. *Review of Economic Studies*, forthcoming.

Dai Mi and Miaojie Yu, Pre-Export R&D, Exporting and Productivity Gains: Evidence from Chinese Firms. *CCER Working Paper*, Peking University, available at SSRN: http://ssrn.com/abstract = 1734721

Damijan, Joze P, Saso Polanec and Janez Prasnikar. 2007. Outward FDI and Productivity: Micro-evidence from Slovenia. *The World Economy*, Volume 30, Issue 1, Jan, 135—155

De Loecker, Jan. 2007. Do Exports Generate Higher Productivity? Evidence from Slovenia. *Journal of International Economics*, 73(1), pp. 69—98.

Dimaranan, Betinna, Elena Ianchovichina, and Will Martin . 2007. Competing with Giants: Who Wins, Who Loses? In Alan Winters and Shahid Yusuf (eds.), Dancing with Giants: China, India, and the Global Economy, Singapore: Institute of Policy Studies.

Dornbusch, Rudiger, Stanley Fischer, and Paul Samuelson. 1977. Comparative Advantage, Trade, and Payments in a Ricardian Model with a Continuum of Goods. *American Economic Review* 67, pp. 823—839.

Eaton, J. , S. Kortum and F. Kramarz . 2004. Dissecting Trade: Firms, Industries, and Export Destinations. *American Economic Review*, *Papers and Proceedings*, 94, 1, pp. 150—154.

Feenstra, Robert (1998), Integration of Trade and Disintegration of Production in the Global Economy, *Journal of Economic Perspectives*, Fall 1998, pp. 31—50.

Feenstra, Robert (2010), Offshoring in the Global Economy, MIT Press.

Feenstra, Robert and Gordon Hanson (1999), The Impact of Outsourcing and High-technology Capital on Wages: Estimates for the U. S. , 1970—1990, *Quarterly Journal of Economics* 114, pp. 907—940.

Feenstra, Robert and Gordon Hanson . 1996. Foreign Investment, Outsourcing and Relative Wages. in Feenstra, Grossman, and Irwin eds. , The Political Economy of Trade Policy: Papers in Honor of Jagdish Bhagwati, Cambridge: MIT Press, pp. 89—127.

Feenstra, Robert and Gordon Hanson, Intermediaries in Entrepôt Trade: Hong Kong Re-Exports of Chinese Goods, *Journal of Economics & Management Strategy* 2004, 13(1), pp. 3—35.

Feenstra, Robert C. (1989), Symmetric Pass-through of Tariffs and exchange Rates under Imperfect Competition: An Empirical Test, *Journal of International Economics* 27, pp. 25—45.

Feenstra, Robert C. (2002), Border Effects and the Gravity Equation: Consistent Methods for Estimation, *Scottish Journal of Political Economics* 49, pp. 491—506.

Feenstra, Robert C. (2003), Advanced International Trade: Theory and Evidence. Princeton University Press.

Feenstra, Robert, Li, Zhiyuan and Miaojie Yu (2010), "Export and Credit Constraints under Private Information: Theory and Empirical Investigation from China", miemo, University of California, Davis.

Feenstra, Robert, Robert E. Lipsey, Haiyan Deng, Alyson C. Ma, and Hengyong Mo. (2005), World Trade Flows: 1962—2000, *NBER Working Paper* No. 11040.

Feenstra, Robert, Zhiyuan Li and Miaojie Yu, "Exports and Credit Constraints under Incomplete Information: Theory and Evidence from China," *NBER Working Paper* No. 16940, 2011.

Feenstra, Robert, Zhiyuan Li and Miaojie Yu (2010), Exports and Credit Constraints under Private Information: Theory and Evidence from China, miemo. University of California, Davis.

Felipe, Jesus, Hasan, Rana, and J. S. L, McCombie, Correcting for Biases When Estimating Production Functions: An Illusion of the Laws of Algebra? *CAMA Working Paper Series*, No. 14, *Australia National University*, 2004.

Foster, Lucia, Haltiwanger, John and Syverson, Chad, Reallocation, Firm Turnover, and Efficiency: Selection on Productivity or Profitablity? *American Economic Review*, 2008, 98(1), pp. 394—425.

Ge, Ying, Huiwen Lai, and Susan Zhu (2011), *Intermediates Import and Gains from Trade Liberalization*, mimeo, University of International Business and Economics, China.

Goldberg Pinelopi K., Amit K. Khandelwal, Nana Pavcnik and Petia Topalova (2010), Imported Intermediate Inputs and Domestic Product Growth: Evidence from India, *Quarterly Journal of Economics*, forthcoming.

Goldberg Pinelopi Koujianou and Michael M. Knetter (1997), Goods Prices and Exchange Rates: What Have We Learned? *Journal of Economic Literature* 35 (3), pp. 1243—1272.

Grossman, Gene and Elhanan Helpman, Protection for Sales, *American Economic Review* 1994, 84(4), pp. 833—850.

Grossman, Gene M. and Esteban Rossi-Hansberg (2008): Trading Tasks: A simple Theory of Offshoring, *American Economic Review*, 98(5), pp. 1978—1997.

Hall, R. Alastair (2004), *Generalized Method of Moments*, Oxford University Press.

Hallak, J. C. (2006), Product Quality and the Direction of Trade, *Journal of International Economics*, 68, pp. 238—265.

Halpern Laszlo, Miklos Koren, and Adam Szeidl (2009), *Imported Inputs and Productivity*, mimeo, University of California, Berkeley.

Halpern, Laszlo, Miklos Koren, and Adam Szeidl, *Imported Inputs and Productivity*, University of California, Berkeley, Mimeo., 2010.

Hanson, Gordon H., Raymond J. Mataloni, and Matthew J. Slaughter (2005): Vertical Production Networks in Multinational Firms, *The Review of Economics and Statistics*, Vol. 87, No. 4, pp. 664—678.

Harrison, Ann, Productivity, Imperfect Competition and Trade Reform, *Journal of International Economics* 1994, 36, pp. 53—73.

Hausmann Ricardo, Jason Hwang, and Dani Rodrik (2005), What You Export Matters, *CID Working Papers*, Harvard University.

Head, Keith and John Ries (2003), Heterogeneity and the FDI versus Export Decision of Japanese Manufacturers, *Journal of the Japanese International Economies*, 17, 4, pp. 448—467.

Head, Keith, and John Ries, Rationalization Effects of Tariff Reduction, *Journal of International Economics* 1999, 47(2), pp. 295—320.

Helpman, E., M. J. Melitz and S. R. Yeaple (2004), Export vs. FDI, *American Economic Review*, 94, 1, pp. 300—316.

Helpman, Elhanan, and Paul Krugman, *Market Structure and Foreign Trade: Increasing Returns, Imperfect Competition, and the International Economy*. Cambridge, MA: MIT Press, 1985.

Helpman, Elhanan, Marc Melitz, and Rubinstein, Yona (2007), Estimating Trade Flows: Trading Partners and Trading Volumes, *NBER Working Papers*, No. 12927.

Hidalgo, C. A., B. Klinger, A. L. Barabási, and R. Hausmann (2007), *The Product Space Conditions the Development of Nations*, miemo, University of Notre Dame.

Holz, Carsten, China's Statistical System in Transition: Challenges, Data Problems, and Institutional Innovations, *Review of Income and Wealth* 2004, 50(3), pp.381—409.

Hsieh Chang-Tai and Peter J. Klenow (2009), Misallocation and Manufacturing TFP in China, *Quarterly Journal of Economics*, CXXIV(4), pp.1403—1448.

Hu, Guangzhou, Gary Jefferson, and Su Jian (2006), The Sources and Sustainability of China's Economic Growth, *Brooking Papers on Economic Activities*, 2006(2).

Hu, Guangzhou, Gary Jefferson, and Su Jian (2007), The Sources and Sustainabilityof China's Economic Growth, *Brooking Papers on Economic Activities*, pp.1—60.

Huang, Yiping and Bijun Wang (2010), *An analysis of the pattern and causes of Chinese investment abroad*, miemo, CCER, Peking University.

Hummels, David L., Dana Rappoport, and Kei-Mu Yi (1998): Vertical Specialization and the Changing Nature of World Trade, *Economic Policy Review*, Federal Reserve Bank of New York, Iss. June, pp.79—99.

Hummels, David, Jun Ishii, and Kei-Mu Yi, The Nature and Growth of Vertical Specification in World Trade, *Journal of International Economics* 2001, 54, pp.75—96.

Iscan, B. Talan, Trade Liberalization and Productivity: A Panel Study of the Mexican. Manufacturing Industry *Journal of Development Studies* 1998,34 (5), pp.123—148.

Jefferson, Gary, Rawski, Thomas, and Yuxin Zheng, Chinese Industrial Productivity: Trends, Measurement Issues, and Recent Developments, *Journal of Comparative Economics* 1996, 23(2), pp.146—180.

Jefferson, Gary, Rawski, Thomas, Wang Li, and Zheng Yuxin, Ownership, Productivity Change, and Financial Performance in Chinese Industry, *Journal of Comparative Economics* 2000,28 (4), pp.786—813.

Johnson, Robert C. and Guillermo Noguera (2011): *Accounting for Intermediates: Production Sharing and Trade in Value Added*, mimeo Dartmouth University.

Keller Wolfgang and Stephen R. Yeaple (2009), Multinational Enterprises, International Trade, and Productivity Growth: Firm-Level Evidence from the United States, *Review of Economics and Statistics* 91(4), pp.821—831.

Khandelwal, Amit (2010), The Long and Short (of) Quality Ladders, *Review of*

Economic Studies, 77(4), pp. 1450—1476.

Koopman, Robert, Zhi Wang, and Shang-Jin Wei, 2008, How Much of Chinese Exports is Really Made in China? Assessing Domestic Value Added When Processing Trade is Prevalent, *NBER working paper* No. 14109.

Krugman, Paul (1979), Increasing Returns, Monopolistic Competition, and International Trade, *Journal of International Economics* 9, pp. 469—479.

Krugman, Paul R. (1994), The Myth of Asia's Miracle, *Foreign Affairs*, 73 (6) pp. 62—78.

Levinsohn, James and Amil Petrin, Estimating Production Functions Using Inputs to Control for Unobservable, *Review of Economic Studies* 2003, 70(2), pp. 317—341.

Levinsohn, James, Testing the Imports-as-Market-Discipline Hypothesis, *Journal of International Economics* 1993, 35(1), 1—22.

Lin Justin Yifu (2003), Development Strategy, Viability, and Economic Convergence, *Economic Development and Cultural Change*, 51(2), pp. 278—308.

Lin Justin Yifu and Miaojie Yu (2008), The Economics of Price Scissors: An Empirical Investigation for China, *CCER Working Paper*, Peking University, available at SSRN: http://ssrn.com/abstract = 1032404.

Lin, Yifu, Justin (2009), *Economic Development and Transition: Thought, Strategy, and Viability*. New York: Cambridge University Press.

Lu Dan (2010), *Exceptional Exporter Performance? Evidence from Chinese Manufacturing Firms*, miemo, University of Chicago.

Lu, Jiangyong, Yi Lu, and Zhigang Tao, Exporting Behavior of Foreign Afflicates: Theory and Evidence, *Journal of International Economics*, 2010, 81(1), pp. 197—205.

Marschak, Jacob and Andrews, William (1944), Random Simultaneous Equations and the Theory of Production, *Econometrica* 12(4), pp. 143—205.

Marschak, Jacob and Andrews, William, Random Simultaneous Equations and the Theory of Production, *Econometrica* 1944, 12(4), 143—205.

Meese, Richard A. and Kenneth Rogoff (1983), Empirical Exchange Rate Models of the Seventies: Do They Fit Out of Samples? *Journal of International Economics* 14(1), pp. 3—24.

Melitz, Marc (2003), The Impact of Trade on Intra-industry Reallocations and Aggregate Industry Productivity, *Econometrica* 71, pp. 1695—1725.

Melitz, Marc (2003), The Impact of Trade on Intra-industry Reallocations and Aggregate Industry Productivity, *Econometrica* 71(6), pp. 1695—1725.

Montagna, C. (2001), Efficiency Gaps, Love for Variety and International Trade, *Economica*, 68, 1, pp. 27—44.

Naughton, Barry, *The Chinese Economy: Transition and Growth*, MIT press, Cambridge, 2006.

Nickell, Stephen, Competition and Corporate Performance, *Journal of Political Economy* 1996, 104(4), pp. 724—746.

OECD (2007), Moving Up the Value Chain: Staying Competitive in the Global Economy (Main Findings), OECD, Paris.

Olley, Steven and Ariel Pakes (1996), The Dynamics of Productivity in the Telecommunications Equipment Industry, *Econometrica* 64(6), pp. 1263—1297.

Olley, Steven and Ariel Pakes (1996), The Dynamics of Productivity in the Telecommunications Equipment Industry, *Econometrica* 64(6), pp. 1263—1297.

Panagariya Arvind (2008), *India: The Emerging Giant*, Oxford University Press.

Pavcnik, Nina (2002), Trade Liberalization, Exit, and Productivity Improvements: Evidence from Chilean Plants, *Review of Economic Studies* 69(1), pp. 245—276.

Pavcnik, Nina, Trade Liberalization, Exit, and Productivity Improvements: Evidence from Chilean Plants, *Review of Economic Studies* 2002, 69(1), pp. 245—276.

Perkins, Dwright, Reforming China's Economic System, *Journal of Economic Literature* 1988, 26(2), pp. 601—645.

Poncet, Sandra, Inward and Outward FDI in China, Panthéon-Sorbonne-Economie, Université Paris 1 CNRS and CEPII), working paper.

Porter, Michael (1998), *On Competition*, Boston: Harvard Business School.

Pursell, Garry (1992), Trade Policy in India, in Dominick Salvatore (ed.), National Trade Policies (pp. 423—58). New York: Greenwood Press.

Qiu, D. Larry and Miaojie Yu (2012), *Exporter Scope, Productivity, and Trade Liberalization: Theory and Evidence from China*, miemo, Peking University.

Rodrik, Dani (2008), What's so Special about China's exports? *China & World Economy*, 14(5), pp. 1—19.

Rose, Andrew K. (2004), Do We Really Know that the WTO increases Trade? *American Economic Review* 94(1), pp. 98—114.

Rose, Andrew K. and van Wincoop, Eric (2001), National Money as a Barrier to International Trade: The Real Case for Currency Union, *American Economic Review*, 91(2), pp. 385—390.

Rumbaugh, Thomas and Blancher, Nicolas, "International Trade and the Challenges of WTO Accession", in Eswar Prasad, eds., China's Growth and Integration into the World Economy, Prospects, and Challenges, International Monetary Fund, 2004.

Samuelson, Paul (1952), The Transfer Problem and Transport Costs: The Terms of Trade When Impediments are Absent, *Economic Journal* 62, pp. 278—304.

Schor, Adriana, Heterogenous Productivity Response to Tariff Reduction: Evidence from Brazilian Manufacturing Firms, *Journal of Development Economics* 2004, 75(2), 373—96.

Silva, J. M. C. Santos and SilvanaTenreyro, 2006. The Log of Gravity, *The Review of Economics and Statistics* 88(4), pp. 641—658.

Szirmai, A. (2009), *Is Manufacturing Still the Main Engine of Growth in Developing Countries?*, WIDER Angle newsletter, United Nations University, World Institute for Development Economics Research.

Tian, Wei and Miaojie Yu (2012), A Trade Tale of Two Countries: China and India, *Journal of China and Global Economics*, forthcoming.

Tinbergen, Jan (1962), *Shaping the World Economy*, New York: Twentieth Century Fund.

Trefler, Daniel, The Long and Short of the Canada-U. S. Free Trade Agreement, *American Economics Review* 2004, 94(3), pp. 870—895.

Tybout, James (2000), Manufacturing Firms in Developing Countries: How Well Do They Do, and Why? *Journal of Economic Literature* 38(1), pp. 11—44.

Tybout, James, "Plant and Firm-Level Evidence on "New" Trade Theories," In Handbook of International Trade, ed. James Harrigan and Kwao Choi, pp. 388—415. New York: Blackwell Publishing Ltd. ,2003.

Tybout, James, Jaime de Melo, and Vittorio Corbo, The Effects of Trade Reforms on Scale and Technical Efficiency: New Evidence from Chile, *Journal of International Economics* 1991, 31(3), pp. 231—250.

Van Biesebroeck J. 2005. Exporting Raises Productivity in Sub-Saharan African Manufacturing Firms. *Journal of International Economics*. 67(2): pp. 373—391.

Verhoogen E. 2008. Trade, Quality Upgrading and Wage Inequality in the Mexican Manufacturing Sector. *Quarterly Journal of Economics*. 123(2): pp. 489—530.

Westerlund, *Joakim and Wilhelmsson*, Fredrik (2006), *Estimating the Gravity Model without Gravity using Panel Data*, available, http://www. nek. lu. se/NEKJWE/papers/poisson. pdf.

Wolfgang Keller and Stephen R Yeaple, 2009. Multinational Enterprises, International Trade, and Productivity Growth: Firm-Level Evidence from the United States, *The Review of Economics and Statistics*, 91(4), pp. 821—831.

Wong, Ka-Fu and Miaojie Yu (2008), *Democracy and the GATT/WTO Accession Duration*, available at SSRN: http://ssrn. com/abstract = 982032.

Wooldridge, Jeffrey M., *Econometric Analysis of Cross Section and Panel Data*, MIT Press, 2002.

World Bank, The World Development Indicator (WDI) CD-ROM, 2007.

World Trade Organization. 2008. *World Trade Report: Trade in a Globalizing World*. Geneva: World TradeOrganization.

Wu, Jinglian, *Understanding and Interpreting Chinese Economic Reform*, Thomson, Mason, Ohio, 2005.

Yao Yang and Miaojie Yu (2009), Labor, Demography, and the Export-Oriented Growth Model in China, *Journal of Comparative Economic Studies*, 5 Dec. 2009, pp. 61—78.

Yeaple SR. 2005. A Simple Model of Firm Heterogeneity, International Trade, and Wages. *Journal ofInternational Economics*. 65, pp. 1—20.

Yeaple SR. 2006. O_shoring, Foreign Direct Investment, and the Structure of U.S. Trade. *Journal of theEuropean Economic Association*. 4, pp. 602—611.

Yeaple SR. 2009. Firm Heterogeneity and the Structure of U.S. Multinational Activity: An EmpiricalAnalysis. Journal of International Economics. 78(2), pp. 206—215.

Yi K. 2003. Can Vertical Specialization Explain the Growth of World Trade? Journal of Political Economy. 111(1): 52—102. Cai, Hongbin and Qiao Liu (2009), "Competition and Corporate Tax Avoidance: Evidence from Chinese Industrial Firms," *Economic Journal*, forthcoming.

Young, Alwyn, Gold into Base Metals: Productivity Growth in the People's Republic of China during the Reform Period, *Journal of Political Economy* 2003, 111(6), pp. 1220—1261.

Young, Alwyn, Learning by Doing and the Dynamic Effects of International Trade, *Quarterly Journal of Economics* 1991, 106(2), pp. 369—405.

Yu, Miaojie (2010), Processing Exports, Firm's Productivity and Tariff Reductions: Evidence from Chinese Products, *CCER Working Paper*, No. 2010E07.

Yu, Miaojie (2010), Trade, Democracy, and the Gravity Equation, *Journal of Development Economics*, 91(2), pp. 288—300.

Yu, Miaojie (2010b), Processing Trade, Firm Productivity, and Tariff Reductions: Evidence from Chinese Product, *SSRN Working Paper*, Available at SSRN: http://ssrn.com/abstract=1734720.

Yu, Miaojie (2011), Moving up the Value Chain in Manufacturing for China, edited by Yiping Huang and JuzhongZhuang, *Can PRC escape the middle-income trap? Structural transformation and policy options*. ADBI, forthcoming.

Yu, Miaojie (2011), Moving Up the Value Chain in Manufacturing for China, in Huang Yiping and Juzhong Zhuang (eds.), *Can China Avoid the Middle-Income Trap?* ADBI, Japan, forthcoming.

Yu, Miaojie (2011), *Processing Exports, Firm's Productivity and Tariff Reductions: Evidence from Chinese Products*, mimeo, Peking University.

Yu, Miaojie (2011b), *Patterns of Trade, Comparative Advantage and Productivity in the ASEAN-China-India Region*, available at SSRN: http://ssrn.com/abstract=1854907.

Yu, Miaojie, Revaluation of the Chinese Yuan and triad trade: A gravity assessment, *Journal of Asian Economics* 2009, 20, pp.655—668.

陈媛媛,王海宁,《出口贸易、后向关联与全要素生产率》,《财贸研究》,2011年第1期。

戴觅,余淼杰(2010),《出口的生产力提升效应以及出口前R&D的作用:来自中国制造业企业的证据》,北京大学中国经济研究中心工作论文,No. C2010006.

戴觅,余淼杰(2011),《出口的生产率提升效应以及出口前R&D的作用:来自中国制造业企业的证据》,《经济学季刊》,11(1),第211—30页。

国家统计局,《中国统计年鉴2007》,中国统计出版社。

李春顶,唐丁祥,《出口与企业生产率:新—新贸易理论下我国的数据检验(1997—2006年)》,《国际贸易问题》,2010年第9期

梁琦,徐原,《汇率对中国进出口贸易的影响—兼论2005年人民币汇率机制改革》,《管理世界》,2006年,第1期。

田巍,余淼杰,《企业生产率和企业"走出去"对外直接投资:基于企业层面数据的实证研究》,《经济学季刊》,2012年,11(2),第383—408页。

田巍,余淼杰,《人民币升值与中美贸易:基于引力模型的理论与实证研究》,《中大管理研究》,2012年,第7卷第2期,第47—65页。

吴延瑞,《生产率对中国经济增长的贡献:新的估计》,《经济学(季刊)》,2008年,第7卷第3期,第827—842页。

谢建国,陈漓高,《人民币汇率与贸易收支:协整研究和冲击分解》,《世界经济》,2002年,第9期。

谢千里,罗斯基,张轶凡,《中国工业生产率的增长与收敛》,《经济学(季刊)》,2008年,第7卷第3期,第809—826页。

许斌,《外贸、外资和中国民营企业的生产率》,《民营经济与中国发展》,北京大学出版社,2006年。

姚洋,余淼杰,《中国的劳动力、人口和出口导向的增长模式》,《金融研究》,2009年第9期,第1—14页。

余淼杰,《发展中国家间的民主进步能促进其双边贸易吗?》,《经济学(季刊)》,2008年,第7卷第4期。

余淼杰,《对外贸易》,《中国改革开放30年》,香港城市大学出版社,2009年。

余淼杰,《中国外贸改革30年》,收于《中国经济改革三十年:变与常》,郑伟硕、罗金义主编,第三章,香港城市大学出版社,2009年。

余森杰,《国际贸易的政治经济学分析:理论模型与计量实证》,北京大学出版社,2009年。

余森杰,《中国的贸易自由化与制造业企业生产率:来自企业层面的实证分析》,《经济研究》,2011年(12),第97—110页。

余森杰,《加工贸易、企业生产率和关税减免:来自中国产品面的证据》,《经济学(季刊)》,2011年,第10卷第4期,第1151—1181页。

余森杰,田巍,王雅琦,《中国加工贸易:来自企业层面的经验证据》,《中国再平衡与可持续性增长》,社科文献出版社,2013年。

余森杰,徐静,《中国企业"走出去"会减少其出口吗?——浙江省企业对外直接投资与出口关系层次的实证研究》,北京大学中国经济研究中心工作论文,2011年,No. C20110

张斌,何帆,《人民币升值策略分析》,《国际经济评论》,2003年9—10月号。

张杰,李勇,刘志彪,《出口与中国本土企业生产率》,《管理世界》,2008年第11期。

张庆昌,《工资、出口贸易与全要素生产率:1979—2009》,《财经研究》,2011年第4期。

郑京海,胡鞍钢,Arne Bigsten,《中国的经济增长能否持续?——一个生产率视角》,《经济学(季刊)》,2008年,第7卷第3期,第777—808页。